LA FIN DE LA MÉGAMACHINE

Fabian Scheidler

LA FIN DE LA MÉGAMACHINE

Sur les traces d'une civilisation en voie d'effondrement

TRADUIT DE L'ALLEMAND
PAR AURÉLIEN BERLAN

OUVRAGE TRADUIT AVEC LE CONCOURS
DU CENTRE NATIONAL DU LIVRE

Éditions du Seuil
57, rue Gaston-Tessier, Paris XIXe

ISBN 978-2-02-144560-2

www.megamachine.fr

www.seuil.com

INTRODUCTION

Quelques jours après l'investiture du président des États-Unis Donald Trump en 2017, deux événements ont eu lieu simultanément : tandis qu'à la bourse de New York, le Dow Jones dépassait pour la première fois la barre des 20 000 points, les aiguilles de la *Doomsday Clock* indiquaient minuit moins deux minutes et trente secondes, s'approchant ainsi de l'heure fatidique comme jamais depuis 1953. Imaginée au début de la guerre froide par d'éminents scientifiques, cette « horloge de la fin du monde » est régulièrement mise à l'heure pour faire prendre conscience des menaces nucléaires, écologiques et technologiques. Quand les investisseurs hurlent de joie, l'humanité s'enfonce dans une nuit noire : difficile d'exprimer plus clairement que notre système économique entre en voie de collision avec la Terre et ses habitants. Ce que fête la bourse, c'est notre perdition.

Nous sommes actuellement les témoins de la manière dont toute une planète, après quatre milliards d'années d'évolution, est consumée par une machinerie économique globale qui engendre simultanément des quantités abyssales de biens et de déchets, des richesses folles et une misère de masse, des salariés surchargés de travail et des chômeurs qui tournent en rond. Un extraterrestre qui nous rendrait visite ne pourrait trouver ce système qu'insensé. Et pourtant, il n'est pas dépourvu d'une certaine rationalité. Le noyau dur de cette rationalité consiste dans la multiplication à l'infini de colonnes de chiffres sur les comptes en banque d'un nombre relativement restreint d'êtres humains. Quarante-deux hommes possèdent aujourd'hui autant que la moitié la plus pauvre de la population mondiale[1]. Accroître les fortunes colossales d'une petite caste de super-riches semble être le seul et ultime objectif de la mégamachine globale. La Terre est saccagée pour que les zéros s'ajoutent sans fin aux zéros.

Au fond, presque tout le monde sait à quel point ce système malade, et qui rend malade, est destructeur. D'après les sondages, 88 % des Allemands souhaiteraient un autre système économique[2]. En France, c'est à peine différent[3]. Même en Grande-Bretagne et aux États-Unis, l'adhésion à l'économie capitaliste est en chute libre, en particulier chez les jeunes[4]. Les époques d'enthousiasme pour le progrès et d'euphorie capitaliste sont bien loin de nous. Parmi toutes celles et tous ceux avec qui j'ai parlé au cours des dernières années – qu'ils soient conservateurs, de gauche, écologistes, jeunes ou vieux –, presque personne ne croit honnêtement que le système ait un avenir. Pourtant, ce qui domine en même temps, c'est un désarroi angoissant. En dépit de son caractère manifestement destructeur, il semble que l'engrenage ne puisse être arrêté. Après le fiasco de décennies de négociations sur le climat qui n'ont pas permis de poser des objectifs contraignants de réduction de nos émissions de gaz à effet de serre, de stériles conférences mondiales sur la faim et, au mieux, de modifications cosmétiques d'un système financier hors de contrôle, presque plus personne aujourd'hui n'attend sérieusement des gouvernements qu'ils impulsent un changement global de direction. Bien que, chaque jour, on en sache plus sur les conséquences fatales qu'entraîne le fait de continuer ainsi, les capitaines qui sont à la barre du grand vaisseau maintiennent imperturbablement le cap vers un naufrage qui sera, à coup sûr, mortel.

C'est d'autant plus étrange que, contrairement à ce que l'on entend souvent, ce ne sont pas les alternatives qui manquent. On pourrait organiser de manière complètement différente presque tous les secteurs de notre société et de notre économie : en quelques années, toute la surface agricole de la planète pourrait être convertie en agriculture biologique, ce qui provoquerait une baisse significative des émissions de gaz à effet de serre[5] ; un système monétaire orienté vers le bien commun pourrait remplacer le casino financier actuel et, depuis des décennies, on dispose de toutes sortes de concepts pour la production décentralisée d'énergies renouvelables, pour des systèmes intelligents de transports publics, une division équitable du travail et des économies régionales[6]. Tout cela serait possible à condition que... – mais justement, à quelles conditions ? Quels sont précisément les facteurs de blocage qui empêchent ces possibilités de voir le jour, et pourquoi ? Pourquoi une civilisation qui, dans le monde entier, se présente comme porteuse de raison et de progrès n'est-elle pas capable de changer de cap pour abandonner une voie manifestement suicidaire ?

Ce livre tente de répondre à ces questions en racontant une histoire. Quand nous ne parvenons pas à nous expliquer le comportement d'une personne, quand nous la tenons pour folle, il est parfois utile de retracer son parcours. Les êtres humains agissent rarement sans raison. Mais il ne faut pas toujours chercher ces raisons dans le présent immédiat. Bien souvent, on les découvre plutôt dans le passé, quand les modèles de comportement se sont formés. Seul celui qui connaît sa propre histoire peut être capable de l'infléchir. Il en va de même des systèmes sociaux, qui sont bel et bien constitués d'êtres humains.

Les mythes de la modernité

On accuse souvent le triomphe politique du néolibéralisme de nous avoir fourvoyés dans une impasse mortelle en ayant aggravé, au cours des dernières décennies, les inégalités sociales et les dégâts environnementaux. Ce n'est pas tout à fait faux, mais les causes du désastre – telle est la thèse de ce livre – sont en réalité plus profondes : le néolibéralisme est seulement l'aspect le plus récent d'un système bien plus vieux qui fut d'emblée, dès son apparition il y a environ cinq cents ans, fondé sur le pillage. Ce livre expose l'histoire et la préhistoire de ce système qui, avec une force d'expansion inédite, s'est diffusé dans le monde entier et a désormais atteint ses limites.

On peut considérer cette histoire de manières très différentes. La version standard – le mythe de la civilisation occidentale – nous parle d'un processus de progrès qui fut péniblement gagné mais a conduit pour finir, malgré les obstacles et les revers, à plus de bien-être, de paix, de savoir, de culture et de liberté. Dans cette perspective, les guerres, les catastrophes écologiques et les génocides sont des dérapages, des rechutes ou des effets secondaires non voulus d'un processus de civilisation qui, tout compte fait, a été positif.

Toute société entretient son propre mythe, lequel fonde et justifie l'ordre qui lui est spécifique. Le problème de ce genre de mythes est toutefois que, non content de nous fournir une image déformée du passé, ils réduisent aussi notre capacité à prendre les bonnes décisions pour l'avenir. Lorsque je crois être sur la bonne voie depuis très longtemps, celle qui me conduira tôt ou tard à un pays florissant, je poursuis mon chemin même si cette route est toujours plus cabossée, même si le paysage autour de moi est toujours plus dévasté et que mes réserves en eau touchent à leur fin. Mais tôt ou tard, j'en arrive inévitablement au point de me demander si mes cartes sont correctes, si je les ai bien lues et si je suis sur la bonne route. Voilà où nous en sommes aujourd'hui. Le désarroi général est l'occasion décisive de marquer une pause pour examiner les cartes avec un regard critique, les redessiner là où elles sont manifestement erronées et refaire le point. C'est ce à quoi ce livre veut contribuer.

Pour prendre une nouvelle direction, il faut commencer par changer de point de vue. Dans la perspective des vainqueurs de l'histoire – dont font aussi partie, en général, ceux qui écrivent les livres d'histoire – la saga du progrès fait complètement sens. Pendant que j'écris ce livre, par exemple, je suis assis dans une pièce chauffée, je bois du café, je regarde par la fenêtre et vois tomber les feuilles d'automne, tandis que ma fille joue au coin de la rue, dans un charmant jardin d'enfants. Tout semble en ordre. Du moins dans le petit espace-temps que j'embrasse du regard à ce moment.

Mais dès que j'élargis la focale et modifie le point de vue à partir duquel je considère les choses, une tout autre image s'offre à moi. Le membre d'un service de sécurité irakien qui surveille le pipeline acheminant le fioul avec lequel je me chauffe, et qui a perdu la moitié de sa famille pendant la guerre, voit par exemple un autre fragment du monde, il a vécu une autre histoire. Il en va de même de la paysanne qui cultive le café au Guatemala ou du travailleur dans une mine de coltan au Congo, lui qui extrait de la terre les minéraux sans lesquels mon ordinateur ne fonctionnerait pas. Bien que je ne les connaisse pas, je suis relié à toutes ces personnes ; et si je veux raconter de manière réaliste l'histoire du système dans lequel je vis, il me faut également raconter leur histoire et celle de leurs ancêtres. Je dois sortir de ma bulle et regarder le monde à travers les yeux d'êtres humains dont les voix sont en général inaudibles, étouffées par les mégaphones du pouvoir.

Dans cette nouvelle perspective, le processus d'expansion qui a commencé en Europe il y a cinq siècles se révèle être une histoire qui, pour la plus grande part de l'humanité, fut d'emblée synonyme de déportation, de paupérisation, de violence massive – allant jusqu'au génocide – et de saccage des territoires. Cette violence n'est pas révolue. Il ne s'agit pas d'une maladie infantile du système mais de l'une de ses composantes structurelles et durables. Ce qui se profile à l'horizon, la destruction des conditions de vie de centaines de millions d'êtres humains par le changement climatique, nous le rappelle aujourd'hui.

La mégamachine

Mais de quel droit prétendre, au fond, que nous avons affaire à un *système* global et non à une simple juxtaposition d'institutions, d'idéologies et de pratiques ? Un système est plus que la somme de ses parties, c'est une structure fonctionnelle dans laquelle tous les éléments sont interdépendants, aucun ne pouvant exister sans les autres. Il est évident qu'il y a quelque chose comme un système financier mondial, un système global de l'énergie ainsi qu'un système international de la division du travail, et que ces systèmes sont étroitement articulés. Toutefois, ces structures économiques ne peuvent fonctionner de manière autonome. Elles supposent l'existence d'États en mesure de faire valoir certains droits de propriété, de disposer d'infrastructures, de défendre militairement les voies commerciales, d'amortir les pertes économiques et de garder le contrôle sur les résistances suscitées par les injustices du système. Comme nous le verrons, les États militarisés et les marchés ne constituent pas deux pôles antagonistes. Au contraire, ils se sont développés de manière conjointe et restent jusqu'à aujourd'hui inextricablement imbriqués. On se plaît à opposer l'État au « libre marché », mais cette opposition est une fiction qui n'a rien à voir avec la réalité historique.

À côté de ses bases économiques et étatiques, le système repose structurellement sur un troisième pilier, de type idéologique. La violente expansion du système et les injustices qu'il engendre inévitablement furent dès le début justifiées par le récit selon lequel « l'Occident » serait chargé d'une mission historique, celle de sauver le monde[7]. Si c'est d'abord la religion chrétienne qui a élevé cette prétention, elle a ensuite été remplacée dans ce rôle par la « raison » et la « civilisation » prétendument supérieures, le « développement » ou encore le « marché libre ». Les écoles, les universités, les médias et les autres institutions façonnant notre vision du monde, qui se sont toutes constituées au cours des Temps modernes en lien étroit avec les appareils de pouvoir militaire et économique, ont joué un rôle décisif dans l'élaboration et la diffusion de ce mythe – même s'il y eut toujours en leur sein d'importants mouvements d'émancipation.

Depuis les années 1970, la synergie entre ces trois piliers du système social global a fait l'objet d'une analyse d'ensemble sous la plume, entre autres, du sociologue américain Immanuel Wallerstein. Pour désigner cette structure fonctionnelle, il parle de « système-monde moderne ». J'utilise quant à moi le concept métaphorique de « mégamachine » forgé par l'historien Lewis Mumford[8] (1895-1990). La « machine » ne désigne pas ici un appareil technique, mais une forme d'organisation sociale qui semble fonctionner comme une machine. J'utilise le verbe « sembler » car, quelles que soient les contraintes systémiques, cette machinerie est seulement faite, en dernière instance, d'êtres humains qui la font marcher chaque jour et peuvent également – du moins dans certaines conditions – cesser de le faire.

Les limites du système

La mégamachine bute au XXIe siècle, telle est l'une des thèses centrales de ce livre, sur deux limites qui, combinées l'une à l'autre, sont au fond insurmontables. La première limite est immanente au système : depuis près de quatre décennies, l'économie globale se dirige vers une crise structurelle inexplicable par les conjonctures cycliques habituelles. Cette crise n'est dissimulée que par un endettement en croissance permanente de tous les acteurs, et par des bulles financières qui éclatent en entraînant des crises économiques toujours plus profondes (voir le chapitre dix). En même temps, les pans de la population auxquels le système offre une certaine sécurité matérielle sont toujours plus petits. Les deux cents plus grandes multinationales concentrent certes 25 % du produit social mondial, mais n'emploient plus que 0,75 % de la population mondiale[9]. Une part toujours plus grande de l'humanité vit en marge du système économique, et ce non seulement dans les zones périphériques, mais également au cœur même des régions qui orchestrent l'accumulation ; c'est ce qu'ont récemment illustré le déclin des classes moyennes et la faillite des pays d'Europe du Sud. Cette crise structurelle est corrélée à une autre évolution : après un intermède relativement court de politique sociale visant à assurer le bien-être de leur population, de nombreux États tendent à redevenir les organisations militaires et policières répressives qu'ils avaient été à des époques antérieures. En même temps que diminue la capacité de la mégamachine à offrir des perspectives d'avenir aux gens, s'effondre aussi la croyance suscitée par son mythe. Le ciment idéologique – ce que le philosophe italien Antonio Gramsci appelait l'« hégémonie culturelle » – se fissure de plus en plus clairement.

La seconde limite, encore plus importante, vient de ce que la mégamachine n'est qu'un élément au sein d'un système plus grand qui l'englobe et dont elle dépend : la biosphère de la planète Terre. De nos jours, nous sommes déjà témoins de la manière dont la croissance explosive de la grande machine bute sur les limites imposées par ce système de niveau supérieur, limites qui peuvent certes être repoussées jusqu'à un certain point, mais pas à l'infini.

La conjonction des crises écologiques et sociales entraîne une dynamique extrêmement complexe et chaotique faisant qu'il est, en principe, impossible de prévoir à quoi ce processus va aboutir. Ce qui est néanmoins clair, c'est qu'un bouleversement radical et systémique est inévitable – et qu'il a déjà en partie commencé. Il ne s'agit pas seulement de dépasser le néolibéralisme ou de trouver des substituts à certaines technologies (même s'il faudra aussi en passer par là) ; il faudra transformer les fondements mêmes de notre civilisation. La question n'est pas de savoir *si* une telle transformation aura lieu – ce sera forcément le cas, qu'on le veuille ou non –, mais *comment* elle se déroulera et quelle direction elle prendra.

La mégamachine n'est pas le premier système à s'effondrer dans l'histoire de l'humanité, mais elle est de loin le plus grand, le plus complexe et le plus dangereux. Elle s'est dotée d'un arsenal d'une puissance de destruction inouïe et est en train d'endommager les grands systèmes qui assurent la vie sur Terre, au point de menacer notre existence : le système climatique, les règnes végétal et animal, les sols, les forêts, les mers, les rivières et les aquifères. La civilisation industrielle a d'ores et déjà déclenché la plus grande extinction d'espèces depuis la disparition des dinosaures il y a 66 millions d'années. Le chaos climatique qui commence à régner menace en même temps de rendre inhabitables des régions entières et, par là, d'intensifier massivement les conflits. La question de la manière dont se fera la transformation et de la direction qu'elle prendra est par conséquent une question de vie ou de mort pour une grande partie de la population mondiale. Les modalités du bouleversement systémique et les directions qu'il prendra décideront du monde dans lequel nous et nos descendants vivrons dans la seconde moitié de ce siècle : un monde encore plus imprégné de misère et de violence que celui d'aujourd'hui, ou un monde qui sera plus juste et libre que celui que nous connaissons. À cet égard, l'instabilité croissante du système global entraîne une situation exceptionnelle dans laquelle même des mouvements d'amplitude relativement faible peuvent avoir une grande influence sur le processus d'ensemble et ses résultats. Cela peut être autant une bonne nouvelle qu'une mauvaise. L'essor rapide de mouvements d'extrême droite et de courants fondamentalistes ainsi que le renforcement des tendances qui nous conduisent vers des États policiers montrent que les forces totalitaires peuvent aussi s'emparer de structures économiques et politiques qui s'effritent. Dans une telle situation, nous avons tous un rôle à jouer. Rester spectateur n'est pas une alternative, car même la passivité est une résolution qui contribuera à décider de l'issue du processus.

Structure du livre

Afin de bien comprendre la genèse et le fonctionnement de la mégamachine, il faut revenir sur sa préhistoire. Le livre est donc structuré en deux parties dont les horizons historiques sont différents : la première (chapitre un à cinq) embrasse du regard une période de cinq millénaires tandis que la seconde (chapitre six à onze) se concentre sur les cinq derniers siècles.

Le premier chapitre explore l'évolution du pouvoir militaire, économique et idéologique en remontant à ses origines en Mésopotamie. Le deuxième chapitre examine le rôle particulier que le « complexe métallurgique » a joué dans cette histoire, en constituant la matrice de l'industrie militaire comme des premiers systèmes monétaires. Consacré à l'émergence des premiers marchés, le troisième chapitre montre que l'économie monétaire n'est pas née, comme le veut le mythe, du libre-échange, mais de la logique de la guerre et de l'esclavage. Le quatrième chapitre examine l'impact du déploiement du pouvoir sur la vie sociale et l'imaginaire collectif. La naissance du christianisme et de la pensée apocalyptique – qui devait tant marquer la civilisation occidentale – ne peut être comprise qu'à partir de l'expérience de l'impuissance imposée à la plupart des êtres humains dans les empires antiques. Le cinquième chapitre analyse les racines de l'idéologie missionnaire en Occident, de l'apôtre Paul jusqu'aux croisades.

La seconde partie du livre raconte comment le système-monde moderne s'est constitué en réaction aux mouvements égalitaires qui se sont massivement diffusés en Europe à la fin du Moyen Âge et au début des Temps modernes (chapitre six) ; comment sont nées les premières sociétés par actions, extrêmement militarisées, et comment l'accumulation monétaire, dans les centres financiers que furent Gênes, Augsbourg, Amsterdam et Londres, est devenue le moteur de l'expansion coloniale et même des génocides commis dans les Amériques (chapitre six) ; comment l'espace, le temps et l'humain ont été peu à peu soumis au regard pénétrant de l'État et de la mise en valeur du capital, et comment sont apparues les institutions disciplinaires que sont l'armée, l'école et le travail aliéné (chapitre sept) ; et comment le recours aux carburants fossiles a soudainement fait faire un bond en avant au système, provoquant une expansion qui a repoussé – au moins provisoirement – les limites écologiques (chapitre huit).

Dans cette histoire, la question de la démocratie joue un rôle central. Car la logique intrinsèque de la mégamachine est fondamentalement incompatible, telle est la thèse du neuvième chapitre, avec la démocratie véritable, au sens de l'auto-organisation ; c'est pour cette raison qu'elle n'a jusqu'à présent permis que des formes limitées de participation au processus de décision politique. La quête de formes de démocratie allant au-delà de ces limitations est donc une question clé, systémique, dont on peut suivre les traces depuis les révolutions européennes jusqu'à nos jours, en passant par les luttes de libération dans les colonies et la « révolution mondiale de 1968 » (chapitre dix). Sortir de la mégamachine et ainsi de la logique capitaliste d'accumulation sans fin est inextricablement lié à la question de l'auto-organisation démocratique (chapitre onze). La postface tente de déchiffrer la situation créée par la pandémie de coronavirus à l'aide des thèses développées dans le livre, afin d'éclairer les tendances actuelles, en ce moment pivot de notre histoire.

Compte tenu du sujet de ce livre, il a fallu sélectionner le matériel historique et le cadre géographique d'analyse. Tandis que la préhistoire de la mégamachine se déroule essentiellement au Proche-Orient et dans l'espace méditerranéen, la seconde partie du livre analyse l'expansion du système-monde moderne depuis l'Europe vers le reste du monde.

Ce livre n'est donc pas une histoire universelle. Il raconte l'histoire d'un système social déterminé qui, dans une perspective plus large, ne constituerait qu'un fragment minuscule. Si tant est que nous ayons un avenir, il se pourrait que la mégamachine apparaisse un jour n'avoir été qu'un intermède dans l'histoire de l'humanité qui, elle, se compte en centaines de milliers d'années.

Première partie

LES QUATRE TYRANNIES

1.

POUVOIR

Les quatre tyrannies et les racines de la domination

Vous adorerez être au pouvoir !
Règles du jeu vidéo
Civilisation IV

Si l'on reporte sur une journée le temps passé depuis la première apparition archéologiquement attestée d'*Homo sapiens* il y a deux cent mille ans, l'époque où l'humanité a vécu exclusivement de la chasse et de la cueillette occupe presque vingt-trois heures. En revanche, l'époque qui commence avec l'agriculture il y a dix mille ans – la « révolution néolithique » – ne dure qu'une heure. Les chasseurs-cueilleurs vivaient et vivent en petites bandes relativement égalitaires : en matière de chasse, la coopération est une nécessité vitale[1]. Le passage à un mode de vie sédentaire basé sur l'agriculture autorise par contre des formes d'organisation bien plus vastes et permet, dans certaines conditions, à quelques individus d'accumuler de plus grandes richesses – ce que ne pouvaient faire les chasseurs-cueilleurs nomades qui devaient pouvoir facilement transporter leurs biens. La sédentarisation est considérée comme l'une des conditions pour que les couches et les classes sociales se forment ; pourtant, elle est loin d'être la cause unique de la stratification sociale et n'en est peut-être même pas le facteur décisif. Jusqu'au début de l'âge du bronze, entre 4000 et 3000 av. J.-C., les fouilles archéologiques dans les régions où le mode de vie sédentaire dominait montrent peu de traces de distinctions sociales tranchées ou d'organisation hiérarchique élaborée[2]. Même dans la plus grande agglomération néolithique découverte à ce jour, Çatal Höyük en Anatolie, qui comptait autour de trois mille habitants vers 6000 ans av. J.-C., toutes les maisons font presque la même taille. Il n'y a ni palais, ni temple central. Pas plus que la moindre trace de dispositifs militaires de plus grande envergure[3]. Près du golfe Persique, là où se forme le delta du Tigre et de l'Euphrate, les humains ont aussi vécu sédentaires plus de quatre mille ans dans des conditions relativement égalitaires. Ils obtenaient de quoi se nourrir par un mélange de chasse et de cueillette, auquel s'ajoutait, dans une mesure restreinte, la domestication des plantes et des animaux[4].

La situation bascule au début de l'âge du cuivre et du bronze. Cette bifurcation se voit par exemple à l'évolution des cultures préhistoriques qui se sont développées dans les cités lacustres autour du lac de Constance, dans le sud de l'Allemagne : si les premiers habitants recouraient à peu près aux mêmes technologies reposant sur l'usage du bois et de la pierre – ressources accessibles à tout le monde –, l'introduction des métaux, en particulier du bronze, a coupé la société entre la minorité qui était en mesure de se procurer et de travailler le bronze, et les autres qui n'y avaient pas accès. Tandis que certains étaient équipés de luxueuses armures en bronze, les autres n'en disposaient pas. Quand les restes de repas de l'époque précédant le bronze montrent que tous mangeaient à peu près la même chose, il y a des différences considérables à l'âge du bronze : les uns se nourrissaient principalement de céréales, les autres (ceux qui disposaient du métal) les complétaient par de grandes quantités de poisson.

L'émergence de telles inégalités accompagne toujours le passage à l'âge du bronze : en Mésopotamie et en Égypte tout comme, presque mille ans plus tard, en Europe centrale et sur les rives du fleuve Jaune en Chine[5].

Entre la période d'égalité relative qui constitue la plus grande partie de l'histoire humaine et l'émergence de la stratification sociale et des relations de domination, ont lieu des changements décisifs qui sont loin de ne concerner que le travail des métaux. Le passage à l'âge du bronze est le moment où sont posés les fondements de ce que nous appelons aujourd'hui « civilisation ». C'est dans la région mésopotamienne de Sumer, autour du golfe Persique, que sont développés vers 3200 av. J.-C. les premiers systèmes d'écriture, à partir de signes qui étaient imprimés sur les biens avec des sceaux[6]. C'est aussi là qu'à la même époque apparaissent les premières villes et, avec elles, les premiers États. Çatal Höyük était encore un gros village avec quelques milliers d'âmes, mais Uruk, avec ses 50 000 habitants, constitue déjà une ville avec une division du travail complexe et une administration. Dans un premier temps, il n'y a pas eu de grandes différences sociales et juridiques au sein de ces cités-États. Mais peu à peu, une oligarchie de familles riches s'est développée. Les grands temples constituaient le centre de ces premières villes : leurs administrateurs avaient pour mission d'organiser la production agricole et artisanale, et de la redistribuer aux habitants. À la différence des précédentes cultures sédentaires de la région, l'alimentation était avant tout basée sur les céréales. Comme l'anthropologue James C. Scott l'a montré, une agriculture centrée sur les céréales est, contrairement au régime alimentaire mixte de l'habitant des régions humides, très propice à la mise en place de systèmes fiscaux et à la centralisation du pouvoir étatique[7]. Au bout de quelques siècles, une autre structure centrale apparaît près du temple : le palais royal. En 2800 av. J.-C., toutes les cités-États sumériennes – Eridu, Uruk, Nippur, Lagash, Kish, Ur – s'étaient déjà transformées en royaumes dirigés par un *lugal* qui disposait de plus en plus d'un pouvoir despotique.

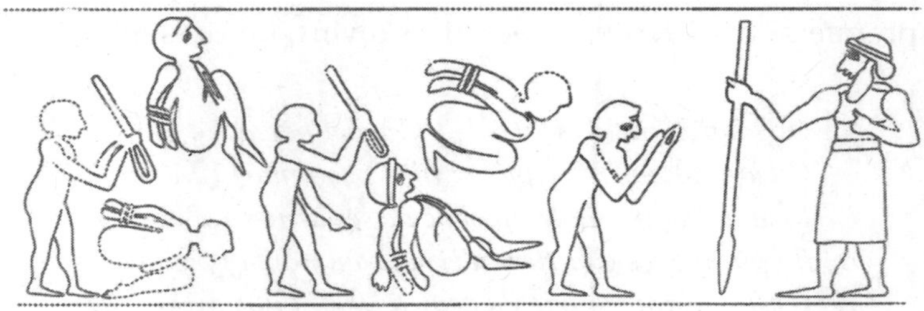

Le maître d'Uruk face à des prisonniers enchaînés (vers 3000 av. J.-C.).

Les *lugal* étaient à l'origine des chefs de guerre qui, au fil des innombrables conflits qui opposaient les cités-États, se sont approprié les fonctions de direction militaire. Ces conflits se multipliaient à mesure que les richesses en nature et en métaux précieux s'amassaient derrière les murs des villes fortifiées, dans les réserves des temples et des palais. Pour défendre ces trésors (ou s'en approprier d'autres), les *lugal* n'étaient d'abord investis que pour une durée limitée. Mais ils sont peu à peu parvenus à transformer leur position en une domination perpétuelle. Le Temple redistributeur et la dictature militaire ont fusionné pour donner lieu au premier État autoritaire. C'est au plus tard à ce moment-là que l'État fut en mesure, pour la première fois dans l'histoire de l'humanité, d'exercer un *pouvoir de contrainte* sur ses ressortissants, ce qui se manifeste clairement dans le droit du souverain d'infliger la peine de mort. L'un des premiers textes à parler de ce pouvoir de contrainte est l'épopée de Gilgamesh, rédigée au XXIVe siècle av. J.-C. Elle conte l'histoire de l'un des premiers rois d'Uruk, « deux tiers divins, un tiers humain » :

> *Gilgamesh ne laisse pas le fils à son père* [...].
> *Gilgamesh ne laisse pas la fille à son mari* [...].
> *Rien de comparable au choc de ses armes* [...].
> *Il opprime les guerriers d'Uruk comme un tyran* [...].
> *C'est pourtant lui, le pasteur d'Uruk-l'Enclos*[8].

Les trois tyrannies

Comment en est-on arrivé à ce changement social radical qui a déterminé l'histoire jusqu'à aujourd'hui ? Pourquoi la plupart des humains ont-ils *accepté* que se constituent des élites qui règnent sur eux et s'emparent d'une partie de leurs revenus, sous forme d'impôts, pour financer des armées et construire des palais colossaux ? Pourquoi les humains ont-ils admis que ces élites puissent réglementer leurs rapports et même disposer de leur vie ? Comment et pourquoi, pour le dire en un mot, les humains ont-ils appris à *obéir* ? Car avant l'émergence des États et des armées autoritaires, avant l'introduction du travail forcé et de l'esclavage, les sociétés ne reposaient pas sur le mécanisme du commandement et de l'obéissance. Les plus âgés d'une bande de chasseurs-cueilleurs avaient certes du prestige et de l'autorité, ils pouvaient essayer d'imposer leur volonté, mais ils ne disposaient d'aucun pouvoir, ils ne pouvaient pas *commander*.

Le sociologue britannique Michael Mann a attiré l'attention, dans *The Sources of Social Power*, sur le fait que l'émergence d'une « civilisation » – et donc du pouvoir et de la domination – n'était absolument pas une évolution naturelle et inévitable, mais constituait du point de vue historique une exception étonnante[9]. Dans presque toutes les sociétés organisées de manière non étatique, il y a des mécanismes pour empêcher la concentration du pouvoir. Même les premières cités-États sumériennes témoignent de cette résistance par leur effort pour limiter le pouvoir du *lugal*.

Qu'est-ce qui a surmonté cette résistance ? Comment le commandement et avec lui le pouvoir ont-ils pu s'imposer ? Ou, pour poser la même question d'un autre point de vue : dans quelle situation les humains doivent-ils se trouver pour qu'ils en arrivent au point d'obéir à un ordre ?

En principe, il y a trois sortes de raisons qui peuvent amener un humain à exécuter un ordre. La première et la plus évidente est la peur de la violence physique : de l'humiliation, de la souffrance et, en dernière instance, de la blessure physique ou de la mort. La deuxième est la peur des conséquences économiques négatives ou de la disqualification sociale, qui peuvent aller jusqu'à la privation des moyens de subsistance. Vu de manière positive, c'est le désir d'ascension et de reconnaissance sociales. La troisième sorte de raison qui nous pousse à obéir tient au postulat qu'il serait *juste et nécessaire* qu'il y ait des humains qui commandent et d'autres qui obéissent – que ce soit parce que les commandants disposent d'un savoir supérieur ou parce que ces hiérarchies sont prévues dans l'ordre divin de la Nature.

Les types de pouvoir que j'appelle les *trois tyrannies* sont le pendant de ces motifs d'obéissance :

1. Le pouvoir physique, en particulier celui des armes. Au cours de l'histoire, ce pouvoir se cristallise entre autres dans l'État militarisé.
2. La violence structurelle, en particulier sous la forme du pouvoir socioéconomique. Ce mode d'exercice du pouvoir repose sur une répartition systématiquement inégale des droits, des biens, des revenus et du prestige. Afin que soient acceptés ces inégalités et le pouvoir qui repose sur elles, le pouvoir idéologique qui justifie de telles situations est tout aussi indispensable que le pouvoir physique, lequel peut toujours intervenir quand le pouvoir idéologique ne suffit plus.

3. Le pouvoir idéologique. Cette forme de pouvoir va de la mainmise exclusive sur l'écriture à la codification d'idéologies religieuses, morales ou scientifiques, en passant par l'« expertocratie » moderne et le contrôle des médias de masse. Il sert à légitimer – ou même à rendre invisibles – les deux premières formes de pouvoir en définissant ce qui est « vrai », « normal » et « réel ».

Dans leur synergie, ces trois formes de pouvoir constituent ce que le sociologue Max Weber a appelé « domination » : une relation intersubjective dans laquelle un commandant peut compter sur le fait d'être obéi[10].

Le pouvoir physique

La *violence* physique est présente dans toutes les cultures humaines, même si c'est dans des proportions très différentes. C'est seulement quand elle peut être systématiquement mise en œuvre que nous avons affaire au *pouvoir* physique, c'est-à-dire : quand des humains peuvent durablement en contraindre d'autres par la menace de la violence physique ou le recours à elle.

Le pouvoir physique est aujourd'hui tellement omniprésent que nous le prenons presque pour naturel. Des sociétés sans prisons ni armées nous semblent utopiques. Les théoriciens de l'État au début des Temps modernes, comme Thomas Hobbes, affirmaient que le pouvoir physique de l'État est nécessaire pour réfréner la « guerre de tous contre tous », telle qu'elle règne dans « l'état de nature » – et qu'il était donc raisonnable pour tout le monde d'accorder à l'État le monopole de la violence[11]. Dans ce genre de théories du contrat, il y a néanmoins quelque chose qui cloche : on n'a jamais vu nulle part un État être fondé sur de tels motifs. Et dans l'histoire de l'humanité, il n'y eut pas non plus d'« état de nature » dans lequel tout le monde se faisait la guerre. L'emploi systématique de la violence ne diminue pas avec l'émergence du pouvoir d'État, sous la forme d'armées et de forces de police – au contraire, il augmente. À ce propos, Michael Mann écrit :

> L'anthropologie comparée montre clairement que la sédentarisation des humains puis la civilisation accentuent la fréquence des guerres, leur degré d'organisation et leur violence, mesurée à l'aune du nombre de morts. Des études quantitatives ont révélé que la moitié des actes de guerre des peuples primitifs étaient accomplis de manière relativement sporadique, inorganisée et ritualisée, et peu sanglante, [...] alors que toutes les civilisations dont l'histoire nous a été transmise par écrit se sont livrées, de manière routinière, à des guerres très organisées et sanglantes[12].

Les États et leurs armées ne sont pas les seules institutions à organiser la contrainte physique. Les bandes de brigands et les mafias – dont même des États peuvent être issus – en font aussi partie, de même que les familles organisées de manière autoritaire, dans lesquelles le chef de famille peut même décider de la vie et de la mort des membres de la famille, comme ce fut le cas autrefois dans l'Empire romain[13]. Dans aucune de ces formes de pouvoir, on ne demande le consentement de ceux qui y sont soumis. Au contraire, le pouvoir physique se définit justement par le fait qu'il s'exerce *contre la volonté* des subordonnés. Mais alors, comment se fait-il qu'un pouvoir systématique de l'homme sur l'homme ait pu se diffuser et se figer ?

Si nous revenons aux cités lacustres du sud de l'Allemagne et à leurs guerriers équipés d'armures en bronze, on est amené à conclure que le pouvoir physique vient de la supériorité technique que le travail du métal donne dans la construction des armes. Il ne fait guère de doute que la technique du bronze a constitué un préalable important pour rendre possible la domination sociale de l'homme sur l'homme ; car tout le monde n'avait pas le même accès aux métaux et à leur façonnage, et le fossé technologique pouvait se muer en écart de pouvoir. Néanmoins, le gain de pouvoir que procurent de telles technologies est d'abord limité, que ce soit à l'intérieur des communautés ou vers l'extérieur. Dans de petites communautés, il est difficile de monopoliser durablement une technologie, en particulier si la communauté a institué des mécanismes sociaux pour empêcher les concentrations de pouvoir. Et même quand un monopole est établi, ceux qui ont des armes inférieures peuvent facilement – du moins là où la densité de population est faible – se retirer dans d'autres contrées et se soustraire ainsi à une domination durable. Jusqu'à nos jours, nous observons cette stratégie chez de nombreux groupes indigènes qui fuient dans des régions montagneuses ou forestières toujours plus éloignées, pour échapper au pouvoir. La sédentarisation, pourtant, a posé des bornes à cette liberté, notamment dans les vallées alluvionnaires de l'Euphrate, du Tigre et du Nil : leur fertilité extraordinaire et la forte poussée démographique faisaient qu'il y avait de bonnes raisons de rester. Michael Mann appelle ce genre de raisons les « facteurs de rétention » (*cage factors*). Ils jouent un rôle décisif dans le fait que des humains ont finalement accepté d'être dominés par d'autres. Au bord du golfe Persique, comme des recherches plus récentes l'ont montré, s'est aussi ajouté un net changement climatique : après des millénaires de temps plutôt humide, il y eut une période de sécheresse de 3500 à 2500 av. J.-C. La mer se retira, les zones humides – qui étaient jusque-là le fondement d'une alimentation diversifiée et d'un mode de vie relativement égalitaire – disparurent, les humains se concentrèrent dans des agglomérations toujours plus grandes et durent se nourrir principalement de céréales irriguées. Les conditions étaient donc idéales pour que les États en gestation puissent usurper le pouvoir sur ces territoires et sur les populations qui y vivaient[14].

En outre, la capacité à *organiser* la violence physique joue aussi un rôle essentiel. L'édification de grandes sociétés structurées par la division du travail, qui rendirent possibles l'irrigation, l'agriculture et la fabrication massive de biens par le biais d'une administration centrale, a fourni aussi le savoir-faire organisationnel pour mettre sur pied des armées. Si la portée de ce pouvoir était encore faible au début des premières civilisations, elle s'est constamment élargie jusqu'à la fin de l'Empire romain. L'armée du premier empire antique, l'Empire akkadien (vers 2300 av. J.-C.), se composait en tout de 5 000 hommes. Les troupes romaines sous l'Empire (entre le Ier et le IVe siècle apr. J.-C.) comptaient en revanche des centaines de milliers de soldats. Avec la diffusion des armes à feu au début des Temps modernes, le pouvoir physique a fini par faire un bond en avant qui devait modifier la face du monde. Depuis, les moyens pour dominer et anéantir physiquement les humains se sont multipliés de manière exponentielle. Aujourd'hui, 18 000 ogives nucléaires, chacune disposant de x fois la puissance destructrice de la bombe larguée sur Hiroshima, donnent aux dirigeants des puissances nucléaires un pouvoir de vie ou de mort sur toute l'humanité.

Violence structurelle

L'émergence du pouvoir socioéconomique est plus difficile à saisir parce qu'il fonctionne de manière indirecte et, en partie, de manière invisible. Souvent, on n'est même pas conscient de ce pouvoir en tant que tel. Par exemple, celui qui cherche aujourd'hui un travail salarié pour payer son loyer ne considère pas forcément qu'il fait l'objet d'une tyrannie, mais peut tout à fait avoir le sentiment de choisir librement. En fin de compte, le travail est volontaire – on peut démissionner à tout moment – et le loyer repose sur un accord volontaire entre parties contractantes, que l'on peut également résilier. Personne ne menace physiquement le locataire ou le salarié. Et pourtant, le travailleur ou l'employé obéit aux directives de son supérieur, même quand il réalise le travail en renâclant ou considère que les directives sont absurdes. Pourquoi ? Pourquoi accepte-t-il que son autodétermination soit à ce point limitée ? Parce qu'il sait que sinon, il perd son travail, peut-être pas dès la première objection, mais à la deuxième ou à la troisième. Et il sait en outre que sans travail, il ne peut plus payer le loyer et doit renoncer à son logement. Mais pourquoi accepte-t-il de quitter son appartement dès qu'il ne peut plus payer suffisamment ? Pourquoi *obéit*-il au bailleur qui lui somme de libérer les lieux ? Parce qu'il sait que sinon, il sera expulsé de force – et que toute résistance entraînera une escalade dans les mesures de contrainte dont il fera l'objet.

Même derrière un rapport salarial et locatif qui semble parfaitement inoffensif, dans un État de droit moderne, on retrouve donc la violence physique en bout de chaîne. En principe, tout le monde sait que cette menace latente existe, mais la chaîne est tellement longue que l'on n'est pas immédiatement conscient de la violence qui se trouve derrière. Le spécialiste de la paix et des conflits Johan Galtung a appelé ce genre de rapports « violence structurelle » : des rapports de contrainte qui ne se manifestent pas directement par la violence physique[15].

Afin que la violence structurelle puisse être durablement efficace et que la violence physique qui se trouve derrière ne soit pas visible ou ne le soit qu'occasionnellement, elle a besoin d'une certaine collaboration et même d'un large consensus dans la société. La population doit tenir certains postulats pour *légitimes*, même si l'on n'en apprécie pas les conséquences. Par exemple, l'hypothèse qu'il est légitime que quelques individus fortunés possèdent des milliers, voire des centaines de milliers de logements tandis que des millions de gens n'ont aucune propriété foncière ; qu'il est légitime de jeter à la rue quelqu'un qui ne peut pas payer assez d'argent, et par la force si besoin. Pris ensemble, ces postulats signifient qu'une propriété de ce genre est non seulement légitime, mais *qu'elle prime sur presque tous les autres droits*.

Les rapports de propriété de ce type, qui peuvent recourir à la violence pour se faire respecter, se sont historiquement développés sur des milliers d'années – et avec eux les idéologies qui les légitiment. Les racines remontent encore une fois à Sumer. Par manque de témoignages écrits, on connaît peu de choses sur les rapports de propriété dans les temps préhistoriques. Les traces archéologiques des premières cultures sédentaires, par exemple à Çatal Höyük, témoignent de rapports profondément égalitaires dans les constructions et les sépultures ; manifestement, la propriété foncière n'était pas encore concentrée dans quelques mains[16]. Il est certain qu'il n'y avait pas de concept de propriété comparable au nôtre[17]. On peut supposer que les champs, les pâturages et les bois étaient utilisés de manière communautaire – ou que la communauté répartissait des droits d'usage sur le foncier, droits qui cependant ne pouvaient être ni vendus ni mis en gage. On retrouve aujourd'hui encore des formes similaires d'organisation économique aussi bien dans des communautés indigènes traditionnelles[18] que dans les modes de gestion moderne des biens communs qui ont été systématiquement examinés par le prix Nobel d'économie Elinor Ostrom[19]. Même les premières cités-États de Sumer ont longtemps maintenu ce principe, en l'occurrence par le biais du Temple qui coordonnait la mise en valeur de grandes étendues et en redistribuait – d'après certaines règles – les produits aux habitants. Mais en même temps, de premières formes de propriété foncière privée se sont développées dans les mains de quelques familles. Les premiers témoignages d'achat de terre à Sumer datent du milieu du IIIe millénaire av. J.-C[20].

Bien que les origines de la privatisation de la terre soient encore partiellement dans l'ombre, la direction prise par l'évolution historique pendant les millénaires suivants ne fait aucun doute : à mesure que la terre devenait marchandise, la propriété foncière se concentrait en peu de mains. Le summum de cette évolution fut atteint avec les grandes propriétés foncières romaines, les latifundia, dans lesquelles s'épuisaient des milliers d'esclaves et de saisonniers sans terre. Pline l'Ancien rapporte qu'à l'époque de Néron, la moitié des terres de la province Africa était aux mains de six grands propriétaires fonciers[21]. Les titres de propriété furent quant à eux – avec la codification croissante du droit de propriété – garantis par la violence physique organisée de l'État.

Cette vague de privatisations eut de profondes conséquences. Là où la terre était en propriété privée, ses produits l'étaient aussi. Celui qui disposait de terres nombreuses et particulièrement fertiles pouvait faire travailler les autres pour lui, ceux qui n'avaient pas de terres ou dont les terres étaient pauvres, et se consacrer quant à lui à d'autres activités, par exemple le commerce ou l'administration. Avec les excédents, on achetait aussi des esclaves qui, d'abord, étaient surtout issus des prisonniers de guerre.

La privatisation de la terre et de ses produits eut aussi une autre conséquence, qui fut d'une importance décisive pour l'extension du pouvoir de l'homme sur l'homme en général et pour la diffusion de l'esclavage en particulier : l'invention de la dette. L'anthropologue David Graeber a montré dans son livre *Dette. 5 000 ans d'histoire*, que le crédit existe dans beaucoup de sociétés, même celles qui ne connaissent pas l'argent. Dans des sociétés qui ne sont pas organisées sur le mode du marché, ces relations de crédit font partie du tissu social, elles contribuent à tisser un réseau d'obligations réciproques. Mais cette forme de crédit présente deux différences cruciales avec le crédit commercial : *primo*, il ne doit pas être remboursé à tout prix ; *secundo*, il ne peut faire l'objet d'un commerce. Ce genre de crédit reste pris au sein d'une relation personnelle, comme le sont encore aujourd'hui les prêts entre amis[22]. Si quelqu'un recourait à la force pour contraindre un ami à payer ses dettes ou les vendait à un recouvreur de créances, il mettrait un terme à son amitié avec lui. Avec la privatisation de la terre et l'accumulation de richesses, une autre forme, impersonnelle, de crédit s'est donc diffusée. De riches propriétaires fonciers pouvaient prêter aux paysans pauvres une partie du grain récolté, quand leur propre production ne suffisait plus. Au début, le paysan démuni mettait souvent en gage la récolte à venir. Si celle-ci était aussi bonne qu'il l'avait espéré, le crédit pouvait être remboursé ; mais si elle était à nouveau mauvaise, le paysan devait mettre sa terre en gage – puis sa famille et lui-même pour finir. C'est ainsi que, d'un côté, la concentration des terres dans les mains d'une minorité s'est accrue et que, d'un autre côté, de plus en plus de paysans tombèrent dans la condition de travailleur dépendant et finalement d'esclave. Les femmes étaient tout particulièrement concernées : mises en gage, c'est souvent elles qui devaient payer les frais de leur personne, parfois en étant contraintes de se prostituer. Parmi les biens mercantiles le plus souvent évoqués à Sumer, après l'orge on trouve les esclaves. Ils étaient traités comme des produits agricoles ou du bétail. C'est en tout cas ce que suggère le fait que les esclaves, dans les inventaires, étaient classés dans les mêmes catégories que les cochons ou les autres animaux domestiques[23]. L'anthropologue Guillermo Algaze le formule ainsi : « Les premiers villageois du Proche-Orient ont domestiqué les animaux et les plantes. Les institutions urbaines d'Uruk ont quant à elles domestiqué les êtres humains[24]. » C'est l'un des secrets de famille les plus sales de la civilisation qu'elle repose sur l'introduction systématique de l'esclavage.

La dette incarne la violence structurelle par excellence, surtout quand son recouvrement est imposé *à tout prix*. L'endettement, avec l'appauvrissement et l'asservissement qui l'accompagnaient, devint l'un des pires fléaux des peuples pendant les trois mille ans qui ont précédé la naissance de Jésus-Christ. De nombreuses révoltes avaient pour revendication centrale l'annulation des dettes ; et presque tous les souverains des premiers grands empires se sont vus contraints de décréter régulièrement des remises de dettes, pour sauver leur système de l'effondrement[25] – en fin de compte, les armées n'étaient pas encore suffisamment puissantes pour mater durablement les révoltes dans le sang. C'est à cette tradition qu'appartient aussi le jubilé biblique qui prévoit une annulation de toutes les dettes tous les sept fois sept ans – et la restitution de leurs anciennes propriétés aux paysans sans terre[26].

Pouvoir idéologique

La troisième sorte de domination de l'homme sur l'homme a également pris forme à Sumer entre la fin du IVe et le début du IIIe millénaire av. J.-C., avec l'apparition d'une couche d'experts bénéficiant d'un accès privilégié au savoir et la formation d'une religion autoritaire qui s'est développée main dans la main avec la royauté.

Dans son livre *Tristes tropiques*, l'anthropologue français Claude Lévi-Strauss écrit : « La fonction primaire de la communication écrite est de faciliter l'asservissement[27]. » Cette affirmation est déconcertante, car nous associons à l'écriture des chefs-d'œuvre comme l'*Orestie* d'Eschyle ou des conquêtes comme la Déclaration universelle des droits de l'homme. Néanmoins, l'écriture n'est pas apparue pour immortaliser des œuvres dramatiques ou des principes éthiques, mais comme une technique logistique[28]. Les plus anciens textes transmis consistent exclusivement en inventaires faisant la liste des biens, de leur quantité et de leur valeur d'échange. Et comme nous l'avons déjà vu, là où les esclaves étaient traités comme des marchandises, l'écriture a servi dès le début à l'organisation de leur exploitation. Ces listes étaient dressées par des scribes professionnels au service du Temple – et plus tard aussi du Palais. Leur mission consistait à coordonner la production et la distribution dans une économie centralisée. L'apprentissage de l'écriture a suscité les toutes premières écoles et ceux qui les ont fréquentées ont formé une couche privilégiée qui devint vite indispensable pour assurer la logistique de la domination[29].

L'écriture a permis également de consigner les titres de créance sur des tablettes d'argile, puis sur des papyrus et des parchemins. Non seulement cela a renforcé le rapport d'endettement, mais cela a aussi permis que les créances deviennent un objet de commerce – ce qui préfigurait les monnaies de papier et les dérivés de crédit modernes. Le rapport entre débiteur et créancier devint plus abstrait. S'il pouvait encore y avoir auparavant une relation personnelle empêchant le créancier de faire prévaloir ses exigences de manière impitoyable, désormais le détenteur d'un titre de créance ne connaissait en général plus le débiteur et sa famille, ce qui raccourcissait le chemin menant à l'esclavage pour dettes. Il n'y a rien d'étonnant à ce que les registres de dettes aient été si souvent la cible de révoltes dans l'Antiquité[30].

Ensuite, l'écriture a servi aussi à codifier le droit. La compilation juridique mésopotamienne la plus connue, le Code de Hammourabi du XVIIIe siècle av. J.-C., aborde longuement le droit de propriété et les dettes. À mesure qu'ils étaient codifiés et garantis, ces droits ont pris effectivité grâce au soutien de l'État et de son pouvoir physique organisé. Dès le début, la codification écrite du droit est donc une arme à double tranchant : d'un côté, les citoyens sont protégés de l'arbitraire et jouissent d'une certaine sûreté juridique, du moins en théorie ; mais de l'autre, les rapports de pouvoir en vigueur sont fixés, légitimés et systématisés de manière durable. L'écriture peut donc aussi servir à inscrire l'injustice dans l'ordre juridique.

Au cours des siècles, l'écriture a eu bien d'autres fonctions, notamment celle de consigner les mythes et les épopées dans lesquels les couches dominantes exposaient leur vision du monde. L'écriture a permis aux membres des castes qui savaient lire et écrire de graver dans le marbre leurs représentations métaphysiques de l'univers et de leur conférer ainsi une assise durable aussi bien qu'une singulière autorité. Face à des textes ciselés dans la pierre ou imprimés dans l'argile, textes dont les rédacteurs se réclamaient éventuellement d'une inspiration divine, la transmission orale était en difficulté. Sans écriture, sans livres sacrés, les prétentions à la vérité universelle élevées par certaines religions auraient été impossibles. Cependant, le mot écrit ne tire pas son autorité seulement du scribe qui l'écrit et de son commanditaire, mais aussi du fait qu'il a besoin d'être interprété par quelqu'un qui s'y connaît. Entre les spécialistes qui débattent de l'exégèse des textes et les profanes qui n'ont pas droit de parole, un fossé se creuse qui caractérise autant la théologie que les formes modernes d'expertocratie.

L'écriture n'est toutefois pas restée au cours de l'histoire un privilège des élites. Les premiers prophètes bibliques qui s'insurgeaient contre l'exploitation et l'oppression de la part des propriétaires fonciers et des monarques s'en sont servis autant que les classes dominantes elles-mêmes. Depuis, l'écriture est un terrain disputé. Tout comme l'imprimerie, les médias audiovisuels et l'Internet bien plus tard, elle peut servir à légitimer la domination ou à en démonter les rouages. Il ne faut donc pas s'étonner que le contrôle de cet instrument soit encore et toujours une préoccupation centrale des pouvoirs étatiques autant que des puissances économiques. Dans les États industrialisés qui se réclament d'une tradition libérale, la majorité des gens savent lire et écrire, et peuvent exprimer plus ou moins librement leur opinion ; mais pour la diffuser, il leur faut passer à travers les filtres des maisons d'édition, des agences de presse et des chaînes de radio (même s'ils sont devenus plus poreux à l'ère d'Internet). Une grande partie des médias sont possédés soit par l'État, soit par de grandes entreprises privées, et se trouvent ainsi aux mains des principaux acteurs du pouvoir physique et économique.

L'invention du Dieu-souverain

Avec l'apparition des hiérarchies sociales à Sumer et peu après en Égypte, le cosmos métaphysique change lui aussi radicalement. En l'absence de témoignages écrits, les seuls indices que nous ayons sur les représentations et les pratiques religieuses de l'époque préhistorique viennent soit des fouilles archéologiques, soit d'analogies avec d'autres cultures dont nous pouvons supposer que, parce qu'elles ont un mode de vie similaire, leur imaginaire leur est aussi apparenté. Malgré toutes les incertitudes qui grèvent notre connaissance de la préhistoire, une chose au moins saute aux yeux : il *manque* quelque chose dans les témoignages de cette époque. Nulle part nous ne voyons représenté un souverain surhumain, un être que nous pourrions qualifier de « Dieu ». L'idée d'un Dieu-souverain n'apparaît dans l'histoire qu'au moment où la domination terrestre se forme et se consolide. Des peintures rupestres paléolithiques dans les grottes de Lascaux et de Chauvet (France) jusqu'au site de Lepenski Vir (Serbie) en passant par les fresques de Çatal Höyük, on ne voit jamais de figures masculines qui trônent en maîtres, comme on en trouvera par la suite dans tous les panthéons. En lieu et place, il y a des représentations d'animaux, des personnages qui dansent et divers types de figures féminines dont les plus connues sont la « Déesse-mère » et la « déesse des dolmens »[31]. La situation change radicalement avec l'apparition des premiers États à Sumer. Un hymne au dieu sumérien Enlil de la fin du IIIe millénaire illustre bien la manière dont la domination terrestre a servi de modèle pour élaborer les représentations métaphysiques du monde :

> Enlil dont les ordres parviennent au loin, à la parole sainte ; le seigneur à la décision immuable [...]. Enlil qui est assis au large sous la blanche Estrade, sous l'estrade sublime [...]. Lui devant qui les dieux de la terre s'inclinent terrifiés. Devant qui s'humilient les dieux du ciel[32].

Tel un souverain terrestre, Enlil dispose aussi d'un trône et d'un empire, sa volonté est « faite », il décide de la vie et de la mort, il est en mesure d'infliger des peines, d'accorder sa grâce, de pardonner les fautes et de remettre les dettes – deux choses intimement liées[33]. La projection de la cour du roi dans les cieux est tellement évidente que l'on peut se demander si les contemporains ont vraiment pris au sérieux une manœuvre aussi limpide. De fait, tout porte à croire que la religion d'État n'était pas vraiment populaire et qu'elle a d'abord été célébrée uniquement par les élites, tandis que le gros de la population conservait de plus anciennes traditions[34]. Ce schéma peut être observé aujourd'hui encore : même dans le christianisme, ce qu'on appelle la piété populaire a en général, là où elle s'est maintenue, un autre caractère que la religion officielle des classes dominantes. Elle conserve beaucoup de références préchrétiennes, voire préhistoriques, qui ne mettent pas en avant les idées de commandement et d'obéissance. Jusqu'à présent, les grandes religions ont hébergé deux types très différents de religiosité qui se reflètent dans l'opposition polémique de la « foi » et de la « superstition ». (À l'époque romaine, le terme *religio* désignait l'accomplissement des rituels officiels, y compris ceux du culte de l'empereur, alors que *superstitio* faisait référence à des cultes extatiques et difficilement contrôlables, qui n'ont jamais cessé de faire l'objet d'interdits.) Voilà pourquoi il serait sûrement faux de supposer une rupture historique nette dans l'imaginaire collectif, qui se serait faite en quelques siècles. Il s'agit bien plutôt d'un processus qui, en même temps que le pouvoir renforçait sa domination sur terre, s'est approfondi au cours des millénaires et finalement – quand la domination terrestre est parvenue à son zénith avec l'Empire romain – a atteint son apothéose dans la représentation d'un Dieu *tout-puissant*, telle qu'elle caractérise les religions monothéistes et tout particulièrement le christianisme.

Ce changement de système métaphysique est d'une immense portée pour l'imaginaire collectif. À la place de forces qui entrent en relation avec les humains en se situant à leur niveau – ancêtres, « esprits » ou « forces élémentaires » – apparaît un système pyramidal qui repose sur les idées de commandement et d'obéissance, et ainsi sur l'idée de l'exercice linéaire du pouvoir.

Ce mode de pensée s'est maintenu malgré tous les mouvements de sécularisation et de démocratisation qui ont transformé les sociétés ; jusque dans la civilisation technocratique actuelle, nous sommes imprégnés de cette représentation du cosmos. Comme nous le verrons au chapitre sept, l'homme dominateur qui se soumet la terre par la science et la technique a remplacé, au cours des Temps modernes, le Dieu-souverain. Ce qui caractérise aussi bien la version théologique de la toute-puissance que sa variante technocratique, c'est l'idée que la nature – même la nature humaine – doit et peut être dominée. De même que le roi donne des ordres à ses sujets et que Dieu commande à ses créatures, l'ingénieur règne sur la nature qui se plie à sa volonté.

La quatrième tyrannie

On voit ainsi qu'une quatrième tyrannie résulte des trois précédentes : la tyrannie de la pensée linéaire. Cette dernière repose sur l'hypothèse que le monde obéit à des lois de cause à effet qui peuvent être calculées – ce qui signifie qu'il peut être dominé. Une *actio* A engendre de manière prévisible une *reactio* B. Souvent, cette hypothèse se révèle plausible dans le monde de la matière inerte : le coup du marteau façonne le métal d'une manière qui peut être anticipée ; le mouvement d'une boule de billard se transmet à une autre d'une manière que l'on peut calculer, et l'énergie avec laquelle la seconde boule se meut est proportionnelle à celle avec laquelle la première l'a heurtée ; l'orbite d'un satellite d'observation peut être prédéterminée par une série d'allumages programmés, etc.

Si ces hypothèses ont permis de dominer avec succès la matière inerte, elles induisent en erreur en ce qui concerne les êtres vivants. Je peux certes essayer de déplacer un être humain comme s'il s'agissait d'une boule de billard, mais je serai alors forcé de constater que la personne en question réagit de manière étrange et que je ne peux pas vraiment contrôler ses mouvements, du moins tant qu'elle est en vie et éveillée. Voilà comment l'anthropologue étasunien Gregory Bateson a expliqué ce phénomène : « Lorsque je donne un coup de pied dans une pierre, je lui donne de l'énergie et elle *se déplace grâce à celle-ci.* [...] Lorsque je donne un coup de pied à un chien, il réagit grâce à l'énergie que lui fournit son métabolisme[35]. »

Seules les relations hiérarchiques font que les humains se comportent en apparence comme des boules de billard. Le commandant dit : « garde à vous ! » et le soldat s'exécute d'une manière absolument prédictible. Le contremaître dit : « plus vite ! » et l'employée accélère la cadence. La maîtresse dit : « Kevin, tu es collé ! » et Kevin reste en retenue. Les ordres imitent dans le monde des êtres vivants la mécanique du monde inerte. Mais les êtres humains qui exécutent des ordres et simulent un comportement mécanique ne deviennent pas pour autant des machines. La vie qui doit être refoulée pour donner une impression mécanique se fraye un chemin ailleurs, d'une manière imprévisible – et souvent peu réjouissante. Plus Kevin a dû rester en retenue, l'employée accélérer son rythme de travail et le soldat se mettre au garde-à-vous, plus il y a de chance que l'une ou l'autre fasse un jour des choses surprenantes que personne ne pourra comprendre. Que Kevin martyrise sa petite sœur, que l'employée prenne en cachette des antidépresseurs ou que le conscrit bourré tabasse à mort un sans-abri, le contremaître, la maîtresse et le commandant ne parviendront pas à se l'expliquer.

Les structures de commandement incitent à penser, de manière erronée, que l'on peut traiter les humains toute leur vie comme des automates, sans qu'ils en viennent un jour à se venger. Dans son livre *Masse et puissance,* Elias Canetti a décrit les ordres comme des aiguillons qui restent plantés dans celui à qui ils ont été donnés jusqu'à ce qu'il puisse s'en débarrasser en les plantant ailleurs[36]. Mais cet ailleurs est occulté dans la perspective de la pensée linéaire.

Si utile puisse-t-elle être dans l'univers de la matière inerte, la pensée linéaire biaise le regard sur la réalité du monde vivant. Plus l'exercice du pouvoir rend prévisible le comportement des subordonnés, plus ils développent d'un autre côté des attitudes inexplicables, « irrationnelles », sur lesquelles psychologues, sociologues et pédagogues se cassent la tête.

Cela ne concerne pas seulement la vie sociale, mais aussi l'écologie. Si je considère qu'une rivière est un objet mort, contrôlable, dont on peut à volonté modifier le cours et dont les comportements sont prévisibles, et que je cherche à la soumettre à ma volonté en en rectifiant le tracé, en la canalisant entre des berges, en en détournant le flot dans des biefs, etc., alors il peut arriver que la rivière se révèle d'autant moins contrôlable et prévisible que je tente de la prendre en main, au point de provoquer tout à coup des inondations inédites.

L'application de la pensée linéaire aux systèmes vivants a entraîné dans son sillage un cortège de dévastations sur la planète, sur le plan tant social qu'environnemental. Nous ne parviendrons à surmonter les trois premières tyrannies (la contrainte physique, la puissance économique et l'hégémonie idéologique) que si notre conception de l'humain et de la nature animée surmonte cette quatrième tyrannie par la reconnaissance du caractère vivant du monde – ce qui implique de reconnaître aussi qu'il n'est pas calculable. Nous ne pouvons espérer parvenir à des formes de coopération sociale et écologique qui laissent cette planète durablement habitable qu'une fois abandonnée l'idée que la nature peut être dominée.

2.

MÉTAL

Les mines, l'armement et le pouvoir sur la nature

On a percé des galeries loin des lieux habités,
là, inaccessibles aux passants
on oscille, suspendu loin des humains.
La terre, elle d'où sort le pain,
fut ravagée en ses entrailles comme par un feu. […]
Mais la sagesse, où la trouver ?
où réside l'intelligence ?

La Bible, Job 28,4-12

La mythologie confère souvent aux objets métalliques des pouvoirs extraordinaires. De la légende des Nibelungen aux romans de *fantasy* de Tolkien en passant par les contes et légendes des chevaliers de la Table ronde, les épées et les anneaux en fer ou en or sont, avec leurs propriétés magiques, au cœur de l'intrigue. Les posséder donne des forces surhumaines qui permettent autant de dominer que de détruire les êtres humains et la nature. Qu'il s'agisse du ténébreux prince Sauron dans *Le Seigneur des anneaux*, du sournois Hagen dans la légende des Nibelungen ou du bienveillant roi Arthur avec son épée Excalibur, c'est toujours un objet de métal qu'il faut acquérir pour assurer sa domination. Avec des variations infinies, les armes fantastiques de la science-fiction ne font que reproduire ce schéma. Le pouvoir hors du commun de personnages de film comme *Terminator* et *Iron Man* tient à ce qu'ils sont faits, au plus profond d'eux-mêmes, en métal.

Dans certains mythes et certaines histoires fantastiques, il y a toutefois des forces qui se battent pour en finir avec cette source de pouvoir : l'épée Excalibur est finalement jetée dans le lac dont elle est sortie, de même que l'anneau des Nibelungen dans le Rhin et celui de Tolkien dans les Failles du Destin. Ces histoires témoignent de la conscience qu'on prenait de la dynamique destructrice de la métallurgie.

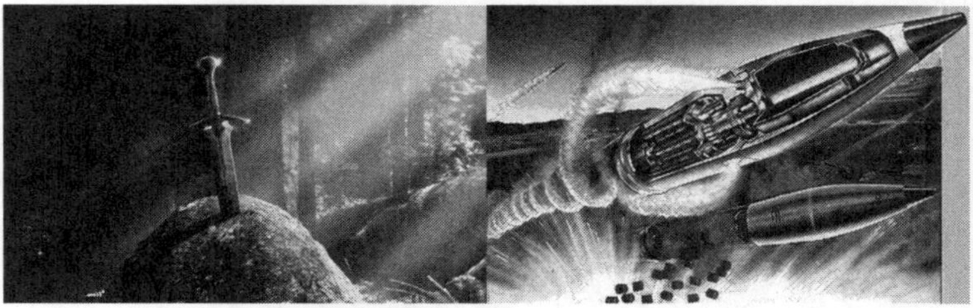

À gauche, l'épée Excalibur. À droite, publicité pour l'obus d'artillerie XM982 Excalibur.

Le travail des métaux a joué en effet un rôle décisif dans l'expansion et les métamorphoses des « quatre tyrannies » au cours des cinq derniers millénaires. Les métaux précieux ont servi pendant des millénaires de monnaie ; de ce fait, ils incarnent le pouvoir économique. La production de pièces de monnaie en or et en argent est à l'origine de notre système financier. Et ce système financier a été, comme nous le verrons dans le chapitre suivant, très étroitement lié à l'économie de guerre et à l'esclavage.

L'origine du complexe militaro-industriel

La production de cuivre, de bronze et de fer, puis également d'aluminium et d'uranium, est dès le début au cœur de ce que le président des États-Unis Eisenhower a appelé en 1961 le « complexe militaro-industriel ». De la hache en cuivre au missile intercontinental, il a plus de cinq mille ans d'histoire derrière lui. Disposer d'une technique métallurgique plus avancée permet de produire des armes plus puissantes et, grâce à elles, de dominer d'autres personnes et même des populations entières. Les nouvelles techniques métallurgiques ont été souvent liées à de profonds bouleversements politiques et sociaux. L'expérience historique de ces ruptures se reflète notamment dans le mythe antique des cinq « âges du monde », qui vont de l'âge d'or à l'âge de fer. À propos du troisième, le poète grec Hésiode écrivait :

> Et Zeus, père des dieux, créa une troisième race d'hommes périssables, la race de bronze, bien différente de la race d'argent [...]. Ceux-là ne songeaient qu'aux travaux gémissants d'Arès et aux œuvres de démesure. Ils ne mangeaient pas le pain, leur cœur était comme l'acier rigide, ils terrifiaient. Puissante était leur force, invincibles les bras qui s'attachaient contre l'épaule à leur corps vigoureux. Leurs armes étaient de bronze, de bronze leurs maisons, avec le bronze ils labouraient, car le fer noir n'existait pas[1].

Prélude à une époque de violence physique croissante, le début de l'âge du bronze marque effectivement une profonde rupture historique. Le bronze est fait de cuivre et d'étain. Cet alliage est bien plus dur que le cuivre pur et se révèle ainsi idéal pour faire des outils, des armes et des armures. Mais il faut une lourde logistique pour se procurer les matières premières nécessaires. Les Mésopotamiens devaient en l'occurrence importer le cuivre et l'étain de régions minières qui se trouvaient dans l'Hindou Kouch ou le Caucase, à des milliers de kilomètres. Uruk et d'autres cités-États établirent à cette fin des colonies et créèrent un système de relations commerciales inégales : les matières premières brutes (avant tout les métaux) étaient importées de la périphérie vers le centre qui, en contrepartie, exportait des produits manufacturés comme les textiles et les céramiques[2]. À petite échelle, on testait déjà un système qui, désormais à l'échelle du globe, repose sur l'écart de pouvoir entre les centres « hautement développés » et les périphéries « sous-développées ». Les routes commerciales exigeant de leur côté d'être protégées militairement, le processus se renforce lui-même puisque pour assurer la fourniture en matières premières, il faut avoir toujours plus d'armes. Dans l'état actuel des connaissances, la première guerre organisée de l'histoire fut menée par Uruk contre la ville de Hamoukar en Syrie actuelle, qui se trouvait sur la route commerciale du Caucase[3].

La seconde grande rupture technologique fut la révolution de l'âge du fer. À la différence du cuivre et de l'étain, le fer est très répandu sur Terre, il constitue presque 5 % de la masse de la croûte terrestre (en ce qui concerne le cuivre, cette proportion tombe à seulement 0,1 %). En revanche, le point de fusion du fer, à plus de 1 500 degrés Celsius, est nettement plus élevé que celui du cuivre. Pour atteindre de telles températures, il faut des fourneaux spéciaux et beaucoup d'énergie, ce qui accroît encore le besoin de ressources.

À l'état pur, le fer est à peine plus dur que le bronze, mais il peut être enrichi en carbone et transformé en acier, ce qui permet de produire des outils et des armes de bien meilleure qualité. Depuis environ 1200 av. J.-C., la technologie du fer s'est rapidement diffusée à partir d'Anatolie. L'État militaire le plus agressif que le monde ait connu jusque-là fit brutalement son apparition en Assyrie, dont les riches gisements de fer permettaient de produire des armes en grande quantité. Il annexa successivement la Mésopotamie, la Palestine, l'Égypte et toute une partie de la Turquie actuelle, laissant dans les territoires conquis des souvenirs terrifiants. De nombreux passages de la Bible hébraïque en témoignent : « Israël était une brebis isolée, des lions l'ont pourchassée. En premier, le roi d'Assyrie l'a entamée[4]. »

Toutefois, même la machine de guerre assyrienne fait pâle figure devant l'empire romain du fer. Une fabrication massive d'acier, de proportion industrielle, fournissait en armures, lances et glaives jusqu'à 600 000 soldats. C'est avec eux que Rome fit la guerre du Sahara à la mer du Nord et de l'Atlantique jusqu'au golfe Persique. La filière du métal employait 20 % des actifs non-agricoles de l'Empire romain[5]. On peut aussi saisir l'ampleur de la production sidérurgique romaine aux résidus que les fourneaux ont laissés derrière eux. Les découvertes archéologiques de scories de fer de l'époque préromaine se mesurent en kilos, celles romaines en centaines de tonnes[6].

La matrice des catastrophes environnementales

Jusqu'aux « orages d'acier » de la Première et de la Seconde Guerre mondiale, le fer est resté la matière première cruciale pour les appareils militaires européens. À la différence de marchands de canons comme Krupp et Schneider, les Romains n'utilisaient toutefois pas du charbon fossile pour alimenter leurs fourneaux de fusion, mais exclusivement du charbon de bois. Vingt-cinq millions d'hectares de forêt furent en tout déboisés et essouchés[7], soit deux fois la surface actuelle de la Grèce. À côté de la marine et du bâtiment, la production de fer fut donc l'un des facteurs les plus importants de déforestation du Bassin méditerranéen[8]. Nous en voyons encore les séquelles de nos jours : par exemple, le visiteur de l'aride Sardaigne aura du mal à croire que l'île, avant l'âge de fer, était couverte d'épaisses hêtraies. Les forêts d'Espagne, de Grèce et de l'Adriatique orientale sont elles aussi en grande partie tombées sous la coupe de la production de fer.

En amont de la métallurgie, l'extraction des minerais elle aussi était et reste liée à la violence et à la destruction de la nature. L'exploitation minière est le prototype de toutes les industries extractives. Dès l'Antiquité, des montagnes entières ont été creusées pour extraire du cuivre, de l'argent, de l'or et du fer – jusque-là, il était impossible d'imaginer intervention humaine plus radicale sur la surface terrestre. Il y a plus de quatre mille ans, l'excavation du minerai et l'essartage par le feu afin de produire du charbon de bois ont provoqué dans les Alpes la destruction massive des paysages ainsi que des glissements de terrain[9]. À propos des mines d'or romaines dans le nord-est de l'Espagne, Pline l'Ancien parlait de destruction des montagnes, *ruina montium*[10] : « La troisième méthode [pour trouver de l'or] surpasse peut-être les travaux des géants. Au moyen de galeries menées sur de grandes distances, on creuse les montagnes à la lumière des lampes [...]. Et pendant de nombreux mois, [les mineurs] ne voient pas le jour[11]. » Dans la région de Las Médulas, dans le nord de l'Espagne, on peut encore voir les vestiges, en parties effondrés, des mines que les Romains ont creusées.

Depuis l'Antiquité, l'exploitation minière est considérée comme l'incarnation même de l'enfer, notamment en raison des conditions de travail infernales et de la dévastation des paysages qui y sont liées. Ce n'est pas pour rien que le poète Dante Alighieri a imaginé au XIVe siècle les neuf cercles de l'enfer, dans sa *Divine Comédie*, en s'inspirant précisément de l'aspect d'une mine à ciel ouvert. Selon la mythologie de Dante, cet « entonnoir » infernal aurait été violemment créé par la chute de Lucifer dans le monde.

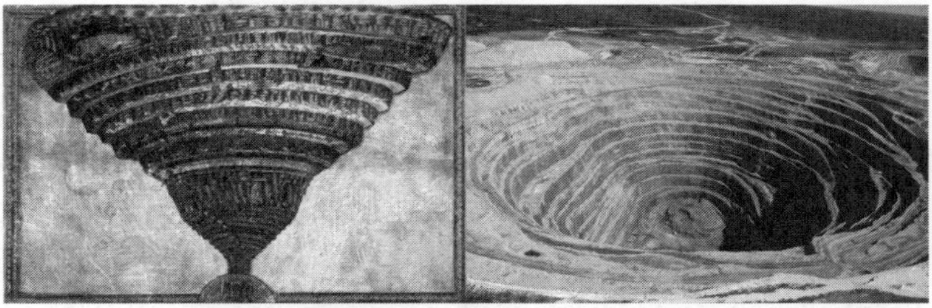

À gauche : Sandro Botticelli, *L'Enfer* (illustration de la *Divine Comédie* de Dante). À droite : exploitation minière en Russie.

Les dévastations provoquées par l'exploitation minière dans l'Antiquité et au début des Temps modernes le furent à la seule force musculaire des êtres humains (aidés en partie par des animaux). Le recours aux énergies fossiles accroît aujourd'hui cette puissance destructrice de manière monstrueuse. Les excavatrices dans les mines à ciel ouvert sont, de toutes les machines destinées à rouler sur terre, les plus grandes jamais construites. Chaque jour, elles arrachent près de cent millions de tonnes de matière à la croûte terrestre, qui parcourent ensuite en camion, en train, en bateau et en avion la moitié de la surface de la planète pour être transformées, à l'autre bout du monde, en gratte-ciel, en asphalte et en *smartphones*. Même le sable se fait entre-temps rare le long des côtes : dans le monde entier, l'industrie du bâtiment a déjà excavé la plus grande partie des plages et drague maintenant le fond des mers[12]. L'extraction à ciel ouvert de métaux tels que l'aluminium, le cuivre ou l'or laisse derrière elle de gigantesques paysages lunaires et pollue des régions entières avec ses déchets toxiques. Les projets miniers ont chassé de chez eux des millions de gens dont la plupart ont trouvé refuge dans les bidonvilles des mégapoles – rien qu'en Inde, ils seraient au moins 2,5 millions[13]. Dans de nombreuses régions, l'industrie minière attise les guerres civiles, par exemple dans l'État indien de l'Orissa dont des centaines de milliers de personnes ont été déportées afin que les entreprises en quête d'uranium, d'aluminium ou de charbon puissent y prospecter. Voici comment Vandana Shiva, activiste qui se bat pour le respect des droits humains, décrit la situation :

> Le gouvernement a créé des milices privées, les *salva judum*. Ils assassinent nos frères et sœurs pour ouvrir la voie aux investisseurs. C'est une guerre entre les gens qui habitent sur place, leurs droits et la constitution indienne d'un côté, et les grands groupes qui veulent extraire les derniers restes de minerai de l'autre côté[14].

Il n'est pas rare que l'exploitation minière elle-même prenne l'aspect d'une guerre : dans l'État de Virginie-Occidentale (États-Unis), on fait sauter des sommets entiers de montagnes pour accéder au charbon qui se trouve dessous – un procédé que les ingénieurs appellent sobrement *mountaintop removal* (le « déplacement de sommet »). Un riverain explique : « Notre région est une zone nationale sacrifiée. [...] Ces entreprises vont dépouiller tout le pays[15]. » Par la pratique du « déplacement de sommet », des réseaux fluviaux ont déjà été détruits sur une longueur de 1 900 kilomètres[16].

La liste des dévastations provoquées par l'industrie minière pourrait être prolongée à l'infini : qu'il s'agisse de l'extraction d'or au Ghana, du coltan au Congo, de l'aluminium au Brésil, du cuivre au Chili, de l'étain en Indonésie ou de l'uranium au Niger – là où les géants modernes comme Rio Tinto, Anglo-American et BHP Billiton mettent le pied, paysages et sociétés sont tout autant dévastés.

L'industrie minière, y compris la production de charbon, de pétrole et de gaz, est de loin le secteur économique le plus agressif et destructeur de la planète. Et le plus puissant : elle compte six des dix plus grands groupes mondiaux[17]. Elle est devenue le symbole même du pouvoir de l'homme sur la nature. À partir du moment où les hommes sont capables de modifier l'aspect de la planète, où ils transforment les forêts tropicales en déserts et les montagnes en cratères, que ne peuvent-ils pas faire ?

Se prendre pour Dieu : la métallurgie et le pouvoir sur la création

Alors que l'extraction du minerai est avant tout un travail destructeur basé sur la force brute, son raffinage est le prototype de la manière dont l'homme, de ses propres mains, peut transformer la matière, voire en créer. L'argile peut être modelée, mais en la travaillant, on modifie à peine sa nature. L'extraction par la fusion de cuivre pur et brillant à partir d'un minerai terne, sa plasticité et les alliages chimiques dans lesquels il peut entrer donnent en revanche au métallurgiste un pouvoir de création qui égale presque celui de Dieu : il peut créer de nouvelles substances et configurer leurs propriétés, leur couleur, leur solidité et leur forme selon ses plans. Ce n'est pas pour rien si la métallurgie est à l'origine de l'alchimie médiévale, cet art secret dont le but était de produire en laboratoire des métaux précieux à partir de substances communes. Comme l'a montré l'historien des religions Mircea Eliade, la métallurgie et l'alchimie sont la matrice de l'idée selon laquelle l'homme pourrait exercer une domination illimitée sur le monde matériel[18]. Dans l'alchimie déjà, cette croyance allait bien au-delà de la domination du monde inorganique : les tentatives modernes de produire artificiellement des êtres vivants remontent au fantasme alchimique de fabriquer un « homoncule ». Le Docteur Faust, alchimiste dont l'assistant fabrique, dans le drame de Goethe, un être humain artificiel, est devenu l'incarnation même de la démesure humaine.

Le complexe métallurgique et la pensée alchimique qui en est issue ont, autant l'un que l'autre, engendré un grand nombre de rejetons à l'époque moderne. L'industrie du charbon est un descendant direct de la sidérurgie[19]. Elle a procuré à l'humanité des possibilités inédites de dominer

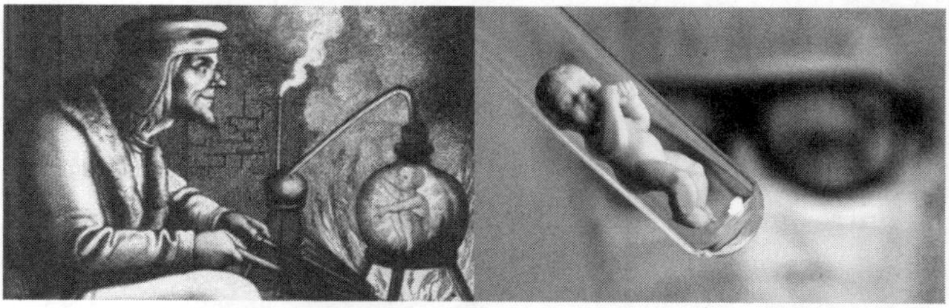

À gauche : Wagner, l'assistant du Docteur Faust, face à un homoncule. À droite : le bébé-éprouvette dans le sillage de l'alchimie.

la nature. Les raffineries de pétrole et les usines chimiques ont remplacé les laboratoires alchimiques. Même si la chimie moderne ne doit pas grand-chose à l'alchimie en termes de méthodes et de découvertes scientifiques, elle a néanmoins hérité d'elle le projet de dominer la matière jusqu'au plus petit élément, et celui de fabriquer de nouvelles substances. À la place de la pierre philosophale, l'industrie pétrolière et chimique nous a offert le Meilleur des Mondes des matières synthétiques. Désormais, les nanotechnologies dessinent même des objets à l'échelle atomique et produisent des matériaux aux propriétés complètement nouvelles, qui peuvent migrer à travers notre peau, nos vaisseaux et notre système nerveux.

Les héritiers des métallurgistes et des alchimistes ne s'arrêtent pas même devant la vie : tandis que le génie génétique se limitait à manipuler des fragments d'ADN isolées, la biologie de synthèse s'efforce maintenant de créer des formes de vie entièrement nouvelles. Les conséquences pour la vie sur Terre sont imprévisibles[20]. Les programmes de toutes ces sciences et de toutes ces industries semblent être autant de variations sur un verset de l'Apocalypse de Jean : « Voici, je fais toutes choses nouvelles[21] » – avec cette différence qu'entre-temps, les ingénieurs ont pris la place de Dieu.

3.

MARCHÉ

Le pouvoir économique, l'argent et la propriété

Je ne suis qu'un banquier accomplissant l'œuvre de Dieu.
Lloyd Blankfein,
P.-D.G. de Goldman Sachs

De prime abord, les marchés semblent être des lieux d'échange. Que ce soit sur le marché aux légumes ou à la Bourse, des marchandises sont échangées contre de l'argent, des titres de propriété contre des titres de propriété. Ces marchés peuvent être bruyants ou fébriles, mais on n'y voit normalement pas de violence physique. À la première impression, les marchés sont ainsi des lieux de paix, des espaces qui offrent aux chalands toutes sortes de possibilités et d'opportunités – bref, des lieux de liberté. Mais vu sous un autre angle, cette paix et cette liberté s'évanouissent. Prenons l'exemple le plus anodin qu'on puisse imaginer : le marché aux légumes. Pour celui qui a suffisamment d'argent en poche, ce marché offre une foule de possibilités d'achat. Mais pour celui qui a faim sans avoir le sou, il prend un tout autre aspect : les limites des étals débordant de fruits appétissants sont pour lui des lignes de démarcation qu'il ne doit pas franchir. S'il s'y essaie néanmoins et prend simplement ce dont il a besoin, le train-train pacifique du marché peut se transformer à la vitesse de l'éclair en une empoignade qui se termine par l'entrée en scène de policiers armés.

Pour comprendre pourquoi notre premier personnage rentre chez lui content avec un sac de courses bien rempli et le second se retrouve en garde à vue, pourquoi l'un a suffisamment en poche de cette substance symbolique que nous appelons l'argent et l'autre non, il nous faut quitter le marché et nous occuper de savoir de quelle manière les gens gagnent de l'argent ou pas, comment ils vendent leur force de travail et pourquoi certains s'en tirent mieux que d'autres. Derrière les marchandises et les prix apparemment neutres se cachent en fait des relations sociales complexes.

Pour expliquer ce qu'est un marché, se contenter d'observer le lieu des échanges ne suffit point. On ne peut répondre à la question de savoir si les marchés sont des institutions de liberté et de paix ou, au contraire, de contrainte et de violence que si l'on considère l'ensemble plus grand dont le lieu concret de l'échange n'est qu'un élément. Il apparaît alors que même l'idyllique marché aux légumes peut contenir divers types de relations qui sont, que ce soit de manière latente ou manifeste, violentes, ce dont le client solvable ne se rend pas forcément compte. Cela est encore plus vrai pour les vastes marchés qui s'étendent à l'échelle du monde.

Les marchés comme masques

Le jugement des marchés mondiaux a aujourd'hui la même valeur qu'un jugement de Dieu au Moyen Âge. Quand ils pointent du doigt un pays, son déclin est assuré. Les marchés passent pour des sortes de forces de la nature : ils récompensent ceux qui sont efficaces et capables, mais sanctionnent les faibles et les lents. Leur sélection est, dans la logique darwinienne, impitoyable mais juste – et indispensable pour le progrès d'un monde sinon voué à la stagnation et à la médiocrité. Et comme les marchés sont à la fois divins et naturels, toute objection et toute résistance à leurs arbitrages est non seulement vaine, mais également contre-nature et blasphématoire. Quand les marchés s'inquiètent, il faut faire des sacrifices. Si à l'époque des anciens dieux, il s'agissait de veaux et d'agneaux, on sacrifie aujourd'hui les retraites, les salaires, les systèmes de sécurité sociale et les écosystèmes. Les marchés sont affamés et ils ne sont jamais vraiment repus. Il faut donc les nourrir – même si pour cela, il faut brûler la terre entière.

Parler des « marchés » comme de sortes de puissances naturelles revient à mystifier les forces sociales et à les faire disparaître dans une sphère sacrée qui ne peut être mise en question. Les marchés sont anonymes et n'ont pas d'adresse. Ils sont irrévocables et n'ont de comptes à rendre à personne. Ce sont de parfaits masques. Mais derrière eux se cachent en fait des institutions et des personnes très concrètes qui défendent des intérêts très particuliers. Les marchés ne sont pas tombés du ciel au huitième jour de la Création ni ne sont apparus d'eux-mêmes au terme d'un processus évolutif. Au cours des siècles, leurs règles ont été inventées par des êtres humains à des fins déterminées. Les acteurs du marché tels que les sociétés anonymes, les banques centrales et les bourses sont des artefacts d'une immense complexité dont le fonctionnement requiert une telle quantité de règles juridiques que même les avocats spécialisés ne peuvent les avoir toutes en tête. Par ailleurs, il suppose un État qui fait respecter ces règles, au besoin par la force. Les marchés sont au plus haut point traversés de relations de pouvoir : ils sont aujourd'hui dominés par quelques centaines d'entreprises qui inscrivent à leur bilan des sommes plus élevées que le PIB de certains États. Les marchés ont une histoire : ils n'ont pas toujours existé et, pendant ce qui représente de loin la plus grande partie de son histoire, l'humanité a su se débrouiller sans eux.

Le mythe des marchés

La manière courante d'expliquer l'apparition des marchés et l'émergence de l'argent remonte au père de la théorie économique bourgeoise, l'Écossais Adam Smith. Il partait de l'idée que les êtres humains possèdent quelque chose comme un « penchant naturel à l'échange » et que, poussés par lui et par le désir de maximiser leur profit, ils échangent leurs produits respectifs – d'abord sous la forme du troc, ensuite par le biais de l'argent. Cette évolution est favorisée selon Smith par une division du travail croissante qui se développe avec la diversité des talents et des conditions locales[1]. À suivre cette théorie, la monnaie viendrait d'une marchandise qui fut d'abord négociée comme n'importe quelle autre, mais qui était particulièrement appropriée, en raison de certaines de ses propriétés (durabilité, divisibilité, transportabilité), pour servir d'unité de mesure aux transactions. Comme l'or et l'argent possèdent ces propriétés de manière éminente, ils ont naturellement servi de moyen de paiement. Cette théorie ne donne aux États qu'un rôle subordonné. Ils peuvent certes favoriser ou entraver les échanges marchands, mais l'apparition des marchés obéit à une dynamique qui leur est propre et semble naturelle.

Le seul problème de cette histoire, dont l'aspect logique est séduisant, est qu'elle est clairement fausse. Ni les études historiques, ni l'anthropologie comparée ne fournissent le moindre exemple de société où, à partir d'une économie non marchande, les marchés et l'argent se seraient finalement imposés comme d'eux-mêmes, par la lente diffusion des relations d'échanges et de la division du travail[2]. À l'échelle universelle, rien ne montre non plus l'existence d'une « inclination naturelle à l'échange » inscrite en chaque être humain.

Ce que l'on voit dans les sociétés non marchandes, c'est plutôt que les êtres humains régulent leurs relations matérielles et sociales par le biais de dons, de cadeaux et d'actions symboliques, et non par l'échange. Quand il y en avait, il concernait des étrangers avec lesquels on n'entretenait pas de relations étroites ni ne désirait en nouer[3]. Dans l'histoire, la transition vers une économie monétaire et marchande généralisée ne s'est faite que là où les États sont entrés en jeu, et avec eux la violence physique organisée. Cela se vérifie autant pour les premiers rudiments d'économie de marché dans l'histoire universelle – comme en Grèce classique – que pour l'apparition et la diffusion du système marchand moderne à partir de la Renaissance.

Malgré tout, on ne cesse de raconter l'histoire selon laquelle l'économie de marché est le fruit d'une évolution naturelle. Et cela pour une raison simple : elle occulte la violence structurelle et la violence physique qui, dans tous les cas historiquement documentés, sont de fait liées à la création des marchés et de l'économie monétaire. Elle nous débite un merveilleux conte de fées dans lequel les gens suivent leurs inclinations naturelles et améliorent ainsi le bien-être de tous ; elle nous parle du règne innocent et pacifique du commerce et de l'échange, qui n'a rien à voir avec les crimes abominables des souverains, les guerres qu'ils mènent et les autres monstruosités associées aux États. C'est sur ce récit qu'est basée l'image du « marché libre » comme antidote au despotisme d'État. Jusqu'à aujourd'hui, cette fable est d'une importance capitale pour le pouvoir idéologique qui légitime la violence des marchés et de l'argent en la présentant comme un fait de nature. La manière dont les marchés sont effectivement apparus montre tout autre chose : des histoires qui mettent la guerre et l'esclavage au premier plan.

La guerre comme berceau du marché

L'école nous a enseigné que la Grèce antique fut le « berceau de la démocratie ». Ce que l'on sait moins, c'est qu'elle a aussi engendré la première ébauche d'économie de marché. Et qu'en son cœur, il y avait l'armée. Le métier des armes a été la première forme de travail salarié et il est longtemps restée la plus importante[4].

Au début du VIe siècle av. J.-C., les rapports marchands jouaient encore un rôle minime, les paysans produisaient surtout pour leur propre consommation[5]. Il y avait quelques grands propriétaires terriens qui vivaient en ville et faisaient exploiter leur ferme par des intendants et des esclaves. Le marché du travail où des hommes démunis viennent louer leurs bras était presque inconnu. Le commerce était mal vu par les couches supérieures, les aristocrates employaient surtout leur richesse pour parader ou faire de généreux cadeaux qui renforçaient leur prestige et leur influence politique, mais pas pour l'investir dans des projets commerciaux et encore moins dans des structures de production. La monnaie était inconnue, les métaux précieux étaient certes utilisés dans le grand commerce comme moyen d'échange, mais ils ne l'étaient pas localement comme moyen de paiement[6].

Avec l'introduction de la monnaie au cours du VIe siècle, le décor change. Les premières pièces de monnaie ont été frappées dans le royaume de Lydie en Asie Mineure – pays natal de Midas, le roi légendaire qui a fini par mourir de faim parce que tout ce qu'il touchait se transformait en or[7]. Ce n'est pas un hasard si la plus vieille pièce de monnaie lydienne valait douze moutons : c'était le salaire annuel d'un mercenaire[8]. Les pièces de monnaie ont ensuite connu une diffusion croissante dans les cités grecques. Athènes en utilisait depuis le Ve siècle pour payer les employés de la municipalité et – ce qui était encore plus important – les troupes[9]. Mais l'introduction à grande échelle des pièces de monnaie comme moyen de paiement ne faisait vraiment sens qu'à une seule condition : il fallait que les employés et les militaires puissent de leur côté acheter quelque chose avec elles, et donc qu'apparaissent les marchés.

L'introduction du système monétaire étatique exigeait ainsi une marchandisation de la vie, aussi bien en ville qu'à la campagne. Au lieu de produire pour se nourrir, il fallait aussi travailler pour alimenter les marchés. Et dans l'Antiquité comme au cours des Temps modernes, cela ne s'est pas fait tout seul. Même sous l'Empire romain, la plupart des paysans préféraient produire pour couvrir leurs propres besoins[10]. Pour les contraindre à participer aux échanges marchands, il a fallu faire un pas décisif : introduire des impôts et des taxes sous forme monétaire[11]. Jusqu'à l'apparition des pièces de monnaie, les impôts étaient exclusivement levés en nature : une partie de la récolte était engrangée par l'État afin de pourvoir aux besoins des fonctionnaires et des soldats. Avec l'introduction d'impôts à acquitter en argent, les paysans ont été contraints de vendre une partie de leurs produits sur les marchés[12].

Un tel système était très avantageux pour faire la guerre. Tant que l'économie marchande et monétaire ne fut pas mise en place, il n'y eut pratiquement aucune armée permanente de soldats professionnels. Les hoplites grecs (les fantassins) devaient tous rentrer chez eux pour les récoltes et les semis, ils ne pouvaient être mobilisés que pour des campagnes limitées. En outre, l'armée devait être payée sous forme de biens en nature qui, de leur côté, devaient être soit acheminés là où elle stationnait, soit pillés sur place, ce qui limitait les proportions que les guerres pouvaient prendre ainsi que leur durée. Jusqu'à l'introduction du paiement en argent, la portée maximale des armées ne dépassait pas les trois jours de marche, parce que le transport des vivres n'était plus possible au-delà[13]. Le pillage pouvait provisoirement élargir leur champ de manœuvre, mais les grandes armées épuisaient rapidement les capacités de production des régions qu'elles traversaient. Par contre, une économie de marché pouvait pousser les commerçants et la population locale à organiser un approvisionnement durable afin de gagner l'argent qu'ils devaient reverser comme impôt à l'État, qui l'utilisait quant à lui pour payer les soldats. Il s'agit là d'une circulation presque parfaite sans laquelle ni l'impérialisme grec jusqu'à Alexandre ni l'Empire romain n'auraient été imaginables. Ni non plus le système-monde moderne.

Dans la Grèce du Ve siècle, c'était surtout la flotte qui constituait la colonne vertébrale de l'impérialisme athénien et elle a été financée par la nouvelle économie monétaire. Avec l'expansion du système basé sur le marché et l'argent, la taille de la flotte athénienne a tout simplement explosé. Dans la seconde moitié du Ve siècle, Athènes disposait de

200 navires de guerre de grande taille (les trières), avec leur équipage de 200 hommes[14]. La petite cité d'Athènes (Attique incluse) avec ses 500 000 habitants entretenait donc une flotte de 40 000 hommes. Si l'on rapporte ce chiffre au nombre d'habitants de la France, cela ferait 6 millions de marins, et 24 millions si l'on prend les États-Unis pour référence. Le « berceau de la démocratie » était une société militarisée à l'extrême.

Les mines de Laurion

Les pièces de monnaie qu'il fallait pour financer une telle armada provenaient presque toutes du même endroit : les mines d'argent de Laurion, à soixante kilomètres d'Athènes. Du Ve siècle jusqu'à l'époque romaine, environs 20 000 esclaves y travaillaient simultanément. Les mines appartenaient à l'État athénien, mais elles étaient affermées à des entrepreneurs privés qui parvenaient souvent à accumuler par ce biais des fortunes colossales. Les conditions de travail étaient épouvantables. Dans des galeries qui ne faisaient pas plus de quatre-vingt-dix centimètres de hauteur, on travaillait sans interruption par tranches de dix heures[15]. Les esclaves étaient marqués au fer rouge et, en plus, nombre d'entre eux étaient enchaînés[16]. Soit ils étaient directement prélevés parmi les prisonniers de guerre, soit ils étaient achetés sur le marché aux esclaves – sachant que la plupart des esclaves qui y étaient mis en vente étaient eux aussi des prisonniers de guerre.

À gauche : esclaves dans les mines de Laurion. À droite : pièces lydiennes datant de l'époque de Crésus (550 av. J.-C.).

Le système de Laurion reposait donc sur une parfaite circulation élargie : avec l'argent des mines, Athènes payait la flotte lui permettant de repousser les frontières de l'Empire ; à l'aide de cette flotte, la cité faisait des prisonniers qu'elle réduisait en esclavage afin d'extraire encore plus d'argent dans les mines, ce qui permettait de financer des guerres toujours plus lointaines. Ce système triangulaire articulant l'argent, l'esclavage et la guerre a constitué le cœur de la première économie de marché, celle que les campagnes militaires d'Alexandre le Grand a ensuite diffusée dans tout l'est du Bassin méditerranéen.

Les guerres de conquête dans lesquelles le souverain macédonien s'est lancé au IVe siècle av. J.-C. dépassaient de loin, par leur ampleur, les dimensions du complexe militaro-monétaire athénien. Pour payer son armée de 120 000 mercenaires, Alexandre avait besoin d'une demi-tonne d'argent *par jour*[17]. Même le site de Laurion ne pouvait en fournir autant. Dans les territoires conquis, Alexandre fit travailler les gens dans des mines d'argent locales afin de financer la poursuite de ses campagnes militaires. Le pillage de trésors qui depuis des siècles abritaient des métaux précieux rapporta lui aussi d'énormes quantités d'argent qui ont permis de payer l'armée. En conséquence, une vague de monétarisation et de marchandisation s'est emparée de l'est du Bassin méditerranéen, progressant au gré de sa militarisation. L'économie de subsistance et l'économie communautaire ont de plus en plus été refoulées et remplacées par des marchés où les soldats pouvaient échanger leur paie contre des biens. Le basculement du système fiscal du prélèvement en nature à la ponction monétaire a été ici, une fois de plus, le levier décisif afin de contraindre les paysans à produire pour fournir ces marchés. Quant à l'armée, elle se chargeait de faire rentrer effectivement les impôts en caisse.

L'économie monétaire a aussi modifié en profondeur le paysage politique. Les armées permanentes, payées tout au long de l'année, renforçaient le pouvoir des monarques de manière inouïe. Jusqu'à l'époque babylonienne, les rois mésopotamiens ont été obligés, à défaut d'avoir à leur disposition une armée permanente de mercenaires, de passer des compromis avec la population – par exemple sous la forme de remises de dettes – afin de conserver leur pouvoir politique. Désormais, les souverains pouvaient, tant qu'ils contrôlaient les sources de métaux précieux, imposer leurs intérêts contre la population en recourant à la pure violence physique. Avec la concentration du complexe militaro-monétaire dans les mains du pouvoir central, le despotisme militaire autant que le despotisme économique se sont intensifiés dans le Bassin méditerranéen. Dès lors, de plus en plus de paysans écrasés par les impôts et le surendettement ont perdu leurs terres, lesquelles se sont concentrées dans les mains de grands propriétaires terriens. La tradition biblique du jubilé, au cours duquel les dettes étaient annulées et les fonds de terre restitués à leur propriétaire d'origine, s'est ainsi presque complètement perdue en Palestine à l'époque hellénistique et romaine. La conséquence en fut l'apparition progressive d'une armée de travailleurs sans terre bien obligés de vendre leurs bras sur le marché « libre », et livrés à l'arbitraire de leur patron. Les nombreux journaliers que l'on rencontre dans les Évangiles (par exemple dans la parabole des ouvriers de la onzième heure) illustrent cette évolution[18]. La boucle de l'argent, de la violence militaire et du marché est ainsi bouclée : les pièces de monnaie ont permis de financer et de créer les armées ; et les armées ont permis de briser les résistances à la logique marchande – telles qu'elles s'exprimaient notamment dans les luttes pour la remise des dettes.

L'empire romain de l'argent

Les tyrannies du marché et de la violence militaire ont atteint leur premier acmé sous l'Empire romain. Comme à Athènes et dans les empires hellénistiques, la création d'une armée permanente grâce à la diffusion de l'argent et des marchés a joué un rôle crucial[19]. L'État romain consacrait près des trois quarts de son budget aux dépenses militaires. Depuis la fin du IIe siècle av. J.-C., Rome n'a presque jamais cessé de faire la guerre dans le Bassin méditerranéen. L'argent que cela nécessitait était surtout tiré des mines de Lyon, de Carthage et d'Espagne. Devoir y travailler équivalait à la peine capitale : la condamnation *ad metalla* était à Rome le deuxième châtiment le plus lourd après le jugement qui assignait le condamné *ad bestias*. Voilà ce que rapporte l'historien Diodore de Sicile en ce qui concerne les conditions de travail dans les mines espagnoles : « Les esclaves qui demeurent dans les mines rapportent, comme nous l'avons dit, des revenus considérables à leurs maîtres : mais la plupart d'entre eux meurent de misère, après avoir été excessivement tourmentés pendant leur vie. On ne leur donne aucune relâche ; et les hommes qui les commandent les contraignent par les coups à des travaux qui passent leur force, jusqu'à ce qu'ils y laissent leur malheureuse vie[20]. »

Diodore mentionne aussi que les Carthaginois, avant les Romains, avaient mis en place le même système afin de construire leur empire à l'aide de mercenaires : « Ce fut par le moyen de l'argent tiré de ces mines qu'ils eurent à leur solde des soldats courageux, dont ils se servirent dans les grandes expéditions qu'ils firent alors. Car les Carthaginois avaient pour maxime de ne se fier jamais ni à leurs propres soldats, ni à ceux de leurs alliés. Combattant à force d'argent, ils ont ravagé les territoires des Romains, des Siciliens et des Africains[21]. »

L'énorme flambée de violence dans le Bassin méditerranéen depuis le Ve siècle av. J.-C. repose donc en bonne partie sur la diffusion de l'économie monétaire et marchande[22]. La grande crise impériale du IIIe siècle de notre ère montre à quel point la frappe de monnaie d'argent était cruciale dans le maintien de l'empire militaire romain : après la mort, en raison d'une épidémie, d'une bonne partie de la population et donc des mineurs de la péninsule Ibérique, le ravitaillement en argent s'est tari. Dans l'incapacité de verser leur solde aux hommes, l'armée s'est par la suite partiellement disloquée, les impôts ont été à nouveau provisoirement levés en nature et l'Empire romain a eu du mal à se défendre contre les attaques extérieures[23].

Les premières sociétés par actions

C'est aussi sous l'Empire romain que les premières ébauches de sociétés par actions ont été créées : les sociétés publicaines. L'État romain affermait la gestion des sociétés minières, les contrats de fourniture militaire et la collecte des impôts dans les provinces impériales à des entrepreneurs privés (les publicains) qui se constituaient souvent en sociétés. Les parts de ces sociétés faisaient l'objet d'un négoce public[24]. Les publicains versaient à l'État un montant forfaitaire et avaient au reste les mains libres pour collecter les impôts ou exploiter les mines. Leur arbitraire et leur brutalité ont fait que les fermiers généraux étaient haïs dans les provinces. (Dans les Évangiles, les « publicains » sont associés aux pécheurs. Il était mal vu de partager sa table avec eux.) Ils ont suscité de nombreuses révoltes, comme la résistance des Juifs à la ponction fiscale évoquée dans l'histoire de la Noël[25].

Les sociétés publicaines sont un bon exemple de synergie entre violence physique et pouvoir économique. Le marché sur lequel elles prospèrent a été à l'origine créé par l'État afin de générer des entrées d'impôts et de l'argent pour payer l'armée – et accessoirement d'aider quelques citoyens à accumuler une fortune fabuleuse. Jusqu'à aujourd'hui, les États ne cessent de créer de nouveaux marchés, de la manière la plus évidente par la privatisation de la guerre à l'aide d'agences de mercenaires comme Blackwater ou DynCorp. Toutefois, le rapport entre le marché et l'État s'est tendanciellement inversé dès le début des Temps modernes, comme nous le verrons au chapitre six : tandis que dans l'Antiquité, l'État a utilisé et créé des marchés pour faire prévaloir ses intérêts impériaux, les entreprises utilisent aujourd'hui l'État pour créer *leurs propres* empires. Les souverains de notre époque ne sont ni empereurs ni premiers ministres, ce sont les P.-D.G. et les actionnaires des grandes sociétés par actions. Comme le remarque le théoricien du système-monde Immanuel Wallerstein, Rome fut un *empire* mondial tandis que le système global de notre époque est un *marché* mondial[26].

Les sociétés publicaines annoncent également l'époque actuelle pour une autre raison. Ce sont les premiers acteurs marchands de l'histoire mondiale qui se sont voués au principe de l'accumulation sans fin du capital. Les entrepreneurs individuels n'ont pas une espérance de vie illimitée, pas plus que des possibilités infinies de dépenser de l'argent. Jusqu'au début des Temps modernes, il était encore courant parmi les riches marchands de ne travailler que six heures par jour pour jouir ensuite de la richesse acquise ou en faire étalage[27]. Certaines limites physiques ou culturelles étaient donc posées à l'accumulation – et il n'était pas rare que les héritiers dilapident la fortune acquise au lieu de l'accroître. Par contre, les sociétés publicaines étaient, en principe, immortelles et insatiables[28]. Comme les sociétés par actions modernes, leur but unique était de tirer de toute activité économique, aussi vite que possible, le maximum de bénéfices monétaires, et ce sans restriction temporelle, indépendamment de la durée de vie et des besoins concrets des propriétaires de parts.

Malgré tout, les sociétés publicaines n'ont pas évolué au point de devenir les cellules germinales d'un système capitaliste de type moderne. Entre autres, cela tient au fait qu'elles se sont révélées avec le temps tellement nuisibles à l'État romain qu'Auguste a restreint massivement leur champ de manœuvre et remis la collecte des impôts aux mains de fonctionnaires publics. Les révoltes provoquées par les procédés brutaux des publicains et les pertes de revenus pour le fisc avaient fini par menacer l'existence même de l'Empire.

Finalement, une vaste bureaucratie étatique a pris la place des publicains pour assurer la collecte des impôts dans l'Empire. Comme dans le cas de Rome, les grandes bureaucraties modernes sont elles aussi issues des nécessités fiscales liées à l'armée (voir les chapitres six et sept). Aux deux époques, l'expansion de la logique marchande et le déploiement du pouvoir d'État sont allés main dans la main. Opposer, comme on aime tant le faire, « le marché libre » aux « bureaucraties d'État » est de ce fait purement illusoire. Aussi bien dans l'Antiquité que dans les Temps modernes, la création des marchés est indissociablement liée à la dynamique belliqueuse des États.

La propriété comme pouvoir de disposition total

De même que les États ont besoin de marchés pour pouvoir faire la guerre plus facilement, les marchés ont besoin d'États militarisés – du moins les types de marchés qui se sont historiquement imposés jusqu'à nos jours. C'est vrai de la Rome antique comme de notre monde actuel.

Les marchés présupposent un concept déterminé de propriété. Je ne peux vendre que ce dont je dispose. Mais la propriété est plus que la simple possession. Je peux voler un Rembrandt dans un musée et par conséquent le posséder. Néanmoins, j'aurai du mal à le vendre et ne pourrai en tout cas pas le faire chez Sotheby's, pour une raison bien simple : il n'est pas à moi. La propriété est une possession sanctionnée par le droit. Ce qui signifie que l'État, avec toute la violence physique qu'il concentre, se porte garant de cette propriété, comme l'illustre l'exemple déjà évoqué de l'expulsion par la force d'un locataire en retard sur ses loyers.

Les États protègent les droits de propriété, ils veillent à l'observation des contrats et punissent ceux qui violent les uns et les autres. À première vue, tout cela va de soi et nous semble utile. Sans la puissante main de l'État qui veille à ce que le droit et l'ordre règnent, le vol, le meurtre et le chaos ne se propageraient-ils pas ? La question est toutefois de savoir de quel « ordre » on parle et des droits de qui il est question. Qui est protégé contre qui ? Qu'est-ce qu'on entend précisément par propriété ?

À y regarder de plus près, la propriété telle que nous la connaissons aujourd'hui se compose de toute une série de droits différents. Et dans ce cadre, les droits de l'un impliquent dans certaines circonstances que les droits des autres ne soient pas pris en compte. Qu'est-ce qu'un propriétaire peut légalement faire de sa propriété ? Doit-il se contenter de l'utiliser, comme on le fait par exemple d'une parcelle de terrain en se promenant dessus ou d'une vache en l'attelant à une charrette (en latin, c'est l'*usus*) ? Ou bien peut-il aussi profiter de ce qu'elle lui rapporte, par exemple en cultivant la terre ou en trayant la vache (c'est l'usufruit, en latin *usus fructus*) ? Peut-il également la transformer, l'endommager ou la détruire (c'est l'*abusus*), par exemple en ouvrant une mine sur son terrain ou en abattant la vache ? Peut-il en interdire l'usage aux autres ? Peut-il la vendre, la léguer, la louer, l'offrir ou la mettre en gage ?

À toutes ces questions, les sociétés humaines dans leur diversité ont apporté des réponses très variées en fonction des époques. La réponse la plus extrême qu'on puisse imaginer consiste à dire que tout est possible, sans la moindre restriction, que le propriétaire a un pouvoir de disposition total et exclusif, quel que soit le bien en question : qu'il s'agisse de choses, d'êtres humains, d'animaux, de plantes, de fonds de terre, de rivières, de mers, etc.

La conception romaine de la propriété était assez proche de cette position extrême. Le concept central dans le droit de propriété romain est le *dominium*. Ce terme désignait le ménage d'un citoyen romain, y compris sa femme, ses enfants, ses esclaves, ses bêtes, ses terres, sa maison et ses biens meubles. Les êtres humains faisant partie du ménage étaient radicalement soumis à l'arbitraire du chef de famille, forcément masculin[29]. Non seulement le *paterfamilias* pouvait battre ses esclaves et ses enfants sans encourir la moindre sanction, mais il pouvait les vendre à titre d'esclaves et même les tuer. Entre la propriété des êtres humains, celle des bêtes et celle des biens fonciers, il n'y avait aucune différence fondamentale. À la différence d'un certain nombre d'autres sociétés antiques, dans lesquelles la terre ne pouvait pas être négociée sur le marché, ou seulement sous certaines conditions, les citoyens romains jouissaient d'un pouvoir de disposition presque illimité sur leurs terres et pouvaient les vendre à tout moment. Avec la marchandisation croissante de la vie romaine, le premier marché immobilier de l'histoire est ainsi apparu à côté du marché aux esclaves, avec une activité spéculative florissante[30]. Ce marché non régulé aggrava encore la concentration de la propriété foncière et accéléra l'apparition d'une classe de démunis qui n'avaient que leur pure et simple force de travail à vendre sur le marché.

Avec l'effondrement de l'appareil militaire romain, l'ordre social fondé sur cette idée de la propriété s'est lui aussi écroulé. Faute de métaux précieux et d'armées permanentes, le pouvoir de disposition sur les humains et les terres était au Moyen Âge bien plus restreint. L'esclavage a disparu en grande partie d'Europe[31], la terre ne pouvait plus être vendue librement, mais seulement attribuée en fief, c'est-à-dire louée. Avec le retour en force de l'économie militaro-monétaire au début des Temps modernes, le droit de propriété romain fut également ressuscité – et avec lui l'idée de disposition totale sur les humains et la terre.

Que les compagnies pétrolières et minières puissent transformer la moitié de la planète en paysages lunaires et qu'elles bénéficient pour ce faire du soutien de l'État, voilà qui remonte à la tradition juridique romaine : ce que ces entreprises, en tant que « personnes juridiques », acquièrent et qualifient comme leur propriété est livré à leur pouvoir de disposition total[32]. Aujourd'hui, un tel pouvoir ne se limite plus seulement aux biens meubles et aux terres, mais s'étend aussi au vivant lui-même. Des gènes et même des espèces entières d'animaux et de plantes peuvent désormais être brevetés et sont partant considérées comme « propriété intellectuelle » de celui qui en a déposé le brevet[33].

On peut lire l'histoire des mouvements sociaux et écologistes des derniers siècles comme celle de la résistance à un tel pouvoir de disposition. Le mouvement pour l'abolition de l'esclavage s'opposait à l'idée que des êtres humains puissent être possédés et traités comme des marchandises ; les mouvements féministes combattent le pouvoir masculin de disposer du *dominium* patriarcal ; les mouvements en faveur des droits humains défient les droits de disposition des États sur leurs sujets ou plutôt sur leurs citoyens ; et les mouvements écologistes essayent de circonscrire le pouvoir de disposition des particuliers, des États et des entreprises sur la terre et les êtres vivants.

Au XXIe siècle, la survie d'une grande partie de la population mondiale est menacée par la possessivité insatiable d'une minorité. La couche relativement mince que constitue l'élite mondiale revendique pour elle, de concert avec quelques centaines d'entreprises transnationales, la plus grande partie des terres, des forêts, de l'eau, des moyens de subsistance, des richesses minières et même de l'atmosphère terrestre. Pour ce faire, elle peut se réclamer d'un ordre social basé sur le régime de la propriété que l'État, si nécessaire, impose en recourant à la force physique. À mesure que les ressources s'épuisent dans le monde entier et que se multiplient les conflits, cette classe se confine dans des *gated communities* protégées par des grilles et du fil de fer barbelé, des murs et un déploiement massif de policiers contre celles et ceux qui fuient leurs pays pillés.

Qui dispose, et de quel droit, de quel territoire ? Qu'est-ce qu'un État, une entreprise ou un particulier peut faire et ne pas faire avec le bout de nature dont on lui reconnaît la propriété ? Dans quelle mesure des êtres humains peuvent-ils être privés de l'accès à la terre, à l'eau et aux autres biens de première nécessité ? Les bouts de papier stipulant les droits de propriété doivent-ils être toujours reconnus comme valables, quelles que soient leurs conséquences meurtrières ? Peut-on posséder la terre et la vie qui prospère sur elle dans le même sens qu'un pantalon ou une banane ? Qu'est-il possible et admissible de vendre ou de mettre en gage et qu'est-ce qui relève des biens communs inaliénables ? Qui décide à ce propos ? Reposer ces questions dans toute leur acuité est aujourd'hui d'une importance vitale. Sous la pression de la concentration foncière à leur époque, les prophètes bibliques les avaient déjà posées et y avaient clairement répondu : la terre n'est la propriété de personne, elle a été seulement prêtée aux humains, et cela à parts égales.

4.

IMPUISSANCE

Le traumatisme du pouvoir et la naissance de la pensée apocalyptique

Nuit et jour, il était sans cesse dans les tombeaux et les montagnes, poussant des cris et se déchirant avec des pierres. [...] [Jésus] *l'interrogeait : « Quel est ton nom ? » Il lui répond : « Mon nom est Légion. »*

Évangile selon Marc 5,5-9

La synergie entre économie monétaire, guerre et métallurgie a entraîné une énorme expansion du pouvoir de l'homme sur l'homme. En contrepartie, les gens livrés à de telles formes de domination se sont enfoncés dans l'impuissance. Mais en général, l'historiographie n'en dit mot, car les historiens racontent le plus souvent l'histoire du point de vue des vainqueurs. Cela tient d'abord à la principale source d'information sur laquelle ils s'appuient : les écrits. Les lettrés qui les rédigeaient étaient d'habitude proches du pouvoir, voire directement rémunérés par lui. Dans la mesure où leurs chroniques ont ensuite été prises pour « l'histoire », le passé a longtemps été reconstitué dans la perspective du pouvoir[1]. Faut-il dès lors s'étonner que nos livres d'histoire nous apprennent tant de choses sur la manière dont César, Napoléon ou Frédéric le Grand voyaient le monde, mais si peu sur ce que pensaient et ressentaient les millions de gens qui se sont retrouvés pris dans l'engrenage de leurs guerres ? Les effets psychiques et sociaux de la violence sur la majorité des humains n'apparaissent pas dans les annales. C'est ainsi qu'a pu naître l'idée que l'histoire consisterait dans la « lutte des grands hommes » entre eux – ce qui laisse dans l'ombre les dynamiques essentielles et les forces motrices de l'histoire mondiale. On ne comprend ni pourquoi le christianisme, avec sa symbolique de la souffrance et de l'impuissance ainsi que son imaginaire apocalyptique, a pu s'imposer dans le monde antique, ni les raisons pour lesquelles des épidémies d'angoisse collective ont accompagné, comme l'a montré l'historien Jean Delumeau, la naissance des Temps modernes en Europe[2]. Pour comprendre l'histoire de la civilisation qui domine actuellement la planète, il nous faut raconter l'histoire des *effets du pouvoir*, des plaies et des commotions que cette civilisation a laissées derrière elle, sur les corps comme dans les esprits.

Quand une grande partie de la population est soumise pendant des siècles à une déshumanisation radicale, comme ce fut le cas des esclaves, qu'est-ce qui en résulte ? Dans quel sens une société se transforme-t-elle quand les hommes qui en font partie deviennent les rouages d'une machine de guerre impériale dont la tâche quotidienne est de torturer et de mettre à mort ? Que se passe-t-il avec ceux qui survivent aux marges de l'Empire et ont été contraints de voir leurs enfants, leurs frères et sœurs, leurs parents et leurs époux se faire massacrer ou abandonner à une mort lente et cruelle sur la croix ? Quels sont les effets sur les familles et les communautés quand des paysans autonomes perdent leurs fermes parce qu'ils sont surendettés ou qu'on les dépouille de leurs terres, et qu'ils se retrouvent déracinés, transformés en travailleurs journaliers qui doivent se vendre sur un marché du travail brutal et non régulé ? Qu'est-ce que cela fait d'être livré au pouvoir et à l'arbitraire d'autrui de manière aussi radicale ?

L'histoire du possédé de Gérasa, dans l'Évangile selon Marc, est un témoignage remarquable sur les effets dévastateurs du pouvoir :

> Comme [Jésus] descendait de la barque, un homme possédé d'un esprit impur vint aussitôt à sa rencontre, sortant des tombeaux. Il habitait dans les tombeaux et personne ne pouvait plus le lier, même avec une chaîne. Car il avait souvent été lié avec des entraves et des chaînes, mais il avait rompu les chaînes et brisé les entraves et personne n'avait la force de le maîtriser. Nuit et jour, il était sans cesse dans les tombeaux et les montagnes, poussant des cris et se déchirant avec des pierres. [...] [Jésus] l'interrogeait : « Quel est ton nom ? » Il lui répond : « Mon nom est Légion, car nous sommes nombreux. » (Mc 5,2-9)

La psychologie moderne qualifierait de « trouble dissociatif » la forme de possession décrite ici. Ce genre de trouble peut subvenir à la suite d'une expérience traumatisante, comme celle de la violence. Peut-être l'homme de Gérasa a-t-il subi quelque chose de particulier quand il a rencontré les légions romaines[3] ? Leur manière de procéder nous est rapportée par d'autres sources. Vers l'époque de la naissance de Jésus, le gouverneur Varus fit crucifier, en représailles d'un soulèvement, deux mille personnes dans les environs de la ville de Sepphoris (à quelques kilomètres de Nazareth)[4]. Loin d'être exceptionnelles, de telles mesures étaient ordinaires. Tandis qu'au cœur de l'Empire on célébrait la *Pax Augusta*, à ses marges les troupes romaines avaient la triste réputation de pratiquer la politique de la terre brûlée. Voilà les mots que Tacite a mis dans la bouche de Calgacus, chef des rebelles britanniques : « Ces pillards du monde n'ont plus de terres à ravager et, dans leur folie dévastatrice, ils fouillent les mers. [...] Ils désignent leurs rapts, leurs meurtres, leurs razzias par le terme mensonger d'autorité. Partout où ils font le vide, ils parlent de paix[5]. »

En conséquence, des quantités innombrables d'êtres humains, voire des sociétés entières ont été lourdement traumatisées. Ce n'est pas pour rien que les Évangiles évoquent tellement de possédés et de gens souffrant de troubles psychosomatiques. La machine militaro-monétaire antique a laissé aux populations concernées le « souvenir cauchemardesque du pouvoir[6] ». Des siècles plus tard, le colonialisme en a fait de même sur la planète entière et, jusqu'à aujourd'hui, les marques qu'il a laissées ne se sont pas estompées.

Qu'est-ce qu'un traumatisme ?

Le terme grec *trauma* signifie « plaie », « blessure ». Depuis la fin du XIXe siècle, le concept est employé dans son sens moderne pour désigner les troubles psychiques provoqués par des expériences de violence et de séparation bouleversantes. Les traumatismes de guerre ont été pour la première fois scientifiquement étudiés lors de la déflagration mondiale de 1914-1918. Voilà comment une spécialiste du traumatisme, Judith Herman, décrit l'état des victimes souffrant de ce que l'on a appelé l'« obusite » (*shell shock*) :

> Prisonniers des tranchées, condamnés à l'impuissance, menacés en permanence d'être rayés du monde des vivants et forcés de considérer la mutilation et la mort de leurs camarades sans le moindre espoir de répit, beaucoup de soldats ont commencé à réagir comme les femmes [dites] hystériques. Ils criaient et pleuraient de manière incontrôlée. Ils étaient tétanisés et ne pouvaient plus bouger. Ils devenaient muets et apathiques. Ils perdaient leur mémoire et leur capacité à ressentir des émotions[7].

Les traumatismes peuvent être provoqués aussi bien par l'expérience personnelle directe de la violence ou de sa menace que par le fait de voir quelqu'un d'autre se faire brutaliser. Ce sont aussi des expériences d'impuissance et de détresse extrêmes qui détruisent chez les personnes touchées le sentiment d'être maître de leur vie, le lien aux autres et l'impression que le monde a du sens. Judith Herman écrit : « Les événements traumatiques mettent en question les relations humaines fondamentales. Ils brisent les liens de famille, d'amitié et d'amour, ainsi que les attaches communautaires. Ils détruisent l'image de soi que l'on forme et que l'on maintient dans la relation aux autres[8]. » En nous mettant dans une situation où l'on est totalement à la merci d'autrui, le traumatisme détruit en outre le sentiment d'« auto-efficacité » – c'est-à-dire la conviction de pouvoir venir par nous-mêmes à bout des situations, même difficiles, que nous rencontrons. Il brise les convictions de base, la croyance que le monde n'est pas absurde et qu'il ne nous est pas hostile par principe.

Un trait typique des patients souffrant de traumatisme est ce qu'on appelle la *dissociation* : le détachement à l'égard de tout sentiment au point d'être complètement insensible (l'« anesthésie émotionnelle ») et la déconnexion avec son propre corps, ressenti comme étranger. C'est la raison pour laquelle les victimes de traumas font souvent l'effet d'être insensibles et froides. Cette apathie alterne avec des phases où ils revivent intensément la situation traumatique sous forme de flash-back et de rêves.

Par ailleurs, les traumatismes suscitent une série de conséquences apparemment paradoxales. Parmi elles, il y a la célèbre compulsion de répétition. Dans les jeux de rôle par exemple, les enfants reproduisent fréquemment des situations où ils se sont sentis impuissants[9]. Ils veulent répéter la situation traumatisante pour, cette fois, se sentir forts et dépasser l'expérience de l'impuissance. Voilà pourquoi les traumatismes engendrent souvent une intense quête d'expériences de pouvoir. À première vue, le fameux phénomène d'« identification avec l'agresseur » semble lui aussi paradoxal. Notamment en cas de traumatismes répétés, « la victime a un besoin vital de s'intéresser intensément à l'agresseur, de s'identifier si possible partiellement à lui pour retrouver un brin de contrôle sur une situation qui se caractérise sinon par une pure impuissance[10] ».

Tous ces phénomènes – la compulsion de répétition, la quête de pouvoir, la manie du contrôle, mais aussi les fantasmes de vengeance et la paranoïa –, nous les retrouverons dans l'apparition de la pensée apocalyptique.

Quand des expériences traumatiques sapent ou détruisent le tissu relationnel d'une société entière et tout ce qui fait sens pour elle, on peut alors parler de « traumatisme collectif ». Des sociétés entières peuvent être prises de manie de contrôle ou d'« anesthésie émotionnelle », des cultures entières peuvent se consacrer à la remise en scène répétée d'expériences traumatiques ou à l'entretien d'une paranoïa collective. Et surtout à la quête de pouvoir.

La naissance de la pensée apocalyptique

L'imaginaire apocalyptique est l'un des traits les plus saillants de ce que nous appelons la « civilisation occidentale ». Le cinéma hollywoodien, par exemple, est littéralement obsédé par l'idée de destruction du monde. Mais l'imaginaire apocalyptique ne se réduit pas à la perspective de la catastrophe, il nous traverse bien plus profondément. À l'origine, les apocalypses ne s'achevaient pas avec la fin du monde, mais avec la création d'un nouveau monde, d'une Jérusalem céleste. Les utopies rédigées au début des Temps modernes, comme *La Cité du soleil* de Tommaso Campanella et *La Nouvelle Atlantide* de Francis Bacon, étaient d'inspiration apocalyptique, de même que la Réforme, l'anabaptisme ainsi que le mouvement d'exode qui a conduit les premiers colons en Amérique du Nord. Au XXe siècle, les plans de ville futuriste de Le Corbusier ou le projet de créer un « homme nouveau » en Union soviétique – même si leurs promoteurs auraient fermement démenti toute inspiration religieuse – étaient au fond les formulations achevées d'un programme apocalyptique vieux de plus de deux mille ans. Ce n'est pas un hasard si les plans en damier des quartiers d'affaires modernes et leurs façades de verre, dans lesquelles se reflète le soleil, rappellent la description de la nouvelle Jérusalem dans l'Apocalypse de Jean. Au cours de l'histoire, l'imaginaire apocalyptique s'est avéré extrêmement persistant, au point qu'il traverse la plupart des systèmes de pensée. Il est chez lui aussi bien dans le christianisme que dans le culte athée du progrès. On le retrouve dans les espoirs communistes en un nouveau départ de l'humanité *et* dans l'idée, formulée par Francis Fukuyama, que le capitalisme triomphant constituerait la « fin de l'histoire[11] ».

Mais ce n'est pas seulement notre imaginaire qui est obsédé par la pensée apocalyptique. Aucune autre civilisation n'a jusqu'à présent réussi à produire autant de fins du monde possibles, de la guerre atomique au désastre écologique en passant par la dissémination de virus mortels hors des

À gauche : représentation de la nouvelle Jérusalem (XVIIe siècle). À droite : plan du nouveau Paris par Le Corbusier (1925).

laboratoires où ils ont été trafiqués. Ces scénarios réalistes sont liés d'une manière singulière aux scénarios imaginaires : on dirait presque que c'est la quête multimillénaire de la nouvelle Jérusalem qui, précisément, a engendré le potentiel de destruction qui menace aujourd'hui notre avenir. Car le revers du Meilleur des Mondes que nous offre la société de consommation est une planète pillée et calcinée ; le revers de la maîtrise de la puissance atomique – à laquelle furent liées les utopies les plus audacieuses depuis les années 1950 – est la possibilité d'une guerre qui anéantisse tout ; et la création de formes de vie artificielles dans les laboratoires entraîne un danger de pandémie mondiale. Qui sont les extraterrestres qui dévastent la Terre dans les films apocalyptiques comme *Independence Day* et *Oblivion*, si ce n'est nous-mêmes ?

La question se pose à présent de savoir comment la pensée apocalyptique est apparue. Quelles sont les origines de la quête, si caractéristique de notre civilisation, d'un tout autre monde, d'un monde nouveau censé remplacer le vieux monde corrompu ?

L'apocalypse comme réponse au traumatisme du pouvoir

Les apocalypses sont des visions complètement désespérées. Elles naissent dans le sillage des dévastations impériales, quand il n'y a plus aucune perspective de recevoir la moindre aide, ni des humains, ni de Dieu, quand le monde semble tellement corrompu qu'on ne peut imaginer de salut sans anéantir et recréer complètement le cosmos. La pensée apocalyptique présuppose toujours le désastre. Ce n'est pas un hasard si la littérature apocalyptique est apparue à une époque de violence économique et physique massive : celle qui a suivi les guerres de conquêtes d'Alexandre le Grand. Comme nous l'avons vu au chapitre précédent, cette période se caractérise par un processus intense de militarisation et de marchandisation.

L'une des premières apocalypses qui nous ont été transmises est le livre biblique de Daniel, écrit en Palestine vers l'an 164 av. J.-C. Le lieu et la date de sa rédaction sont d'une importance cruciale : comme peu d'autres régions du monde antique, la Palestine a subi pendant des siècles des invasions militaires incessantes. Toutefois, la domination étrangère n'avait jamais été aussi oppressive et humiliante qu'à l'époque d'Antiochos IV, qui régnait sur l'un des royaumes qui ont vu le jour après la mort d'Alexandre le Grand.

À la différence des rois babyloniens avant lui, qui avaient garanti aux Juifs la liberté de culte et bien d'autres droits, Antiochos pouvait recourir à une armée permanente qu'il payait en pièces d'argent. Ce système associant l'économie de marché au militarisme lui a permis d'imposer une domination bien plus brutale que ses prédécesseurs, sur le plan tant économique que militaire. Pour s'acquitter des indemnités que Rome lui imposait en guise de réparation, Antiochos augmentait sans cesse les impôts. Il pilla plusieurs fois le Temple de Jérusalem puis finit par faire ériger une effigie de Zeus dans le Saint des saints, et par interdire l'exercice du culte juif. Ce faisant, il ne portait pas seulement atteinte aux corps des gens, mais aussi à leur univers métaphysique.

Au cours du règne d'Antiochos IV, la violence physique, l'exploitation économique et la tyrannie idéologique se sont intensifiées au point de constituer un système totalitaire. Ce n'est pas un hasard si la pensée apocalyptique, qui marquera profondément l'évolution ultérieure de la civilisation occidentale, est apparue précisément pendant cette période de déploiement tous azimuts du pouvoir.

Le livre de Daniel témoigne de la tentative de ne pas se laisser abattre par les expériences d'impuissance et de chercher à reconquérir un sentiment d'auto-efficacité. Dans l'épisode de la fournaise de feu ardent, Daniel et ses amis sont jetés dans un immense brasier parce qu'ils se refusent à adorer le symbole de la domination étrangère. Mais les flammes ne leur font rien, ils se promènent sains et saufs dans la fournaise[12].

Le septième chapitre du livre – l'apocalypse de Daniel proprement dite – fait un pas de plus. Il n'est plus seulement question de salvation, mais de vengeance. Le chapitre évoque la succession de quatre empires symbolisés par différentes bêtes. La quatrième, « différente de toutes et très redoutable, avait des dents de fer et des griffes de bronze, mangeait, déchiquetait et foulait le reste aux pieds » (Dn 7,19). Cette dernière bête, qui n'est autre qu'Antiochos, sera finalement jetée dans la fournaise et réduite à néant sur décision d'un tribunal présidé par une figure divine (Dn 7,9-11).

À la différence des apocalypses suivantes, ce n'est pas l'univers entier qui est ici voué à la destruction, mais seulement le criminel qui est à l'origine du mal. Néanmoins, on identifie déjà clairement chez Daniel la tentative de trouver une compensation imaginaire à l'expérience de l'impuissance et de l'humiliation. Une puissante armée céleste assiste le « Très-Haut » dont la puissance sans défaut dépasse tout ce qui a existé jusqu'ici. L'omnipotence de ce Dieu reflète le pouvoir dont jouissaient les souverains sur terre et, en même temps, elle le dépasse largement. Le feu auquel Daniel fut exposé dans la fournaise est désormais retourné contre les autres. À la fin, ce n'est pas seulement l'équilibre qui est rétabli, mais un triomphe grandiose et définitif qui est obtenu. Et c'est précisément à ce moment que l'apocalypse bascule. D'abord expression de l'espoir d'obtenir salvation et réparation, elle se met à reproduire l'expérience traumatisante : ce que l'on a vécu soi-même est désormais infligé à autrui, et ce avec une violence encore plus grande. L'imaginaire apocalyptique ne rompt pas avec le principe du pouvoir, il le redouble. La vision ne s'achève pas avec la perspective d'une libération, mais avec celle d'un nouveau règne, l'empire du « Très-Haut », et « toutes les souverainetés le serviront et lui obéiront ». Son dernier mot, c'est le verbe obéir. Mais l'auteur ajoute encore : « Pour moi Daniel, mes réflexions me tourmentèrent beaucoup ; mes couleurs en furent altérées. »

La destruction du ciel et de la terre

Dans le texte apocalyptique de loin le plus influent, l'Apocalypse de Jean rédigée vers l'an 90 de notre ère, l'auteur ne se dit ni tourmenté, ni blême[13]. Il n'a absolument rien à redire à la logique de l'anéantissement. Et cette fois, elle s'empare de tout : ce ne sont pas seulement quelques tyrans et leurs nervis qui sont en cause, c'est le cosmos dans son intégralité qui doit être anéanti et recréé à nouveau. Au terme d'une série presque interminable de fléaux et de catastrophes qui s'abattent sur la terre et l'humanité, non seulement « la bête » est avec le diable livrée aux flammes, mais il est dit que les deux « souffriront des tourments jour et nuit aux siècles des siècles » (Ap 20,10).

Cette radicalisation de la perspective apocalyptique répond au paroxysme de la domination. L'Empire romain avait continué à perfectionner le système grec articulant économie monétaire, esclavage et militarisme, et provoqué une concentration de pouvoir économique, physique et idéologique sans précédent. À la différence d'Antiochos dont le règne a pu être finalement renversé par une insurrection, l'empereur de Rome était avec ses légions en pratique inatteignable, son empire ne pouvait être détruit par des moyens terrestres. À l'omnipotence qui était aux mains de l'Imperator correspondait, à l'autre extrémité du spectre politique, l'impuissance totale à laquelle les juifs et les judéo-chrétiens, entre autres, étaient acculés. Voici ce qu'écrit Tacite à propos des persécutions contre les chrétiens à Rome en l'an 64 : « On ne se contenta pas de les faire périr : on se fit un jeu de les revêtir de peaux de bêtes pour qu'ils fussent déchirés par la dent des chiens ; ou bien ils étaient attachés à des croix ou enduits de matières inflammables, et, quand le jour avait fui, ils éclairaient les ténèbres comme des torches[14]. » Deux ans plus tard, l'armée romaine a réagi à une révolte en Judée par une guerre qui s'est soldée en l'an 70 par la destruction de Jérusalem et du Temple juif. Des centaines de milliers de Juifs y trouvèrent la mort, des milliers furent crucifiés.

Peut-être Jean a-t-il été le témoin direct de ces massacres[15]. En tout cas, les événements cauchemardesques de Judée resteront profondément ancrés dans la mémoire collective de l'époque. L'impression que le monde est irrémédiablement mauvais était si écrasante et l'impuissance si complète que la seule issue possible semblait passer par un anéantissement de la terre entière et sa recréation complète par une intervention divine : « Alors je vis un ciel nouveau et une terre nouvelle, car le premier ciel et la première terre ont disparu et la mer n'est plus. Et la cité sainte, la nouvelle Jérusalem, je la vis qui descendait du ciel, d'auprès de Dieu » (Ap 21,1-2).

La Jérusalem céleste et l'étang de soufre

La nouvelle Jérusalem n'est pas un lieu ouvert à toutes et à tous. Ce n'est pas l'utopie d'un monde pacifique, juste et réconcilié, telle qu'on la retrouve chez les prophètes de l'Ancien Testament ou dans les Évangiles, quand il est question du « Royaume des Cieux ». C'est le lieu d'une division radicale de l'humanité en élus et réprouvés. D'un côté, il y a ceux qui sont enregistrés dans le « livre de vie » : c'est pour eux que la cité céleste, la nouvelle Jérusalem est créée, belle « comme une épouse qui s'est parée pour son époux » (Ap 21,2). De l'autre côté, il y a ceux qui n'ont pas été retenus, les irrécupérables : qui n'est pas inscrit dans le « livre de vie » sera précipité pour l'éternité dans un étang de soufre et de feu (Ap 20,15).

Sécularisée de diverses manières, cette vision a profondément marqué la civilisation occidentale jusqu'à nos jours. Avec l'émergence d'une économie capitaliste mondiale depuis le XVIe siècle, elle a connu, comme nous le verrons dans le chapitre six, à la fois une renaissance et une réinterprétation, surtout dans les doctrines calviniste et puritaine. Le marché est désormais chargé d'exécuter la volonté divine qui divise l'humanité en élus et en damnés. Le lien entre pensée apocalyptique et capitalisme est aujourd'hui d'une actualité inquiétante. Dans les *global cities* modernes, la Jérusalem céleste se trouve souvent juste à côté de l'étang de soufre. Tandis que les élus, dans leurs tours de verre, regardent défiler sur leurs écrans des chiffres, des lettres et des images, les réprouvés du marché mondial croulent quelques rues plus loin sous les monceaux d'excréments et de déchets produits par les habitants des cieux. Ce qui distingue un habitant des bidonvilles et un cadre en pleine ascension sociale, ce sont les chiffres consignés dans la version contemporaine du « livre de vie » : le compte en banque. Celui qui, au XXIe siècle, n'a pas d'avoirs bancaires n'a d'autre perspective que l'étang de soufre et de feu.

Ce n'est plus un Dieu qui trône, mais la main invisible du marché qui distribue leurs lots aux gagnants et aux perdants. Elle divise l'espace en deux zones radicalement disjointes. Les limites qui les séparent s'incarnent dans les clôtures en fil de fer barbelé qui font de l'Europe et des États-Unis des forteresses, ainsi que dans le mur qui coupe Israël de la

À gauche : homme d'affaires à Houston, au Texas. À droite : ouvrier dans une mine de soufre, en Indonésie.

Palestine. Sur toute la planète apparaissent des réseaux de *gated communities*, de *green zones* reliées entre elles par des corridors hautement sécurisés. Les autoroutes qu'empruntent les élus dans leurs SUV climatisés sillonnent le pays des perdants auxquels il ne reste que la poussière et les détritus jetés par la fenêtre. La Jérusalem céleste de notre époque est protégée par des robots policiers et des drones contre celles et ceux qui cherchent à fuir l'étang de soufre.

Comme dans l'Apocalypse, la division du monde suit aujourd'hui une ligne d'abstraction progressive : le monde terrestre, concret, donné par la nature, est réprouvé, il se change en étang de feu ; en revanche, du ciel descend une ville complètement abstraite, à angle droit, qui « était d'un or pur semblable au pur cristal », et dont les dimensions sont prises à l'aide d'un roseau en or (Ap 21,15-18). L'imaginaire de Jean est aujourd'hui devenu réalité, de manière effrayante, dans les centres-villes de Singapour et de Dubaï, ou encore dans les quartiers d'affaires comme La Défense à Paris. Les ingénieurs et les architectes du monde moderne ont pris la place de Dieu et travaillent à une seconde Création artificielle. Dans ce monde, « la mort ne sera plus. Il n'y aura plus ni deuil, ni cri, ni souffrance » (Ap 21,4). Mais le prix à payer pour ce projet démesuré, c'est la destruction de la première Création. C'est une amère ironie de l'histoire que le fantasme d'exercer un pouvoir total sur la Création soit à l'origine né d'un mouvement de révolte contre le pouvoir.

Le présent brisé

La pensée apocalyptique ne divise pas seulement l'espace, elle brise aussi le temps – ou, plus précisément, le présent. Pour le regard apocalyptique, le présent est insupportable et irrécupérable. Ici et maintenant, on ne peut rien opposer aux exigences impudentes du pouvoir. À défaut de prise sur le monde permettant l'expérience de l'auto-efficacité s'installe la foi en une force supérieure qui, à l'avenir, agira au nom de toutes celles et de tous ceux qui ont été réduits à l'impuissance. Il en résulte une toute nouvelle représentation du temps. Alors que la vie dans une communauté indemne (non traumatisée) est déterminée par des rythmes récurrents, notamment le changement des générations par lequel la vie se renouvelle constamment, cette cyclicité est rompue par les expériences traumatiques. Les êtres humains ne sont plus en mesure de se considérer comme faisant partie d'un ensemble supra-individuel qui fait sens et, en principe, n'est pas par nature mauvais. Ils sont dissociés, arrachés aux cycles de la nature, de la communauté et du cosmos. La seule chose qui leur reste à opposer au désastre qu'est le présent est la vision d'un avenir dans lequel tout sera différent, dans lequel le monde pourri d'aujourd'hui sera remplacé par un cosmos tout nouveau[16]. La fixation de la civilisation occidentale sur l'avenir, que ce dernier se situe dans le ciel ou sur terre, plonge ses racines dans un traumatisme collectif général qui a arraché les êtres humains à tout ce qui faisait le sens du présent. Ce processus traumatisant n'a pas eu lieu qu'une seule fois, il s'est répété en divers lieux et à différentes époques, et ce jusque dans le passé le plus récent.

Ce nouveau rapport au présent constitue le fondement de la pensée apocalyptique, dont le culte moderne du progrès n'est qu'une variante. Celui dont le sol se dérobe sans cesse sous les pieds ne peut rien faire d'autre que de courir, dans l'espoir d'atteindre à nouveau la terre ferme. C'est dans ce mouvement de fuite devant le présent que se met en place ce que nous appelons *l'histoire* : la domination inexorable d'une flèche du temps à sens unique qui nous éloigne du passé corrompu et nous pousse vers un avenir dans lequel nous espérons prévenir notre propre déchéance par un geste permanent de dépassement de soi, de modernisation et d'effacement des traces. Dès lors, nous nous jetons dans une guerre contre le temps que nous ne pourrons jamais gagner parce que ce que nous combattons comme un ennemi extérieur n'est en fait que le produit de notre propre mouvement[17].

Une protestation contre la fin du monde : le mouvement de Jésus

Peu de livres sont remplis de messages aussi contradictoires que le Nouveau Testament. À bien des égards, le message de la révélation johannique est exactement le contraire de ce qui, dans les Évangiles, ressort comme constituant la préoccupation centrale du mouvement qui s'est formé autour de Jésus. Alors que les penseurs apocalyptiques attendaient une future intervention céleste, le mouvement de Jésus cherchait à guérir une société traumatisée en agissant au présent.

Les Évangiles représentent l'un des rares exemples d'historiographie ancienne reflétant, au moins en partie, le point de vue d'êtres humains ne faisant pas partie de l'élite. Certes, les quatre Évangiles qui font partie du canon ecclésiastique n'ont été écrits que des décennies après la mort de Jésus de Nazareth, et aucun de leurs auteurs n'avait connu l'homme qui est au centre de leurs récits. Les rédacteurs n'étaient eux-mêmes ni paysans, ni pêcheurs, ni journaliers comme Jésus et ses disciples (qui étaient pour la plupart analphabètes, comme, probablement, Jésus lui-même). Il s'agissait de lettrés. Leurs textes portent profondément la marque des intérêts et des conflits qui secouaient l'époque où ils ont été rédigés. Les efforts des jeunes communautés chrétiennes pour se démarquer des groupes juifs qui leur faisaient ombrage, comme les Pharisiens, sont aussi manifestes que le souhait croissant d'être bien vu de la puissance romaine d'occupation. La légende du gouverneur romain Ponce Pilate qui, plein de compréhension, écoute Jésus et finalement se lave les mains, est l'exemple le plus éclatant de ce genre de falsifications opportunistes de l'histoire[18].

Malgré toutes ces déformations, il reste quelques traces d'un mouvement qui opposait à l'Empire une autre logique que la sienne[19]. À cette époque, il y avait beaucoup de mouvements de résistance dirigés contre Rome et ses États clients. L'historien juif Flavius Josèphe évoque de nombreux mouvements ayant à leur tête des prophètes ou des rois-paysans, auxquels il n'était pas rare qu'on attribue le titre de « l'oint du Seigneur » (qui se dit en grec *khristos* et en hébreux *Machiah*, le messie). En son temps, Jésus était donc loin d'être le seul candidat au titre de Sauveur[20]. Quelques mouvements étaient armés, d'autres se fiaient avant tout à la parole. Leurs chefs furent tous, presque sans exception, tués et les mouvements défaits[21]. Les exemples les plus connus sont l'assassinat de Jean le Baptiste sous Hérode et de Jésus sous Ponce Pilate. Pour Rome, le mouvement de Jésus était un mouvement anticolonial. C'est ce qui ressort clairement de la manière dont il fut mis à mort : la crucifixion était le châtiment romain typique pour les dissidents politiques, dont on estimait qu'ils étaient coupables de *seditio* (rébellion) ou de *crimen maiestatis* (offense à l'empereur). Au plus fort de la première guerre judéo-romaine (66-73 apr. J.-C.), les Romains crucifiaient selon Josèphe jusqu'à cinq cents personnes par jour devant les portes de Jérusalem. Jésus ne fut donc pas le seul à mourir sur la croix. Ce châtiment supposait aussi que les morts ne recevaient pas de sépulture – un second traumatisme pour les proches puisque l'enterrement jouait un rôle central dans leur univers religieux. Alors qu'elles étaient encore sur la croix, la chair des victimes était dévorée par les oiseaux sauvages et les chiens errants. La légende de la mise au tombeau de Jésus et de sa résurrection ultérieure a manifestement été une tentative pour refouler cette expérience traumatique[22].

L'histoire racontée dans les Évangiles se déroule donc à une époque de traumatismes collectifs massifs. Mais les réponses proposées par le mouvement de Jésus se distinguent très clairement de ce que l'on a présenté comme étant constitutif de la religion chrétienne, dans ses diverses formulations, ainsi que de la pensée apocalyptique. À la différence des Églises ultérieures organisées de manière autoritaire, le mouvement reposait sur des principes égalitaires. Au premier plan, il n'y avait pas le culte d'une idole dénommée Jésus, mais un processus de transformation individuelle et collective dont la métaphore était le « Royaume des Cieux[23] ». Contrairement au « règne du Très-Haut » dans l'apocalypse de Daniel ou à la « Jérusalem céleste », ce Royaume des Cieux n'est pas associé à un fantasme de vengeance et d'anéantissement[24]. Cette image ne conduit pas non plus à une division de l'humanité en élus et réprouvés. Au contraire : les nombreuses histoires racontant comment Jésus partageait la table des parias de son temps attestent que ce royaume était ouvert à tout le monde.

Tel qu'il est esquissé dans les Évangiles, le Royaume des Cieux n'est pas un règne futur dont il faudrait attendre la venue. Au contraire, il a déjà commencé[25], et ce par des actes concrets : la guérison des malades, qui forme le cœur des activités itinérantes de Jésus et de ses disciples. L'historien étasunien Richard Horsley interprète les soins qu'ils apportaient aux souffrants comme une praxis anticoloniale et le montre en prenant l'exemple du possédé de Gérasa : « Quand Jésus exorcise le démon dont le nom est "Légion", il s'agit en fait d'expulser les Romains qui "possèdent" le peuple juif[26]. » À la guérison des individus possédés correspond, sur le plan collectif, la libération à l'égard des forces d'occupation. Dans cette interprétation, le fait que l'histoire se termine par un troupeau de porcs – la « légion » – qui se jette dans un précipice est un symbole on ne peut plus clair du départ désiré des armées romaines. Les guérisons par lesquelles le Royaume des Cieux se manifeste représentent donc un rétablissement collectif qui élimine non seulement les symptômes, mais aussi les causes du traumatisme. C'est pourquoi le Royaume des Cieux était un symbole éminemment politique, anti-impérial – ce que les Romains n'avaient que trop bien compris.

Jésus de Nazareth ne fut pas le fondateur du christianisme. Le mouvement qu'il a créé était un courant *interne au judaïsme* qui se réclamait de ses traditions profondément ancrées de résistance au pouvoir, et en particulier des premiers prophètes. L'idée d'une Église prenant la forme d'une organisation hiérarchique rigide s'appuyant sur des dogmes fixés par écrit était incompatible avec les pratiques et les objectifs de ce mouvement.

Le mouvement a survécu à l'exécution de Jésus. C'étaient alors souvent des femmes qui ont été au premier plan[27]. Mais en fin de compte, les traditions égalitaires, antihiérarchiques et anti-impériales n'ont pas réussi à s'imposer historiquement, même si elles ne furent jamais complètement brisées et n'ont cessé de renaître de leurs cendres aux époques de bouleversement social – en particulier au début des Temps modernes. L'idéologie qui fut élevée au rang de religion d'État au cours des siècles suivants et qui imprègne aujourd'hui encore les Églises officielles n'avait que peu de choses en commun avec les intuitions et les pratiques du mouvement de Jésus. À bien des égards, elle en était même l'exact opposé. Entre ce mouvement et les dogmes ecclésiaux, c'est peut-être l'inversion de sens la plus lourde de conséquences qu'une histoire ait jamais subie.

5.

MISSION

Les origines de l'universalisme occidental

Mais si quelqu'un, même nous ou un ange du ciel, vous annonçait un évangile différent de celui que nous avons annoncé, qu'il soit anathème.

Paul, Épître aux Galates 1,8

L'idée de mission est inscrite dans les tréfonds de notre culture et va bien au-delà de l'évangélisation chrétienne. Les héros de films d'action ont tous une mission à remplir : parachutés sur un territoire étranger, ils luttent contre la nature hostile et les combattants ennemis pour sauver la civilisation. Les entreprises se lancent à la conquête des marchés sur la base de leurs *Mission Statements*, qui explicitent leur stratégie pour se positionner dans la concurrence mondiale. Ce sont des missions spatiales qui ont permis la conquête de l'espace, exactement comme les colonisateurs chrétiens ont assuré la conquête du globe.

Le rôle que les ordres jésuites ou la London Missionary Society ont joué dans la diffusion du christianisme est assumé, en ce qui concerne l'évangile du marché libre, par le Fonds monétaire international et des *think tanks* comme la Société du Mont-Pèlerin[1]. Comme leurs prédécesseurs chrétiens, les apôtres du néolibéralisme se réclament aujourd'hui d'une idéologie universaliste qui affirme qu'il n'y a qu'une seule voie qui mène au salut : la leur.

Vouloir convertir les autres à son propre système de croyances est, du point de vue historique, quelque chose d'exceptionnel. Jusqu'au triomphe du christianisme, l'idée de mission était presque inconnue sur terre[2], exception faite de l'ancienne religion perse du zoroastrisme qui a légué au christianisme bien des idées : le jugement de Dieu à la fin des temps, l'opposition du ciel et de l'enfer, la résurrection des morts et la division radicale du monde en élus et réprouvés[3]. Que les religions à l'imaginaire apocalyptique prononcé soient aussi les plus agressives dans leurs projets missionnaires ne relève pas du hasard. En l'absence de Jugement dernier et de damnation, il n'y a pas d'âmes à sauver. Et quand il n'y a pas de séparation nette entre ceux qui connaissent et possèdent la vérité d'un côté, et les ignorants, les égarés, les païens et les hérétiques de l'autre, rien ne justifie de faire pression sur eux pour qu'ils adoptent nos propres articles de foi. L'idéologie missionnaire ne va pas sans dualisme apocalyptique. Ni sans la prétention à l'universalisme des vérités qu'il propage.

La grande inversion

Le premier à avoir coulé sur papier un projet missionnaire universel fut Saul de Tarse, également appelé Paul[4]. Avec ses épîtres, il a exercé une plus grande influence sur le développement des dogmes chrétiens que tout autre auteur. Si l'on peut prêter foi à ses propres confessions, Paul s'est d'abord illustré en persécutant les chrétiens avant de s'investir lui-même apôtre du Christ[5]. Il n'a jamais rencontré Jésus et ne s'intéressait ni à sa vie ni au contenu du mouvement qui s'était constitué autour de lui[6]. La seule chose qui le captivait, c'était la mort de Jésus et la légende de sa résurrection à partir desquelles il forgea, en les mêlant à des éléments provenant des antiques religions à mystères et des prophéties de l'Ancien Testament, le mythe du fils de Dieu que son père sacrifie pour racheter les péchés de l'humanité[7].

Ce mythe était à double tranchant. D'un côté, il proposait une alternative au culte romain de l'empereur et mettait ainsi en question les fondements idéologiques de l'Empire. L'empereur était à cette époque adoré comme une divinité, il était considéré comme le « fils de Dieu » et comme un « rédempteur » dont les messages étaient des *eu-angelia* (des « bonnes nouvelles »). En appelant « fils de Dieu » un rebelle juif crucifié et en qualifiant d'évangile ce message subversif, Paul faisait intentionnellement de la provocation. Sa conception de la communauté chrétienne, censée reposer sur la justice et l'égalité – y compris des femmes et des esclaves –, était également un défi adressé aux hiérarchies impériales[8].

D'un autre côté, cette mythologie contrastait fortement avec les pratiques du mouvement de Jésus. La croyance au mythe a remplacé chez Paul – et plus encore chez les « Pères de l'Église » qui lui ont succédé – la transformation active de la réalité. Au lieu d'agir ici et maintenant, on se met à attendre un événement salvateur à venir : le Jugement dernier et la résurrection. En se détournant de la pratique au profit de la mythologie, de l'actuel au profit de l'avenir et de l'ici-bas au profit de l'au-delà, l'Église a mis, dès l'époque post-paulinienne, sens dessus dessous presque tout ce qui caractérisait le mouvement de Jésus.

L'idée que ce mythe soit une vérité ultime et totale, qu'il soit valable pour tous les êtres humains sur terre et qu'il ne tolère aucune alternative a eu de plus grandes conséquences encore. Les *Mission Statements* de Paul et de l'Église qui se réclame de lui se déclinent en quatre points centraux :

1. L'histoire mondiale va dans un sens déterminé. Elle avance irrésistiblement vers le salut, processus au terme duquel les croyants seront sauvés et les mécréants damnés à jamais.
2. Loin d'être restreinte à certains peuples ou à certaines régions, cette histoire est universelle. Qu'ils le sachent ou non, tous les êtres humains sont bon gré mal gré embarqués dans une *seule* et même histoire. Il n'y a pas d'alternative.
3. Cette histoire n'admet qu'une seule vérité, universellement valable.
4. Par conséquent, celui qui connaît cette vérité a également l'autorisation et même l'obligation de mettre sur le droit chemin ceux qui n'en disposent pas.

Voilà les prémisses sur lesquelles repose le concept de mission – et partant tout l'édifice idéologique qui justifiera l'expansion européenne pendant deux mille ans. Les habits dans lesquels se drape ce projet missionnaire varient – le christianisme, les Lumières, l'économie de marché ou simplement les « valeurs occidentales » – mais son noyau dur est toujours resté le même : prétendre que l'Occident incarne un progrès dans l'histoire de l'humanité. Ce récit est la basse continue qui a survécu à toutes les grandes ruptures historiques depuis deux millénaires. L'idée d'une supériorité radicale associée à la mission de convertir le monde entier en constitue le cœur. La mission n'est considérée comme accomplie qu'une fois que tous nous ressemblent, qu'il n'y a plus d'en dehors, que *l'autre* cesse d'exister[9]. Augustin d'Hippone (354-430) écrivait déjà, dans le sillage de Paul, que l'Évangile devait être annoncé à tous les peuples sur la surface entière du globe, jusqu'à ce qu'il n'y ait « plus aucun pays où l'Église ne [soit] présente[10] ».

Mission et pouvoir

Un missionnaire qui n'a pas l'appui de la force militaire est dans une position très précaire. Pourquoi les gens qu'il interpelle devraient-ils prêter foi à ses allégations ? Pourquoi des êtres humains devraient-ils tout à coup rejeter leur propre culture pour se soumettre aux prétentions autoritaires de quelqu'un qu'ils ne connaissent ni d'Ève ni d'Adam ? Que l'on se représente un missionnaire envoyé par les Mbuti d'Afrique centrale débarquer dans un village d'Alsace pour persuader les gens de vivre à sa manière. Sur la place du village, il annoncerait d'une voix tonitruante que toutes les maisons individuelles doivent disparaître au même titre que les costumes blasphématoires des autochtones et l'idolâtrie superstitieuse de l'Église. À quelles réactions cet homme devrait-il s'attendre de la part des Alsaciens ? Qui parviendrait-il à convaincre ?

La plupart des missions chrétiennes qui misaient sur la persuasion par le prêche étaient dans une situation analogue et, pour cette raison, elles n'ont emporté bien souvent que des succès mitigés. Paul dut lui-même en faire l'expérience, lui qui disait que son message était « scandale pour les juifs, folie pour les païens[11] ». Souvent, il devait essuyer les moqueries que suscitaient ses interventions peu convaincantes[12]. Les missionnaires n'ont cessé de faire des expériences de ce genre au cours des deux millénaires suivants, de l'Europe de l'Est aux mers du Sud.

Cette situation humiliante s'est radicalement modifiée dès lors que le missionnaire a reçu l'appui de la puissance étatique. Là où il soulevait auparavant des rires et de la pitié, il se mit à obtenir respect et obéissance. Son ego surdimensionné et sa prétention à la vérité universelle, absolue, sont comme par magie validés quand il est entouré d'hommes équipés de hallebardes ou de fusils. Inversement, le missionnaire offre une justification parfaite à tout État désireux de se lancer dans une politique d'expansion. Ce qui *de facto* n'est qu'agression, meurtre et pillage semble désormais faire partie d'une mission supérieure visant à sauver les âmes. Les pillards peuvent avoir le sentiment d'être bénis et les missionnaires d'être investis de la force divine.

L'anéantissement de l'autre

L'idée d'une mission articulée à l'histoire du salut autorise et justifie la destruction des autres formes d'organisation sociale, celles qui ont été classées selon les époques comme barbares, païennes, sauvages, incultes, arriérées ou sous-développées. Leur éradication peut sans doute être douloureuse, mais elle est justifiée par l'édification d'une société plus développée, plus avancée sur le chemin du progrès. Par exemple, le théologien espagnol Juan Ginés de Sepúlveda justifiait au XVIe siècle le génocide et l'ethnocide qu'ont subis les premiers habitants de ce qu'on a ensuite appelé l'Amérique latine au motif que les indigènes seraient « des barbares, simples, illettrés, sans éducation, des brutes totalement incapables d'apprendre autre chose que les arts mécaniques, remplis de vices et cruels, d'une espèce telle qu'il vaudrait mieux qu'ils soient gouvernés par autrui[13] ».

Toutefois, il serait erroné de penser que l'histoire de la brutalité missionnaire ne commence qu'avec les Temps modernes et dans le prétendu « Nouveau Monde » (qui n'avait rien de nouveau pour celles et ceux qui y habitaient). Ce que les Amérindiens ont vécu depuis l'arrivée de Christophe Colomb, les autochtones d'Europe centrale et orientale l'avaient déjà subi. En l'an 723, un homme nommé Boniface (« le Bienfaiteur ») est parti évangéliser, sur ordre du pape, les païens qui peuplaient le cœur de l'Europe. En Allemagne centrale, les gens se refusaient encore, en ce temps-là, à embrasser ce qu'un chroniqueur appelait les « inviolables vérités de la pure foi », et continuaient imperturbablement à vénérer les arbres et les sources. Après avoir tenté en vain d'éliminer ces pratiques par l'exhortation, le Bienfaiteur réunit des troupes, fit abattre sous les imprécations de la population l'arbre sacré dans un lieu nommé Geismar et y fit construire, avec le bois, une église[14]. Boniface a infligé aux habitants de Geismar le même type de traumatisme qu'avait jadis subi la population de Judée sous le règne d'Antiochos : la profanation de leur univers métaphysique. En s'attaquant à leur système symbolique, il s'agissait aussi de détruire le tissu social qui leur avait permis de résister aux envahisseurs.

Pratiquement toute l'Allemagne du Nord ainsi que les régions situées à l'est de l'Elbe, jusqu'à la Baltique, furent ensuite assujetties à une brutale christianisation forcée. Les troupes de Charlemagne firent pendant trente-deux ans la guerre contre les Saxons (772-804) qui ne voulaient se soumettre ni au christianisme, ni à la domination carolingienne[15]. Deux cent cinquante ans plus tard, les Wendes ont subi presque la même chose à l'est de l'Elbe : après que des missionnaires chrétiens ont tenté, en vain, de les convaincre par la seule force de la parole, ils essuyèrent toute une croisade. L'évangélisation par le fer a atteint son point culminant sur les rives de la mer Baltique au XIIIe siècle. Au terme de plusieurs campagnes, l'ordre Teutonique a anéanti en grande partie la culture des Borusses. La région où ils vivaient est alors devenue le duché de Prusse. Et la croix de fer qui décorait les étendards de l'ordre Teutonique a plus tard orné les uniformes des officiers du Kaiser et du Troisième Reich. Aujourd'hui encore, elle sert de sigle à l'armée allemande. Avant que l'Europe ne colonise le monde, elle a été elle-même colonisée de manière brutale.

Avec le début des Temps modernes, quand les rapports de pouvoir se sont reformés en Europe, le projet missionnaire de l'Occident a connu une série de transformations et changé plusieurs fois de costume. Le missionnaire a pris la forme du prédicateur rationaliste qui apportait les lumières aux ignorants. Il s'est glissé dans les habits du colonialiste qui, comme le disait Rudyard Kipling (l'auteur du *Livre de la jungle*), prend en charge ce « fardeau de l'homme blanc » qui consiste à apporter les présents de la civilisation aux « peuples boudeurs, tout juste capturés / Moitié démon et moitié enfant[16] ». Il est réapparu sous la figure de l'expert en développement qui montre aux sous-développés comment ils pourront enfin devenir ce que nous sommes devenus, et vivre à notre image. Et il ne cesse de renaître dans la peau des apologistes du marché libre. Si ces missions diffèrent les unes des autres par leur contenu, elles n'en forment pas moins, prises toutes ensemble, un récit cohérent, celui de la supériorité de la civilisation occidentale et des tâches historiques qui lui incombent à l'égard du monde. Et ce récit deviendra l'un des piliers idéologiques essentiels de la formation et de l'expansion de la mégamachine moderne[17].

À gauche : missionnaires chez les Igbos (Nigeria) au XIXe siècle. À droite : soldats américains en mission à Haïti (2010).

Deuxième partie
LA MÉGAMACHINE

6.

MONSTRES

La réorganisation du pouvoir et la naissance du système-monde moderne (1348-1648)

Je ne crois pas que depuis la création du monde, on ait vu lamentations ou douleur publique s'accompagner de tant de terreur. [...] *Pour nous, misérables, aucune fuite ne vaut, car le pas lent de ce monstre dépasse de loin la vitesse du plus agile coursier*[1].

Léonard de Vinci

Dans la période qui va du bas Moyen Âge jusqu'à la fin de la guerre de Trente Ans (1648), les quatre tyrannies se sont reformées en Europe pour poser les fondements de notre système-monde actuel : une économie qui vise l'accroissement sans fin du capital ; des États-nations dotés d'appareils militaires, policiers et administratifs centralisés ; et une idéologie qui présente l'expansion de ce système comme une mission providentielle dans l'histoire de l'humanité.

Certains éléments de ce système étaient déjà en place dans le monde antique. Mais ils se sont reconfigurés de manière radicalement nouvelle au cours des Temps modernes pour former une *mégamachine* qui, depuis, s'est diffusée dans le monde entier à toute vitesse, dévorant tout sur son passage. Cette machinerie monstrueuse est animée par la logique de l'accumulation sans fin d'argent : pour continuer à exister, elle ne doit jamais cesser de croître. Voilà pourquoi la destruction accélérée de la nature et la disparition des cultures non occidentales ne sont pas des effets secondaires du système, des dommages collatéraux, mais des conséquences logiques de son principe intrinsèque de fonctionnement.

L'ÉPOQUE DE LA PEUR

Dans les manuels scolaires, le début des Temps modernes est présenté comme une sortie des ténèbres : l'humanité s'arrache enfin au sommeil de la superstition et de la servitude moyenâgeuses ; enfin, un individu conscient de lui-même fait son entrée sur la scène de l'histoire et inaugure l'ère de l'humanisme, de la science et des Lumières. Nous associons la Renaissance à de grands espaces lumineux où, comme dans la fresque de Raphaël intitulée *L'École d'Athènes*, les humains affranchis de leurs peurs irrationnelles se consacrent, pleins d'assurance et de gaieté, à la connaissance du monde. Par contre, le Moyen Âge est considéré jusqu'à aujourd'hui comme une période obscure, marquée par le fanatisme religieux et la brutalité, la torture et l'Inquisition.

Il est stupéfiant de constater à quel point cette image imprègne nos esprits, quand bien même elle n'a presque rien à voir avec la réalité historique. Car la transition vers les Temps modernes fut, bien plus que le Moyen Âge, une époque monstrueuse. Jamais auparavant il n'y eut une explosion aussi massive de violence dans l'histoire européenne qui, pourtant, ne manque pas de brutalité. Cette violence culmine dans le génocide des Amérindiens, qui fit des millions de morts, et les massacres de la guerre de Trente Ans, qui a exterminé environ un tiers de la population européenne. Dans le même temps, l'Inquisition et la chasse aux sorcières ont pris leur essor. En effet, ce n'est pas au cours du Moyen Âge, mais pendant les Temps modernes que ces pratiques ont atteint leur acmé. S'il n'y eut entre 1320 et 1420 que trente-six femmes accusées de sorcellerie dans toute Europe, ce sont des dizaines de milliers de présumées sorcières qui ont été envoyées au bûcher entre le XVIe et le XVIIe siècle[2]. Des châtiments sadiques tels que le supplice de la roue et l'écartèlement se sont également diffusés à toute vitesse au début des Temps modernes, restant partiellement en usage jusqu'au XIXe siècle[3]. La torture a été légalisée au XVIe siècle comme méthode d'investigation et depuis, son emploi n'a cessé de s'étendre[4].

Le début des Temps modernes fut par ailleurs, comme l'historien Jean Delumeau l'a montré de manière détaillée dans *La Peur en Occident*, sous le signe de psychoses d'angoisse collectives. Non seulement la réalité sociale et économique, mais aussi l'imagination collective s'assombrissent massivement à l'aube de la modernité. Les attentes apocalyptiques de fin du monde se cristallisent depuis le XIVe siècle sous la forme d'une flambée de terreur collective inouïe – seule la peur du diable qui se répand en même temps la surpasse en intensité. Alors que les représentations de la fin des temps, de l'enfer et du diable avaient plutôt une place subordonnée dans les tableaux et les écrits ecclésiastiques jusqu'au milieu du XIVe siècle, l'irruption des Temps modernes a provoqué une inflation d'images terrifiantes. Les plus connues sont celles de l'enfer que l'on peut voir au Camposanto à Pise, les visions de Jérôme Bosch et les gravures sur bois qu'Albrecht Dürer a consacrées à l'Apocalypse[5]. Des prédicateurs annonçant que la fin du monde est proche sillonnent l'Europe et de monumentales pièces de théâtre montrent en détail la terreur que suscitent l'enfer et le Jugement dernier. Martin Luther a prédit maintes fois la fin du monde, entre autres pour les ans 1520 et 1532. Ses prophéties eschatologiques ont touché de vastes cercles grâce à l'imprimerie inventée au XVe siècle[6].

Représentations des enfers par Hans Memling (à gauche, 1470) et Jérôme Bosch (au centre et à droite, 1500).

Comment est-il possible que, malgré ce bilan terrifiant, l'aube des Temps modernes soit toujours perçue comme le début d'une ère de progrès et d'humanisme qui, certes, présente encore quelques zones obscures, mais n'en constitue pas moins, en fin de compte, une sortie des ténèbres ? Chaque époque alimente les mythes qui la justifient et la transfigurent. C'est aussi le cas de la nôtre, fondée sur le mythe opposant les ténèbres du Moyen Âge à la lumière émancipatrice de la modernité. On comprend aisément pour quelles raisons ce mythe a été alimenté : il joue un rôle central dans le récit qui fait de l'Occident le vecteur d'un progrès dans l'histoire de l'humanité. Car s'il s'avère que les fondements de notre système ont pour origine un essor cauchemardesque de la violence nue et du pur désespoir, qu'il n'y eut pas émancipation, mais relégation à une servitude plus profonde encore, non pas progrès de la civilisation, mais systématisation de la barbarie, alors la mythologie de l'époque moderne en sortirait fragilisée – et il nous faudrait mettre radicalement en cause les fondements de nos économies et de nos États, ainsi que d'un grand nombre d'autres institutions.

La phase d'incubation

Comment en est-on arrivé à une telle irruption de violence et de représentations délirantes ? Et qu'est-ce qui relie ce phénomène à l'apparition du système-monde moderne qui, depuis, a colonisé toute la planète ?

Pour répondre à ces questions, il nous faut brièvement revenir en arrière. Avec l'effondrement du complexe monétaro-militaire qui constituait la base de l'Empire romain, les grandes villes ont progressivement disparu d'Europe centrale. L'économie de subsistance, étroitement liée à l'usage partagé des communaux, a repris la place de l'économie de marché antique, fondée sur l'argent[7]. Ce que maints historiens ont estimé être une rechute « dans les ténèbres » fut en réalité, pour une grande partie de la population, un soulagement. Car en même temps que la richesse et le pouvoir exubérants des couches supérieures, ce sont aussi l'exploitation et l'humiliation extrêmes des classes inférieures qui disparaissaient. Les paysans n'avaient plus à financer des armées, des bureaucraties et des cours pléthoriques, mais seulement le seigneur local, ce qui diminuait en proportion le poids des redevances. L'esclavage disparut en grande partie d'Europe (sauf en Espagne). La puissance militaire centralisée qui permettait à l'Empire de réprimer les résistances et d'encaisser les impôts était en lambeaux. Rois et suzerains ne pouvaient plus contraindre leurs subalternes à obéir de la même manière que sous l'Empire romain, par la violence physique ; ils devaient faire des compromis. Prenons l'exemple du roi des Francs Chilpéric Ier. En l'an 579, il décide de soumettre les Limougeauds à l'impôt. Mais ces derniers brûlent les registres publics et Chilpéric doit finalement jurer de ne plus jamais chercher à augmenter les redevances[8]. Une telle issue était impensable sous l'Empire romain, qui aurait tout simplement fait crucifier les récalcitrants. Tout au long du Moyen Âge, négocier les redevances et les services forcés (les corvées) donnait lieu à des controverses juridiques acharnées entre paysans et seigneurs[9]. Comme les seigneurs ne pouvaient pas augmenter arbitrairement les redevances puisqu'ils ne disposaient pas des moyens de contrainte suffisants, ils tentaient de manipuler les poids et les mesures, mais cette stratégie butait elle aussi sur des résistances véhémentes[10]. Ces négociations dans lesquelles ils n'avaient pas forcément gain de cause témoignent non seulement des capacités de résistance paysannes, mais aussi du pouvoir limité des seigneurs.

Le rapport au foncier s'est lui aussi radicalement modifié. Les riches ne pouvaient plus acheter des terres aussi simplement qu'avant ou saisir celles des paysans surendettés après les en avoir chassés, car la terre était largement retirée du marché, elle n'était plus que prêtée (« donnée en fief »). Les descendants des vétérans de guerre romains qui avaient reçu des terres en échange de leurs services constituèrent le noyau originel du futur ordre des chevaliers et des seigneurs médiévaux. Mais eux aussi étaient loin de pouvoir disposer des paysans dépendants de la même manière qu'un grand propriétaire foncier ou exploitant de mines romain l'avait fait de ses esclaves. Les « colons[11] » et même les serfs travaillaient la terre sous leur propre responsabilité, ils produisaient pour leur propre usage et s'acquittaient des redevances féodales en nature : ils reversaient au seigneur une partie de leur récolte et lui fournissaient certains services.

Pour les paysans, l'Europe de cette époque n'était certainement pas le paradis. Mais par rapport aux époques qui ont précédé et suivi le Moyen Âge, ce fut une période où le pouvoir de disposition de l'homme sur l'homme – et aussi de l'homme sur la nature – était réduit.

À partir du Xe siècle, on observe en Europe une augmentation de la productivité agricole, une croissance démographique rapide ainsi qu'une amélioration du niveau de vie pour de larges couches sociales. Cette évolution est favorisée tant par les innovations en matière de techniques agraires que par un climat relativement chaud, ce qu'on appelle « l'embellie climatique de l'an mil ». Notamment dans les villes italiennes, mais aussi dans celles d'autres pays, une couche d'artisans libres se développe et s'organise en corporations pour encadrer rigoureusement les prix et les conditions de travail. Les grandes cathédrales gothiques sont les signes toujours visibles de cette prospérité et du développement florissant des arts et métiers à cette époque.

Dès cette période de croissance, on voit néanmoins s'aggraver la fracture sociale. Comme nous le verrons plus loin, la responsabilité en incombe d'un côté à la lente pénétration de l'économie monétaire. En même temps, la productivité agricole accrue a permis aux grands propriétaires terriens, qu'il s'agisse de seigneurs ou du clergé, de faire des profits disproportionnés grâce auxquels ils ont pu s'offrir une vie d'un luxe inconnu au cours des siècles précédents. Le goût du luxe des ecclésiastiques a notamment suscité l'indignation un peu partout, puisqu'un tel mode de vie était radicalement contraire à la valorisation apostolique de la pauvreté. Une vague de mouvements de protestation se déclencha alors, qu'on a appelée les « mouvements de pauvreté ». François d'Assise en fut une figure centrale, célèbre non seulement pour son dépouillement, mais aussi parce qu'il appelait les animaux ses frères et sœurs et qu'il parlait aux oiseaux. Sa critique des hiérarchies s'étendait aussi à l'idée, profondément ancrée dans la civilisation occidentale, que l'humain est appelé à dominer la nature[12]. Entre autres, les Spirituels et les Fraticelles – qui jouent un rôle de premier plan dans le roman d'Umberto Eco *Le Nom de la rose* – se sont réclamés de lui. Les Fraticelles n'attaquaient pas seulement l'Église, mais aussi les riches marchands qui avaient accaparé le pouvoir dans les villes. Ils s'inspiraient des doctrines apocalyptiques de Joachim de Flore qui avait annoncé l'avènement d'une nouvelle ère pour l'an 1260[13]. Ailleurs aussi, des mouvements de résistance firent irruption, comme les vaudois et les cathares. Les autorités temporelles et spirituelles ont brutalement réagi. Parmi les cathares, les Albigeois du sud de la France ont été presque exterminés au terme d'une croisade de vingt ans (1209-1229). Par la suite, le pape et l'empereur ont introduit l'Inquisition et la torture dans le répertoire des méthodes officielles d'investigation criminelle. La frontière entre orthodoxie et hérésie ne fut jamais aussi tranchée – et ce que l'on qualifiait d'hérésie, c'étaient toujours les doctrines mettant en question la richesse et le pouvoir des élites.

La grande crise

La phase de croissance du Moyen Âge central a soudainement pris fin au début du XIVe siècle. L'embellie climatique de l'an mil fut suivie de vagues de froid et de pluies incessantes. De 1315 à 1322, les récoltes ont été mauvaises, ce qui a provoqué une famine catastrophique qui a profondément marqué la mémoire collective. La détresse fut immense, comme le montre le fait que bien des parents ne pouvaient plus nourrir leurs enfants et les abandonnaient en pleine nature. L'histoire de Hansel et Gretel, exposés dans les bois au cours d'une période de pénurie, remonte peut-être à cette Grande Famine. La criminalité devint endémique, la cohésion sociale fut durement mise à mal. 10 à 25 % de la population d'Europe centrale a péri. Au cours des décennies suivantes, l'agriculture a eu du mal à se redresser et de nouvelles vagues de froid ont à nouveau affaibli la population. C'est dans ce contexte que sont apparus, semant la terreur, les premiers signes annonciateurs d'une maladie qui allait profondément traumatiser l'Europe : la peste.

À partir de Venise et Gênes, villes portuaires raccordées au commerce international, la « mort noire » se propage rapidement dans toute l'Europe à partir de 1348. Cette épidémie a fauché près d'un tiers de la population européenne et constitue une césure profonde dans l'histoire occidentale. Non seulement la perte démographique, mais aussi le traumatisme collectif subi par les survivants ont modifié en profondeur les sociétés européennes. Jean Delumeau cite les mots avec lesquels les diverses épidémies de peste qui ont frappé l'Europe depuis 1348 ont été décrites par leurs contemporains : « Pendant que les monceaux de cadavres, entassés toujours sous les yeux, toujours sous les pas des vivants, faisaient de la ville tout entière un tombeau vivant, il y avait quelque chose de plus funeste et de plus hideux encore : c'était la défiance réciproque, la monstruosité des soupçons... On ne prenait pas seulement ombrage de son voisin, de son ami, de son hôte : ces doux noms, ces tendres liens d'époux, de père, de fils, de frère étaient des objets de terreur[14]. » Un autre témoin oculaire évoque « la confusion des morts, des moribonds, du mal et des cris, les hurlements, l'épouvante, la douleur, les angoisses, les peurs, la cruauté, les vols, les gestes de désespoir, les larmes, les appels, la pauvreté, la misère, la faim, la soif, la solitude, les prisons, les menaces, les châtiments... ». Delumeau conclut en disant qu'une « peste, c'était donc toujours, même pour les survivants, un traumatisme psychique profond[15] ».

Malgré les ravages et les traumatismes occasionnés, la peste a aussi eu un côté positif pour les paysans qui ont survécu : elle a radicalement transformé, au détriment des élites féodales, les rapports de pouvoir en Europe. Les revenus des seigneurs dépendaient directement des rendements agricoles, lesquels diminuaient avec la dépopulation et l'abandon des terres. Autrefois, il y avait trop de bras et pas assez de terres. Désormais, c'était l'inverse et les paysans survivants abordaient donc les négociations avec les propriétaires fonciers en bien meilleure position. Galvanisés par cette nouvelle situation, ils se sont ligués de manière toujours plus puissante et consciente contre les seigneurs. Une nouvelle vague, beaucoup plus massive, de soulèvements populaires traversa l'Europe. Son but était la mise en place d'une société égalitaire, sans différences de statut[16]. Dans les Flandres (la Belgique actuelle), les paysans et les artisans avaient déjà fait alliance en 1323 et s'étaient emparés pour quelques années de la ville de Bruges, qui avait été jusque-là aux mains des magnats du commerce. Dans les années 1370, les insurgés parvinrent à conquérir la ville de Gand et finalement presque tout le comté des Flandres, la région la plus riche d'Europe avec l'Italie du Nord. À Florence, des ouvriers du textile en révolte prirent provisoirement le pouvoir en 1378 – un choc pour les magnats qui avaient toujours dominé. En Angleterre, la *Peasants' Revolt* fut le plus grand soulèvement paysan de l'histoire anglaise jusque-là. À l'origine, la protestation ne visait que les impôts militaires ainsi que les tentatives seigneuriales pour ramener par la loi les salaires à leur niveau d'avant la peste. Mais en raison des succès du mouvement qui culmine avec la prise de la tour de Londres en 1381, les revendications s'élargissent, allant désormais de la suppression du servage à l'abolition complète des autorités séculières et ecclésiastiques, en passant par l'autogestion communale. Compte tenu du rapport de force favorable aux paysans, le roi d'Angleterre se vit dans un premier temps contraint d'accorder une grande partie de ce qui était exigé, avant de parvenir à concentrer des troupes suffisantes pour noyer la révolte dans le sang. En Bohême, les hussites (qui se réclamaient de Jan Hus, exécuté par l'Inquisition) commencèrent à mettre en pratique leur idéal de communauté égalitaire. Ils fondèrent en 1420 la ville de Tabor et contrôlèrent pendant plus de dix ans une bonne partie de la Bohême et de la Silésie. Il fallut cinq croisades pour que l'État et l'Église viennent à bout de ce soulèvement. Il y a eu aussi des révoltes similaires dans le nord de la France, particulièrement la Grande Jacquerie de 1358, au cours de laquelle les paysans ont réduit en cendres des centaines de châteaux et de demeures seigneuriales[17]. Ici aussi, les autorités ont eu du mal à reprendre le dessus et ont dû faire un usage massif de la violence. Dans toute l'histoire européenne, il n'y avait jamais eu une telle vague de révoltes. Elle déferla sur tout le continent et s'empara de lieux stratégiques où le pouvoir économique et politique était concentré[18].

La naissance du monstre

À cette époque, les élites féodales étaient donc confrontées à une double menace : révoltes massives d'un côté et perte de revenus de l'autre. Choquées par la force et la combativité des mouvements égalitaires, elles ont intensément recherché les moyens de conserver leur position privilégiée. La naissance du système-monde moderne, qui opère aujourd'hui sous différents noms (« civilisation occidentale », « modernité », « capitalisme », etc.), ne peut être comprise sans tenir compte de cette quête désespérée. Contrairement à ce que prétend le mythe de la modernité, ce système ne s'est pas développé à partir de l'innocente soif de connaissance et d'aventure qui aurait animé les « inventeurs » et les

« pionniers » qui ont secoué l'étroitesse d'esprit du Moyen Âge. Il est né des efforts que les élites de l'époque ont faits pour étouffer les aspirations égalitaires qui montaient[19]. Dans ce processus, elles n'ont pas suivi de stratégie planifiée. Personne, ni les banquiers, ni l'Église, ni les seigneurs ou les princes, n'était capable d'imaginer le système qui, après trois siècles de luttes sociales, allait finalement se mettre en place en Europe avant de se lancer triomphalement à la conquête du monde. Ce qui s'est passé, c'est plutôt que d'innombrables démarches des différents acteurs ont fini par se nouer en un système qui a engendré les monstres de la modernité.

L'arsenal de Venise

Les républiques maritimes italiennes, surtout Venise et Gênes, constituent l'un des foyers où les quatre tyrannies se sont réorganisées[20]. Au Moyen Âge, l'Europe était en marge du système des échanges mondiaux. Après l'effondrement de l'Empire romain d'Occident, le centre de gravité des échanges s'était à nouveau déplacé vers l'est : vers Constantinople, Alexandrie et Alep, puis vers Bagdad et Le Caire ; c'est par là que passait le trafic entre la Chine, l'Inde, la Perse et l'Afrique du Nord[21]. Bien avant les Européens, les marchands arabes disposaient de techniques comptables et d'instruments financiers très développés, parmi lesquels il y avait le paiement par chèque (terme qui vient de l'arabe *saqq*).

Ce système des échanges mondiaux n'était pas pour autant un marché mondial au sens moderne. Car il portait avant tout sur des biens de luxe destinés aux couches aisées. Le commerce des denrées alimentaires de base n'était alors pas rentable, car les moyens de transport étaient trop lents et trop chers. Ce qui valait le coup, c'était surtout les biens de grande valeur dont le poids était minime par rapport au prix, comme les métaux précieux, la soie, les pigments, les épices, la porcelaine ou le verre. Il n'y avait pratiquement pas de division internationale du travail comme à l'époque moderne, la majeure partie des populations médiévales n'étant pas intégrées dans ce système marchand.

Ancien avant-poste de l'Empire byzantin, Venise était raccordée à ce système depuis le Xe siècle au moins – ce fut ensuite aussi le cas de Gênes. Les profits tirés du commerce avec l'Orient firent bientôt des marchands vénitiens et génois les bourgeois les plus riches d'Europe, qui prêtaient même aux rois et aux empereurs[22]. Le fait qu'une mince couche sociale, au sein d'une petite cité-État, concentre un tel pouvoir économique et militaire est une spécificité de Venise et de Gênes. Ces cités-États n'étaient inféodées à aucune autorité centrale supérieure, ni au pape, ni à un empereur, un roi ou un évêque. Les marchands composaient eux-mêmes le gouvernement (tandis que le reste de la population avait à peine, dans ces « républiques », voix au chapitre). Cette concentration de pouvoir politique reposait notamment sur l'armée : les flottes commerciales de Venise et Gênes étaient en même temps leurs marines de guerre, chaque voyage à finalité marchande était accompagné d'une présence militaire massive. Avec son chantier naval qui s'appelait « l'Arsenal », Venise créa le plus grand complexe usinier d'avant la Révolution industrielle. Trois siècles avant l'invention de l'usine moderne, on travaillait déjà en continu, selon le système des « trois-huit », sur des chaînes de montage mécaniques[23]. À son apogée, la flotte construite à l'Arsenal comptait 3 000 navires de tailles variées ; pour une population de 150 000 habitants, Venise entretenait une marine de 36 000 hommes[24]. Le contrôle de cette immense puissance militaire était dans les mêmes mains que le capital commercial. Entre pouvoir militaire et pouvoir économique, il n'y avait pratiquement aucune différence.

Cette observation est décisive pour la suite de l'histoire ainsi que pour apprécier la valeur du récit courant relatif à l'essor des « marchés libres ». Au seuil des Temps modernes, les pionniers de l'expansion commerciale européenne n'étaient pas de pacifiques marchands qui se préoccupaient de non-ingérence étatique, mais de grands personnages issus de cités-États ultra-militarisées qui, dès le début, ont imposé leurs intérêts commerciaux à la force du glaive et des canons[25]. Voilà en quoi ils se distinguaient fondamentalement de leurs homologues arabes dont la culture commerciale était certes bien plus développée au Moyen Âge qu'en Europe, mais qui recouraient peu au moyen de la violence physique et se tenaient en règle générale à bonne distance du pouvoir étatique[26].

Dans la montée en puissance des républiques maritimes, les croisades ont joué un rôle important en combinant le pouvoir économique et militaire à une idéologie missionnaire. Venise et Gênes ont toutes deux fourni un soutien militaire et financier massif à ces expéditions qui en demandaient trop aux empereurs et aux papes, en réalité faibles – on commence déjà à deviner où se trouvaient les nouveaux centres de pouvoir en Europe. Les marchands de Venise et de Gênes ont obtenu en échange des comptoirs commerciaux, des monopoles et d'autres privilèges en Méditerranée orientale, notamment en Syrie et en Palestine. Lors de la première croisade, Gênes participa entre autres à la prise d'Acre, ville portuaire de Galilée, en 1104 ; pour son soutien, on lui avait promis le tiers des revenus que rapportait le port[27]. La ville de Byblos au Liban tomba tout entière aux mains de la famille génoise des Embriaco pour des siècles. Cette croisade, qui conduisit à un enrichissement colossal des marchands génois et constitua le fondement de leur pouvoir ultérieur, n'avait rien à voir avec une aventure chevaleresque. À propos du massacre perpétré dans la mosquée al-Aqsa de Jérusalem en 1099, voilà ce qu'écrit l'évêque Guillaume de Tyr, qui a assisté aux faits :

> Les autres princes, après avoir mis à mort dans les divers quartiers de la ville tous ceux qu'ils rencontraient sous leurs pas, ayant appris qu'une grande partie du peuple s'était réfugiée

derrière les remparts du Temple, y coururent tous ensemble, conduisant à leur suite une immense multitude de cavaliers et de fantassins, frappant de leurs glaives tous ceux qui se présentaient, ne faisant grâce à personne, et inondant la place du sang des infidèles. Ils accomplirent ainsi les justes décrets de Dieu, afin que ceux qui avaient profané le sanctuaire du Seigneur par leurs actes superstitieux, le rendant dès lors étranger au peuple fidèle, le purifiassent à leur tour par leur propre sang, et subissent la mort dans ce lieu même en expiation de leurs crimes. On ne pouvait voir cependant sans horreur cette multitude de morts, ces membres épars jonchant la terre de tous côtés, et ces flots de sang inondant la surface du sol. Et ce n'était pas seulement ce spectacle de corps privés de vie et dispersés çà et là en mille pièces qui inspirait un sentiment d'effroi ; la vue même des vainqueurs couverts de sang de la tête aux pieds était également un objet d'épouvante. On dit qu'il périt dans l'enceinte même du Temple environ dix mille ennemis sans compter tous ceux qui avaient été tués de tous côtés, dont les cadavres jonchaient les rues et les places publiques, et dont le nombre ne fut pas moins considérable. Tous ceux des croisés qui n'étaient pas auprès du Temple parcouraient la ville pendant ce temps, cherchant dans toutes les rues détournées, dans tous les passages écartés, les malheureux qui se cachaient pour échapper à la mort, les traînant ensuite en public comme de vils bestiaux, et les immolant à leur fureur. D'autres, se formant par petits détachements, entraient dans les maisons, enlevaient le père de famille, les femmes, les enfants, et tous les serviteurs, les perçaient de leur glaive, ou les précipitaient de quelque point élevé, en sorte que les malheureux en tombant sur la terre se brisaient en mille morceaux. Pendant ce temps, chacun s'emparait à titre de propriété perpétuelle de la maison dans laquelle il était entré de vive force et de tout ce qu'il y trouvait ; car

> avant même qu'ils se fussent emparés de la ville, les croisés avaient convenu entre eux qu'aussitôt qu'ils s'en seraient rendus maîtres, tout ce que chacun pourrait prendre pour son compte lui serait acquis, et qu'il le posséderait à jamais et sans trouble en toute propriété[28].

Ce dont les habitants de la Palestine commencèrent ici à faire l'expérience n'était qu'un avant-goût de ce que les Amériques allaient subir ensuite, à une échelle bien plus vaste : la colossale violence destructrice qu'engendre la combinaison de la mise en valeur du capital, du militarisme et du zèle missionnaire occidental. Dans les croisades, on voit déjà à petite échelle ce qui allait ensuite devenir un système mondial. Que pour Guillaume de Tyr, le massacre de la grande mosquée puisse être qualifié de « juste décret de Dieu » témoigne de l'efficacité de l'idéologie universaliste chrétienne pour justifier la violence extrême.

Venise aussi participa à de nombreuses croisades et put ainsi s'assurer des privilèges et des comptoirs commerciaux d'importance stratégique. Les Vénitiens firent leur plus grand coup lors de la quatrième croisade, pour laquelle ils avancèrent beaucoup d'argent et fournirent la flotte. À l'origine, l'objectif des croisés francs devait être l'Égypte, mais leur voyage prit fin avec le pillage de la Constantinople chrétienne en l'an 1204. Des querelles politiques et théologiques servirent de prétexte pour tomber sur la ville et piller les gigantesques trésors en argent et en or que Byzance avait accumulés depuis des siècles. Les croisés tuèrent et blessèrent des milliers de personnes, mirent le feu à la fameuse bibliothèque et profanèrent sans distinction des sanctuaires chrétiens, musulmans et juifs. Avant l'attaque, ils s'étaient mis d'accord par contrat sur la répartition du butin : aux bailleurs de fonds vénitiens, on avait promis les trois huitièmes de l'Empire byzantin au titre de *return on investment*[29]. Une grande partie des trésors que les touristes peuvent admirer aujourd'hui encore dans le palais des Doges à Venise provient de cette razzia qui donna un élan considérable au développement du premier capitalisme à Venise. D'ailleurs l'ouverture d'une route commerciale vers la Chine a été décisive. L'Empire byzantin ne se remit par contre jamais de ce coup de massue et tomba aux mains des Ottomans au XVe siècle.

Au XIIIe siècle, les républiques maritimes rivales de Venise et de Gênes non seulement avaient pris le contrôle des routes commerciales méditerranéennes, mais disposaient aussi, du Maroc à la Crimée, de nombreuses colonies. Grâce à ces bases avancées, elles ont pu assurer leur monopole sur les voies commerciales correspondantes. Les monopoles (ou les oligopoles) ne sont pas seulement un moyen de se débarrasser d'une fâcheuse concurrence, mais la condition fondamentale permettant d'obtenir des profits suffisamment grands pour déclencher une accumulation durable du capital. Quand un marché vraiment libre est instauré, c'est-à-dire quand la concurrence est effectivement illimitée, les prix et avec eux les profits s'effondrent vite jusqu'à un point où il vaut à peine le coup de réinvestir de l'argent[30]. Les monopoles, quant à eux, ne peuvent en dernière analyse être garantis que par les États, que ce soit par la violence physique directe comme dans les cas de Venise et de Gênes, ou bien par des brevets ou par des subventions massives, comme ce sera typiquement le cas à des époques ultérieures.

Parce qu'ils réunissaient dans leurs mains la violence physique et économique, les magnats de Venise et de Gênes étaient en mesure d'accumuler à titre privé des quantités immenses de capital – un capital qui cherchait sans cesse de nouvelles possibilités de placement. Cet argent, ils ne l'ont pas uniquement investi dans d'autres activités commerciales mais aussi dans le business de la guerre, qui était alors en pleine expansion. Non seulement la guerre de Cent Ans, mais aussi la colonisation des Amériques furent financées en grande partie par le capital commercial italien. Que Christophe Colomb vienne de Gênes ne relève pas du hasard[31].

La renaissance de la guerre

De même que les marchands ont dû mettre en œuvre une violence physique massive pour déployer leur pouvoir économique, les princes ont à l'inverse eu besoin du capital commercial pour financer l'expansion de leur pouvoir militaire. C'est à partir de ce double entrelacement qu'un système a fini par se développer au cours des Temps modernes, dans lequel le marché et l'État sont indissolublement imbriqués l'un dans l'autre, même si les rôles qui leur sont respectivement dévolus ne sont pas du tout les mêmes que dans le monde antique.

Mais avant d'en arriver là, il a fallu parcourir un long chemin. Car la guerre était soumise au Moyen Âge à une série de sérieuses restrictions. Les paysans libres étaient en principe soumis au service militaire ; toutefois, les princes et les rois ne pouvaient les tenir éloignés de leurs champs que pour un temps très limité, car ils ne voulaient pas prendre le risque de perdre les récoltes et, par là, de provoquer non seulement des disettes, mais aussi une chute de leurs propres revenus. Au reste, la plupart des paysans n'étaient pas libres : c'étaient des dépendants ou des serfs dont les obligations militaires devaient être assumées par leurs seigneurs. Or, les obligations de ces chevaliers étaient elles aussi réduites : leur service militaire était limité à un maximum de quarante journées par an et, par ailleurs, il ne s'étendait pas aux territoires étrangers[32]. Dans ces conditions, il était difficile de lancer des campagnes offensives. Pour toutes ces raisons, les guerres médiévales mobilisaient en règle générale de petites armées et se bornaient à de brèves expéditions.

Les princes ont sans cesse essayé de se soustraire à ces restrictions par la mise sur pied d'armées de mercenaires, mais ils n'y sont parvenus que de manière épisodique. Avec la crise du système féodal et l'essor des mouvements de résistance au XIVe siècle, leur quête s'est intensifiée : les rois et les seigneurs se sont de plus en plus efforcés de se constituer de nouvelles sources de revenus par la conquête et le pillage de territoires étrangers ; ils avaient en outre besoin de forces militaires plus importantes pour mater les révoltes qui se propageaient. Mais pour mettre sur pied une véritable armée de mercenaires, capable de remplir de telles missions, il manquait trois choses : *primo,* de l'argent pour verser les soldes et plus précisément le métal correspondant, dont il y avait un déficit chronique en Europe ; *secundo,* des gens qui soient à la fois disposés et capables de fournir à l'armée des denrées alimentaires et du matériel contre de l'argent, car en contexte d'économie de subsistance, ceux-ci étaient peu nombreux ; *tertio,* il fallait aussi des hommes prêts à risquer leur vie et à en tuer d'autres pour de l'argent. Car tant que les paysans et les artisans pouvaient subvenir à leurs propres besoins en vivant dans une communauté à peu près intacte, ils étaient peu disposés à quitter femmes, enfants et maisons pour sacrifier leur vie sur l'autel des ambitions expansionnistes d'un prince, quel qu'il soit. L'économie de guerre n'a pas seulement besoin que la vie soit monétarisée, mais aussi qu'il y ait des quantités suffisantes de gens déracinés et désespérés n'ayant d'autre option que de risquer leur peau pour de l'argent.

En ce qui concerne le premier problème, les princes et les magnats du commerce s'activaient intensément pour ouvrir de nouvelles mines d'argent. À partir du XIIe siècle, leurs efforts ont été de plus en plus couronnés de succès, et la découverte d'importants gisements d'argent a mis à leur disposition un flux monétaire croissant. Mais à lui seul, le cash ne suffit pas : il faut aussi que l'armée puisse acheter quelque chose en échange. Comme ce fut déjà le cas dans l'Antiquité, l'un des moyens les plus efficaces pour pousser les gens à produire pour le marché au lieu de le faire pour eux-mêmes ou leur communauté fut de passer de la redevance en nature à l'impôt monétaire. Pendant de nombreux siècles, la plus grande part des prélèvements obligatoires en Europe se faisait en nature ou sous la forme de prestations de travail fournies au seigneur local. Mais à partir du XIIe siècle, les impôts ont été de plus en plus levés en argent[33]. Par ce biais, les paysans et les artisans se sont retrouvés dans la situation d'alimenter l'appareil militaire mis en place pour les opprimer. À mesure que la monétarisation s'imposa, les princes pouvaient financer des armées permanentes et des appareils administratifs veillant à ce que les impôts soient effectivement recouverts. Ce fonctionnement circulaire constitua le fondement de l'État territorial moderne. Pourtant, il a fallu bien des siècles pour que cette circulation, interrompue par la chute de l'Empire romain, puisse être à nouveau mise en route, car de manière compréhensible, les paysans y ont opposé une résistance farouche.

En ce qui concerne le troisième problème, la question du recrutement des troupes, une spécificité du droit d'héritage médiéval a fait le jeu des princes. Dans de nombreuses régions d'Europe, seul le fils aîné héritait des terres. Les autres devaient prendre la route pour trouver ailleurs de quoi vivre. Certains trouvaient une place en tant qu'artisan dans les villes ou en tant que simple ouvrier agricole, mais en particulier dans les périodes de croissance démographique rapide, il restait une ribambelle d'hommes sans revenus. C'est dans ce vivier de déracinés issus d'Europe du Nord que Guillaume le Conquérant recruta par exemple l'armée normande avec laquelle il attaqua l'Angleterre en 1066. Comme l'a dit l'historienne Erica Schoenberger, cette campagne fut une sorte « d'apprentissage express de l'économie de marché » pour les régions conquises[34]. Le train qui suivait une telle armée, souvent plus grand que l'armée elle-même, était un marché itinérant qui proposait aux soldats tout contre de l'argent, des chaussures aux armes en passant par les prestations sexuelles.

Une fois la guerre déclenchée, elle engendre par ailleurs, à mesure qu'elle détruit les conditions de vie des gens qui se trouvent sur son chemin, une armée de déracinés prêts à assurer la relève militaire. De cette manière, la guerre génère elle-même les soldats dont elle a besoin. La campagne de Guillaume le Conquérant – qui fait tout de même partie des plus grandes opérations militaires du Moyen Âge – était à vrai dire, avec une armée d'à peine 7 000 hommes, encore dérisoire par rapport aux guerres du début des Temps modernes.

Le recours aux mercenaires prit ensuite une nouvelle dimension avec la guerre de Cent Ans entre l'Angleterre et la France (1337-1453), qui transforma l'Europe de l'Ouest en une véritable économie de guerre et tira massivement vers le haut les impôts[35]. Ce n'est pas un hasard si la guerre commença en pleine crise agraire, alors que les seigneurs recouraient de plus en plus à des méthodes de gangsters pour assurer leurs revenus[36]. L'armée anglaise commandée par Édouard III était faite de mercenaires. Ses campagnes qui signèrent le début de la guerre ont été financées, entre autres, par les banques florentines Bardi et Peruzzi, et ce avec 150 000 florins d'or, ce qui correspond en termes de pouvoir d'achat actuel à près de 300 millions de dollars US[37].

La guerre de Cent Ans a radicalement transformé la société d'Europe centrale. À la différence de la plupart des guerres médiévales, qui respectaient les règles de comportement chevaleresques et ne faisaient qu'un nombre réduit de morts, la politique de la terre brûlée a désormais dominé. L'armée du fils d'Édouard, appelé le « Prince Noir », a dévasté en 1355 de grandes parties du sud de la France, laissant dans son sillage d'innombrables villages mis à feu et à sac. Du côté français également, les troupes mercenaires appelées Armagnacs ont propagé la peur et l'effroi avec une brutalité inconnue jusqu'alors. La France a perdu à cette époque, à cause de la guerre et de la peste, près de la moitié de ses habitants, en Normandie ce sont même les trois quarts de la population qui ont disparu[38]. Qui plus est, la fin de la guerre a à peine amélioré la situation : les mercenaires au chômage sillonnaient le pays en le mettant à feu et à sang. C'est avec ces meurtriers éparpillés sur le territoire que le roi de France

Charles VII a fini par poser les bases d'une armée permanente en Europe – la première depuis la chute de l'Empire romain[39].

Beaucoup de mercenaires qui avaient servi pendant la guerre de Cent Ans sont partis dans d'autres pays, surtout en Italie où le mercenariat devenait un business florissant[40]. L'Anglais John Hawkwood, qui avait servi sous les ordres du Prince Noir, fonda en Italie une firme qui se fit tristement connaître sous le nom de *Compagnia Bianca*. Dans les guerres qui les opposaient, elle offrit ses services tour à tour à Pise, Milan, Florence et au pape. Florence a fini par en acheter l'exclusivité pour 130 000 ducats d'or (rapporté au pouvoir d'achat actuel, environ 20 millions d'euros) et a dédié à Hawkwood une fresque dans la cathédrale.

Hawkwood fut loin d'être le seul à s'enrichir de cette manière. Presque toutes les cités-États florissantes engageaient pour leurs guerres des entrepreneurs, appelés *condottieri*, qui enrôlaient des mercenaires dans leurs firmes, les *compagnie di ventura*. Ces Blackwater de la Renaissance recrutaient des mercenaires issus de toute l'Europe, de l'Angleterre à la France en passant par la Suisse, les Flandres et l'Allemagne. Le marché du mercenariat a été l'un des premiers marchés européens, l'un des plus gros et des plus lucratifs.

Nombreux furent les *condottieri* à faire aussi carrière en politique. L'entrepreneur de guerre Francesco Sforza par exemple, qui fit alternativement la guerre pour Milan contre Venise puis pour Venise contre Milan, fonda la dynastie ducale des Sforza qui régna presque un siècle sur Milan et la

Lombardie. Certains des artistes les plus en vue travaillaient à sa cour : Léonard de Vinci resta vingt ans au service du fils de Francesco, Ludovic, et développa pour lui des engins de guerre. Des carrières comme celle des Sforza étaient typiques du début des Temps modernes – et elles illustrent clairement que le développement du pouvoir étatique moderne est en bonne partie dû à des firmes privées dont le modèle économique reposait sur le massacre, le pillage et l'oppression. Sur le plastron du chef de guerre et mercenaire allemand Werner von Urslingen, qui travailla entre autres pour Pise et Florence, on dit qu'il y avait l'inscription suivante : « Duc Guarnieri, seigneur de la Grande Compagnie, ennemi de Dieu, de la pitié et de la miséricorde[41]. »

Ce modèle économique atteignit son apogée au cours de la guerre de Trente Ans (1618-1648) avec l'armée privée de Wallenstein, qui compta jusqu'à 100 000 hommes et ravagea des pans entiers de l'Europe centrale. Cette armée était de loin la plus grande entreprise d'Europe, il fallut attendre le XXe siècle pour qu'une firme ait autant d'employés et fasse un tel chiffre d'affaires[42].

Wallenstein proposa à l'empereur catholique, qui ne pouvait pas s'offrir une grande armée, les services de ses troupes privées. Comme l'empereur ne pouvait pas payer sur-le-champ, mais seulement une fois pillés les territoires conquis, Wallenstein dut avancer ses prestations. Le financement préalable nécessaire fut pris en charge par le banquier hollandais Hans de Witte – ironie de l'histoire, il était calviniste – qui se procura le capital sur les grandes places financières de Nuremberg, Anvers et Hambourg[43]. (Que ce soit un protestant qui ait financé la guerre catholique contre les protestants et que personne ne s'en soit offusqué montre bien que les premiers motifs de cette guerre n'étaient pas religieux.)

Le consortium de Wallenstein disposait aussi d'une grosse production d'armes dans le duché de Friedland (Bohême), que l'empereur lui avait concédé en échange de ses investissements risqués. Le but de Wallenstein était d'y produire l'ensemble de l'armement et du ravitaillement de ses soldats. De cette manière, la guerre l'enrichissait doublement : non seulement il gagnait ses propres émoluments, mais aussi la plus grande part de la solde de ses hommes qui devaient tout acheter à sa firme, des biscottes (une invention de Wallenstein) à la bière (sur laquelle Wallenstein avait un monopole) en passant par les uniformes, les armes et les munitions[44]. La production de fer et d'armes à Raspenau (l'actuelle Raspenava en République tchèque), qui fournissait les grandes armées du début des Temps modernes en pièces d'artillerie et en munitions, constituait le cœur de ce complexe militaro-industriel.

La résurrection du complexe métallurgique

Le nouvel essor du complexe monétaro-militaire, qui s'est nourri de l'alliance entre capital commercial et mercenariat, a suscité une renaissance de la métallurgie et de l'exploitation minière. Les soldats avaient non seulement besoin d'argent (sous forme de pièces de métal), mais aussi d'armes et d'armures. Sans de grandes quantités de métal, les élites féodales ne pouvaient pas consolider les fondements menacés de leur pouvoir et encore moins l'étendre. C'est pourquoi il n'y a rien d'étonnant à ce que les autorités territoriales aient promu l'industrie minière par tous les moyens possibles (et continuent à le faire jusqu'à aujourd'hui), entre autres par des avantages fiscaux et douaniers ainsi que par des entorses au droit de propriété, elles aussi restées en vigueur (comme le dit un adage juridique allemand : « le droit minier prime sur le droit foncier »).

La renaissance du complexe métallurgique n'était pourtant rien moins qu'aisée. Après la chute de Rome, l'exploitation minière et la production de métaux en Europe sont largement restées en friche. Au Xe siècle encore, un abbé de Bavière écrivait dans une lettre : « Nous te prions de nous faire parvenir un peu de cuivre, d'étain et de plomb car on ne peut se procurer rien de tout cela dans notre pays, quel que soit le prix qu'on y mette[45]. » Dans l'Europe de l'Ouest au Moyen Âge, c'est en particulier de métaux précieux qu'il y avait pénurie chronique. Les anciennes mines étaient épuisées, le déficit commercial avec l'Orient faisait que le peu d'argent en réserve partait vers l'est et le reste a été pillé par les Vikings au cours de leurs raids. Ce ne sont que les découvertes de grands gisements en 938 à Rammelsberg près de Goslar (dans le massif du Harz) qui changèrent la donne et posèrent les bases matérielles d'une monétarisation croissante pendant le Moyen Âge central[46]. Toutefois, l'exploitation des mines était alors confrontée à des problèmes techniques considérables. Plus les puits étaient profonds, plus l'eau s'infiltrait dans les galeries. Même le développement à marche forcée de nouveaux systèmes de pompage ne pouvait compenser longtemps la baisse des rendements. La nouvelle pénurie d'argent n'a été résolue de manière provisoire qu'en 1168, par des découvertes historiques à Freiberg (en Saxe)[47]. Ce gisement a non seulement enrichi les ducs et les rois de Saxe, qui sont devenus les potentats les plus puissants d'Allemagne, mais il a aussi déclenché une véritable ruée vers l'argent en Europe centrale, laquelle a finalement abouti aux grandes découvertes en Bohême (Kutná Hora en 1298), en Serbie et en Bosnie – et créé les conditions financières pour que l'économie monétaire et l'économie de guerre puissent massivement s'étendre[48].

Armures et canons : l'industrialisation de l'exploitation minière

L'exploitation des mines de fer et de cuivre a elle aussi connu un essor fulgurant à la fin du Moyen Âge et au début des Temps modernes, soutenue par la demande croissante d'armures puis de canons. Au début, la production de métal était encore assurée par des piqueurs, des forgerons et des paysans indépendants qui complétaient ainsi leurs revenus. Mais l'époque de liberté relative des premiers métallurgistes touchait à sa fin. Plus les mineurs devaient descendre profondément pour atteindre le minerai et plus la technologie dont ils avaient besoin coûtait cher, plus les frais d'investissement montaient en flèche. Il fallait creuser des galeries de plusieurs centaines de mètres de profondeur, puis les étayer et les équiper de moyens de transport, d'aération et surtout d'évacuation de l'eau. Des mineurs, des forgerons ou des paysans autonomes ne pouvaient pas fabriquer de telles installations, il fallait pour cela des investissements colossaux, une logistique susceptible de charrier de grands volumes de minerais et un équipement technique onéreux. Comme la demande montait en flèche, surtout en matière d'armement, mais que l'offre se réduisait tendanciellement à cause des difficultés techniques, on s'est fiévreusement efforcé d'innover dans le secteur des mines, tant sur le plan technique que financier. Cette pression à l'innovation a été en dernière instance l'une des forces motrices décisives dans la naissance de la technologie lourde moderne. C'est dans les mines qu'ont été pour la première fois utilisés des monte-charge et des rails, quelques siècles avant la construction des premiers chemins de fer. Pour le pompage de l'eau, les ingénieurs ont développé des mécanismes qui ont occasionné les plus grandes dépenses de cette époque, notamment la pompe de Schwaz (en Autriche actuelle) qui était considérée comme la « huitième merveille du monde » et qui, pour fonctionner, ne nécessitait plus que deux machinistes, en lieu et place de 600 porteurs d'eau[49]. Des siècles plus tard, ces machineries ont servi de modèle à la première vague d'industrialisation en Angleterre, basée surtout sur le recours à l'énergie hydraulique.

Au début, ce furent encore des coopératives d'exploitation minière et en partie aussi de riches monastères, en particulier cisterciens, qui ont fait progresser les techniques métallurgiques et engagé les investissements nécessaires. Mais assez vite, leur puissance financière s'est révélée insuffisante. Pour drainer de l'argent frais, les coopératives de mineurs se sont pas à pas transformées en sociétés de capitaux dominées par de grandes banques. Les coopérateurs autonomes sont progressivement devenus des travailleurs salariés dépendants[50].

La demande croissante en argent et en matériel militaire a été le moteur de toutes ces nouveautés. D'abord, ce fut la demande d'armure au sens originel du terme, qui désignait la cuirasse faite de plaques d'acier ayant supplanté au début des Temps modernes la cotte de mailles médiévale. Avec leurs chevaux eux aussi entièrement cuirassés, les guerriers de la première modernité, tout de fer vêtus, ressemblaient à un mélange de Cyborg et de Dark Vador : des hommes-machines en acier qui semblaient venir d'une autre galaxie pour coloniser la planète Terre. C'est en tout cas exactement ainsi qu'ils ont été perçus par les habitants du Mexique en 1519 : comme le rapporte un contemporain, les conquistadors étaient montés sur des « "cerfs" qui les portaient "hauts comme les toits" » et ils étaient entièrement enveloppés de telle sorte qu'on ne pouvait voir que leurs figures. Moctezuma, le souverain de Tenochtitlán, a cru qu'il s'agissait des escadrons célestes du dieu Quetzalcóatl[51].

À gauche : chevaliers en armure (XVIe siècle). À droite : cyborgs.

La fabrication de ces cuirasses engloutissait de grandes quantités de fer. Mais le véritable moteur du boom métallurgique fut une invention qui devait radicalement changer la face du monde : la poudre à canon. Dans son *Histoire culturelle de la modernité*, Egon Friedell la présente comme l'une des trois « sorcelleries » qui, à côté de l'alchimie et de l'imprimerie, ont sonné le départ de la modernité[52]. La recette est arrivée de Chine en Europe où elle fut connue au plus tard à partir du XIIIe siècle. Les armes à feu ont été pour la première fois employées à grande échelle au début de la guerre de Cent Ans. Toutefois, il a fallu encore une centaine d'années avant que les canons soient suffisamment efficaces pour faire voler en éclats les murailles des châteaux forts et introduire ainsi une révolution aux conséquences immenses non seulement pour l'art de la guerre, mais aussi pour tout le système politique et économique. En 1450, des pièces d'artillerie françaises ont détruit en quatre jours seulement soixante forteresses anglaises et boutèrent ainsi les Anglais hors du nord de l'Hexagone. Trois ans plus tard, des boulets en fer qui pesaient plus d'une demi-tonne, tirés par des canons de huit mètres de long, ont pulvérisé les enceintes de Constantinople et scellé ainsi la chute de l'Empire byzantin (appelé également l'Empire romain d'Orient)[53].

Ces événements ont déclenché une course à l'armement effrénée, telle que le monde n'en avait jamais connu. Aucun prince ne pouvait se soustraire à cette logique du « marche ou crève » : celui qui ne pouvait pas suivre était tout simplement rayé de la carte. Voilà pourquoi, partout en Europe, on travaillait fiévreusement à inventer de nouvelles technologies pour fabriquer plus vite et moins cher de plus grandes quantités de canons, à la fois meilleurs et plus légers. La région minière qui se situe entre la Saxe et la Bohême est devenue le centre de production métallurgique et militaire le plus important d'Europe centrale. Parallèlement, un grand complexe militaro-industriel est apparu dans le sud de l'Angleterre, connu sous le nom de *The Weald*. Mines de fer, fourneaux, fonderies et forges y fonctionnaient jour et nuit[54].

Cette production militaire à grande échelle exigeait une tout autre logistique que les forges et les mines villageoises du haut Moyen Âge, qui produisaient de petits volumes d'armures et d'épées. Il fallait mobiliser de grandes quantités de ressources et de travailleurs, autant pour l'industrie de l'armement elle-même que pour la construction de nouvelles forteresses capables de tenir bon face aux canons – et cela ne marchait pas sur la base de l'organisation économique médiévale, où les paysans étaient attachés à la glèbe[55]. Voilà pourquoi, à l'instar des armées de mercenaires, l'industrie de l'armement a été aussi l'une des forces motrices de la monétarisation rapide de l'économie et du développement du salariat[56].

L'escalade militaire entraîna en outre une course de vitesse financière : ce qui jouait désormais un rôle décisif dans les guerres, ce n'était plus l'adresse et la motivation des combattants, mais les investissements dans le secteur de l'armement[57]. C'est pourquoi les princes devaient promouvoir de toutes leurs forces, s'ils voulaient survivre, l'accumulation du capital sur leur territoire. La guerre et le pouvoir militaire sont devenus fonction de l'accroissement monétaire abstrait[58].

L'abattage des forêts

Les conséquences du boom de l'armement ont été gigantesques, autant pour les êtres humains que pour le reste de la nature. Dès le XVIe siècle, l'exploitation minière a été reconnue responsable de déportations de grande envergure. Voici ce que l'on découvre dans une enquête publique sur les impacts de la sidérurgie dans les alentours de *The Weald* :

> Tous les habitants des villes et des villages seront forcés à s'établir ailleurs, abandonnant ainsi leur demeure, si la présence des fabriques et des fourneaux doit se poursuivre. Des milliers d'êtres encore à naître éprouvent, ainsi que leurs parents, la grande nuisance et l'incommodité qu'engendrerait le fait de rester vivre sur place[59].

L'exploitation minière a donc produit elle-même une partie des déracinés et des paysans sans terre qui, plus tard, ont dû se mettre au service de l'industrie en tant que travailleurs salariés. Pour actionner les soufflets des hauts fourneaux, on a détourné et barré des rivières. Cela scandalisait, à leur tour, les paysans de la région à qui l'on coupait l'eau. Dans le livre le plus complet écrit à ce jour sur la métallurgie, le *De Re Metallica* de 1556, le médecin et apothicaire Georgius Agricola résumait ainsi les griefs des opposants à l'exploitation minière :

> Une quantité considérable de bois est nécessaire à la construction des édifices et des machines, et à la réduction des minerais. La disparition des bois et des forêts entraîne celle des oiseaux et des bêtes qui, pour la plupart, fournissent à l'homme une nourriture riche et agréable. Les eaux des lavoirs à minerais empoisonnent fleuves et rivières et font périr ou chassent les poissons. Les habitants des régions minières, à cause de la dévastation des champs, des bois, des forêts, des rivières et des fleuves, éprouvent les plus grandes difficultés à vivre ; la destruction des bois oblige à employer d'autres matériaux plus chers pour la construction des bâtiments. Il est évident pour

> tous ces gens que les exploitations minières causent plus de détriments qu'elles ne procurent de bénéfices[60].

Cette description est valable, à la virgule près, de la dévastation écologique et sociale que l'exploitation minière entraîne aujourd'hui au Pérou, en Inde ou au Congo. Agricola savait de quoi il parlait, et il le savait de ses propres yeux : en effet, il avait vécu longtemps à Joachimsthal (en Bohême) où se trouvaient les plus grandes mines d'argent d'Europe, celles qui ont donné leur nom au Thaler (monnaie venant à l'origine de la région de Joachimsthal) puis au dollar. Malgré les ravages manifestes de l'extractivisme, Agricola en était un ardent défenseur. Pour justifier cette branche d'activité, il avance des arguments qui, aujourd'hui encore, nous sont très familiers : « S'ils n'étaient pas en possession de métaux, les hommes passeraient une vie des plus pénibles et des plus misérables, parmi les bêtes sauvages[61]. » Et il poursuit : « Avec les métaux tirés de la terre, on peut se procurer ailleurs d'innombrables oiseaux, bêtes bonnes à manger, poissons, et les faire venir dans ces lieux montagneux[62]. »

Que ce type d'économie finisse par saper ses propres conditions d'existence, voilà ce qu'illustre l'histoire de *The Weald*[63]. Au XVIIe siècle, la surexploitation radicale des forêts pour la production de bateaux et de charbon de bois a mis l'industrie militaire anglaise au bord de la faillite. Le manque de bois a fait à ce point monter le prix du charbon de bois que les pièces d'artillerie anglaises n'étaient plus compétitives sur le marché. La Suède a pris alors la tête de la production de canons car elle possédait non seulement de grands gisements de fer et de cuivre, mais aussi de vastes forêts intactes que l'on pouvait encore abattre. Ce complexe industriel est à l'origine des succès militaires suédois durant la guerre de Trente Ans, au cours de laquelle la Suède a utilisé par ailleurs des prisonniers de guerre comme esclaves dans ses mines, réduisant ainsi encore ses coûts de production[64]. L'Angleterre n'a pu ensuite se hisser au rang de grande puissance impériale que parce qu'elle a découvert une alternative au charbon de bois : le « charbon de terre » que l'on a fini par appeler charbon tout court, ou bien houille. Ce minerai a résolu, par un report dans le temps, le dilemme écologique auquel l'économie déprédative moderne était confrontée dès sa phase initiale. Les limites de l'espace naturel sont repoussées par la mise en exploitation de ressources qui ont mis des millions d'années à se constituer sous terre. Aujourd'hui que l'on commence à apercevoir les limites de ces réserves fossiles, on a de bonnes raisons de douter que la civilisation industrielle obtienne encore une fois un tel délai.

Le rôle des banques

Le développement de la finance européenne a été étroitement lié à l'économie de guerre et à l'exploitation minière. Au XIIe siècle, les premières banques apparaissent à Gênes, Venise, Florence et Sienne, tout d'abord comme activité secondaire des grandes maisons de commerce. C'est dans leurs coffres que sont amassées les immenses quantités d'argent que les magnats du commerce gagnaient avec leur flotte de guerre. Fondé en 1407 à Gênes, l'Office de Saint-Georges (*Banco di San Giorgio*) est devenu, avec la banque des Médicis à Florence, l'établissement monétaire le plus puissant de son temps. Comme à Florence, il était difficile de distinguer le gouvernement génois du comité directeur de l'Office[65]. Il possédait et régissait directement certaines colonies génoises, dont la Corse et la Crimée. La banque est devenue l'un des plus importants bailleurs de fonds pour les rois, les papes et les empereurs de l'époque, qui ont trouvé grâce à elle l'argent nécessaire pour mener leurs guerres ; la Couronne espagnole et l'empereur allemand en particulier étaient endettés de manière chronique auprès des banquiers génois.

Si financer les guerres était un business lucratif, il faut reconnaître qu'il s'agissait aussi d'une activité très risquée. C'est ce qu'ont fini par comprendre les banques florentines Bardi et Peruzzi, les deux plus grands établissements bancaires du XIVe siècle, qui disposaient de filiales dans toute l'Europe. Elles firent faillite en 1345, alors que le roi d'Angleterre tardait à rembourser l'argent prêté pour la guerre de Cent Ans. Hans de Witte également, qui finança trois siècles plus tard l'armée privée de Wallenstein, se trompa dans ses calculs et se suicida en 1630, une fois la faillite inévitable.

C'est pourquoi les banquiers les plus rusés ont utilisé d'une autre manière le pouvoir dont ils disposaient face aux chefs d'État : en contrepartie des crédits accordés, ils exigeaient des monopoles sur les épices, la laine, la soie et surtout les métaux. L'Augsbourgeois Jacob Fugger incarne exemplairement cette stratégie, lui qui au XVIe siècle est devenu le banquier le plus puissant du monde. La Diète d'Empire s'assemblait dans sa demeure privée ; c'était lui qui décidait qui prendrait les rênes du Saint-Empire romain germanique, car il prêtait à son candidat favori l'argent avec lequel les électeurs étaient achetés. En échange de ses services financiers, Fugger exigeait d'avoir des monopoles dans certains secteurs, notamment en matière d'exploitation minière. C'est ainsi qu'il est parvenu à édifier un groupe minier colossal qui intégrait toute la chaîne de création de valeur, de la mine à la vente du produit fini en passant par la fonte et le travail du métal. En plus d'un quasi-monopole sur le cuivre dans l'Empire[66], Fugger disposait de vastes concessions minières, surtout dans le Tyrol où il contrôlait ce qui constituait à l'époque, avec les mines de Schwaz, la plus grande mine d'argent du monde[67]. Le métal qui en sortait fut la condition principale, sur le plan monétaire, de l'ascension des Habsbourg au rang de dynastie dominant le monde.

Avec son consortium combinant mines et finance, Fugger fournissait à l'empereur habsbourgeois Charles Quint non seulement l'argent dont il avait besoin pour mener ses guerres et entretenir sa cour, mais aussi le cuivre nécessaire pour la production d'armement, cuivre qui était payé avec l'argent emprunté. Du point de vue de Fugger, l'empereur était donc une sorte de multiplicateur pour son argent qui augmentait magiquement tandis que le souverain, malgré ses lucratives conquêtes en Amérique, s'enfonçait toujours plus dans l'endettement[68]. L'économie de guerre du début des Temps modernes peut être effectivement comprise, jusqu'au génocide en Amérique financé par les banques de Gênes et d'Augsbourg, comme un système animé en dernière instance par la logique de l'accumulation abstraite d'argent dans les grands centres financiers européens[69].

Le déchaînement du monstre

Depuis 1453 au moins, les magnats européens avaient un problème : si les voies commerciales vers l'Asie avaient été jusque-là un moteur crucial de l'accumulation du capital, la prise de Constantinople par les Ottomans les avait fermées ou, du moins, faisait qu'elles n'étaient plus aussi lucratives qu'avant. La conséquence en fut une course de vitesse effrénée pour découvrir une route maritime vers les Indes et l'Extrême-Orient. Les Portugais la recherchaient depuis longtemps et ils avaient déjà établi une série de bases militaires le long des côtes d'Afrique de l'Ouest, mais ce n'est qu'en 1498 que Vasco de Gama a atteint les Indes. Six ans plus tôt, l'Espagne avait confié à un mercenaire, aventurier et pirate génois qui s'appelait Cristoforo Colombo la mission de chercher une voie maritime permettant de rejoindre les Indes par l'ouest. Il débarqua le 12 octobre 1492 sur une terre qu'il pensait être celle des « Indes » : les Bahamas. Jusqu'à aujourd'hui, cette date est officiellement célébrée dans de nombreux pays comme un jour férié : comme le *Columbus Day* aux États-Unis, comme la *Fiesta Nacional* en Espagne et comme le *Día de la Raza* dans de nombreux pays d'Amérique latine. Par contre, le Venezuela l'a rebaptisé « journée de la résistance indigène » en 2002. D'innombrables monuments sont dédiés à Christophe Colomb partout dans le monde et les films dressent le portrait d'un héros courageux parti à la découverte du monde. La série de DVD pour enfants *Animated Hero Classics* le présente comme un jeune homme naïf et idéaliste, animé par une curiosité enfantine, toutes qualités qui lui permettent de conquérir le cœur des gouvernants et d'ouvrir la voie des océans.

Mais ce n'est pas pour rien que le film s'arrête juste au moment où Colomb atteint le « Nouveau Monde ». Les producteurs ont manifestement voulu épargner la suite à leurs jeunes téléspectateurs. Alors que les habitants des côtes sur lesquelles Colomb avait mis le cap venaient à la rencontre des étrangers avec hospitalité, les Espagnols avaient autre chose en tête. Colomb nota dans son livre de bord : « Avec seulement cinquante hommes, nous pourrions les soumettre tous et leur faire faire tout ce que nous voulons[70]. » Dès les premiers débarquements, il fit capturer de nombreux habitants pour obtenir de force des informations sur les gisements d'or. Mais les gens ne savaient rien. Pour avoir quand même quelque chose à offrir aux investisseurs européens, Colomb ramena finalement 500 hommes comme esclaves en Espagne, dont 200 périrent avant de mettre pied à terre. Pour financer son deuxième voyage, il promit ensuite à la Couronne espagnole et aux bailleurs de fonds italiens, comme *return on investment,* « autant d'or et autant d'esclaves que vous en avez envie ». Cela le mit, lui et son équipage, sous une forte pression : il leur fallait à tout prix remplir cette promesse pour faire en sorte que le capital investi rapporte.

Le deuxième voyage fut l'ouverture de ce qui constitua bel et bien le plus grand génocide de l'humanité jusque-là. Comme les Espagnols ne parvenaient pas à trouver l'or qu'ils cherchaient, ils ordonnèrent à tous les hommes de plus de quatorze ans sur Hispaniola (Haïti aujourd'hui) de fournir tous les trois mois une certaine quantité d'or. Celui qui ne s'y pliait pas, on lui coupait les mains et on le laissait se vider de son sang. Mais il y avait peu d'or à Haïti – en tout cas, il n'y en avait pas que les Arawaks qui y vivaient auraient pu trouver. Ils s'enfuirent donc dans les montagnes, persécutés par les Espagnols qui pendaient les fuyards ou les brûlaient vifs. En conséquence, les Arawaks se suicidèrent en masse. Souvent, ils tuaient aussi leurs propres enfants afin qu'ils ne tombassent pas aux mains des Espagnols. En deux ans seulement, la moitié des 250 000 habitants de Haïti furent ainsi exterminés. Mais ce n'était que le début. Comme ils trouvaient peu d'or, les Espagnols s'avisèrent de faire travailler les Arawaks comme esclaves dans des plantations. Là, ils leur imposèrent des conditions de travail qui finirent par les tuer presque tous. En 1515, il ne restait plus que 50 000 Haïtiens et seulement 500 en 1550[71].

Il en est allé de même dans toutes les contrées que les Espagnols ont foulées du pied, du Mexique au Pérou. On ne pourra jamais établir définitivement les chiffres exacts de ce génocide. Sur les 50 millions d'habitants que, selon certaines estimations, comptaient alors l'Amérique centrale et l'Amérique du Sud, il n'en restait plus que 3 millions un siècle et demi après le débarquement de Colomb. Du début de la *Conquista* jusqu'à aujourd'hui, les historiens se sont toujours efforcés de nier ou de minimiser ce génocide. Leur argument préféré consiste à dire que la plupart des indigènes auraient été involontairement décimés par les maladies apportées d'Europe. Admettons que 90 % soient morts ainsi (ce dont nous n'avons aucune preuve) : il reste encore plusieurs millions d'êtres humains qui ont été à proprement parler assassinés ou exploités à mort. Au demeurant, l'historien américain David Stannard rappelle à juste titre que les épidémies mortelles furent souvent provoquées par les conditions inhumaines de vie et de travail qui étaient imposées à des millions d'indigènes[72]. On voit aisément d'où viennent les tentatives continuelles de minimiser les faits jusqu'à aujourd'hui :

la pleine reconnaissance de ce génocide détruirait le mythe de la supériorité morale européenne, fondement idéologique de l'expansion occidentale depuis plus de cinq cents ans.

À eux seuls, les chiffres de ce génocide ne suffisent pas pour se figurer l'enfer sur terre que les Espagnols ont instauré dans les territoires conquis. L'évêque espagnol Bartolomé de Las Casas, qui avait lui-même participé à la *Conquista* et est ensuite devenu son détracteur le plus célèbre, souligne un degré de cruauté inconnu jusqu'alors :

> Depuis quarante ans, et aujourd'hui encore, [les Espagnols] ne font que mettre en pièces [les indigènes], les tuer, les inquiéter, les affliger, les tourmenter et les détruire par des cruautés étranges, nouvelles, variées, jamais vues, ni lues, ni entendues[73].

Las Casas décrit en détail quelques-unes de ces « méthodes inhabituelles et nouvelles » :

> Ils faisaient des paris à qui ouvrirait un homme d'un coup de couteau, ou lui couperait la tête d'un coup de pique ou mettrait ses entrailles à nu. Ils arrachaient les bébés qui tétaient leurs mères, les prenaient par les pieds et leur cognait la tête contre les rochers. D'autres les lançaient par-dessus l'épaule dans les fleuves en riant et en plaisantant. [...]
> Ils faisaient de longues potences où les pieds touchaient presque terre et par groupe de treize, pour révérer et honorer notre Rédempteur et les douze apôtres, ils y mettaient le feu et les brûlaient vifs. D'autres leur attachaient tout le corps dans de la paille sèche et y mettaient le feu ; c'est ainsi qu'ils les brûlaient.

> À d'autres et à tous ceux qu'ils voulaient prendre en vie, ils coupaient les deux mains, et les mains leur pendaient ; et ils leur disaient : « Allez porter les lettres », ce qui signifiait d'aller porter la nouvelle à ceux qui s'étaient enfuis dans les forêts[74].

Le sadisme extrême qui ressort de ces descriptions interroge. Comment les Espagnols en sont-ils arrivés à se comporter de manière aussi monstrueuse, et ce non pas ponctuellement, mais systématiquement ?

D'une part, il s'agissait comme nous l'avons vu d'hommes pris dans les rouages internationaux de la valorisation du capital et de l'endettement. Ce n'était pas seulement pour s'enrichir eux-mêmes, mais pour s'acquitter de leur dette auprès des investisseurs de Gênes, Augsbourg et Anvers, qu'ils cherchaient par tous les moyens imaginables à exploiter à fond les êtres humains, à obtenir par la torture des informations sur les ressources en or et à forcer, en diffusant la peur et l'effroi, les indigènes récalcitrants à se soumettre. Souvent, les débiteurs formaient une chaîne : les simples soldats empruntaient pour payer leur équipement militaire ; les commandants comme Hernán Cortés contractaient d'immenses crédits pour financer leurs expéditions ; et au bout de la chaîne, la Couronne était elle aussi endettée auprès des grandes banques[75]. Mais même cela n'explique pas tout. Pour comprendre le sadisme particulier avec lequel les Espagnols ont procédé, il faut prendre en considération l'histoire par laquelle sont passés les gens qui ont commis ces crimes et la société dans laquelle ils vivaient. L'Espagne avait derrière elle une sanglante guerre de conquête, qui a duré des siècles, contre les Maures musulmans dont la domination dans le sud de l'Espagne s'était accompagnée d'une époque de floraison culturelle, de bien-être économique et de relative tolérance religieuse. Les princes du nord de l'Espagne, qui étaient à la fois des fanatiques religieux et des chevaliers pillards, ont combattu avec acharnement ce califat jusqu'à ce qu'ils en viennent à bout en 1492 et finissent par expulser les musulmans ainsi que les juifs hors d'Espagne. Ils étaient soutenus par les papes et financés par les banques génoises. Du fait de cette guerre interminable, l'Espagne était devenue une société belliciste dans laquelle des générations d'hommes furent socialisés dans la guerre, sans connaître grand-chose d'autre. Comme d'autres sociétés militarisées nous l'ont appris, la violence pénètre jusque dans les familles et l'éducation des enfants, exerçant ainsi une influence fatale sur le développement de leur personnalités. Dans ce contexte, un fait est particulièrement révélateur : l'indignation que suscitait chez les Espagnols le refus des premiers habitants des Amériques de battre leurs enfants. Les jésuites se sont par exemple donné beaucoup de peine pour contraindre les indigènes à soumettre publiquement leurs enfants à une sévère discipline[76]. Les Espagnols étaient donc porteurs d'une culture de la violence ancrée à plusieurs niveaux : dans les structures économiques et politiques comme dans les habitudes familiales.

Le troisième facteur décisif permettant d'expliquer la dimension particulière prise ici par la cruauté est de type idéologique. Le massacre perpétré par les croisés dans la mosquée al-Aqsa avait déjà montré le rôle que la prétention à la vérité universelle du christianisme pouvait jouer dans la justification de la violence, aussi bien vers l'extérieur à l'égard de tiers que pour ceux-là mêmes qui s'en rendaient coupables. Quand on croit, et que les autorités suprêmes nous confirment, que nos actes, si inhumains soient-ils, s'inscrivent dans une mission providentielle globale, on est en mesure de surmonter intérieurement nos derniers scrupules. Colomb lui-même croyait que ce qu'il faisait participait d'une histoire apocalyptique du salut et cette croyance se mariait à merveille avec les objectifs monétaires et militaires de ses commanditaires.

Le principal moteur de la *Conquista* fut l'immense demande européenne en métaux précieux, employés pour édifier le complexe monétaro-militaire. Voici comment un Aztèque de l'époque a décrit la soif d'or des Européens : « Comme le feraient des singes, ils soulèvent l'or [...] avec des gestes qui manifestent leur jubilation, on dirait que leurs cœurs sont rajeunis et illuminés. [...] Ils convoitent l'or comme des porcs affamés[77]. » Le conquistador espagnol Hernán Cortés le disait lui-même ainsi : « Nous, Espagnols, souffrons d'une maladie du cœur que seul l'or peut guérir. »

Après plus de cinquante ans passés à dévaster la moitié du continent à la recherche de métaux précieux, les Espagnols ont finalement trouvé, sur un haut plateau situé à quatre mille mètres d'altitude dans la région de la Bolivie actuelle, une montagne qui devait devenir dans les années suivantes la plus grande mine d'argent du monde : le *Cerro Rico*. En peu de temps, le petit bourg de Potosí situé à son pied est devenu l'une des villes les plus riches du monde, plus grande encore que Paris, Rome ou Madrid. Certaines rues étaient pavées d'argent, on y a construit plus de six cents églises richement décorées et des dizaines de salles de jeux luxueuses. Mais le revers de cette richesse, c'était l'enfer des mines. Des dizaines de milliers d'indigènes furent contraints et forcés à travailler dans les mines et les fonderies[78]. La plupart sont morts au travail : écroulement ou inondation de galeries, chocs de température entre la chaleur torride à l'intérieur de la montagne et le froid glacial à l'extérieur, empoisonnement au mercure, épuisement et tuberculose. Pour un moine de la région, Potosí représentait « les bouches de l'enfer, engloutissant les Indiens par milliers[79] ». Effectivement, on ne s'est peut-être nulle part au monde plus approché de l'image des enfers que dans les mines de Potosí. La nuit, les six mille fourneaux dans lesquels l'argent était fondu faisaient rougeoyer les flancs de la montagne ; les émanations toxiques ont tué toute la végétation dans un rayon de trente kilomètres. Le journaliste uruguayen Eduardo Galeano estime à huit millions le nombre total d'êtres humains morts dans ces mines pendant les trois siècles où elles ont fonctionné[80]. Des régions entières ont été dépeuplées, l'agriculture s'est effondrée, le littoral du Pérou actuel s'est transformé en un désert que l'on peut encore contempler aujourd'hui, alors qu'il avait été jadis cultivé par les Incas grâce à un système de terrasses irriguées. Quand les indigènes furent presque tous morts, les Espagnols essayèrent de les remplacer par des esclaves africains qui, eux aussi, périssaient rapidement. La montagne elle-même, qui faisait jadis plus de cinq mille mètres d'altitude, s'affaissa de plusieurs centaines de mètres après qu'au total quelque quarante mille tonnes d'argent pur en eurent été extraites et acheminées vers l'Espagne par bateau.

Mais l'argent ne resta pas en Espagne : il fila des mains de la Couronne dans celles de ses créanciers à Gênes, Augsbourg et Anvers pour servir là-bas de carburant à l'économie monétaire en plein boom. Toute la *Conquista,* y compris le génocide, fut financée à crédit : en fait, c'était la pression des créanciers qui alimentait les fournaises infernales de Potosí.

L'écrasement des mouvements égalitaires

Avec la relance du complexe monétaro-militaire, les élites européennes ont réussi à faire peu à peu pencher la balance des rapports de pouvoir en leur faveur, parvenant ainsi à mater les mouvements égalitaires. Des armées bien équipées de mercenaires étaient en mesure d'imposer la collecte de l'impôt et de réprimer plus efficacement que jamais les révoltes de paysans et d'artisans. La logique de l'accumulation capitaliste a pénétré toujours plus profondément dans les structures sociales. Dans l'agriculture, le fermage en argent a pris la place des redevances en nature et des prestations de travail. Cela a bien apporté à quelques paysans une certaine libération, mais beaucoup se sont appauvris et, surendettés, ont fini par perdre leur terre. La paysannerie en est sortie divisée en fermiers ou petits propriétaires aisés d'un côté, et travailleurs sans terre de l'autre[81]. En Angleterre, les grands propriétaires se sont de force emparés des terres utilisées de manière communautaire (les communaux) pour y faire paître de grands troupeaux de moutons dont la laine alimentait la production textile en plein boom dans les Flandres. À la suite de ces *enclosures*, nombre de petits paysans ont perdu leurs moyens de subsistance, qui dépendaient des communaux, et sont devenus des vagabonds sans feu ni lieu. Les marchands de textile des Flandres ont supprimé les régulations mises en place par les corporations en créant à côté des villes des sortes de « zones franches » dans lesquelles les paysans appauvris pouvaient gagner, en tissant et en filant, de quoi compléter leur maigre pitance. Comme les marchands contrôlaient toute la chaîne de création de la valeur, ils pouvaient fixer les salaires et les prix.

C'est dans cette situation que l'Europe a été inondée par les quantités colossales d'argent venant de Potosí. S'en est suivi une inflation galopante qui a touché en particulier les prix des denrées alimentaires. Quant aux salaires, ils ne suivaient par contre pas le mouvement de renchérissement de la vie : propriétaires terriens, marchands et seigneurs les maintenaient aussi bas que possible à l'aide de la puissance militaire nouvellement acquise. Entre 1500 et 1700, les salaires réels ont donc dramatiquement baissé, dans bien des régions ils ont perdu jusqu'à 70 % de leur valeur. C'est seulement vers la fin du XIXe siècle que les salaires moyens en Europe ont retrouvé leur niveau de la fin du Moyen Âge[82]. Il en a résulté une énorme explosion de pauvreté, la faim et la misère se sont répandues – et ont fini par conduire à une troisième vague de révoltes sociales dont le point culminant fut la guerre des Paysans qui a secoué l'Allemagne en 1525.

Pour répondre à la dissidence et à la révolte, les autorités ont fait feu de tout bois : persécution ecclésiastique, répression étatique et guerre sont allées main dans la main. Dès la fin du Moyen Âge, des mouvements de pauvreté et d'autres courants religieux qui s'opposaient aux injustices sociales et fondaient des communautés d'inspiration utopique furent persécutés comme « hérétiques » et « diaboliques » par l'Église. La stratégie est ici aussi simple qu'efficace : mettre en avant un conflit de doctrine religieuse pour détourner l'attention de la question sociale. Pour combattre « l'hérésie » – entendez : les mouvements sociaux –, les papes avaient introduit au XIIIe siècle l'Inquisition et la torture. Toutefois, leur ampleur était encore limitée à la fin du Moyen Âge ; ce n'est qu'au début des Temps modernes qu'elles ont atteint des sommets, particulièrement en Espagne.

La chasse aux sorcières, qui a connu son point culminant entre 1550 et 1700, se rattachait à l'Inquisition[83].

Toutefois, ce ne sont pas des instances ecclésiastiques qui ont été en première ligne dans ce genre de procès, menés d'abord par des tribunaux séculiers. La peur des sorcières n'a absolument pas été un mouvement populaire spontané, elle a été soigneusement mise en scène et orchestrée par les autorités. Comme moyen de propagande, les médias alors disponibles (les représentations théâtrales, les prêches, la peinture et en particulier l'imprimerie) ont joué un rôle décisif pour générer la paranoïa collective[84]. Le livre incendiaire *Le Marteau des sorcières* fut l'un des textes les plus imprimés de l'époque.

Les procès visaient surtout les femmes et en particulier les femmes d'origine pauvre. En Angleterre, il y a une correspondance géographique très étroite entre les procès de sorcières et les *enclosures*. En outre, ce n'est pas un hasard si les phases d'accélération de la chasse aux sorcières tombent en même temps que les pics d'inflation[85]. L'historienne et sociologue américaine Silvia Federici défend l'idée que la chasse aux sorcières a été un moyen de briser les résistances sociales à la mise en place du mode de production capitaliste. Les persécutions ont effectivement eu un effet dévastateur sur la force de résistance des paysans. En incitant les gens à se dénoncer les uns les autres, elles ont divisé la population ; en diabolisant les femmes, elles ont creusé un fossé entre les sexes qui a profondément fissuré les familles ; et elles ont détruit les fondements culturels d'une vie paysanne qui était soustraite autant aux rituels de soumission de l'Église officielle qu'à la logique du travail salarié. Ce n'est pas un hasard si le diable que l'Église et les autorités séculières ont agité en épouvantail dans d'innombrables traités, prêches et images ressemblait beaucoup à Pan, le dieu des bergers, qui était associé depuis l'Antiquité au mode de vie indépendant des paysans. Tandis que du point de vue des paysans, les véritables démons étaient les inquisiteurs et les bourreaux qui les torturaient, tels qu'on les voit dans tant de représentations des enfers de l'époque, le diable était du point de vue des élites un faune paresseux et libidineux qui traînait dans des ripailles et tenait de nuit des réunions conspiratrices. La paranoïa des possédants qui ressort des procès de sorcières provient en bonne partie de la peur des menées paysannes incontrôlables.

La généralisation de peines draconiennes à l'encontre des pauvres et des vagabonds qui, par bandes entières, se sont mis à sillonner les campagnes fut étroitement liée à l'Inquisition et à la chasse aux sorcières. Le premier Code pénal allemand de 1532 a légalisé des modes d'exécution cruels comme le supplice de la roue, l'enterrement vivant, le bûcher ou l'écartèlement, et ce même pour des délits comme le vol[86]. La pauvreté est devenue un crime capital. Dans la partie du *Capital* sur « l'accumulation primitive », Karl Marx cite quelques exemples des législations sanguinaires qui se sont diffusées partout en Europe à partir du XVIe siècle :

> Henri VIII, 1530 : attachés derrière une charrette, les vagabonds doivent subir la fustigation jusqu'à ce que le sang ruisselle de

> leur corps ; puis ils ont à s'engager par serment à retourner, soit au lieu de leur naissance, soit à l'endroit qu'ils ont habité dans les trois dernières années, et à « se remettre au travail ». [...] En cas de première récidive, le vagabond doit être fouetté de nouveau et avoir la moitié de l'oreille tranchée ; à la deuxième récidive il devra être traité en félon et exécuté comme ennemi de l'État. [...]
> Édouard VI, 1547 : tout individu réfractaire au travail sera adjugé pour esclave à la personne qui l'aura dénoncé comme truand. [...] Il a le droit de l'astreindre aux besognes les plus dégoûtantes à l'aide du fouet et de la chaîne. Si l'esclave s'absente une quinzaine de jours, il est condamné à l'esclavage à perpétuité et sera marqué au fer rouge de la lettre S sur la joue et sur le front ; s'il a fui pour la troisième fois, il sera exécuté comme félon.

Marx en conclut : « C'est ainsi que la population des campagnes, violemment expropriée et réduite au vagabondage, a été rompue à la discipline qu'exige le système du salariat par des lois d'un terrorisme grotesque, par le fouet, la marque au fer rouge, la torture et l'esclavage[87]. »

En Allemagne, les paysans ont formé des mouvements de plus en plus larges pour lutter contre le renforcement de l'exploitation, la répression et les impôts, depuis le mouvement Bundschuh[88] jusqu'à la grande guerre des Paysans allemands (1525). Dans cette conjoncture, le réformateur Martin Luther a joué un rôle fort ambivalent. Ses thèses contre le trafic des indulgences et autres abus de l'Église ont été saisies des deux côtés : par les paysans révoltés et d'autres couches sociales désavantagées, mais aussi par les seigneurs dont l'objectif était de s'approprier les grands biens de l'Église. Quand les tensions explosèrent et finalement dégénérèrent en guerre civile, Luther prit le parti des seigneurs et, dans ses appels, expliqua que ces « hordes de paysans », il fallait « les abattre, massacrer et tuer secrètement ou publiquement, et se rappeler qu'il ne peut y avoir rien de plus venimeux, de plus nuisible et de plus diabolique qu'un insurgé ». Et il poursuivait : « Ces temps sont tellement étranges maintenant qu'un prince peut, en répandant le sang, gagner le ciel mieux que d'autres en priant[89]. » Sous diverses variantes, Luther a repris nombre de fois la sentence de Paul stipulant que toute autorité vient de Dieu et que l'être humain est astreint à une obéissance inconditionnelle. C'est ainsi qu'il est devenu l'un des piliers idéologiques de l'édification de structures autoritaires en Allemagne[90].

Les troupes de paysans ont été finalement défaites par une armée de mercenaires financée entre autres par Jacob Fugger, au cours de batailles qu'on ne peut qualifier que de massacres : à Frankenhausen par exemple, au moins 6 000 paysans ont trouvé la mort contre seulement une demi-douzaine de mercenaires – bonne illustration de la puissance incommensurable du complexe monétaro-militaire moderne. « Pour un peu, écrivit Luther, je serais tenté de me glorifier de ce que jamais depuis le temps des apôtres – et de l'aveu même de mes ennemis – le glaive temporel et l'autorité n'ont été aussi clairement décrits ni aussi magnifiquement célébrés que par moi[91]. » Avec le soutien idéologique de Luther, les princes évangéliques ont pu finalement s'approprier les biens de l'Église que les paysans voulaient à l'origine convertir en propriété commune.

L'ère des insurrections n'était pas encore tout à fait terminée. À partir de la Suisse, le mouvement anabaptiste s'est largement diffusé en Europe. Influencé par les Évangiles qui venaient tout juste d'être traduits en allemand, il se réclamait des principes de la non-violence, de la communauté des biens et de l'autodétermination, tels qu'ils étaient profondément ancrés dans le mouvement de Jésus. Après avoir vu les révoltes paysannes se faire écraser, les anabaptistes ont cherché à éviter la confrontation militaire : à la place, ils ont essayé de construire leurs propres communautés par-delà l'État et l'Église. Ils n'ont pas été seulement persécutés par les seigneurs et l'Église romaine, mais aussi par des réformateurs comme Ulrich Zwingli, sous l'instigation duquel de nombreux anabaptistes ont été torturés et exécutés. Les luthériens aussi ont participé aux persécutions, avec une justification remarquable : le refus des anabaptistes de servir comme soldat ou d'assumer des fonctions liées à l'exercice de la violence contreviendrait à l'ordre divin. Aujourd'hui encore, l'ordination des pasteurs protestants se fait dans nombre de pays sur la base de la *Confessio Augustana* de 1530, dans laquelle il y a un passage explicite contre le refus anabaptiste de la violence et de la propriété :

> En ce qui concerne l'État et le gouvernement temporel, nous enseignons que toutes les autorités dans le monde, les gouvernements et les lois civiles qui maintiennent l'ordre public, sont des institutions excellentes créées et établies par Dieu. Un chrétien est libre d'exercer les fonctions de magistrat, de souverain, de juge. Il peut sans crainte prononcer des jugements selon les lois impériales et les autres lois en vigueur, punir les malfaiteurs au moyen de l'épée, entreprendre une guerre juste, être soldat, acheter et vendre, prêter serment sur injonction, posséder des biens, contracter mariage, etc. Nous condamnons [...] ceux qui enseignent que la « perfection chrétienne » consiste [...] à renoncer à toutes les choses mentionnées ci-dessus[92].

À Münster, le conflit éclata d'une manière particulière. Une partie de la ville voulait imposer l'ordre luthérien (y compris la *Confessio*), mais la majorité de la population rejoignit la fraction anabaptiste. Il faut remarquer qu'elle était constituée aux trois quarts de femmes – ce qui n'est pas étonnant vu les positions misogynes de Luther. Les anabaptistes en appelaient à la communauté des biens sur le modèle du christianisme primitif et, tandis qu'autour de la ville se concentraient les troupes du prince-évêque, ils brûlèrent les registres de dette des archives municipales. C'est dans cette situation que des prédicateurs d'apocalypse prirent la tête du mouvement et annoncèrent que la venue du Christ était proche. Mais le Sauveur n'apparut pas, et au lieu de cela la ville fut prise en 1535 par les puissantes troupes des souverains confédérés. Les meneurs du mouvement furent torturés et exécutés en public : avant d'être finalement poignardés, on leur arracha la langue et d'autres parties du corps à la pince chauffée à blanc. Leurs dépouilles furent pendues au clocher de l'église dans des cages métalliques et exposées aux yeux de tous afin « qu'elles servent, par l'effroi suscité, à mettre en garde les esprits agités de ne pas tenter ou oser une chose pareille à l'avenir[93] ».

À gauche : torture d'un anabaptiste à Münster (1535). À droite : peine de mort par le supplice de la roue (vers 1630).

Le royaume anabaptiste de Münster illustre le tragique des mouvements égalitaires. Compte tenu de leur impuissance face à un complexe monétaro-militaire renforcé, ils sont tombés dans les fantasmes apocalyptiques comme l'avaient déjà fait les prophètes antiques face à la supériorité militaire des légions romaines.

L'écrasement des résistances intérieures et des rêves d'égalité en Europe a été – à côté de l'expansion coloniale – le deuxième triomphe des monstres de la modernité. Ce fut la naissance de ce que Thomas Hobbes devait appeler, avec plus d'un siècle de recul, le « Léviathan » : un monstre face auquel toute résistance est vaine.

L'invention de la société par actions

L'État autoritaire ne fut pas la seule institution monstrueuse à être créée à cette époque. Il y en a eu également une deuxième qui s'est avérée aussi puissante que lui, si ce n'est même plus, et tout aussi monstrueuse : la société par actions, étroitement liée à l'État.

Une société par actions est, à y regarder de près, une construction très singulière. Sur le plan du droit, c'est une « personne juridique » et même, aux États-Unis, une « personne morale » bénéficiant de tous les droits constitutionnels dont ne jouissent sinon que les « personnes naturelles ». À la différence d'autres personnes juridiques comme les associations ou les corporations, son unique finalité est d'augmenter la richesse de ses actionnaires. Compte tenu du fait que la société par actions ne saurait mourir comme les personnes naturelles, elle peut en principe exister éternellement. Elle est donc une sorte de machine – aux propriétés anthropomorphiques – dont le seul but est l'accumulation sans fin d'argent. Certes, les engrenages et les rouages de ce gigantesque cyborg sont en majeure partie faits d'humains, mais ces humains sont complètement assujettis à la fonction qu'ils exercent au service du but suprême de la machine. S'ils s'en écartent, la machine les met à la porte.

C'est sur ce principe que les institutions les plus puissantes du monde sont construites. Financièrement, les plus grandes sociétés par actions sont plus solides que la plupart des États. Bien qu'elles puissent aussi entrer en conflit avec les gouvernements, elles en sont pourtant les créatures : car seuls les États peuvent édifier, garantir et imposer les constructions juridiques complexes qui sont nécessaires à leur existence – et constituent même, en fait, leur essence. Leur programme génétique les pousse à croître sans cesse, car l'argent gagné doit être à nouveau investi pour gagner plus d'argent, à l'infini. Elles sillonnent terres et mers en quête de nouveaux placements. L'Arctique fond-il en raison des gaz à effet de serre qu'elles génèrent ? Ce n'est pas une raison pour s'arrêter, mais au contraire l'occasion de forer en Arctique aussi à la recherche de pétrole. Ce qu'elles produisent – voitures ou médicaments, sucettes ou fusils-mitrailleurs, aliments pour animaux ou électricité – sont seulement des moyens interchangeables pour atteindre leur véritable but, l'accumulation d'argent. Les besoins sont-ils couverts ? Qu'à cela ne tienne, elles en créeront de nouveaux. Voilà pourquoi il est indispensable, pour leur bon fonctionnement, que les citoyens soient transformés en consommateurs dont la contribution essentielle à la vie sociale sera d'acheter leurs produits, si absurdes, superflus ou nuisibles soient-ils. Leur logique fait que les questions sur le sens et le but de nos activités économiques, celles de savoir de quoi les humains ont vraiment besoin et comment ils veulent vivre, n'ont pas droit de cité. Mais bien que le but des sociétés anonymes soit abstrait, leur apport doit être concret, car elles ont besoin d'énergie et de matière à transformer en produits qui seront vendus contre de l'argent. Ces entités artificielles et immortelles se nourrissent ainsi de la réalité pour la transformer en pure abstraction : en une série de chiffres sur le compte bancaire de leurs actionnaires.

Mais comment en est-on arrivé à créer une institution aussi étrange et destructrice ? Jusqu'à la fondation des premières sociétés anonymes vers 1600, l'accumulation du capital dépendait du désir personnel que les particuliers avaient de gagner de l'argent. Dès lors qu'on n'avait plus envie d'accroître sa fortune et que l'on préférait, par exemple, se reposer et profiter des fruits de la richesse, l'expansion économique prenait fin[94]. La société par actions change la donne : les êtres humains impliqués devenant interchangeables, l'accumulation est institutionnalisée.

Le processus par lequel l'accumulation monétaire est devenue autonome et abstraite a parcouru une longue histoire avant d'en arriver à l'invention de la société par actions. Les pionniers du premier capitalisme vénitien et génois étaient encore des aventuriers qui prenaient eux-mêmes la mer et les armes et, bien souvent, y trouvaient la mort. (Le terme anglais pour aventurier, *adventurer*, désignait à l'origine celui qui investissait le capital-risque, dit *venture capital*.) Ils faisaient du commerce avec des quantités relativement faibles de biens de luxe, mais qui offraient des marges de profits extrêmement hautes, ce qui permettait de contrebalancer les risques élevés qu'ils prenaient[95].

Avec le volume croissant des affaires, une plus grande concurrence sur les mers et des marges réduites de profit, le besoin s'est accru de calculer précisément chaque transaction. À cette fin, l'invention décisive fut l'introduction au XIVe siècle de la comptabilité à partie double, telle que nous la connaissons encore aujourd'hui. Grâce à elle, les rentrées, les dépenses, les bénéfices et les taxes pouvaient être précisément calculés, et ce non seulement après coup mais aussi de manière prévisionnelle[96]. Cette mathématisation du commerce a constitué un pas décisif sur la voie menant de l'amoncellement spontané de richesses par le commerce et la piraterie à une accumulation calculée d'argent, qui est devenue de plus en plus un but en soi.

Ce faisant, le métier de marchand a progressivement fait peau neuve. L'aventurier parcourant les mers est devenu un rond-de-cuir qui, depuis le bureau où il est bien en sécurité, dirige ses commis envoyés à travers le monde entier. Au lieu de gagner physiquement des richesses concrètes, il s'est mis à accumuler sur le papier des sommes mathématiques abstraites. Mais ce processus cumulatif n'était pas encore totalement automatisé. Outre les inclinations personnelles du marchand et son espérance de vie limitée, des restrictions juridiques posaient encore des freins à l'accumulation sans fin. Certes, une série de formes d'entreprise avait déjà été mise au point au début de la Renaissance pour permettre aux pourvoyeurs de capitaux et aux marchands de s'associer. Toutefois, elles étaient toutes soumises à deux restrictions : chaque investisseur se portait responsable avec toute sa fortune de toutes les pertes éventuelles de son associé ; et la durée de vie de la société était en règle générale limitée à une seule expédition commerciale[97].

Ces restrictions n'ont été levées qu'en 1602 avec la fondation de la Compagnie néerlandaise des Indes orientales, première société par actions au sens actuel. Elle a obtenu de l'État néerlandais un monopole commercial sur l'ensemble du secteur constitué par les océans Indien et Pacifique. Pour assurer le négoce de ses actions, la première bourse permanente des valeurs, longtemps la plus importante dans le monde, a été créée peu de temps après à Amsterdam[98]. Dans la mesure où les titres de propriété pouvaient être librement négociés, on rendait la propriété fluide et abstraite, découplée des personnes et des lieux. À la différence des sociétés de commerce qui avaient jusque-là existé, la Compagnie avait en principe une durée de vie illimitée. Elle fut en outre la première société à limiter la responsabilité des actionnaires à la valeur de leur action. Cette innovation semble aller de soi aujourd'hui, mais c'était en fait quelque chose de monstrueux. Pour la première fois dans l'histoire économique, les investisseurs ont eu un droit formellement reconnu de ne pas assumer avec leur propre fortune les pertes et les dommages provoqués par l'entreprise qu'ils soutenaient. Inversement, ils avaient à peine voix au chapitre en ce qui concerne les décisions de la compagnie ; c'est aussi la raison pour laquelle ils n'étaient pas tenus responsables pénalement des crimes qu'elle commettait. Ils encaissaient simplement les dividendes de 16 % qui leur étaient garantis et n'avaient sinon à se préoccuper de rien.

La Compagnie a ainsi poussé à l'extrême le processus de désencastrement de l'économie hors du ménage (en grec : *oikos*)[99]. Elle était libérée de tout lien aux êtres humains, aux lieux et aux relations sociales réels, ainsi que de toute responsabilité humaine. Autrement dit, elle devenait une sorte d'entité métaphysique, immortelle comme les anges, et comme eux dénuée de tout ancrage spatial.

Le pouvoir économique de cet être non terrestre n'a cependant pas pu être imposé sans le recours massif à la violence physique. Dès sa fondation, la Compagnie néerlandaise des Indes orientales a obtenu le droit de constituer sa propre armée à l'aide de mercenaires qui devaient lui prêter serment. Au cours du XVIIe siècle, la Compagnie anglaise des Indes orientales a elle aussi obtenu peu à peu les droits de lever des troupes et de mener des guerres à sa guise, de battre sa propre monnaie et d'exercer la pleine juridiction, au pénal comme au civil, « sur toutes les personnes appartenant à ladite compagnie ou relevant de son ressort ». Les compagnies de commerce étaient donc des formations similiétatiques aux territoires flottants. Chacune d'entre elles était régie par un gouverneur chargé de commander non seulement aux employés de la Compagnie, mais aussi aux populations vivant dans les contrées qu'elle avait colonisées. Dans ces firmes, les tyrannies économiques et militaires étaient réunies dans les mêmes mains.

Le génocide subi par les habitants de l'île indonésienne de Banda Neira en 1621 illustre l'action de ces compagnies hors d'Europe. Les Hollandais étaient là-bas surtout intéressés par les noix de muscade qu'ils pouvaient revendre en Europe en faisant des bénéfices fabuleux. Mais les Bandanais n'étaient pas disposés à accorder un monopole aux Hollandais. La toute jeune Compagnie des Indes orientales rappliqua alors avec quelques milliers de mercenaires et fit perpétrer des massacres. Un an plus tard, les Hollandais avaient obtenu leur monopole tandis qu'il ne restait sur l'île plus que 1 000 habitants sur les 15 000 qu'ils avaient trouvés à leur arrivée[100]. En attendant, la florissante Amsterdam était devenue la ville la plus riche d'Europe, célèbre pour ses arts et sa libéralité. Les actionnaires de la Compagnie ne se salissaient même pas le petit doigt avec les crimes commis par la firme qui, en leur nom, ravageait le Pacifique. Au lieu de cela, ils débattaient au sein de cercles de discussion raffinés des mérites respectifs de peintres comme Frans Hals ou le jeune Rembrandt, auxquels ils commandaient des portraits. L'« âge d'or » des Pays-Bas a été en même temps l'une des époques les plus ténébreuses de l'histoire indonésienne. L'avènement de la civilisation européenne a été structurellement lié au déchaînement de la barbarie de l'autre côté du globe. Mais la plupart des citoyens ne pouvaient voir un tel lien, masqué qu'il était par les différentes couches d'abstraction qui se sont cristallisées en institution dans la société par actions.

Élus et réprouvés

Les Pays-Bas étaient devenus le nouveau centre de l'économie mondiale, comme allaient le devenir l'Angleterre au XIXe et les États-Unis au XXe siècle. Ce n'est pas un hasard si c'est précisément dans ces pays que s'est également diffusée une idéologie qui reflétait et justifiait l'ordre nouveau : le calvinisme. D'après la doctrine du genevois Jean Calvin, Dieu a divisé le genre humain, avant même de créer le monde, en élus d'un côté et en personnes qui seront damnées à jamais de l'autre. Personne ne peut rien changer à ce destin prédéterminé, ni par les bonnes œuvres, ni par la foi. Toutefois, personne ne peut savoir non plus avec certitude à quel groupe il appartient. C'est pourquoi tout le monde est renvoyé à des indices – et le signe le plus clair que l'on fait partie des élus est selon Calvin la réussite économique.

La doctrine calviniste combine la tradition apocalyptique au projet capitaliste. La division de l'humanité en élus et en réprouvés, telle que l'annonce la révélation johannique, est projetée sur la vie économique, l'ordre divin et la logique du marché ne faisant plus qu'un. Tournant radicalement le dos aux Évangiles[101], les pauvres apparaissent à présent comme ceux que Dieu a réprouvés, ceux qui sont irrémédiablement destinés à finir en enfer tandis que les riches se glissent dans le rôle des élus. Aucune puissance terrestre n'est responsable d'une telle division de l'humanité, seule l'est la décision insondable de Dieu avant le début des temps. Il est donc non seulement vain, mais aussi blasphématoire, d'entreprendre quoi que ce soit contre cet ordre. Que cette doctrine se soit diffusée aussi vite dans les centres où se faisait la révolution économique tient à ce qu'elle assurait une fonction importante : elle légitimait la fracture sociale et la soustrayait à toute discussion.

Les puritains importèrent cette doctrine dans les colonies d'Amérique du Nord. En Angleterre, ils étaient politiquement marginalisés et même partiellement persécutés. Imbus de l'idée que la fin des temps était proche, l'Amérique était pour eux le lieu où la nouvelle Jérusalem ferait son apparition : *The City upon a Hill*[102]. Mais pas plus que la nouvelle Jérusalem, la Nouvelle-Angleterre n'était censée être un lieu ouvert à tous. Les Pequots qui y vivaient furent par exemple presque entièrement exterminés en quelques années seulement. La manière brutale dont les Anglais faisaient la guerre, en visant l'anéantissement total de l'adversaire, civils y compris, était inconnue et incompréhensible pour les Pequots qui n'étaient préparés ni militairement, ni spirituellement à une telle volonté d'éradication. Voilà ce que rapporte un témoin anglais du massacre de Fort Mystic en 1637, où périrent quelque cinq cents Pequots : « C'était un spectacle horrible que de voir [les Pequots] se tordre dans les flammes et tout ce sang répandu sur le sol. Tout aussi terrible était la puanteur qui se dégageait de cet endroit. Mais la victoire semblait un doux sacrifice à Dieu, qu'ils remercièrent d'avoir œuvré si merveilleusement pour eux[103]. »

Les puritains associaient leur mission apocalyptique à des ambitions économiques. La colonisation fut menée par des sociétés anonymes auxquelles la Couronne anglaise avait accordé le pouvoir de disposer de certains territoires[104]. Les colons les plus pauvres se vendaient comme serfs pour sept ans à ces compagnies. Leur mission consistait à employer tous les moyens possibles pour engranger des richesses dans le Nouveau Monde et permettre ainsi aux actionnaires londoniens de faire des profits.

L'association de l'eschatologie et de l'expansion économique a conféré à ce projet une aura utopique qui auréolait de lumière la dure réalité des premières colonies. La cité céleste ne descendrait pas du ciel, mais elle pouvait être bâtie sur terre. La colonisation de l'Amérique est le premier pas en ce sens. Pour édifier le Nouveau Monde, il faut détruire l'ancien et le remplacer par une création sortie des mains du nouveau maître sur terre : l'homme blanc, lui-même instrument d'un Dieu blanc, masculin et autoritaire.

La fusion des fantasmes apocalyptiques et du calcul économique se reflète aussi dans une transformation de la représentation du temps. L'attente d'un salut à venir se combinait au calcul rigoureux du profit escompté. Cette rencontre a donné lieu à la représentation moderne du temps comme d'une flèche qui nous précipite irrésistiblement vers le futur ; par conséquent notre perception se focalise toujours plus sur le point de fuite du mouvement et le présent se réduit à n'être plus qu'un simple point de passage, un pas-encore.

Puissance et impuissance dans le système-monde moderne

Au début des Temps modernes, les Européens ont transformé la moitié du globe, au nom du salut et du progrès, en un enfer sur terre. L'économie monétaire, la métallurgie et le business de la guerre ont suscité l'apparition d'un appareil de pouvoir qui était en mesure non seulement de briser toute résistance à l'intérieur de l'Europe, mais aussi de soumettre progressivement des pays et même des continents entiers à l'extérieur. Ce système de pouvoir présente à première vue quelques similitudes avec d'autres empires, comme celui de Rome, mais à y regarder de plus près, on voit qu'il fonctionne différemment.

Le fait curieux que l'État moderne, à la différence des systèmes étatiques qui l'ont précédé, a dès le début été endetté est l'indice qu'il s'agissait d'un système d'un nouveau type[105]. C'est seulement avec les crédits des magnats du commerce que les souverains ont pu se payer des mercenaires et des armes, et prendre ainsi le contrôle des territoires et de leurs habitants. Pour cette raison, le rapport de pouvoir entre les détenteurs de capitaux et les souverains n'est à l'époque moderne, jusqu'à aujourd'hui, absolument pas le même que dans le monde antique. Alors que dans de vastes empires, tels que ceux que Rome ou la Chine ont édifiés, le renforcement du pouvoir étatique central et la consolidation de l'empire étaient le but suprême, dans le système-monde moderne, la violence étatique est avant tout un moyen pour faciliter la voie à l'accroissement sans entraves du capital monétaire. Dans les deux cas, le marché et l'État sont inséparables, mais leur rapport s'est tendanciellement inversé[106]. Cette inversion est lourde de conséquences : comme le système, y compris les États, est animé par la logique de l'accroissement monétaire sans fin, il ne cherche pas à atteindre un état final dans lequel il s'agirait ensuite de se maintenir, mais est voué à l'expansion infinie.

Le revers de l'essor du nouveau système fut l'impuissance de larges pans de la population soumis à un appauvrissement, un déracinement et une violence extrêmes. À bien des égards, l'époque qui va de l'irruption de la peste jusqu'au XVIIe siècle a été traumatisante pour les Européens. Ils ont été précipités dans des guerres de dimensions complètement inédites qui ont trouvé leur acmé provisoire dans le grand carnage que l'Europe s'est infligé à elle-même : la guerre de Trente Ans, qui décima près du tiers de la population d'Europe centrale. Toute une génération a grandi sans rien connaître d'autre que la guerre, d'innombrables enfants sont nés dans le sillage de l'armée et devenus des pions dans l'économie de guerre[107]. Le premier moteur de cette déflagration ne fut pas un conflit confessionnel, ni même le désir de conquête des princes, mais la pure logique de l'économie de guerre. Dès l'hiver 1620-1621, la guerre aurait pu prendre fin, mais l'armée de mercenaires qui venait de Bohême voulait être nourrie et son général, l'entrepreneur de guerre Ernst von Mansfeld, menaçait ses commanditaires de retourner ses troupes contre eux : en effet, il avait des dettes à rembourser. La guerre fut poursuivie[108].

Ce n'était pas seulement la guerre qui déracinait et traumatisait les gens, mais aussi le nouveau régime économique. Les formes de vie communautaires et les économies de subsistance furent violemment détruites. La privatisation des communaux (les *enclosures*), l'obligation de payer les impôts en argent ainsi que la répression des pauvres et des vagabonds privèrent de plus en plus de gens de ce qui leur permettait d'assurer leur vie et les forcèrent à vendre leur simple force de travail sur le marché, en se faisant concurrence les uns les autres. Les formes de vie qui reposaient sur la coopération furent peu à peu refoulées au profit d'une lutte impitoyable pour la survie. Tout cela déchira au fil des siècles le tissu social qui avait lié les êtres humains entre eux pour aboutir précisément à cette incessante « guerre de tous contre tous » que Thomas Hobbes prenait pour l'état de nature.

Les bouleversements du début des Temps modernes n'appartiennent pas à un passé révolu. Les monstres de la modernité poursuivent encore leur vie en nous, dans une société qui a érigé la concurrence totale de tous contre tous en principe suprême. Le système économico-politique qui fut autrefois créé dans la violence s'est depuis diffusé sur la terre entière. C'est notre système actuel, même si bien des éléments se sont depuis transformés.

Mais alors, de quel droit peut-on parler ici – pour revenir encore une fois à la question posée en introduction – d'un *système* et non d'un simple agrégat d'institutions diverses, de pratiques et de conceptions du monde n'ayant aucun lien intrinsèque entre elles ? Nous parlons de système quand aucune de ses parties ne peut exister sans les autres, quand tous les éléments sont des composantes nécessaires d'une totalité supérieure. Effectivement, l'histoire du début des Temps modernes montre très clairement que le pouvoir économique du capital n'aurait pas pu se développer sans la violence physique de l'État, ni cette dernière sans le pouvoir économique du capital ; que les deux étaient étroitement liés à la croissance du complexe métallurgique (et le sont restés jusqu'à aujourd'hui) ; et que l'expansion fut constamment légitimée par une idéologie universaliste qui a d'abord revêtu les habits chrétiens avant de se draper dans les noms de « civilisation », de « raison » et de « libre marché ».

Pendant des siècles, les mouvements sociaux ont cherché à se prémunir des exigences impudentes de ce système en combattant chacun de ses versants. De cette manière, ils sont parvenus en certains endroits à poser des bornes à la violence physique et structurelle ainsi qu'à conquérir de nouveaux espaces de liberté. Mais ailleurs, le pouvoir des quatre tyrannies s'est frayé de nouvelles voies inattendues. Le cas le plus manifeste est la montée en puissance spectaculaire du complexe métallurgique, qui donne aujourd'hui les moyens d'éliminer la vie sur terre.

7.

MACHINE

Les sciences mécanistes, les appareils d'État et l'homme-machine (1600-1800)

Car qu'est-ce que le cœur, *sinon un* ressort, *les* nerfs, *sinon autant de* cordons, *les* articulations, *sinon autant de* roues ?

Thomas Hobbes, *Léviathan*

Après les grandes ruptures du XVIe siècle, le système-monde tout juste apparu a réussi à se consolider au cours des deux siècles suivants[1]. Une division internationale du travail s'est mise en place sur la base des conquêtes et des pillages de la première vague de colonisation moderne : le monde fut désormais, pas à pas, divisé en centres où sont confectionnés les produits à haute valeur ajoutée et en périphéries qui fournissent les matières premières à bas prix – un système qui, au fil des différentes vagues de mondialisation, s'est entre-temps emparé de la totalité du globe. Le commerce triangulaire des esclaves entre l'Europe, l'Afrique de l'Ouest et les Caraïbes a été l'un des piliers de ce nouvel ordre international.

Dans les centres de l'économie-monde, l'expansion du complexe monétaro-militaire a permis la constitution d'appareils d'État qui disposaient d'une puissance militaire telle qu'on n'en avait plus vu depuis l'Empire romain. Ces États étaient en mesure de briser efficacement les résistances que suscitait le nouveau système, de soumettre les territoires et les populations à un contrôle croissant et, en même temps, de stimuler l'accumulation du capital dans les zones qui étaient de leur ressort.

En lien étroit avec ces évolutions, la vision traditionnelle du monde a été bouleversée de fond en comble. Notre civilisation actuelle en porte encore la marque. Cette révolution lourde de conséquences est souvent présentée comme un conflit entre tradition et modernité, religion et science, superstition et Lumières, comme une marche triomphale de la raison qui a finalement abouti à notre civilisation éclairée, rationnelle et démocratique (en dépit de la menace permanente que les forces obscures de l'irrationnel font peser sur elle)[2].

Pour plusieurs raisons, les récits de ce type induisent en erreur. D'abord parce que *la* raison, *la* science ou *la* religion n'existent pas : tous ces concepts étaient et restent des champs de bataille qui donnent lieu à des débats virulents quant à leur définition et aux instances qui les définissent. Les lignes de conflit qui importent traversent chacun de ces concepts. Dans les luttes en question, il s'agit donc de savoir *quel type* de religion, de raison ou de rationalité parvient à s'imposer, quelles traditions il faut supprimer ou conserver, quelles nouveautés sont souhaitables. Ces conflits n'opposent pas une vérité rationnelle à une superstition irrationnelle, mais des intérêts divergents, des représentations différentes de ce que serait une organisation sociale souhaitable.

Comme le récit du progrès constant de la raison, du combat de la modernité contre la tradition ne pose pas les lignes de conflit au bon endroit, il se révèle incapable de reconnaître les continuités cachées, par exemple celles qu'il y a entre certains types de religion et certaines formes d'idéologie scientiste et technocratique[3]. La représentation d'un souverain céleste qui jouit d'un pouvoir total sur ses créatures est ainsi, de manière structurelle, étroitement apparentée à l'idée d'un pouvoir de disposition absolu de l'homme sur la nature ; loin de s'opposer, religion autoritaire et technocratie forment en fait un continuum. Ce qui est parvenu à s'imposer à vue d'œil au cours des Temps modernes, ce n'est pas le savoir contre la foi ou la rationalité contre l'irrationalité, mais un *certain type* de rationalité. Et ce qui fait que c'est justement *cette* rationalité qui est parvenue à l'emporter tient à ce qu'elle reflète parfaitement le fonctionnement de l'appareil de pouvoir qui vient de se constituer.

Le monde comme machine

Le symbole de ce type de rationalité est la machine. Bien avant que les machines n'acquièrent dans la société européenne la position dominante qu'elles ont gagnée avec la Révolution industrielle, les cercles dirigeants au sein de l'État, de l'économie et de la science étaient littéralement possédés par *l'idée* de machine. Dès le début du XVe siècle, le Vénitien Giovanni Fontana a dessiné tout un « théâtre de machines » en partie utiles, en partie absurdes, qui a fasciné les élites. À côté des engins de siège, des armes et des lourds dispositifs destinés à l'exploitation minière, on y trouve aussi un diable actionné de manière mécanique, des sorcières crachant du feu automatiquement ainsi que des oiseaux, des poissons et des lièvres autopropulsés[4]. Léonard de Vinci développa peu après le premier modèle de robot pour son commanditaire, le chef de guerre et duc de Milan Ludovic Sforza : un chevalier entièrement cuirassé à commande mécanique. Les automates représentant des moines en train de prier, des joueurs de flûte ou des canards digérant ravissaient autant les rois que les savants. Fascinés par l'horloge mécanique qui se diffusait au XIVe siècle, les précurseurs et pionniers des sciences modernes de la nature comme Galileo Galilée, René Descartes et Isaac Newton ont commencé à considérer la nature comme un immense mécanisme. Tandis que Galilée et d'autres astronomes exploraient le monde des planètes et l'interprétaient comme une colossale machine céleste, les philosophes mécanistes réunis autour de Descartes et de Thomas Hobbes ont fait un pas de plus : ils ont affirmé que même les êtres vivants n'étaient rien d'autre que des automates. Leur point de vue était en rupture complète avec les images antérieures du monde, qui présentaient la nature comme un organisme doué d'une âme.

En réduisant les êtres vivants à des machines, ils ont rempli une condition idéologique importante pour assurer une domination croissante de la nature et des humains. Car si les êtres vivants ne sont rien que des automates, on n'aura plus besoin, dès qu'on aura compris leur mode de fonctionnement, que de la technique nécessaire pour les faire agir de la manière la plus efficace. Que des conceptions aussi extrêmes soient finalement parvenues à s'imposer comme la quintessence même de la raison et de la rationalité, et ce contre des résistances sociales considérables – même de la part d'une partie des scientifiques –, on le doit sans doute au fait qu'elles correspondaient complètement au système politique et économique qui se formait à l'époque et se propageait dans le monde entier.

À gauche : le « chevalier mécanique » de Léonard de Vinci. À droite : une armée moderne.

Non seulement les corps des animaux et des humains ont été considérés comme des machines, mais également la société dans son ensemble : de même qu'un engin est piloté par son utilisateur, le corps social doit lui aussi être régi par une instance centrale. Ce qui a servi de modèle à cette représentation et, en même temps, d'instrument pour la mettre en œuvre, ce sont les armées permanentes récemment mises sur pied partout en Europe avec la consolidation du complexe monétaro-militaire. Le soldat bien discipliné était l'homme-machine parfait, il réagissait aux ordres de manière aussi fiable et prévisible que le robot conçu par Léonard de Vinci. À son tour, l'armée a ensuite servi de prototype pour toute une série d'institutions sociales, de l'usine à l'école en passant par la prison, toutes organisées sur le modèle de la machine. Des techniques de domination toujours plus subtiles y ont été mises au point : à la pure et simple violence physique s'est surajoutée une foule de méthodes disciplinaires plus fines censées faire en sorte que l'action et la pensée humaines s'intègrent sans frottement, de la manière la plus efficace possible, au fonctionnement d'ensemble de la mégamachine.

Le rôle des sciences

Telles qu'elles se sont développées en Europe depuis le XVIIe siècle, les sciences modernes de la nature ont sans doute considérablement étendu le spectre de la connaissance humaine. Elles nous ont donné une compréhension nouvelle de la structure et de l'évolution de l'univers et nous ont ouvert des perspectives inattendues sur la manière complexe dont sont organisés la matière et les êtres vivants ; elles sont devenues un puissant instrument de critique permettant de faire le tri entre les simples assertions et les hypothèses vérifiables ; et elles ont posé les bases pour développer des technologies remarquables.

En même temps, les sciences ont dès le début été étroitement liées aux appareils de pouvoir militaire et économique qui ont joué un rôle décisif dans leur développement et exercé une influence considérable sur le choix des méthodes et des objets de recherche. Cet entrelacement du savoir avec le pouvoir a conduit à la formation d'un système idéologique qui s'est surimposé au travail des scientifiques tout en l'innervant, d'une mythologie qui parfois favorise moins la connaissance qu'elle ne l'entrave, qui s'immunise contre la critique et élève des prétentions universalistes à la vérité constituant, à bien des égards, l'héritage de l'universalisme chrétien[5].

La science peut poursuivre des buts très divers et être utile à toutes fins ; conformément à la devise de Francis Bacon, « le savoir, c'est le pouvoir », elle peut servir à étayer les rapports de domination ou à les démonter. La science a dès ses débuts été un terrain de conflits : quelles sont les méthodes valables, les données fiables, les énoncés exacts ? Qu'est-ce qui doit être pris en considération et qu'est-ce qui, d'emblée, doit être laissé de côté ? Dans la mesure où elle définit ce qui est réel, vrai et pertinent, la science ne produit pas seulement des connaissances, mais aussi des images du monde. Inversement, les scientifiques ne se meuvent pas dans un vide idéologique : à chaque bouffée d'air qu'ils inspirent, ils s'imprègnent en partie consciemment, en partie inconsciemment des conceptions qui prédominent à leur époque, dans leur région et leur milieu. Enfin, ils ont eux aussi des intérêts personnels à défendre. Comme tous les autres êtres humains, ils veulent gagner de quoi assurer leur vie, être reconnus et ne pas subir de répression. En même temps, leur savoir devient forcément le jouet d'acteurs extérieurs qui tentent de contrôler, d'utiliser ou de limiter la production de savoir en fonction de leurs propres intérêts. En bref, le monde de la science n'est pas un cosmos idéal qui planerait librement au-dessus de la société, mais une partie d'un système social plus vaste – et par conséquent, elle évolue nécessairement avec ce système. C'est pourquoi il n'y a rien d'étonnant à ce que la réorganisation du pouvoir économique et physique au début des Temps modernes ait entraîné la constitution de formes totalement nouvelles de production de savoir, étroitement liées à la logique des nouveaux appareils de pouvoir.

La Nouvelle Atlantide

Le développement des sciences physiques modernes est étroitement associé au nom d'un homme qui, en même temps, a assumé des fonctions de direction dans le système économique et politique de son temps : Francis Bacon (1561-1621). Voltaire l'appelait le « père de la méthode scientifique » et Thomas Jefferson (le rédacteur principal de la Déclaration d'indépendance américaine) le considérait comme l'un des trois hommes les plus importants qui aient jamais existé. Dans la vie et l'œuvre de Bacon, on retrouve en quelque sorte à l'état pur l'association entre la domination de la nature, la logique de profit, la pensée apocalyptique et le colonialisme qui caractérise tellement ce que nous appelons la « civilisation occidentale ».

La contribution de Bacon au développement des sciences de la nature ne consiste pas en découvertes ou en inventions concrètes, mais surtout en une vision : celle d'une société technocratique qui, à bien des égards, a anticipé de plusieurs siècles les évolutions effectives. La présentation la plus connue de cette vision se trouve dans sa nouvelle inachevée *Nova Atlantis.* Le titre montre d'emblée qu'il s'agit d'une variation sur le thème de la « nouvelle Jérusalem ». Le monde de la nouvelle Atlantide est gouverné par un petit groupe de savants-patriarches, les « Pères de la maison de Salomon » – une allusion au Temple de Jérusalem. Le tour d'horizon de leurs inventions que propose Bacon se lit comme une traversée du monde actuel : édifices aussi grands que le nouveau World Trade Center ; laboratoires de vivisection et d'expérimentation animale ; manipulations de la nature qui font penser au génie génétique et à la biologie de synthèse d'aujourd'hui (fabrication de races animales et d'espèces végétales nouvelles, modification planifiée de leur taille et de leur forme, de leur rendement, de leurs capacités reproductives, de leur comportement, etc.) ; studios d'expérimentation sonore et visuelle ; hauts fourneaux, salles des machines et usines d'armement modernes ; cabines d'illusion sensorielle évoquant la réalité virtuelle ; et dispositifs permettant de provoquer des phénomènes météorologiques comme les orages, la pluie et la neige, ce qui fait penser aux projets actuels de géo-ingénierie. Chez Bacon, la nouvelle création ne descend pas du Ciel mais est techniquement fabriquée par les êtres humains ; l'ingénieur prend la place du Dieu-souverain[6].

Ce n'est pas un hasard si *La Nouvelle Atlantide* est mise en scène sur une île du « Nouveau Monde » : comme nombre de ses contemporains, Bacon associait ce dernier à la promesse d'une seconde Création. Mais ce n'est pas seulement dans le monde imaginaire de son roman que Bacon a participé à la colonisation de l'Amérique du Nord, il l'a aussi fait dans la vie réelle. Il fut notamment actionnaire et membre du conseil d'administration de la Virginia Company, qui revendiquait la propriété de presque toute la côte est des États-Unis[7]. En tant que procureur général, juge à la Cour suprême et membre du Parlement, il a en même temps participé activement à l'élaboration des chartes qui ont octroyé à cette société anonyme, sur les territoires concernés, un monopole commercial ainsi que le pouvoir de recourir à la force militaire et l'autorité administrative.

Bacon avait encore un pied dans la philosophie de la Renaissance qui concevait le cosmos comme une totalité vivante ; ainsi, il évoque l'idée que l'amour constitue la « loi supérieure de la nature », valable même pour les atomes[8]. En même temps, il observe d'emblée la nature dans la perspective du pouvoir. C'est notamment la métallurgie et la procédure inquisitoriale qui ont inspiré le développement de sa méthodologie. Il était convaincu que « la vérité de la nature demeure cachée dans des mines et des cavernes profondes » et conseillait aux étudiants « de vendre leurs livres et de construire des fourneaux[9] ». Par là, il s'inscrivait dans une tradition alchimiste et métallurgiste qui considérait que la maîtrise des métaux est la clef pour dominer la nature.

La méthode baconienne de recherche expérimentale, qui a profondément marqué les sciences modernes de la nature, tire de la procédure judiciaire quelques-unes de ses idées les plus importantes. Plus précisément, elle les doit à la pratique inquisitoriale de la torture. Dans l'Angleterre de son temps, les procès de sorcières et le recours à la torture ont atteint des sommets et Bacon, en tant qu'éminent homme de loi, y a touché de près. Il n'y a donc rien d'étonnant à ce que la méthode de l'interrogatoire à huis clos, héritée de l'Inquisition, lui serve de métaphore pour se représenter la démarche scientifique idéale. « Car de même que Protée ne révélait ses aspects divers que lorsqu'il se trouvait contraint et garrotté, de même la nature se manifeste plus clairement au cours des expériences et sous l'aiguillon des manipulations de l'investigateur que lorsqu'elle est livrée à elle-même[10]. » Le terme anglais *trial* que Bacon emploie signifie à la fois débat judiciaire et expérimentation. Les premières expériences réalisées sur des animaux au cours de l'histoire moderne, celles que Robert Boyle a imaginées vers 1660 pour ses recherches sur le vide, étaient inspirées de la méthode inquisitoriale de Bacon : Boyle enfermait des souris, des oiseaux et des serpents dans des récipients hermétiques pour observer comment ils succombaient[11].

La langue de Bacon est pleine de métaphores sexuelles liées aux violences contre les femmes : « pénétrer » les secrets de la nature, les « dévoiler », etc. Toutes ces images convergent dans l'idée qu'il faut faire une sorte de guerre à la nature, qu'il faut la conquérir et la pénétrer jusqu'à ce qu'elle livre ses secrets et se soumette complètement au pouvoir de disposition qu'a l'être humain (ou plus précisément l'homme).

L'influence de Bacon sur le développement des sciences fut énorme : la « maison de Salomon » qu'il a imaginée a inspiré la fondation de la Royal Society de Londres qui fut pendant des siècles, à côté de l'Académie des sciences française, l'institution scientifique de référence en Europe.

La redéfinition de la réalité

En 1623, Galileo Galilée postule que le livre de l'univers est « écrit dans la langue mathématique et ses caractères sont des triangles, des cercles et autres figures géométriques, sans le moyen desquels il est humainement impossible d'en comprendre un mot. Sans eux, c'est une errance vaine dans un labyrinthe obscur[12] ». Cette célèbre affirmation est devenue l'un des fondements des sciences modernes de la nature. Du point de vue des préoccupations professionnelles de Galilée, elle est tout à fait compréhensible : en tant que physicien et astronome, il s'occupait de calculer et de prévoir exactement les trajectoires des projectiles et les orbites des planètes. Pour ce faire, il avait bien sûr besoin des mathématiques. Cela va sans dire. La proposition ne prend toute sa radicalité que lorsqu'on ne la rapporte plus seulement aux orbites des planètes, mais à l'ensemble de l'univers, au sens de « tout ce qui existe ». Poussée à l'extrême, elle peut alors s'énoncer ainsi : « Le réel est ce qui peut être formulé de manière mathématique. Le reste n'est qu'illusion. »

Nous ne savons pas si Galilée lui-même serait allé aussi loin – ce n'est vraisemblablement pas le cas – mais cela n'a pas vraiment d'importance dans notre récit. Ce qui compte, c'est que cette interprétation de la réalité s'est peu à peu imposée au cours des siècles suivants. La mesure et le dénombrement se sont mis à primer sur d'autres modes de connaissance et d'expérience. Tandis que ce qui ne pouvait être mesuré et compté était ravalé au rang d'« impressions subjectives », les mesures et les formules mathématiques ont été élevées à la dignité de « vérités objectives ». La perception humaine a ainsi été de plus en plus mise à l'écart dans le processus de connaissance. Ce que l'on voyait de ses propres yeux, ce que l'on entendait, sentait ou ressentait soi-même ne pouvait plus prétendre être vrai ni même être réel ; seul l'était ce que les experts pouvaient mesurer au cours d'expériences contrôlées et répétables. L'être humain s'est vu progressivement spolié du caractère véridique de ses propres perceptions. Les behavioristes du XXe siècle, qui ont poussé cette idéologie à l'extrême, prétendaient même que l'être humain n'a pas de « vie intérieure » et que la pensée n'est rien d'autre que le mouvement du larynx[13]. Dans cette perspective, l'histoire culturelle de la modernité n'est pas, comme on ne cesse de le prétendre, celle de l'émancipation de l'humain, mais plutôt l'histoire de sa mise à l'écart, de son *éclipse*.

L'exclusion de l'imprévisible

Le tournant épistémologique qui a commencé au XVIIe siècle et a fait de la mesure, au détriment de la perception, un moyen d'accès privilégié à la réalité était étroitement lié à la réorganisation du pouvoir physique et économique. La montée en puissance de l'économie monétaire et du capitalisme marchand a transformé les opérations de comptage et de calcul en véritables obsessions. De l'agent du fisc jusqu'au spéculateur, les cercles dirigeants étaient entièrement occupés à calculer l'avenir de l'argent investi. Prévisibilité et calculabilité sont devenues, pour les hommes d'affaires comme pour les serviteurs de l'État, les catégories centrales de la pensée et de l'action.

Cet esprit des Temps modernes, on le retrouve aussi dans les travaux des chercheurs. Le caractère prévisible et répétable des phénomènes devient, pour les pionniers des sciences « classiques » de la nature, le critère décisif pour choisir les sujets sur lesquels ils jugeaient bon de se pencher. Ce qui ne pouvait être répété au cours d'une expérience, ce qui se comportait de manière *incalculable* était mis de côté en tant que facteur perturbateur – et ce faisant, les savants ont exclu de leur centre d'intérêt une grande partie du monde vivant qui, justement, se caractérise par la spontanéité, le fait de n'être ni déterminable, ni répétable.

Une raison plus profonde permet de saisir pourquoi les premières sciences de la nature se sont intéressées surtout à ce qui pouvait être prévu, excluant par là de leur considération un grand nombre de phénomènes. Ce qui peut être prévu est également ce qui peut être maîtrisé. Ilya Prigogine, Prix Nobel de chimie (1977) et pionnier de la recherche sur les systèmes non-déterministes, écrit à ce propos : « Une science d'après laquelle le monde obéit à un schème théorique universel qui réduit l'infinie diversité des phénomènes à l'application monotone de lois générales – une science de ce genre est particulièrement encline à devenir un instrument de domination[14]. »

Les premières sciences de la nature étaient aussi liées de manière très concrète aux exigences de l'appareil de pouvoir moderne. Les savants comme Galilée calculaient la trajectoire des boulets de canon et la force de pénétration des projectiles ; avec leurs calculs astronomiques, ils ont posé les fondements d'une technique de navigation précise, indispensable au commerce comme à l'expansion coloniale et à la guerre navale. Les appareils militaires et la machine à accumuler dépendaient des inventions scientifiques et les savants, inversement, avaient besoin de ces institutions pour financer leurs travaux. Il ne faut donc pas s'étonner si ce sont justement les savants et les projets scientifiques qui s'intégraient le mieux à ce système qui sont parvenus à s'imposer.

La mort du monde

Une génération après Galilée, des philosophes, des mathématiciens et des physiciens sont entrés en scène pour faire un pas de plus, lui aussi décisif. Le cercle de ceux qui se disaient « mécanistes » autour de René Descartes, de Marin Mersenne et de Pierre Gassendi (avec lequel Thomas Hobbes entretenait aussi de riches échanges), a étendu la validité des lois mécanistes au domaine de la vie. Il a fait ainsi l'une des erreurs épistémologiques les plus lourdes de conséquences dans l'histoire de l'humanité. Les mécanistes ne se contentaient pas de laisser le vivant en dehors de leurs considérations, ils niaient qu'il puisse y avoir dans la nature quoi que ce soit de non mécanique, c'est-à-dire d'indéterminable et de spontané.

Descartes affirmait notamment que les animaux n'étaient rien de plus que des automates, qu'ils se comportaient de manière tout aussi mécanique que des horloges et que l'on pourrait facilement, quand on disposerait de la technologie nécessaire, en fabriquer des répliques. Pour lui, les bêtes n'avaient ni âme ni sentiments. Même le corps humain n'était à ses yeux qu'une horloge mécanique, l'âme mise à part[15]. Dans la conception cartésienne, l'esprit domine souverainement le corps comme Dieu les rouages de la Création. Ce faisant, Descartes transposait le modèle de la puissance militaire centralisée, caractéristique de l'absolutisme de son temps, sur l'organisation même de la vie. L'esprit commande et le corps obéit exactement comme le monarque dirige ses « corps d'armées » faits de soldats-machines. Et de même que le Roi-Soleil domine par ses lois la conduite de ses sujets, des lois universellement valables règnent sur la nature[16].

Thomas Hobbes partageait les conceptions mécanistes de Descartes, mais il ne mettait pas l'esprit à part. « Car qu'est-ce que le *cœur*, écrit-il dans l'introduction du *Léviathan*, sinon un *ressort*, les *nerfs*, sinon autant de *cordons*, les *articulations*, sinon autant de *roues* ? » Hobbes a transposé à la société les principes mécaniques qu'il voyait à l'œuvre dans la nature et en a tiré l'idée d'une société-machine reposant sur le principe de la domination totale.

Les mécanistes ont radicalement rompu avec l'idée, courante au Moyen Âge et même à la Renaissance, que l'univers est vivant et doué d'une âme, qu'il est en principe capable de perceptions[17]. Ce ne sont pas seulement les domaines des planètes et des minéraux qui sont dépourvus d'âme, même les animaux et les êtres humains ne sont rien d'autre, dans leur théorie, que des mécanismes faits d'atomes se poussant mécaniquement les uns les autres, des machines qui provoquent tout au plus une illusion de vie. Le mort est devenu le modèle du vivant.

Si l'on garde à l'esprit qu'assimiler une horloge à, disons, un chat ou un oiseau doit sembler absurde à tout observateur sans préjugés, l'influence qu'a pu avoir cette conception est proprement stupéfiante. Car s'il y a bien quelque chose qui caractérise les êtres vivants, c'est le côté incalculable et spontané de leurs mouvements. Dès le début, la représentation d'une nature complètement mécanique souleva donc des critiques véhémentes, même de la part de grands savants. Isaac Newton, que l'on présente en règle générale comme le père de la vision mécaniste du monde, écrit dans les ébauches du troisième livre de son traité *Opticks* :

> La matière est un principe passif en vertu duquel les corps restent en mouvement ou en repos, et reçoivent un mouvement proportionnel à la force qui s'exerce sur eux. Ces lois régissent les éléments passifs, mais affirmer qu'il n'y en a pas d'autres, c'est parler contre l'expérience. Car nous trouvons en nous-mêmes, par la pensée, le pouvoir de mouvoir notre corps. La vie et la volonté sont des principes actifs qui nous permettent de mouvoir notre corps ; de ce fait nous pouvons dire qu'il existe d'autres lois du mouvement encore inconnues de nous[18].

Newton n'était pas le seul à faire cette objection. La critique des prétentions mécanistes totalisantes a été massive tout au long de l'histoire de la modernité. Mais ce n'est qu'au XXe siècle que des chercheurs ont réussi à formuler dans le langage des sciences de la nature ce qui fait que la vie repose sur des principes entièrement différents de ceux qui régissent le monde de la mécanique classique. À la différence d'un jeu de boules de billard, d'un tas de pierres ou d'un système de planètes, les systèmes vivants sont basés sur l'auto-organisation. Une pierre dans laquelle je frappe du pied se meut avec l'énergie du coup que je lui ai donné, mais un chien le fait avec l'énergie que lui fournit son propre métabolisme (voir le chapitre un). Je peux calculer précisément le mouvement de la pierre, mais celui du chien est en principe imprévisible. Peut-être va-t-il m'attaquer, peut-être va-t-il s'éloigner en grognant ; mais même si ce que j'avais prédit a lieu (par exemple, « il m'attaque »), il est absolument impossible de prévoir les mouvements précis de l'animal. Contrairement à ce que croient les mécanistes, cela n'est pas dû à un manque d'informations, mais au fait que les systèmes vivants réagissent selon des processus non linéaires dans lesquels un *input* donné n'entraîne pas forcément un *output* déterminé et proportionnel[19]. Un mouvement infime de ma part peut conduire le chien à me mordre – ou bien à déguerpir. Le regard d'un être humain peut suffire dans certaines circonstances à pousser quelqu'un aux actes les plus surprenants, il peut l'aider à gravir des montagnes ou à traverser les océans, il peut déclencher chez lui des accès de colère ou un sentiment d'extase. Mais refaire exactement le même haussement de sourcils à une autre occasion ne produira peut-être pas le moindre effet.

Parce que la vie s'organise autour de liens de cause à effet qui ne sont pas linéaires ou déterministes, elle ne peut en principe pas être contrôlée en recourant au pouvoir linéaire. Un père qui bat son enfant peut certes croire qu'il va ainsi obtenir de lui un comportement déterminé et prévisible, et ce de manière d'autant plus efficace qu'il cognera plus fort. Dans un premier temps, l'obéissance de l'enfant pourra lui donner raison. Mais il est tout à fait possible que l'enfant, bien plus tard, fasse des choses complètement « folles », qu'il mette le feu à la voiture de papa ou qu'il se lacère jusqu'au sang. De tels « effets secondaires » sont typiques quand on tente de piloter les systèmes vivants de manière linéaire et autoritaire.

L'objectivation de l'humain

La dévalorisation de la perception au profit de la mesure, le refoulement de la spontanéité au profit de la prédictibilité et l'idée que la vie serait faite au fond de matière morte, tous ces présupposés idéologiques des premières sciences modernes de la nature convergent vers le même point de fuite : l'occultation de l'auto-organisation, des facultés propres de perception et de la dynamique interne des êtres vivants, qui se soustraient en vertu de ces propriétés au contrôle et au pilotage extérieur. L'être humain mesuré, objectivé et prévisible, qui obéit au doigt et à l'œil, a été l'idéal précoce de la mégamachine.

Tous les savants étaient loin de partager cette vision du monde et il serait injuste de leur en attribuer collectivement la responsabilité. Les méthodes de mesure, de comptage et de calcul sont *en elles-mêmes* neutres et peuvent être mobilisées dans des buts complètement différents. Ce qui transforme ces méthodes en idéologie et en instrument de domination n'est pas le fait d'y recourir, mais d'affirmer qu'elles seules peuvent faire toute la lumière sur le monde « tel qu'il est » ; que la mesure et le comptage sont par principe supérieurs à toute autre forme de connaissance ; que seul est *réel* ce qui peut être vérifié au cours d'une expérience susceptible d'être réitérée.

En disqualifiant le vécu personnel comme simplement « subjectif », l'expert moderne marche dans les pas du prêtre et du théologien, même si ses méthodes sont différentes. Ce n'est pas un hasard si l'expression « le profane », d'origine religieuse, est désormais employée par rapport à la sphère scientifique : le profane, terme d'origine latine qui signifie étymologiquement « celui qui reste devant le temple », désigne le commun des mortels, celui qui n'a pas voix au chapitre quand il est question des vérités ultimes. Ce sont les experts qui ont la vérité en main et la transmettent dans un cadre ritualisé, revêtus des insignes de la domination : une tenue vestimentaire sacerdotale (la soutane ou la blouse blanche), des bâtiments et des accessoires mystérieux (des autels en or ou des machines qui clignotent) ainsi qu'une langue spéciale que les non-initiés ne peuvent comprendre (le latin ou les mathématiques). La fonction sociale du prêtre comme de l'expert consiste à circonscrire le domaine de ce qui est considéré comme des « vérités » et des « connaissances », en le dissociant du monde vécu des gens. Les personnes ne sont plus qualifiées pour dire quoi que ce soit de valable sur ce qui se passe « réellement » en elles, sur ce qu'est le monde « en réalité ». Seul le peut l'expert.

La prétention de disposer d'un accès exclusif au savoir et à la vérité conduit aussi à une nouvelle variante de l'universalisme occidental, qui complète le projet missionnaire du christianisme et se rajoute à lui : si nous savons ce qu'est *la* raison, si nous connaissons *la* voie qui mène à la vérité, si nous disposons de *la* méthode, alors il est impératif d'apporter au reste du monde cette « Bonne Nouvelle » ; alors, la destruction des systèmes de valeur et de savoir des autres, si douloureuse puisse-t-elle être pour eux, est en définitive un bienfait parce qu'elle substitue le savoir à l'ignorance et la raison à la superstition. Alors, même les crimes que l'expansion européenne a provoqués de la *Conquista* à la mondialisation forcée pendant le XXe siècle, certes moralement répréhensibles, doivent être appréciés en dernière instance, vu leur rôle dans l'histoire universelle, comme des progrès.

La lutte contre l'opacité du monde

La volonté de pénétrer, de calculer et de dominer universellement la nature par la science va main dans la main avec un autre projet, tout aussi englobant : le désir étatique de percer les secrets du monde social. La genèse du système étatique moderne est entourée de mythes et de légendes. Au début des Temps modernes, les théoriciens de l'État affirmaient, à l'instar de Thomas Hobbes, qu'au fondement de l'apparition des États il y aurait quelque chose comme un « contrat social » conclu entre le gouvernement et les citoyens. L'hypothèse est la suivante : l'État serait une institution indispensable pour assurer le bien commun et tout être doué de raison devrait donc consentir à un tel contrat. On peut alors discuter de la question de savoir si l'État, en ce sens, serait concevable ou même souhaitable. Mais une chose est sûre : ce schéma n'a rien à voir avec la réalité historique. Les États modernes ne sont apparus ni pour le bien des populations, ni avec leur assentiment, mais en tant qu'organisations fondées sur la violence physique.

Le germe des structures étatiques modernes est l'armée et son financement. Le budget militaire le prouve immédiatement. En Prusse en 1700, l'armée engloutissait environ 90 % du budget de l'État, et la proportion était similaire dans les autres pays européens[20]. Au tout début des Temps modernes, les souverains étaient pieds et poings liés à des entrepreneurs de guerre privés parce que l'État manquait de moyens propres. Mais ce système avait de sérieux inconvénients. Rarement fiables, les chefs de guerre représentaient même un danger pour l'État : ils pouvaient à tout moment changer de camp, si on leur faisait miroiter un meilleur salaire ailleurs. Voilà pourquoi l'édification d'une armée permanente et performante, ainsi que du système fiscal que cela suppose, était le premier souci de tous les souverains européens, d'autant plus qu'ils étaient en concurrence et avaient de bonnes raisons de craindre pour leur existence, s'ils marquaient le pas dans la course à la puissance.

Sous la pression de ces rivalités, l'Europe a subi durant les siècles suivants une militarisation sans précédent. Si la première armée permanente de France comptait en tout et pour tout 9 000 hommes au milieu du XVe siècle, le « Roi-Soleil » Louis XIV avait déjà à ses ordres jusqu'à 400 000 soldats au XVIIe siècle ; au début du XIXe siècle, le million a même été atteint avec l'introduction du service militaire obligatoire. En Prusse, le nombre de soldats a été multiplié par vingt-cinq, passant de 14 000 en 1646 à plus de 350 000 en 1815. (Ces chiffres vont monter en flèche au XXe siècle : pendant la Première Guerre mondiale, l'armée allemande a aligné simultanément sept millions de soldats sur le front.) Même si l'on tient compte de la croissance démographique et de l'expansion territoriale, il s'agit d'une croissance explosive du complexe militaire, et ce dans pratiquement tous les grands États européens. Une telle croissance est l'indice manifeste que le système apparu au début des Temps modernes avait pu se consolider.

Les États militarisés constituaient la condition *sine qua non* pour que le nouveau système économique se diffuse. Certes, les forces économiques dominantes – les grands propriétaires fonciers, les magnats du commerce, les banquiers et plus tard les manufacturiers – avaient en partie un rapport ambivalent au pouvoir croissant de l'État central, puisqu'il pouvait sensiblement restreindre leurs marges de manœuvre. Mais en même temps, ils voyaient bien que seul un État central pouvait organiser la violence physique à une échelle suffisamment grande pour tailler en pièces les mouvements massifs d'opposition au système et établir un cadre institutionnel permettant une accumulation durable de capital. Comme nous l'avons vu au chapitre précédent, les besoins financiers colossaux de l'État pour s'armer et payer ses soldats faisaient aussi de lui un moteur décisif du développement de l'économie monétaire. C'est pourquoi les principaux acteurs économiques, malgré le recours occasionnel à une rhétorique antiétatique, consacraient l'essentiel de leurs efforts à assurer leur influence sur l'État, et ils y sont parvenus.

Un tel succès n'a rien d'étonnant. Pour se financer, l'État était dépendant du capital marchand : c'étaient les crédits des commercants et des banques qui lui ont permis de mettre sur pied des armées et finalement un système fiscal. En outre, les détenteurs de capitaux étaient en position de supériorité puisqu'ils étaient depuis le début organisés de manière transnationale ; tandis que chaque puissance étatique particulière était circonscrite à un territoire bien plus restreint que l'économie mondiale, eux traversaient les frontières. Les banques et les maisons de commerce pouvaient facilement transférer leurs investissements d'un pays à l'autre si les conditions structurelles ne leur convenaient plus, et elles ne cessèrent de le faire comme le montre l'exemple du transfert massif de capitaux italiens vers la Hollande au XVIIe siècle, puis de la Hollande vers l'Angleterre au XVIIIe siècle[21]. La concurrence des États pour attirer les capitaux a caractérisé dès le début l'économie-monde moderne, c'est ce qui la distingue fondamentalement du système chinois où il y avait bien une classe florissante de négociants, mais à l'intérieur d'un vaste empire dont la stabilité était la priorité suprême. Quand l'empereur de Chine eut l'impression au XVe siècle que les activités des marchands menaçaient l'Empire, il fit immobiliser et finalement détruire toute la flotte de commerce – à l'instar de l'empereur romain qui, jadis, avait mis les sociétés publicaines hors jeu –, ce qui scella la fin de l'expansion chinoise[22]. La concurrence des États pour la puissance financière et militaire est l'une des raisons décisives permettant de comprendre pourquoi l'économie capitaliste mondiale a pris son essor en Europe plutôt qu'en Chine[23].

La carte et le territoire

Pour constituer des armées permanentes, les États avaient besoin d'argent. De beaucoup d'argent. Toute une série de banqueroutes étatiques au début des Temps modernes avait montré qu'il était dangereux, sur la durée, de financer l'armée par le seul moyen de l'emprunt. C'est pourquoi les souverains et leurs administrations se sont efforcés de mettre en place des systèmes fiscaux centralisés. Mais pour pouvoir lever des impôts, l'État devait d'abord savoir qui habitait où sur son territoire, ce qu'il possédait et quels étaient ses revenus – et par conséquent ce qu'on pouvait lui soutirer. Pour réussir la collecte des impôts, qui butait régulièrement sur des résistances acharnées, l'État avait en outre besoin d'informations sur les activités et les lieux de résidence des fauteurs de troubles. Telle est l'origine de la soif d'information qui caractérise l'État moderne dans ses rapports avec ses administrés. On voit que l'idéal de l'appareil militaire et fiscal en formation était que les citoyens et leurs espaces de vie soient les plus transparents possible.

Le monde que les agents du fisc avaient face à eux était en effet tout le contraire de la transparence. Pour de bonnes raisons, les paysans, qui constituaient 80 % de la population, étaient intraitables et peu diserts face aux étrangers. Les terres et les biens qu'ils possédaient, ce qu'ils utilisaient, ce qu'ils gagnaient et les taxes qu'ils versaient, tout était réglé par un système local complexe de droits d'usage qui variait considérablement selon les lieux et était incompréhensible pour les personnes extérieures. Il n'y avait ni cartes détaillées, ni cadastres. Les patronymes étaient peu usités. Chaque région avait ses propres unités de poids et de mesure, ainsi que sa propre langue. Les villes aussi étaient d'accès difficile pour ceux qui ne les connaissaient pas : sans guide local, quelqu'un d'ailleurs pouvait facilement se perdre dans le labyrinthe des ruelles enchevêtrées d'une ville médiévale – et comment savoir si l'on pouvait faire confiance au guide ? Cette opacité offrait aux populations locales une protection considérable face aux interventions extérieures. Quand la police, l'armée ou le fisc approchaient, les personnes recherchées devenaient souvent tout simplement introuvables, et leurs biens également. Parfois, la question se posait de savoir qui était au juste la personne recherchée, même quand elle était face à vous. Et la plupart du temps, on ne tirait rien de clair des gens du coin.

Compte tenu de cet hermétisme, les États ont fini par développer un programme obsessionnel de lutte contre l'opacité du monde. À l'heure qu'il est, cette politique est toujours en cours et, tant que se maintiendra le système-monde actuel, elle n'est pas près de prendre fin ; voilà ce qu'illustre notamment la collecte frénétique de données à laquelle se livrent les services secrets aujourd'hui, avec une voracité inouïe. Dans sa phase initiale, la lutte contre l'opacité du monde est surtout passée par le biais de l'arpentage, des registres de propriété, de l'urbanisme, de la normalisation des poids et mesures, de l'imposition d'une langue nationale, de l'attribution de patronymes et de nombreuses autres dispositions.

Le but de toutes ces mesures était de bâtir un monde qui n'oppose plus la moindre résistance au regard d'un observateur central ; dans lequel tout peut être saisi du premier coup d'œil ; dans lequel il suffit d'examiner cartes et registres pour tout savoir sur le territoire et ses habitants, donc dans lequel la carte et le territoire finissent par coïncider pour qui les observe.

Pour s'approcher de ce but, il ne suffit pas de consigner ce qui existe. La complexité et la multidimensionnalité du monde donné sont tout simplement trop grandes pour pouvoir jamais être retranscrites sur des cartes. C'est pourquoi il faut *rendre* le monde cartographiable et enregistrable pour qu'il devienne transparent ; autrement dit, il doit être radicalement reconstruit à l'image de la carte, il doit devenir aussi lisible et plat que la carte elle-même.

Gérer les forêts comme des armées

Une belle allégorie du processus par lequel l'État a rendu le monde transparent est la transformation des forêts d'Europe centrale depuis le XVIIIe siècle. Le bois était une matière première stratégique pour l'économie du bâtiment et la production navale, mais il l'était surtout en tant que source d'énergie pour le complexe métallurgique. Comme le reconnaissaient non seulement les investisseurs privés, mais aussi les fonctionnaires des États qui disposaient de vastes domaines forestiers, le bois faisait gagner beaucoup d'argent. Toutefois, les revenus qu'il rapportait étaient extrêmement variables, au point d'être en pratique impossibles à calculer. Les forêts étaient pour les fonctionnaires qui s'en occupaient aussi sauvages et opaques que les villages et les villes médiévales pour les agents du fisc. Par ailleurs, leur exploitation accélérée en raison de la demande soutenue, surtout liée à la production d'armes, a rapidement provoqué des pénuries. Pour reprendre le contrôle de la situation, des spécialistes allemands en gestion forestière ont inventé un système pour inventorier les stocks : essence, taille des troncs et localisation précise ont été minutieusement consignées afin que les autorités puissent calculer par avance ce qu'elles pourraient tirer de leurs forêts pour les besoins de l'armée, de la cour et des grands projets architecturaux. La mise en œuvre de ce système a conduit à inventer « l'arbre normal » : une mesure standard à l'aide de laquelle on peut calculer le volume de bois commercialisable qui peut être tiré d'une parcelle déterminée[24].

La cartographie des forêts n'a toutefois été que le premier pas. Dans un second temps, la carte est devenue le modèle pour réaménager la forêt elle-même, voire pour la recréer sous une forme nouvelle. Pour pouvoir mesurer plus facilement les stocks d'arbres, parvenir plus rapidement aux coupes et accroître les rendements, le sous-bois a été défriché et la diversité des essences radicalement réduite, au point d'en venir à pratiquer la monoculture. En Allemagne, la transformation de nombreuses forêts mixtes en plantations d'épicéas ou de pins remonte à cette époque. Défrichages et replantations suivaient un schéma en damier, les nouveaux plants, tous du même âge et du même type, étaient alignés comme des soldats pour la revue de détail. La forêt est devenue lisible pour le regard calculateur, l'arbre normal est passé de l'unité de calcul abstraite à la réalité.

Ces pratiques présentent de nombreuses similitudes avec le nouveau type d'armée qui était en constitution : le souverain pouvait se faire livrer des bataillons d'arbres et en disposer comme de soldats, ils étaient abattus en ligne de la même manière que ses hommes tombaient sur les champs de bataille. Et tout ce qui se passait était reporté en détail sur les cartes des directions forestières. Comme l'écrit James C. Scott dans son livre *Seeing Like a State* : « À la limite, on n'avait même pas besoin d'aller voir la forêt ; elle pouvait être "lue" en détail à partir des registres et des cartes de l'office forestier[25]. »

Cette lisibilité fut toutefois cher payée, comme les agents forestiers furent bien obligés de le reconnaître quelques décennies plus tard. Certes, les gains de rendement lors du premier cycle de plantation avaient été considérables, mais lors des cycles suivants, les arbres avaient des problèmes toujours plus graves. Dès cette époque, on se mit à parler de *Waldsterben* (c'est-à-dire de dépérissement des forêts) pour résumer le phénomène. La cause n'en fut déterminée que tardivement et, même alors, elle ne le fut pas complètement : les monocultures et la destruction des sous-bois avaient brisé les cycles nutritifs complexes et vitaux qui se tissent entre les champignons, les bactéries, les insectes, les mammifères et les arbres. Les experts en gestion forestière avaient saccagé un système dont ils n'avaient même pas soupçonné l'existence[26]. Le prix à payer pour la tentative de transformer le territoire en doublon de la carte n'est autre que la mort du territoire. Cet exemple est caractéristique des tentatives, auxquelles on n'a toujours pas renoncé, de soumettre les systèmes naturels complexes au pouvoir humain et au principe de maximisation des profits.

L'urbanisme comme stratégie contre-insurrectionnelle

Rendre transparentes les forêts allait de pair avec un autre projet : rendre transparente la société humaine. Ce ne sont pas seulement les arbres, mais aussi les humains qui devaient pouvoir être utilisés de manière planifiée, autant comme contribuables et comme soldats pour la guerre que comme travailleurs et consommateurs pour la production de marchandises en expansion constante. Ce projet a pris des formes différentes en ville et à la campagne.

À la campagne, un moyen décisif pour apporter de la clarté dans les taillis auxquels se confrontaient les agents du fisc et les officiers recruteurs a été l'introduction du système cadastral. Comme c'est encore le cas aujourd'hui dans de nombreuses sociétés indigènes, les relations économiques locales étaient régulées par un système de droits d'usage qui, pour les personnes extérieures, semblait complexe et incompréhensible : certaines familles utilisaient des parcelles déterminées, mais ne pouvaient ni les vendre ni les louer ; d'autres terrains faisaient l'objet d'un usage collectif ; certains groupes avaient le droit de laisser paître à telle saison leurs bêtes sur certaines parcelles ; des personnes différentes étaient autorisées à utiliser les sources d'eau selon les époques ; en cas d'événements exceptionnels, par exemple de conditions climatiques extrêmes, ces règles étaient renégociées de telle sorte qu'un fonctionnaire, qui pensait avoir enfin compris le système, se retrouvait à nouveau perdu l'année suivante. Pour les habitants locaux, un tel système pouvait faire sens et être compréhensible, mais du point de vue du pouvoir, il semblait chaotique ou opaque, et il se refusait à toute mainmise.

Comme pour la transformation des forêts en plantations, le premier pas vers la prise de possession de la terre a été de mettre au point des cartes et des registres. Mais ici aussi, la réalité se refusait largement à la cartographie ; il a donc fallu dans un second temps la *rendre* cartographiable. À partir d'un entrelacs de relations socio-économiques complexes, il s'agissait d'établir un registre unitaire, organisé de manière atomistique, dans lequel chaque parcelle de terre serait attribuée à un propriétaire avec l'ensemble des droits attenants, y compris celui de vendre et de louer. Ce propriétaire pouvait alors être imposé et ses biens devenaient négociables sur le marché du foncier.

En ville, l'État était avant tout confronté à des concentrations humaines difficilement contrôlables sur des espaces extrêmement réduits. Voilà pourquoi les cités enchevêtrées du Moyen Âge ont été le cauchemar des hommes d'État et des généraux modernes. Une révolte pouvait être fomentée si facilement, la police et l'armée avaient tellement de mal à intervenir ! L'urbanisme centraliste qui commence à l'âge baroque et privilégie les figures géométriques simples était non seulement un symbole du pouvoir absolutiste, mais aussi l'un de ses leviers. Le modèle en damier de nombreuses villes baroques comme Turin ou Mannheim rappelle l'organisation des camps romains. L'architecte de la Renaissance Andrea Palladio estimait clairement « qu'il ne devrait pas y avoir d'avenue sur laquelle l'armée ne puisse aisément se déployer[27] ». Karlsruhe par exemple, ville dessinée et planifiée sur le modèle de Versailles, est disposée en auréole avec des allées radiales qui convergent vers le château au centre, ce qui optimise le contrôle militaire centralisé qu'il exerce. Le plan de Washington D.C. obéit à un modèle similaire.

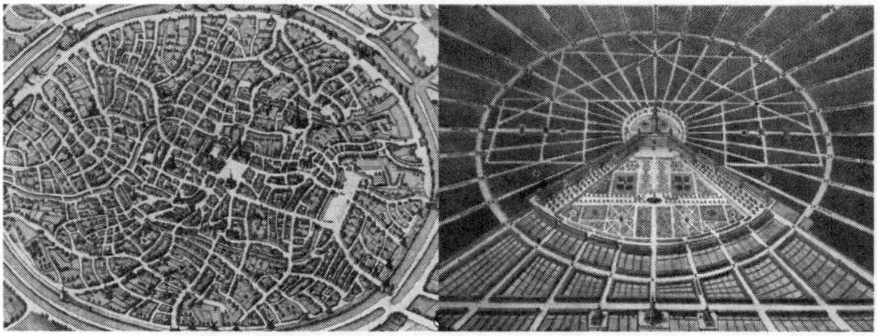

À gauche : plan de la ville de Bruges (XIVe siècle). À droite : plan de Karlsruhe (XVIIe siècle).

Mais tant que les vieilles cités restaient des foyers d'agitation, construire de nouvelles villes était insuffisant. C'est pour cette raison que le réaménagement de l'espace urbain à des fins militaires est devenu l'un des grands chantiers de la modernité, de l'âge baroque à Le Corbusier, Albert Speer et Ceaușescu. (Aujourd'hui, les grands événements sportifs comme les Jeux olympiques ou les coupes du monde de football servent souvent de prétexte pour raser les zones des villes difficiles à contrôler.) À Paris, ce fut Georges Eugène Haussmann qui s'en chargea : au XIXe siècle, il fit démolir certains des quartiers ouvriers les plus difficilement contrôlables – dont il n'existait même pas de cartes détaillées – et construire à la place les Grands Boulevards. Cette intervention radicale dans la structure d'une grande ville fut la réponse du pouvoir à la série de soulèvements révolutionnaires qui secouèrent la capitale française de 1830 à 1848. Au cours de cette période, des barricades furent érigées à neuf reprises dans les rues de Paris, coupant l'accès de l'État à des quartiers entiers. Dans ce genre de situation, les nouveaux boulevards devaient constituer des percées dans la ville pour en faciliter la reprise en main militaire[28]. Le succès de cette réorganisation éclata en 1871, lors de l'écrasement de la Commune de Paris : les troupes versaillaises soutenues par Bismarck purent déferler sur les boulevards pour finalement exécuter des dizaines de milliers de communards[29].

Le regard du pouvoir

Les exemples précédents montrent comment la cartographie du monde a pu devenir un instrument de domination. Le « désenchantement du monde » que Max Weber a vu à l'œuvre au cours de l'ère moderne trouve ici l'une de ses origines. La « magie » dont les romantiques, dans un monde devenu transparent, avaient une si douloureuse nostalgie n'est rien d'autre que la résistance du monde au regard du pouvoir.

Le regard du pouvoir est mortifère parce qu'il pénètre partout et acquiert ainsi la capacité de tuer à tout moment. C'est le regard du pilote de drone qui peut localiser précisément sa cible à partir de l'image satellite et, si besoin est, l'anéantir en appuyant sur un bouton. Mais c'est aussi le regard de l'investisseur qui, à chaque instant, veut tirer de chaque centimètre carré le maximum de profit et élimine pour ce faire tout ce qui n'est pas tiré au cordeau, tout brin d'herbe qui dérange, tout geste inefficace.

Le regard du pouvoir crée un désert radical ou, comme le disait le poète T. S. Eliot, un *waste land* (un paysage dévasté). Un monde dans lequel rien ne doit rester caché, dans lequel il n'y a pas d'angles morts, où tout peut être saisi d'un seul coup d'œil et où tout sera utilisé avec l'efficacité maximale – un tel univers finit par ressembler à une caserne ou à un parking de supermarché. Et effectivement, il y a sur la planète de plus en plus d'endroits de ce type. La tristesse abyssale qui ravage les villes du globe est liée à la tentative d'exercer un contrôle total sur l'espace[30].

La maîtrise intégrale ne peut toutefois être acquise qu'au prix de la mort. Je n'aurai une connaissance complète et définitive d'un lac que lorsque je l'aurai vidé de son eau et que j'en aurai exposé tous les habitants dans des vitrines, embrochés avec soin. L'objet du savoir et du contrôle disparaît au fur et à mesure que le savoir et le contrôle progressent. Tant qu'il y aura de la vie, il ne pourra y avoir de contrôle total. Mais si tout était effectivement mort, il ne pourrait a fortiori pas non plus y avoir de contrôle, ne serait-ce que parce que plus personne ne serait là pour contrôler quoi que ce soit. Voilà pourquoi, en guise de contrôle intégral, on ne peut avoir que son simulacre.

L'HOMME-MACHINE

La mégamachine formée au début des Temps modernes a eu besoin, pour nourrir sa croissance effrénée, d'intégrer dans ses structures de plus en plus d'êtres humains. Ou plus précisément, elle avait besoin de *corps*, de corps qui fonctionnent, que ce soit dans l'armée, les mines ou les manufactures, de corps qui ne suivent pas leurs propres impulsions et leurs propres rythmes, mais des cadences mécaniques. Ces corps, il a d'abord fallu les fabriquer. Et pour ce faire, il était nécessaire de briser le continuum de l'âme, de l'esprit et de la chair dans lequel les êtres humains vivent naturellement. L'un des plus importants instruments employés à cette fin a été l'armée.

À côté de l'esclavage, l'armée est le système le plus abouti qui ait jamais été imaginé pour mettre l'homme sous tutelle. Elle représente une tentative radicale pour organiser les relations humaines sur le modèle de la machine, d'après le principe de l'articulation mécanique de la cause et de l'effet, c'est-à-dire du commandement et de l'obéissance. L'armée idéale n'a rien d'un organisme vivant, imprévisible et spontané. Avant même d'avoir physiquement tué la moindre personne, l'armée organise les humains sur le modèle de la mort.

Dresser les êtres humains pour en expurger toute spontanéité prend un temps considérable et suppose le recours à la violence physique. Les États du début des Temps modernes, avec leurs armées de mercenaires recrutés temporairement, n'en avaient pas encore les moyens. En raison de leur suprématie économique, les Hollandais ont été les premiers en Europe à pouvoir constituer une armée permanente moderne en assurant la formation de leurs soldats. La réforme de l'organisation militaire néerlandaise par la maison d'Orange-Nassau vers 1600, réforme qui a montré la voie à toute l'Europe, s'est faite juste en même temps qu'étaient fondées la Compagnie néerlandaise des Indes orientales (1602) et la Bourse des valeurs à Amsterdam (1612). Inspirée d'antiques traités militaires romains, elle visait à transformer les myriades désordonnées de soldats en une gigantesque machine qui exécute les ordres de manière précise et prévisible[31]. Pour l'atteindre, on faisait faire tous les jours aux recrues des exercices pendant des heures, avec et sans armes ; on a élaboré un code raffiné pour faire connaître et faire exécuter les ordres, ainsi qu'un système de punitions et de récompenses censé garantir l'obéissance inconditionnelle du soldat. Des systèmes similaires sont apparus par la suite dans pratiquement tous les pays européens.

Le dressage du corps

Pour mettre les corps au pas, un élément essentiel a été l'introduction massive de sanctions pour châtier toute infraction. Dans l'armée prussienne, le simple fait de contredire un supérieur exposait à un châtiment de triste mémoire, le « supplice des verges » : torse nu, le condamné devait parcourir lentement une ruelle faite de plusieurs centaines de soldats qui chacun lui donnait un coup de verge ou de baguette dans le dos. Celui qui ne frappait pas assez fort encourait la même peine. Pour empêcher le condamné de marcher trop vite, un officier le précédait en tenant la pointe de son sabre devant sa poitrine. Devoir passer plusieurs fois entre ces haies de soldats conduisait souvent à la mort. Ce type de punition qui, sous diverses variantes, a fait partie de la routine des armées française, hollandaise et anglaise remonte au modèle de la fustigation, une forme de peine capitale imaginée par les Romains. Le but manifeste de cette méthode n'était pas seulement de punir le condamné, mais de transformer ses camarades en complices de l'autorité qui lui avait infligé la sanction. En maltraitant l'un d'entre eux, les soldats participaient à leur propre assujettissement.

Toutefois, la discipline militaire ne s'est pas contentée de ce genre de rituels avilissants et asservissants. Ce qui lui importait, c'était d'investir et de rendre utiles tous les mouvements du soldat, de s'emparer de ses moindres gestes, de chacun de ses regards pour les intégrer au rythme d'ensemble, autrement dit : d'élaborer une « microphysique du pouvoir » (Michel Foucault) qui permette de pénétrer la chair au plus profond.

Avec le développement à marche forcée des armées, l'appareil de mise au pas militaire a assujetti de plus en plus d'hommes en Europe. Dès que le recrutement volontaire n'est plus parvenu à couvrir les besoins, beaucoup de pays sont passés à la conscription forcée : les troupes déferlaient sur les villages, arrachaient violemment les fils de paysans et d'artisans à la vie qu'ils avaient jusque-là menée et les intégraient de force dans l'armée. En Prusse, il y eut de véritables chasses à l'homme à l'époque de la guerre de Succession d'Espagne (1701-1714). Il en a résulté un exode rural massif et des désertions de groupe – ce qui a entraîné en réponse un durcissement des mesures coercitives de l'État.

L'entraînement militaire auquel de plus en plus d'hommes ont été soumis en Europe, d'abord au sein de l'armée, puis à l'école et à l'usine, en lien avec l'application de châtiments délirants au moindre écart de conduite, a entraîné une modification profonde dans le rapport à soi et la conscience corporelle à l'époque moderne. Les impulsions et les émotions personnelles ont dû être radicalement réprimées. Pour faire de son corps un automate docile dans les mains d'autrui, le subordonné doit lui-même participer activement à la maîtrise et à l'oppression de son propre corps. Il doit devancer le commandant qui risquait de le blâmer pour une main qui n'est pas au bon endroit ou une expression du visage qui n'est pas conforme au règlement. Il doit se transformer en *commandant de lui-même.*

Le système de normalisation et de dressage de l'armée ne repose toutefois pas seulement sur la peur des sanctions, mais aussi sur des perspectives de récompense. Pour former une armée plus réactive, plus rapide et plus intelligente que les États concurrents, il faut susciter la motivation des soldats, attiser leur ambition. Un système qui ne repose que sur le châtiment tend à favoriser toutes sortes de résistances, d'obstructions, de sabotages et de désertions secrètes, voire pousse à la révolte ouverte. De plus, il coûte cher puisque le contrôle des subordonnés exige énormément de surveillance. C'est pourquoi les experts militaires se sont rapidement rendu compte, à l'instar de leurs collègues pédagogues, qu'il est bien plus efficace de transformer le système unidimensionnel de sanction en un système bidimensionnel de notation prévoyant de récompenser les comportements que l'on souhaite voir advenir et de sanctionner les autres. Une échelle d'évaluation de ce genre présente l'avantage de rendre les individus mesurables et comparables les uns aux autres, de les classer selon leur rang. Dans un tel système, ce ne sont pas seulement les surveillants investis de cette mission qui comparent et évaluent en permanence ; les évalués eux-mêmes ont constamment en tête la position qu'ils occupent sur l'échelle des notes et s'efforcent d'en gravir les échelons ou du moins d'éviter une dégringolade. Les évalués deviennent les *surveillants d'eux-mêmes*. Le stade ultime de ce développement est atteint quand les gens ont tellement intériorisé ce système qu'ils croient suivre leur propre volonté quand ils ne font de fait que remplir les exigences du système.

L'école comme institution disciplinaire

Le mode d'organisation de l'armée a servi au cours des siècles de modèle à un grand nombre d'institutions : la prison, la maison de correction, l'usine, le sport ainsi que l'école. Mais le système scolaire moderne ne s'est pas seulement inspiré de l'armée : il plonge aussi ses racines dans les écoles monastiques où ont été développées, dès la fin du Moyen Âge, une segmentation rigide du temps et des techniques de discipline corporelle. L'école moderne est née de la rencontre entre l'ascèse chrétienne et le dressage militaire.

Comme le monastère et l'armée, l'école repose d'abord sur l'enfermement : un groupe déterminé de personnes est mis à part, à l'écart du monde extérieur dans un établissement fermé qu'elles ne doivent pas quitter sans en avoir obtenu la permission. Au sein même de l'école, l'espace est soumis à une parcellisation minutieuse : chaque élève a sa place dont il ne doit pas non plus partir sans autorisation. Comme dans le cas de la ville et de la forêt modernes, le caractère transparent de l'espace est ici aussi d'une importance décisive : les élèves doivent être assis de telle sorte que le professeur puisse tous les embrasser du regard ; les passages entre les bancs et les bureaux lui permettent de mettre rapidement la main sur chaque écolier.

Mais ce n'est pas seulement l'espace, ce sont aussi le temps et chaque geste qui sont rigoureusement réglementés. Le philosophe Michel Foucault décrit comment les corps des écoliers, au même titre que ceux des soldats, sont assujettis à une discipline minutieuse par le biais d'un système de signaux :

> Le premier et principal usage du signal est d'attirer d'un seul coup tous les regards des écoliers sur le maître et de les rendre attentifs à ce qu'il veut leur faire connaître. Ainsi toutes les fois qu'il voudra attirer l'attention des enfants, et faire cesser tout exercice, il frappera d'un seul coup. Un bon écolier, toutes les fois qu'il entendra le bruit du signal s'imaginera entendre la voix du maître ou plutôt la voix de Dieu même qui l'appelle par son nom[32].

Au XIXe siècle, « l'école mutuelle » des pédagogues anglais Lancaster et Bell a poussé à l'extrême la segmentation du temps et son organisation machinale :

> 8 h 45 entrée du moniteur, 8 h 51 appel du moniteur, 8 h 56 entrée des enfants et prière, 9 h 00 entrée dans les bancs, 9 h 04 première ardoise, 9 h 08 fin de la dictée, 9 h 12 deuxième ardoise, etc.[33].

Chaque parole devient un ordre censé entraîner une obéissance immédiate. Comme dans l'armée, tous les muscles

Schémas pour l'école mutuelle en France (1818).

sont concernés, la mise au pas des mouvements doit être totale, aucun écart ne peut être toléré :

> Entrez dans vos bancs ! Au mot *Entrez,* les enfants posent avec bruit la main droite sur la table et en même temps passent la jambe dans le banc ; aux mots *dans vos bancs,* ils passent l'autre jambe et s'asseyent face à leurs ardoises… Prenez ardoises ! Au mot *Prenez,* les enfants portent la main droite à la ficelle qui sert à suspendre l'ardoise au clou qui est devant eux, et par la gauche, ils saisissent l'ardoise par le milieu ; au mot *ardoises,* ils la détachent et la posent sur la table[34].

Le but d'un tel dressage était de créer une machine à apprendre fonctionnant sans frictions, telle qu'en rêvait dès le XVIIe siècle Comenius, le « père de la pédagogie moderne » :

> Aussitôt que nous serons parvenus à trouver la méthode adéquate, il ne sera pas plus malaisé d'enseigner à n'importe quel nombre souhaité d'élèves, que grâce à la presse à imprimer de couvrir un millier de pages par jour de la plus nette écriture. […] Il sera aussi agréable de voir l'éducation réalisée d'après

> mon plan que de regarder une machine automatique, et le procédé sera aussi exempt d'échec que ces inventions mécaniques, lorsqu'elles sont adroitement fabriquées[35].

Même si nous avons renoncé à certaines des méthodes disciplinaires les plus grotesques ou brutales au cours des deux derniers siècles, les piliers de nos systèmes scolaires n'ont pas changé. Dans la salle de classe, un élève n'a – du moins à partir de l'école primaire – ni le droit de prendre la parole, ni celui de se déplacer de sa propre initiative, mais seulement sur ordre d'une autorité. Il ne lui est même pas permis d'aller de lui-même prendre l'air à la fenêtre. Il ne doit pas communiquer avec son voisin de table, mais seulement le long de l'axe central qui va vers le professeur, et sur les seuls thèmes que ce dernier a fixés. Même les prisonniers en maison de réclusion ont plus de droits que les écoliers en salle de classe.

De prime abord, la persistance de ce système a de quoi surprendre. Car on sait depuis longtemps que la logique du commandement et de l'obéissance entrave plus qu'elle ne favorise la connaissance. Comme on a pu le prouver, les êtres humains apprennent plus sous l'aiguillon de la curiosité que sous la férule de la peur, en suivant leurs propres centres d'intérêt plutôt que l'obligation, imposée de l'extérieur, de faire des devoirs dont ils ne comprennent pas le sens[36]. Malgré cette critique, les fondements du système scolaire – programmes imposés d'en haut, obligatoires pour tous sans distinction, morcellement de l'enseignement en disciplines et en heures de cours, notation, etc. – n'ont pas changé depuis le XIXᵉ siècle. Cela semble d'abord irrationnel. Mais dès qu'on y regarde de plus près, on comprend que si l'institution scolaire refuse tellement d'évoluer et d'apprendre, c'est pour une raison très simple. Dès le début, la raison d'être de l'école n'était pas tant d'enseigner des matières que d'atteindre un objectif pédagogique plus général : inculquer un mode d'être qui est indispensable pour pouvoir ensuite s'intégrer au mécanisme de l'économie – l'alienation. L'école prépare les élèves à accomplir des tâches interchangeables pour gagner des points dans un système abstrait de sanctions et de récompenses, au lieu de faire ce qui les intéresse et de développer des capacités susceptibles de satisfaire les besoins humains. Avoir assimilé une telle aliénation est la condition pour que les gens soient plus tard prêts à trouver leur place dans une économie aliénée.

Seuls celles et ceux qui ont désappris à suivre leurs propres impulsions, qui pensent qu'il est normal que le travail consiste à accomplir des tâches conçues par d'autres et qu'il n'y a rien à changer là-dedans, qui conduisent leur vie en fonction des points qui leur sont attribués ou retirés – eux seuls peuvent fonctionner dans une économie globale qui morcelle chaque processus de travail selon les critères de l'efficacité et de la maximisation de l'utilité. L'économie moderne a besoin d'êtres humains aliénés. À la place des centres d'intérêt personnels et de l'expérience du sens, elle met le salaire, une somme d'argent de valeur abstraite qui est censée dédommager d'un travail souvent ressenti comme absurde ou démoralisant – exactement comme à l'école où la notation se substitue à la satisfaction d'apprendre.

L'invention du travail

Nous avons tendance à penser que le travail est aussi vieux que l'humanité. Les êtres humains n'ont-ils pas toujours dû travailler pour gagner de quoi vivre ? Sans doute devaient-ils *faire des choses* pour assurer leur subsistance ; mais pendant la plus grande partie de l'histoire humaine, ils n'envisageaient pas cela comme du « travail ». Le terme latin *laborare* (« travailler ») signifiait à l'origine quelque chose comme « chanceler sous un fardeau ». Dans le monde antique, le travail était exclusivement servile : c'était du travail de forçat imposé par autrui. Ce que les gens libres faisaient par eux-mêmes n'était pas considéré comme du travail.

Dans les communautés qui ne sont soumises ni à l'esclavage ni au marché, la vie est faite d'activités : réparer une charpente, faire la lessive, récolter des fruits, allaiter le bébé, fabriquer des outils, tisser un drap, préparer une fête et ainsi de suite. De notre point de vue, on qualifie certaines de ces activités comme du travail, d'autres comme des « occupations domestiques » ou du « soin », et d'autres encore comme des « activités de loisir ». Mais cette partition est une invention de la modernité. Du point de vue d'une communauté qui assure sa subsistance et son autonomie, ces catégories ne correspondent à rien. Car toutes ces activités servent autant les unes que les autres à pourvoir au nécessaire.

Avec l'incorporation violente de ces communautés dans la mégamachine, la situation a radicalement changé. Il s'est désormais agi de soumettre l'énergie et les capacités des êtres humains à des objectifs extérieurs à leur propre motivation et à la vie de leur communauté. Le résultat de cet assujettissement est ce que nous appelons le « travail ». Il a pris deux formes historiques : dans les marges du système-monde, l'esclavage et le travail forcé ont été pendant des siècles la forme dominante du travail ; dans les centres du système global, c'est en revanche le travail salarié qui s'est imposé. Ces deux formes de travail visent à transformer les travailleurs en éléments disponibles pour la mégamachine ; elles sont toutes deux liées au recours massif à la violence, mais cette dernière se présente sous un jour très différent dans l'un et l'autre cas. Tandis que la violence physique nue prédomine dans l'esclavage et le travail forcé, le travail salarié s'est développé au cours des siècles en un système de procédures disciplinaires toujours plus raffiné dont le résultat final est que les travailleurs participent à leur propre assujettissement.

L'esclavage

Du XVIe au XIXe siècle, les trafiquants d'esclaves européens ont raflé en Afrique près de douze millions d'êtres humains et les ont déportés par bateaux vers les Caraïbes, le

Brésil et ce qui allait devenir les États-Unis, pour les y vendre à des producteurs de sucre, de tabac, de café ou de coton. Une grande partie des esclaves mouraient dès la « marche de la mort » les ramenant de l'arrière-pays vers les côtes, d'après certaines estimations jusqu'à 50 %. Parmi ceux qui prenaient la mer, 20 % décédaient pendant la traversée. Dans beaucoup de navires, l'entrepont où l'on mettait les esclaves était si bas que les hommes, les femmes et les enfants enchaînés allongés ne pouvaient même pas se retourner. Ils marinaient tout le temps dans leurs propres excréments. Dans de telles conditions, nombre d'entre eux devenaient fous[37].

Pour financer le trafic de « l'ivoire noir » – c'est ainsi que les marchands anglais appelaient les Africains –, une série de sociétés anonymes ont été créées sur le modèle de la Compagnie néerlandaises des Indes orientales : la Royal African Company, la South Sea Company, la Compagnie française des Indes orientales et la Compagnie du Sénégal. Parmi les actionnaires, il y avait des personnalités aussi respectables que John Locke (le « père du libéralisme »), Isaac Newton, Daniel Defoe (l'auteur de *Robinson Crusoe*) et Jonathan Swift (l'auteur des *Voyages de Gulliver*)[38].

Dans le sillage du droit romain, les ordres juridiques européens et coloniaux ne considéraient pas les esclaves comme des êtres vivants, mais comme des objets. Le Code noir de 1685, que le philosophe français Louis Sala-Molins a qualifié de « texte juridique le plus monstrueux de la modernité[39] », définissait les esclaves comme des « biens meubles » livrés au pouvoir total de leur propriétaire[40]. Selon ce règlement, même les petits vols devaient être punis par le marquage au fer rouge et les coups de fouet, les délits plus graves par la mort ; les fugitifs avaient les oreilles coupées, les genoux fracturés et après trois tentatives de fuite, ils étaient également mis à mort[41]. Le Code noir est resté en vigueur dans les territoires français d'outre-mer jusqu'en 1848.

L'esclavage a été la tentative la plus radicale de produire un être humain *objectivé*, chosifié, dont les appartenances sociales et culturelles ont été liquidées. Les gens réduits en esclavage étaient arrachés à leur vie communautaire et déportés sur un autre continent. Les trafiquants d'esclaves veillaient en outre à séparer rigoureusement les prisonniers qui parlaient la même langue. Seule la pure *physis* de l'être humain, isolée et libérée de toutes ses attaches sociales et culturelles, devait être transportée de l'autre côté de l'Atlantique. Malgré tout, de nombreux esclaves sont parvenus, que ce soit au Brésil, dans les Caraïbes ou aux États-Unis, à maintenir et développer en secret un grand nombre de leurs traditions culturelles. Par exemple, la religion brésilienne du candomblé a été pratiquée pendant des siècles en dépit des interdictions et a joué un rôle important dans la résistance contre les maîtres blancs.

La contribution de l'esclavage à l'expansion de l'économie monétaire a été considérable ; des villes comme Liverpool, Bristol, Bordeaux ou Glasgow se sont hissées au rang de riches métropoles grâce au commerce triangulaire des esclaves, du coton, du tabac et du sucre. Les plantations de sucre des Caraïbes fournissaient en outre des calories bon marché pour les travailleurs européens dont on pouvait, grâce à ces importations, réduire les salaires au minimum : à côté du charbon, le sucre est devenu la seconde source d'énergie décisive pour les fabriques de Manchester[42].

Le travail salarié

La naissance du travail salarié en Europe est étroitement liée à la guerre. Comme dans le monde antique, les soldats ont été les premiers salariés du monde moderne balbutiant. Le mercenaire incarne la logique du salariat dans sa forme la plus pure et la plus radicale. Il fait *tout* pour de l'argent, il tue et se fait tuer, sans autre motivation que l'argent. Dans l'idéal, il n'a ni loyauté ni même de lien avec une autre communauté que l'armée, rien qui puisse l'entraver dans son travail : il est on ne peut plus aliéné, mis à disposition de ses chefs. Quand la guerre est finie et que le flot d'argent se tarit, le mercenaire tombe dans un vide absolu. Les soldats congédiés ont formé les premières armées de chômeurs de l'histoire.

Bien que le travail salarié fût formellement « libre », puisqu'il reposait sur un contrat révocable entre le patron et le travailleur, il fut considéré comme une forme d'esclavage par de grandes parties de la population. De fait, on ne peut parler de liberté qu'en un sens très limité ; car les gens qui ont dû abandonner, à cause des charges fiscales croissantes, des *enclosures* et des expulsions, l'économie de subsistance communautaire qu'ils avaient pratiquée jusque-là, ont été contraints d'accepter les emplois disponibles, même aux pires conditions. Pour les plus démunis des pauvres, le travail salarié a même été directement organisé sous la forme du travail forcé. En Angleterre, en France, aux Pays-Bas et en Allemagne, des maisons de travail ont été créées pour enfermer les mendiants, les vagabonds, les artisans au chômage et les orphelins. La vie dans ces institutions était soumise à une discipline terrifiante et omniprésente. Le but était avant tout d'effrayer : il fallait que le quotidien dans les maisons de travail soit insupportable pour que les pauvres préfèrent vendre leur force de travail contre un salaire de misère plutôt que de prendre le risque d'y être enfermés.

En dépit de ces diverses formes de violence physique et structurelle, l'imposition du travail salarié et de la discipline de travail qui lui est liée a buté sur des difficultés considérables. Au fil des siècles, les patrons n'ont cessé de se plaindre des travailleurs paresseux auxquels on ne peut pas se fier. Dans les premières phases de la « proto-industrialisation », quand les paysans complétaient leur maigre pitance en travaillant sur commande à domicile pour de grands marchands (les « commanditaires »), il ne pouvait pas encore être question de discipline. Les paysans travaillaient seulement quand ils avaient immédiatement besoin d'argent ; le reste du temps, ils préféraient suivre le cours de leur vie, qu'ils déterminaient eux-mêmes[43].

Ce qui explique une telle résistance, ce n'est pas seulement le fait que, la plupart du temps, les salaires faisaient pitié. C'est aussi le caractère contraint du travail salarié. Tant que les paysans et les artisans produisaient avant tout pour leurs propres besoins et pour les marchés locaux, le but de leurs activités économiques était de satisfaire les besoins fondamentaux. Un tel objectif laissait souvent des marges de liberté considérables pour organiser ses journées ; quand et comment certaines choses étaient faites, par le biais de quelles techniques, tout cela dépendait autant des préférences individuelles que des usages et des rythmes culturels. Toutes les activités étaient encastrées dans une vie communautaire déterminée par des critères qui n'étaient pas uniquement économiques.

Du point de vue des capitalistes, tous ces usages et ces rythmes étaient des obstacles à l'investissement. Pour eux, la personne qui travaille est un outil dont les préférences « subjectives », culturellement marquées, ne doivent pas jouer le moindre rôle – comme dans le cas de l'esclavage. La seule chose qui compte, ce sont les exigences objectives du marché. Voilà pourquoi le travail à domicile devait à terme se révéler insuffisant. Pour nombre de commanditaires, il permettait certes de faire de jolis profits, mais il n'autorisait que des hausses limitées de la production. Les processus de travail étaient trop incontrôlables et inefficaces, encore bien trop encastrés dans les opiniâtres structures communautaires.

L'étape suivante a donc consisté à dissocier le travail de la maison et à le transférer dans des manufactures où le commanditaire pouvait contrôler la présence, l'application et la dextérité des travailleurs, même si ces derniers étaient encore formellement autonomes. Au début, ces entreprises se contentaient de rassembler divers ateliers sous un même toit, et chaque artisan accomplissait encore tout le processus de travail. Mais pour accroître la productivité, les processus ont été peu à peu morcelés en diverses étapes, lesquelles ont été attribuées à différents travailleurs[44]. C'est ainsi que l'activité a été arrachée non seulement au contexte de la vie communautaire qui lui donnait sens, mais aussi aux mains du travailleur individuel, ravalé au rang de pièce interchangeable à l'intérieur d'une immense logistique. À la fin du XIXe et au début du XXe siècle, le « management scientifique » de Frederick Taylor a poussé à l'extrême ce développement en découpant les opérations des ouvriers d'usine en gestes de plus en plus minuscules et en essayant d'éliminer la moindre seconde gaspillée.

Par un contrôle toujours plus minutieux sur l'espace, le temps et les mouvements, le salariat est devenu un instrument disciplinaire aussi despotique que l'armée et l'école. L'humanité a été soumise à une « tyrannie du temps abstrait » (comme l'a dit le théoricien allemand Robert Kurz), à une dictature de l'efficacité : ce n'était plus les rythmes de la vie communautaire, les cycles de la nature ou les idiosyncrasies personnelles qui donnaient forme à l'existence, mais le tic-tac monotone des réveils, les sonneries des pointeuses et les hurlements des sirènes[45]. Les structures relationnelles complexes sur lesquelles la vie communautaire repose ont été remplacées par les chaînes mécaniques de commandement et d'obéissance. Le point de fuite de cette évolution est une société dont le seul but est d'accroître à l'infini la production des biens, et qui élimine tout ce qui ne sert pas à cette fin.

Bien avant la Révolution industrielle, les militaires, les pédagogues, les fabricants et les savants ont rêvé d'une société de ce type, complètement organisée sur le modèle de la machine. Mais il manquait encore quelque chose pour transposer ce rêve dans la réalité : le carburant.

8.

MOLOCH

Charbon, marché total, guerre totale (1712-1918)

Moloch dont la pensée est mécanique pure !
Moloch dont le sang est de l'argent qui coule !
Moloch dont les doigts sont dix armées !
Allen Ginsberg, *Howl*

Si je le pouvais, j'annexerais les étoiles.
Cecil Rhodes

La troisième révolution du complexe métallurgique

L'utilisation industrielle du charbon fossile a inauguré une nouvelle ère dans l'histoire de la planète Terre, baptisée *Anthropocène* par certains géologues. En deux cents ans seulement, les activités humaines ont radicalement transformé la croûte terrestre, la biosphère et l'atmosphère ; car la libération des énergies fossiles a multiplié notre puissance par cent, voire par mille. Cela n'a pas seulement déclenché une énorme augmentation de la production de biens, mais aussi l'une des plus grandes extinctions en masse des espèces dans l'histoire géologique[1]. Depuis l'époque des premières algues bleues il y a plus de trois milliards d'années, jamais une espèce n'avait à elle seule aussi profondément bouleversé la face du monde que l'*Homo carbonicus*. Mais tandis que les algues bleues ont permis, par l'invention de la photosynthèse, la diffusion de la vie sur Terre, la société humaine basée sur le carbone est sur le point d'anéantir une bonne partie des formes de vie qui sont le fruit de l'évolution.

Dans les manuels scolaires, l'histoire de la Révolution industrielle commence souvent par des inventions techniques, avant tout celle de la machine à vapeur qui a rendu possible cet accroissement fabuleux de la production que l'on peut observer depuis le XIXe siècle. Les inventions techniques ont eu en effet une grande importance, mais elles n'ont pas tant été la cause que l'effet des forces poussant à l'expansion économique. Pour cette raison, il serait plus pertinent d'appeler la nouvelle ère « Capitalocène » plutôt que de parler d'« Anthropocène », car ce n'est pas l'être humain en tant que tel qui a entraîné cette évolution, mais la dynamique de la valorisation sans fin du capital[2].

Mais pourquoi est-ce précisément à la fin du XVIIIe siècle que le charbon fossile, connu dès l'Antiquité comme source d'énergie, a tout à coup été utilisé dans des proportions sans cesse croissantes ? Pourquoi est-ce justement à cette époque qu'une vague d'inventions techniques a déferlé, notamment la machine à vapeur dont le principe était lui aussi déjà connu dans le monde antique[3] ? Pour répondre à ces questions, ce n'est pas d'abord sur la technique ou l'énergie qu'il faut se focaliser, mais sur l'argent.

Comme nous l'avons vu dans les derniers chapitres, l'économie monétaire s'est diffusée de plus en plus largement au cours de la première modernité. Dans les maisons de commerce, les banques et les sociétés par actions, chez les grands propriétaires fonciers, les entrepreneurs de guerre, les trafiquants d'esclaves et les manufacturiers, et de manière générale chez tous ces bourgeois qui profitaient de la nouvelle économie monétaire en tant qu'avocats ou fonctionnaires, des quantités gigantesques de capital monétaire s'étaient amassées et attendaient les opportunités d'être investies de manière rentable. Dans certaines institutions, la multiplication de l'argent a été érigée en principe et automatisée, notamment dans les sociétés par actions et les banques. Même là où un tel automatisme n'était pas institué, une culture capitaliste s'était développée dans laquelle la course effrénée au profit et le réinvestissement permanent n'avaient plus mauvaise réputation, mais étaient au contraire considérés comme la quintessence de la vertu. Pour rester dans le jeu de la concurrence militaro-économique globale, les États favorisaient eux aussi de toutes leurs forces l'accumulation du capital.

Toutefois, l'argent ne se multiplie pas par lui-même, même s'il en donne parfois l'impression. Afin que de l'argent puisse produire plus d'argent de manière durable, le volume de production doit croître. Et pour que les investissements atteignent un taux de profit quelque peu stable, la production doit même croître de manière exponentielle. Ce qui semble paradoxal à première vue s'explique par un principe mathématique simple : après chaque cycle d'investissements réussi, il y a dans le système plus d'argent à mettre en valeur. Si j'investis aujourd'hui 1 000 euros et en tire un rendement de 10 %, j'ai l'année suivante 1 100 euros que je peux à nouveau investir pour que cette somme supérieure me rapporte à nouveau 10 %. Il en résulte une suite mathématique du type des intérêts composés. Au début, la légère augmentation exponentielle a l'air encore inoffensive, mais après dix années, si je suis parvenu à réaliser les intérêts que j'escomptais, j'ai plus de 2 500 euros, après cinquante ans 117 000 euros et après un siècle plus de 12 millions d'euros. Même si ce calcul n'est bien sûr qu'un modèle (le taux de rendement est choisi arbitrairement, les profits escomptés ne sont dans la réalité pas toujours au rendez-vous, il faut prendre en compte l'inflation, tous les profits ne sont pas réinvestis, etc.), le principe de cette arithmétique constitue néanmoins la logique fondamentale de l'économie moderne en expansion ; et contrairement à ce que pensent nombre de critiques de l'intérêt, il ne régit pas seulement le prêt monétaire, mais toute activité économique où les profits obtenus sont durablement réinvestis. Cette arithmétique simple est la raison décisive faisant que les sociétés capitalistes engendrent tendanciellement une croissance économique exponentielle ou, si elles n'y parviennent pas, tombent dans de graves crises. Mais pour accroître le PIB, il faut produire et pour cela, on a besoin d'énergie.

Tant que l'énergie qui était à disposition du système se limitait à la force musculaire humaine et animale, au bois, à l'eau et au vent, des limites naturelles s'imposaient à l'expansion économique. À la fin du XVIIIe siècle, les sources d'énergie dont l'exploitation était rentable étaient en grande partie utilisées dans les pays économiquement avancés comme les Pays-Bas, l'Angleterre et la France : les hommes, les femmes et les enfants, les vagabonds et les prisonniers avaient été mis au travail par le biais de la violence physique ou de la violence structurelle. En augmentant la division et la mécanisation du travail, on essayait de tirer un *output* croissant de chaque heure ouvrée. Le bétail n'était pas seulement sollicité dans les champs, mais aussi dans les moulins et pour les dispositifs de pompage. La Hollande était recouverte de moulins à vent, l'Angleterre faisait un usage intense de la force hydraulique.

Dans ce capitalisme proto-industriel, le bois constituait un goulet d'étranglement particulièrement étroit puisque les fourneaux pour produire du métal ne pouvaient être alimentés que par du charbon de bois. Ni l'eau, ni le vent, ni le bétail, ni les humains n'étaient en mesure de le remplacer. La métallurgie était quant à elle d'une importance cruciale pour assurer les fonctions centrales du système-monde moderne : tant que l'or et l'argent constituaient le fondement des monnaies, ni l'expansion de l'économie monétaire ni l'entretien de grandes armées n'étaient possibles sans métaux précieux. Le fer, le cuivre et l'étain étaient les matières premières les plus importantes de l'industrie de l'armement. Le complexe métallurgico-militaire en pleine expansion dévorait des quantités de bois qui ne cessaient de croître et butait de plus en plus fortement sur des limites écologiques, sociales et financières. En conséquence, les prix du bois et du charbon de bois ont sensiblement augmenté. L'économiste Werner Sombart constatait même que l'atteinte de ces limites à la fin du XVIIIe siècle aurait dû entraîner la « fin imminente du capitalisme », qui n'a pu être évitée que par le basculement de l'économie vers le charbon de terre[4].

La houille était déjà connue dans l'Antiquité comme combustible, mais jusqu'à la Révolution industrielle, elle n'a été exploitée qu'en quantités relativement faibles pour les besoins locaux, car l'exploitation de veines très profondes et le transport exigeaient eux-mêmes tellement d'énergie que cela n'en valait presque pas la peine. En Angleterre, l'emploi du charbon fossile a augmenté dès le XVIe siècle, par exemple pour chauffer les maisons, mais la profondeur des mines et le transport du minerai butaient ici aussi sur des limites techniques et financières. C'est surtout le pompage de l'eau dans les galeries qui posait un problème considérable puisque, même à de faibles profondeurs, il dévorait plus d'énergie qu'il ne permettait d'en extraire sous forme de charbon.

Avec le renchérissement du charbon de bois dans un contexte de besoins énergétiques croissants, trouver des solutions à ces problèmes techniques devenait de plus en plus pressant. Des inventeurs commerçants se sont donc mis à développer les machines correspondantes, espérant gagner beaucoup d'argent en les brevetant. En 1712, la première machine à vapeur commercialisable, mise au point par Thomas Newcomen, entra en activité dans une mine de charbon du nord de l'Angleterre. Son point fort était de fonctionner elle-même au charbon extrait de la mine et de s'intégrer de ce fait dans une boucle de rétroaction positive : plus on extrayait de charbon, plus on pouvait pomper d'eau ; et plus on évacuait d'eau, plus on pouvait sortir de charbon.

Mais un deuxième obstacle s'opposait à l'utilisation à grande échelle du charbon fossile : à la différence du bois, la houille n'est concentrée que dans des gisements relativement peu nombreux et doit être acheminée sur de grandes distances vers les forges et autres centres de production. Cela occasionnait aussi des dépenses d'énergie et donc d'argent, et ne valait guère le coup sur de longues distances. La solution de ce problème a été fournie par une invention qui, à l'origine, provenait elle-même des mines : le chemin de fer. La clef de son succès a ici aussi été que le charbon qu'il permettait de transporter était en même temps ce qui le faisait marcher : plus on exploitait de charbon, plus on pouvait en transporter. Et avec le passage du charbon de bois au coke de houille pour alimenter les hauts fourneaux, le charbon transporté permettait à son tour de produire plus d'acier avec lequel on pouvait fabriquer plus de rails, de locomotives et de wagons pour transporter plus de charbon. La spirale ascendante du charbon et de l'acier formait un système de boucles de rétroaction positives imbriquées les unes dans les autres dans lequel le transport des personnes n'a d'abord été qu'un effet secondaire.

Cette spirale s'est couplée au système de l'accumulation sans fin d'argent, qui lui aussi est autoamplificateur, pour former ce mélange explosif qui a précipité la Terre dans le Capitalocène et nous conduit aujourd'hui à une crise systémique de dimension planétaire. L'accroissement monétaire et les énergies fossiles forment de ce point de vue une sorte de système symbiotique composé de deux étoiles, une *nova*[5] : seule l'accumulation de grandes quantités de capital a pu rendre possibles les immenses investissements nécessaires pour mettre en exploitation un nombre croissant de nouvelles mines, édifier des aciéries et construire des lignes de chemin de fer ; et seule l'énergie fossile a permis la croissance exponentielle de la production indispensable pour que les investissements rapportent des profits durables et que l'on puisse accumuler encore plus de capital. L'énergie solaire stockée dans la houille pendant des millions d'années a permis au système économique de dynamiter – au moins provisoirement – les limites naturelles sur lesquelles il butait.

Cet engrenage a amorcé un processus qui ressemble – pas seulement de manière métaphorique – à l'explosion d'une nova. Si l'on pouvait faire défiler en accéléré un film des deux derniers siècles d'histoire de notre planète, on verrait l'image d'une gigantesque explosion. À partir de l'Europe, quelques points se dilatent d'abord lentement, puis de plus en plus vite, et absorbent ce qui les entoure. Ce faisant, il y a des points qui croissent en même temps en hauteur (les « villes globales »), d'autres en profondeur comme des cratères lunaires (les grandes mines à ciel ouvert). Un maillage de lignes de plus en plus denses relie ces noyaux en explosion, qui s'illuminent quelque part dans la seconde moitié du film. Si l'on prolongeait de quelques décennies vers l'avenir cette accélération rapide, la Terre ne serait plus faite que de centres illuminés et de cratères éteints. Et à un moment donné, les centres, eux aussi, cesseraient de briller.

Le charbon, carburant du projet de société-machine

Les philosophes mécanistes du XVIIe et du début du XVIIIe siècles avaient rêvé d'un monde-machine. Mais seul le charbon a fourni l'énergie nécessaire pour mettre en œuvre un tel projet. Ce qui a vu le jour aux XIXe et XXe siècles dépasse même les visions les plus audacieuses des mécanistes radicaux comme Hobbes. Comme Charlie Chaplin dans la célèbre scène des *Temps modernes* où il travaille à l'usine, les êtres humains sont effectivement devenus les rouages d'une mégamachine globale dans laquelle la logique de l'accroissement monétaire exponentiel se combine à la puissance de combustion presque inépuisable du charbon. L'historien Fernand Braudel a calculé que l'Europe préindustrielle disposait de capacités énergétiques d'environ 13 gigawatts (tirées surtout de la force de travail animale, du bois et des moulins hydrauliques)[6]. Aujourd'hui, l'Union européenne en a près de 1 500, soit plus de cent fois plus – dont 95 % sont issus des énergies fossiles. Au total, la consommation énergétique par tête a été multipliée par vingt au cours de cette période.

Alors que les capitalistes, comme bien des socialistes, ont pendant longtemps rivalisé les uns avec les autres pour améliorer le fonctionnement de cette machine, en assurer l'expansion et favoriser telle ou telle manière de répartir les marchandises qu'elle fabrique, les crises écologiques qui menacent le vivant nous mettent aujourd'hui face à une tout autre question : celle de savoir si, et le cas échéant comment, nous parviendrons à nous libérer d'un tel système avant qu'il ait fini de dévaster la majeure partie de la planète. Contrairement à ce que l'on croit souvent, il ne s'agit pas seulement de basculer vers de nouvelles sources d'énergie. Certes, sortir du charbon et du pétrole est indispensable pour ouvrir la voie à une société soutenable. Mais on a de bonnes raisons de douter qu'une telle sortie puisse être effective dans les conditions de l'accumulation monétaire sans fin, pour deux raisons : premièrement, le système a tendanciellement besoin, tant qu'il croît, de toujours plus d'énergie et non de moins[7] ; deuxièmement, même si un basculement intégral vers les énergies renouvelables était possible, une mégamachine à propulsion solaire pillerait elle aussi les poissons jusqu'aux derniers, saccagerait les ultimes terres fertiles et les dernières forêts, raclerait le fond des mines et excaverait le lit des rivières jusqu'au dernier grain de sable pour satisfaire les exigences arithmétiques de l'accumulation monétaire. Aujourd'hui, il ne s'agit donc pas seulement de modifier certaines composantes du système : c'est toute la machine qui est en cause.

Le marché total

Pour que la machine tourne, il faut du travail. Au XIXe siècle, l'usage de machines n'a pas conduit à en économiser, mais au contraire à accroître énormément le besoin en main-d'œuvre libre. Toutefois, les gens ne se sont pas mis de leur plein gré à la disposition de cette machinerie afin d'être employés n'importe où et à n'importe quelle fin. Il a d'abord fallu constituer un marché du travail et cela s'est fait, comme nous allons le voir, de manière violente.

La production industrielle stimulée par les carburants fossiles et la logique de l'accumulation monétaire n'avait pas seulement besoin de débouchés pour son *output*, mais aussi de marchés pour se procurer son *input*, c'est-à-dire des matières premières, des machines, de l'argent – et surtout du travail humain. Ce qui semble aujourd'hui tellement aller de soi était encore, au tout début de l'industrialisation, quelque chose de monstrueux ; car la nécessité d'un marché du travail signifie purement et simplement que l'être humain lui-même doit se faire marchandise. En tant qu'intrant indispensable à la production, il devait être disponible à tout moment, au même titre qu'une balle de coton ou qu'un wagon de charbon. « Force de travail est le terme technique qui désigne les êtres humains », écrit Karl Polanyi à juste titre dans *La Grande Transformation*[8]. Et en tant que marchandise devant être librement négociée sur le marché, l'être humain devait être entièrement disponible, il ne devait garder aucun attachement local, émotionnel ou culturel susceptible de limiter son employabilité[9].

Afin de rentabiliser les lourds investissements que représentaient les machines, ces dernières devaient tourner sans discontinuer ; voilà pourquoi la fourniture en force de travail ne tolérait aucun retard. Tant que les gens pouvaient choisir entre travailler à l'usine ou se nourrir plutôt de ce qu'ils cultivaient sur leur propre terrain, cette fourniture n'était pas garantie. En effet, on ne cessait de constater que les gens, placés devant un tel choix, préféraient une existence fondée sur l'autosubsistance et l'autodétermination, même quand le choix de l'usine aurait amélioré leur situation financière. Nombreux étaient même ceux qui préféraient le vagabondage à « l'esclavage salarié »[10]. Pour mettre et maintenir en marche la production industrielle, il fallait donc barrer la possibilité d'un tel choix aux ouvriers qui devaient, d'une manière ou d'une autre, être contraints à se mettre à disposition du marché. Pour ce faire, il y avait et il reste toujours deux méthodes : la violence physique directe telle qu'elle caractérise l'esclavage et le travail forcé ; et la violence structurelle du « libre marché du travail ».

Contrairement à ce que l'on pense souvent, le marché du travail n'est pas une institution « naturelle ». Il ne se forme pas de lui-même, il est construit. Voilà ce que montre l'exemple classique de l'Angleterre, pays pionnier du mode de production industriel. Comme nous l'avons vu au chapitre six, les *enclosures* ont dès le XVIe siècle privé un grand nombre de ruraux des possibilités d'assurer leur subsistance ; expulsés de leurs campagnes, ils devaient vendre leur force de travail – le plus souvent dans de très mauvaises conditions. Sinon, il ne leur restait qu'à choisir entre la mendicité et le vol. Pour éviter que l'agitation sociale ne s'exacerbe, l'État britannique a mis en place divers dispositifs d'assistance publique qui, à partir de 1795, ont pris la forme d'un revenu minimum. Mais entre-temps, les patrons ne cessaient de se plaindre du manque d'ardeur au travail de la part des pauvres. Même quand ils avaient suffisamment de travailleurs à disposition, la motivation et la productivité des ouvriers laissaient à désirer. C'est dans ce contexte que se sont multipliées les voix réclamant la suppression de l'assistance publique afin que les pauvres, n'ayant plus la moindre échappatoire, soient mieux disposés envers le travail. Le médecin britannique Joseph Townsend a formulé cette idée en toute clarté dans son essai influent à propos des lois sur les pauvres :

> La faim apprivoisera les animaux les plus féroces, elle apprendra la décence et la civilité, l'obéissance et la sujétion aux plus récalcitrants. En général, la faim seule peut éperonner et aiguillonner [les pauvres] pour les faire travailler ; et pourtant nos lois ont dit qu'ils ne doivent jamais avoir faim. Les lois, il faut l'avouer, ont dit, aussi bien, qu'ils doivent être forcés à travailler. Mais alors la contrainte de la loi est accompagnée de beaucoup de troubles, de violence et de bruit ; elle engendre la rancœur et ne peut jamais être productrice d'un service bon et acceptable, alors que la faim n'est pas seulement un moyen de pression pacifique, silencieux, incessant, mais, comme elle est le mobile le plus naturel d'assiduité et de travail, elle provoque les efforts les plus puissants[11].

Le « marché libre » derrière lequel se tapit la menace de la faim et de la mort doit prendre en charge la mise au pas du travailleur en lieu et place du dressage étatique. Premièrement, c'est moins cher ; deuxièmement, c'est plus efficace et troisièmement, ça fait moins de « troubles, de violence et de bruit ». En 1834, ces idées largement répandues dans le camp libéral se sont traduites par la *New Poor Law,* tristement célèbre pour avoir largement aboli l'aide sociale aux indigents. Il en a résulté la vague de paupérisation la plus massive de l'histoire britannique, décrite en détail par l'écrivaine Flora Tristan, le romancier Charles Dickens (dans *Oliver Twist*) ou encore Friedrich Engels. Pendant le boom économique sans précédent des décennies suivantes, la faim fit son entrée dans le quotidien de millions de gens. Les bidonvilles se sont répandus dans les grandes agglomérations. Un commissaire du gouvernement a dit que les logements des pauvres, où parfois dix personnes s'entassaient dans la même pièce, étaient « si sales, si humides et si délabrés que personne n'y voudrait loger son cheval[12]. » La plupart de ces descriptions sont mot pour mot valables pour les bidonvilles actuels de Bombay, Manille ou Nairobi. Tout comme leurs successeurs actuels à Lagos et Lima, les misérables de Londres ou Manchester ne faisaient pas les frais d'un appauvrissement et d'une pénurie générale : c'étaient les victimes d'un accroissement inouï de la richesse.

Plus encore que les hommes, les femmes étaient exposées à la pauvreté et à l'avilissement extrêmes ; pour éviter de mourir de faim, des centaines de milliers d'entre elles n'eurent plus qu'à se prostituer. Voyageant en tant que journaliste à travers l'Angleterre de 1839, Flora Tristan parle de 80 000 à 100 000 prostituées rien qu'à Londres, dont plus de 15 000 par an « meurent de la mort du lépreux, dans un total abandon ». Des dizaines de milliers de gamines de dix à quinze ans se prostituaient[13]. Par la menace de la mort, le « marché libre » n'a pas seulement soumis au régime de l'usine les ouvriers (parmi lesquels il y avait aussi beaucoup de femmes). Il a aussi mis une grande partie des femmes et des jeunes filles à la disposition de la gent masculine, qui pouvait disposer de leurs corps selon la loi de l'offre et de la demande.

Déracinement, traumatisme social et résistance

La misère matérielle engendrée par le déchaînement du marché total n'était *qu'une* partie de la catastrophe. Le déracinement radical et la désintégration sociale liés à l'apparition du « libre marché du travail » avaient des effets tout aussi redoutables. Dans l'Europe du XIXe siècle – comme plus tard dans le Sud global –, une grande partie de la population a dû renoncer à ses racines familiales et culturelles pour aller, dans l'anonymat de villes industrielles tout juste sorties de terre, vendre sa force de travail nue. Ils n'avaient pas la moindre sécurité, aucune protection face à la maladie ou au chômage. Ils étaient ravalés au rang de simples objets, de facteurs de production, de pièces interchangeables au sein d'une machinerie économique monstrueuse. Depuis, ce déracinement s'est propagé à la planète entière.

Les êtres humains ne peuvent pas vivre durablement dans un vide social et culturel ; dès qu'ils le peuvent, ils se recréent un nouveau tissu relationnel. Les mouvements ouvriers nés au XIXe siècle ne se contentaient pas de représenter des intérêts purement économiques : ils étaient aussi des réponses au déracinement social. Les syndicats, les associations avec leurs locaux qui jouaient un rôle social important, les coopératives et les chorales ouvrières proposaient en quelque sorte un nouveau pays natal, une identité. Au lieu d'atomes économiques en concurrence les uns avec les autres, il y avait ici de la solidarité, des prises de décision collective et souvent de la démocratie interne. Alors qu'à l'« extérieur », dans le monde de l'économie déchaînée, on était soumis aux normes d'évaluation bourgeoises essentiellement basées sur la propriété, les revenus, la formation académique et la concurrence, des critères d'évaluation propres aux ouvriers pouvaient se développer dans les structures qu'ils avaient eux-mêmes créées, une langue spécifique, une autre idée de la formation, une culture autonome[14]. À rebours de l'expérience traumatisante d'être réduit au statut d'objet, les ouvriers pouvaient ici ressentir un sentiment d'auto-efficacité.

À ses débuts, le mouvement ouvrier ne s'efforçait pas seulement d'arracher des salaires plus élevés et de meilleures conditions de travail au sein du système. Une bonne part se considérait comme partie prenante d'une opposition bien plus fondamentale. Beaucoup d'ouvriers refusaient par principe le salariat parce qu'il détruisait l'indépendance économique des ménages, leur capacité à s'organiser eux-mêmes, et livrait complètement les travailleurs au pouvoir des grandes entreprises. Les *Lowell mill girls*, ces ouvrières de l'industrie textile qui ont popularisé en Amérique du Nord la notion d'« esclavage salarié », expliquaient dans les années 1840 :

> Celui qui vend le produit de son travail reste propriétaire de sa personne. Mais celui qui vend son travail perd sa liberté, il se met à la solde des entreprises tentaculaires gérées par une aristocratie nantie, prête à écraser la moindre contestation de son droit de servage. Les ouvriers devraient être propriétaires de leur usine, au lieu de se voir réduits au statut de machines, asservis à des patrons qui implantent des principes monarchiques sur une terre démocratique, au mépris de la liberté et des droits, de la civilisation, de la santé, de la morale et de l'intelligence, dans une nouvelle féodalité marchande[15].

En Europe aussi, une résistance massive s'est élevée contre l'humiliation et la mise sous tutelle des travailleurs. Dans l'Angleterre des années 1810, les luddites ont pris d'assaut des fabriques textiles et y ont détruit des machines. Plus tard, ils ont été dénoncés par des porte-parole du mouvement ouvrier comme des réactionnaires, des ennemis de la technique, mais ils se préoccupaient en fait d'autre chose : ils ne se battaient pas contre les innovations techniques en tant que telles, mais pour sauver les droits acquis par les artisans et l'encadrement traditionnel des prix, c'est-à-dire contre la logique du marché total[16]. L'État « libéral » réagit violemment : un contingent massif de soldats fut détaché contre les luddites, le gouvernement décréta que le bris de machine (le « sabotage ») était passible de la peine capitale et des douzaines de luddites furent condamnés à mort au terme de procès-spectacles. Une fois de plus, le « marché libre » dut être imposé à l'aide de la violence physique massive.

L'invention de la nation

Le grand déracinement lié à l'industrialisation et le vide culturel qui en a résulté n'ont pas seulement conduit à l'apparition des mouvements ouvriers et d'une nouvelle culture populaire, mais aussi à un phénomène d'un autre type qui devait finalement se révéler fatal : le nationalisme. Comme l'explique l'historien Benedict Anderson, la nation est une « communauté imaginée[17] ». Aucun Français et aucun Britannique ne peut connaître chacun de ses 65 millions de concitoyens, aucun citoyen des États-Unis d'Amérique les 320 millions de ressortissants de son pays et aucun Indien ses 1,2 milliard de compatriotes. Et pourtant, nombre d'entre eux croient toujours qu'ils font partie de la « grande famille » des Français, des Britanniques, des Américains et des Indiens, et qu'ils forment une sorte de communauté de destin – et ce même quand ils se font quotidiennement escroquer par leurs voisins. Cette abstraction qu'est la nation est devenue pour bien des gens l'ersatz d'une communauté authentique, d'une participation et d'une solidarité véritables ; et elle a été largement instrumentalisée pour détourner l'attention des conflits sociaux et mobiliser la population au service de la mégamachine – au point de faire la guerre.

Par « nation », on a entendu des choses très différentes en fonction des époques et des points de vue. Dans la première phase de la Révolution française, on voulait par là désigner une société composée de citoyens jouissant des mêmes droits ; le concept de nation reposait sur les exigences de liberté, d'égalité et de fraternité, et la nation était en principe ouverte à tous. L'idée d'une *Volksgemeinschaft* ethniquement et linguistiquement homogène, bien distincte des autres « communautés nationales », ne jouait encore aucun rôle[18]. Il restait des traces de ce concept révolutionnaire de nation durant la vague de soulèvement de 1848, quand les espoirs démocratiques se sont associés, tout particulièrement en Allemagne et en Italie, au désir d'unification nationale censée mettre un terme à l'éclatement des pays en myriades de petites principautés régies par des despotes. Mais Heinrich Heine reconnaissait déjà dans les années 1820 que la revendication d'unité nationale d'inspiration sociale-révolutionnaire cédait de plus en plus la place à la « teutomanie », à la xénophobie et à l'antisémitisme[19].

C'est ainsi qu'a commencé le grand renversement de l'idée de nation : d'un concept qui exige les mêmes droits pour tous, on est passé à une conception qui exclut certains groupes de population[20]. La représentation d'une communauté ethniquement et linguistiquement homogène censée ne faire qu'un avec l'État a prospéré surtout dans les milieux petits-bourgeois et chez les fonctionnaires, par exemple chez les enseignants. Elle est restée longtemps étrangère aux ouvriers et aux paysans, car leur monde n'était pas structuré par des oppositions entre « peuples », mais par les conflits quotidiens avec les seigneurs et les patrons[21]. Les grands bourgeois et les nobles cultivaient depuis toujours un certain cosmopolitisme puisqu'ils avaient de l'argent investi dans tous les pays et des parents dispersés à travers le globe[22]. Néanmoins, ils allaient découvrir avec le temps que dans certaines conditions, il pouvait s'avérer très utile de favoriser le nationalisme et d'en faire une idéologie d'État.

Car l'idée de nation entendue comme *Volksgemeinschaft* détourne l'attention des conflits portant sur les inégalités et le manque de participation politique – conflits qui traversent toute société. Elle construit le peuple comme corps politique dans lequel les industriels et les ouvriers, le ministre de la guerre et les soldats agissent de concert pour atteindre un but supérieur qui leur serait commun. Elle suggère aux individus esseulés qu'ils participent à un grand projet collectif : la construction d'une nation glorieuse, d'une sorte de grande famille. Elle promet que même sur la vie la plus désespérante, un peu d'éclat de la grandeur nationale finira par retomber. Le nationalisme a été un levier décisif pour faire succomber une grande partie des forces critiquant le système – même au sein de la classe ouvrière – à une illusion qui stabilisait le système et s'avérera en définitive suicidaire.

Pour ce faire, il a fallu ôter peu à peu à l'idée de nation son contenu social et révolutionnaire, refouler les oppositions de classes en arrière-plan et braquer les projecteurs sur les points communs censés caractériser chaque « peuple ». Les médias de masse qui se diffusaient à toute vitesse y ont largement contribué ; mais ce sont aussi l'école, l'armée et l'université qui sont devenues des lieux d'endoctrinement de l'idée nationale. Elles sont allées très loin en la matière, comme le montre exemplairement la « Déclaration des professeurs du supérieur de l'Empire allemand » en 1914, dans laquelle cette corporation d'universitaires affirme que « le même esprit innerve l'armée allemande et le peuple allemand, car les deux ne font qu'un et nous, professeurs, en faisons partie[23] ». Avec les hymnes et les drapeaux, on a intentionnellement créé des symboles d'identification autour desquels un culte quasi religieux a été mis en scène. L'historiographie a construit des histoires nationales s'étalant sur des millénaires, transformant les anciens Germains en « Allemands », les Gaulois en « Français » et les Anglo-Saxons en « Britanniques ». De cette manière, elle a créé des mythes nationaux et des « traditions inventées » (Eric Hobsbawm) censés légitimer la construction artificielle de l'État-nation en la présentant comme le fruit d'une évolution naturelle.

L'équation qu'il s'agissait d'établir peut être formulée ainsi : le peuple = la nation = l'État. Qu'elle soit parvenue à s'imposer, au moins partiellement, est, à y regarder de plus près, un tour de force étonnant. Car tout au long de la première phase des Temps modernes, et jusque tard au XIXe siècle, l'État était pour la majorité des populations européennes (sans même parler des peuples colonisés) une institution irréductiblement hostile : il recourait à la violence pour collecter les impôts, il dérobait les fils pour alimenter son appareil militaire, il ne reculait devant aucun moyen pour assurer le remboursement des dettes, et il soumettait les pauvres à des législations draconiennes[24]. Dès lors, comment a-t-il été possible que de telles foules de gens, à la fin du XIXe et au début du XXe siècle, s'enthousiasment pour l'État au point de partir en guerre, au nom de la nation et de la patrie, afin de tuer et d'être tué ?

Que la couche bien définie des fonctionnaires et des autres bénéficiaires du nouveau système se soit volontairement approprié les mythes nationaux n'est guère étonnant. Chez les ouvriers en revanche, la propagande n'est pas passée aussi facilement ; car tant que l'État n'était en pratique que le bras armé des intérêts patronaux, on ne pouvait s'attendre à ce que les travailleurs s'identifient à ses objectifs. Cette situation n'a commencé à changer que lorsque les gouvernements se sont mis peu à peu à satisfaire certaines revendications ouvrières : réduction de la durée du travail, extension du droit de vote, amélioration des conditions de travail, systèmes de sécurité sociale.

Ces avancées ont fait que les intérêts de l'État-nation et ceux de la classe ouvrière se sont en partie rejoints ; l'État a secouru « ses » travailleurs par des mesures protectionnistes prises contre d'autres classes ouvrières et l'idéologie nationale a pu ainsi prendre racine dans certains groupes d'ouvriers. C'est le double mouvement du marché total qui a fait tomber dans le piège national et a abouti finalement aux guerres mondiales et au fascisme comme mouvement de masse : le déracinement radical des travailleurs a entraîné un vide social et culturel que les organisations ouvrières émancipatrices ne sont parvenues à remplir que partiellement ; et la pseudo-communauté de la nation promettait aux déracinés qu'elle allait les sauver, matériellement par le biais d'un État-providence rudimentaire, idéologiquement en tant que membres d'un « peuple » fantasmé.

La grande expansion

L'époque allant de 1815 (la fin des guerres napoléoniennes) à 1914 est souvent présentée comme la « paix de cent ans » ou la *Pax Britannica*, une absence de guerre qui serait due avant tout au triomphe du libéralisme et du libre commerce. Certes, il est vrai que le nombre de conflits ouverts entre grandes puissances européennes a diminué par rapport aux siècles précédents ; et il est également exact qu'une partie de la haute finance a eu (temporairement) intérêt à éviter des guerres qui auraient perturbé la liberté des échanges marchands et monétaires. Mais si l'on adopte le point de vue de la majorité de la population mondiale, parler de « paix » ou même seulement de « paix relative » à propos de cette période est absurde. Car à cette époque – surtout dans la seconde moitié du XIXe siècle –, la machinerie monétaire et militaire européenne a colonisé pratiquement toute la planète, des peuples entiers ont été exterminés, d'innombrables cultures anéanties.

Pour continuer à exister, la mégamachine doit être en expansion, aussi bien vers l'intérieur par la généralisation et l'approfondissement de l'économie monétaire (la « colonisation intérieure ») que vers l'extérieur par l'intégration de nouveaux territoires et de leurs habitants[25]. Depuis l'apparition du système au début des Temps modernes, cette expansion s'est faite par vagues. Aux XVIe et XVIIe siècles, les Amériques et les Caraïbes ont été incorporées, les compagnies de commerce hollandaises et anglaises ont colonisé les régions côtières d'Inde et d'Indonésie tandis que les trafiquants d'esclaves mettaient en place leurs comptoirs en Afrique, le long de la côte ouest. La fin du XVIIIe siècle est le début d'une nouvelle vague de prises de terre : l'Inde et l'Asie du Sud-Est (jusqu'à l'intérieur des terres), l'Afrique (d'abord sa partie ouest, puis tout le continent), l'Empire ottoman (ce que nous appelons aujourd'hui le Proche et le Moyen-Orient) et l'Australie ont été intégrés au système en tant que périphéries. La Chine a réussi à résister encore assez longtemps à ce processus et à se soustraire à une colonisation formelle, mais au milieu du XIXe siècle, diverses guerres ont fini par l'intégrer à la périphérie du système – c'est-à-dire à ce qui sera plus tard appelé le Tiers Monde[26].

« Civilisation » : le nouveau projet missionnaire

L'expansion de l'Occident s'est toujours faite au nom d'une « mission civilisatrice » censée légitimer, aux yeux des colons tout autant que vis-à-vis de leurs victimes, la violence massive de ce processus. Le christianisme a rempli cette fonction pendant longtemps et ses activités missionnaires ont connu un véritable boom au XIXe siècle, avec la relance de l'expansion. Même si certains ecclésiastiques ont pris ici et là position contre l'extermination des populations indigènes, les Églises ont dans l'ensemble considérablement contribué à préparer le terrain de l'appropriation militaire et économique. Dans certains cas, les missionnaires ne jouaient pas seulement le rôle de pionniers idéologiques mais également celui d'acteurs économiques. La Livingstonia Central Africa Company (rebaptisée ensuite African Lakes Corporation) par exemple, qui a joué un rôle important dans la colonisation de l'Afrique centrale, a été fondée pour assurer l'approvisionnement des missions dans la région ; missionnaires et marchands travaillaient main dans la main, la même personne endossant même souvent les deux rôles. Quelques fois, les missionnaires ont même joué le rôle de troupes de choc et édifié un pouvoir étatique propre. Un bon exemple en est la colonisation de Tahiti par la London Missionary Society fondée en 1795. Après qu'une première vague de missionnaires à peine armés a été accueillie très amicalement par la population de l'île, sans parvenir à quoi que ce soit avec leurs prêches, la société a changé de méthode : elle a livré des armes à un chef de clan qu'elle avait rendu alcoolique et l'a poussé à entrer en guerre contre le reste de l'île. Après la conversion forcée des Tahitiens, les missionnaires ont mis en place, à l'aide d'une police spéciale, un véritable régime de terreur sur l'île. Même des expressions apparemment inoffensives de leur propre culture comme le fait de chanter (si ce n'est à l'église), de danser ou de se baigner étaient strictement prohibées ; danser était passible de plusieurs années de travaux forcés (en général pour la construction de routes), pratiquer leur propre religion était puni de mort. Pour détruire l'indépendance économique des Tahitiens, les missionnaires ont fait abattre tous les arbres à pain sur l'île, anéantissant ainsi la principale source de nourriture de la population. Vers 1850, ils avaient largement détruit l'autonomie matérielle et la culture des habitants de l'île. Ce qui donne raison à James Cook qui, lorsqu'il avait accosté sur l'île en 1769, avait d'emblée fait la remarque suivante : « Il aurait été bien mieux pour ces pauvres gens de ne jamais nous rencontrer[27]. »

À partir de la fin du XVIIIe siècle, le projet missionnaire chrétien a été complété par sa variante sécularisée, qui s'est superposée à lui : la Bonne Nouvelle de la « civilisation ». Du point de vue des missionnaires éclairés, l'Occident n'était pas seulement supérieur à toutes les autres cultures par sa religion, mais aussi par ses mœurs et sa morale, sa science et son économie, son administration et sa technique. En 1798, Napoléon harangue ses troupes en partance vers l'Égypte : « Soldats, vous vous lancez dans une conquête dont les conséquences seront incalculables pour la civilisation[28]. » La devise du missionnaire britannique David Livingstone était : « Christianisme, commerce et civilisation[29]. »

L'évangile de la civilisation était indissociable d'un racisme entretenu non seulement par les politiciens, mais aussi par les savants les plus respectables de l'époque. L'entrepreneur minier et principal architecte de l'empire colonial britannique en Afrique, Cecil Rhodes, associait ce racisme aux idées de progrès et de mission civilisatrice : « J'affirme que nous sommes la race du monde qui occupe le premier rang ; plus nous nous implanterons dans le monde, mieux ce sera pour le genre humain. Si Dieu existe, alors il attend de moi, je pense, que j'étende le rouge de la Grande-Bretagne sur la plus grande partie possible de la carte d'Afrique[30]. »

Le racisme n'est pas un phénomène naturel, lié à une peur diffuse et universelle des étrangers. C'est une construction sociale qui remplit une certaine fonction dans le système-monde moderne. À mesure que les populations d'Afrique, des Amériques et d'Asie ont été violemment intégrées dans l'économie globale, il fallait justifier qu'elles y soient soumises à une privation des droits et une exploitation aussi massives. C'est d'abord la religion chrétienne, prétendument supérieure, qui a servi à cette fin. Puis, au cours du XVIIIe et du XIXe siècle, une vaste littérature se développa qui divisait les êtres humains en « races » hiérarchisées au sommet desquelles il y avait les Blancs. Voltaire comparait les Noirs aux singes et Emmanuel Kant affirmait que « l'humanité atteint sa plus grande perfection dans la race des Blancs ». Les Indiens et les Nègres se situeraient par contre, selon Kant, « bien plus bas, et tout en bas se trouve une partie des peuples américains[31] ». On trouve des déclarations similaires sous la plume de Hegel, de Hume, de Darwin et de bien d'autres célébrités de la philosophie et de la science occidentales. Dès le XVIIIe siècle, les chercheurs se sont mis à mesurer les crânes des êtres humains pour démontrer que les Noirs seraient moins intelligents que les Blancs et prédestinés par là à des travaux subalternes. Ces recherches – que les nazis allaient plus tard relancer pour leurs propres fins – ont été à l'origine de l'anthropologie biologique en tant que discipline dite scientifique[32].

Le racisme n'est pas une maladie infantile ou un dérapage précoce de la modernité, mais une composante essentielle de la mégamachine, dont on ne peut faire abstraction. Il sert jusqu'à présent à légitimer l'inégalité radicale sans laquelle le système-monde moderne ne peut fonctionner. Que des milliers de réfugiés venant d'Afrique ou du Proche-Orient meurent chaque année aux frontières de la forteresse Europe parce qu'ils fuient leurs pays ravagés par la guerre, la misère et le chaos climatique, tandis que les Européens peuvent voyager sans peine dans n'importe quel pays du monde, est l'une des expressions du racisme structurel ancré au plus profond de nos institutions.

La dévastation de l'Afrique

Comme jadis lors de la colonisation des Amériques, les affaires et les missions (qu'elles soient d'inspiration religieuse ou séculière) étaient aussi étroitement associées en Afrique. La British South Africa Company fondée par Rhodes en 1889 a obtenu de la Couronne l'autorisation d'exploiter l'or, le cuivre (qui a permis d'électrifier l'Europe) et les diamants dans la partie sud de l'Afrique. À cette fin, elle a également pu constituer une armée privée et régner sur un territoire qui a été plus tard appelé « Rhodésie ». Mais entre Rhodes et les richesses minières qu'il convoitait, il y avait quelques centaines de milliers d'habitants qui étaient loin de partager l'idée que la meilleure chose qui puisse arriver au monde soit de tomber entièrement en possession des Anglais. En 1893, les Ndébélé se soulevèrent et opposèrent 100 000 hommes à l'armée de la Compagnie. Cecil Rhodes a sans doute interprété comme un signe de la supériorité de sa race et de sa civilisation que les Britanniques disposent d'armes face auxquelles ses adversaires ne pouvaient presque rien faire : les mitrailleuses.

La mitrailleuse a été développée en 1885 par l'inventeur britannique Hiram Maxim, elle tirait 600 balles par minute. Sa première utilisation à grande échelle date des deux guerres ndébélé. Avec moins de 2 000 hommes, l'armée de Rhodes a vaincu et exterminé les Ndébélé : au moins 60 000 d'entre eux sont morts au cours des deux guerres tandis que du côté britannique, seuls quelque 500 hommes ont péri, pour la plupart des mercenaires locaux. L'asymétrie extrême rappelle les massacres de la *Conquista* ou le carnage de Frankenhausen à la fin de la guerre des Paysans en Allemagne. Dans tous ces cas, les insurgés étaient impuissants face aux armes fournies par le complexe métallurgique. Le nom de « guerre » ndébélé est donc un euphémisme pour un massacre qui fait partie d'une sombre série de génocides oubliés, refoulés et camouflés en Afrique, parmi lesquels il ne faut oublier ni celui que les Français ont commis lors de la colonisation de l'Algérie[33], ni celui que les Allemands, qui régnaient en maîtres sur l'Afrique du Sud-Ouest (la Namibie actuelle), ont perpétré sur les Nama et les Héréro[34].

Pendant ce temps, les habitants de Londres et des autres métropoles européennes qui recevaient peu d'informations, voire aucune, sur ces événements, pouvaient se réjouir puisque, grâce au cuivre sud-africain, l'électricité leur amenait désormais la lumière à la maison. Ils ne pressentaient pas que les mitrailleuses qui ont ouvert en Afrique la voie vers le cuivre allaient dans quelques années se retourner contre eux.

À gauche : Première Guerre ndébélé (1893). À droite : pavillon de l'électricité, Exposition universelle à Chicago (1893).

La « Belle Époque » des génocides

Les décennies d'avant la Première Guerre mondiale ont été rétrospectivement appelées la « Belle Époque » et caractérisées comme une période d'insouciantes jouissances. Mais tandis qu'au *Moulin Rouge*, chez *Maxim's* et dans les hôtels de luxe, on sabrait le champagne et qu'à Bruxelles, Paris ou Milan, les visiteurs émerveillés flânaient dans les expositions universelles, d'autres parties du globe s'enfonçaient dans une barbarie provoquée précisément par les centres européens qui se mettaient en scène comme la quintessence du progrès et de la civilisation. En 1884, le roi des Belges Léopold de Saxe-Cobourg et Gotha a déclaré qu'une région d'Afrique centrale vingt fois plus grande que la Belgique constituait sa propriété privée avec tous les habitants, les ressources minières, les animaux et les plantes qui s'y trouvaient, et qu'il pouvait donc en disposer selon son bon plaisir : « l'État indépendant du Congo ».

La conception léopoldienne de la propriété semble extrême, insensée et barbare. Pour les Congolais, elle l'était sans doute. Mais pour les gouvernements occidentaux qui, lors de la conférence sur le Congo à Berlin en 1884, se sont partagé l'Afrique et ont confirmé à l'unisson les prétentions de Léopold, son concept de propriété n'avait rien de choquant. Il était peut-être un peu extravagant, mais se situait *grosso modo* dans le droit fil d'une vieille tradition voulant que des particuliers puissent, tout comme des entreprises, posséder des pays entiers, population comprise.

Les Belges s'intéressaient à deux choses : le cuivre et le caoutchouc. Avec le développement de l'électricité et l'émergence de l'industrie du vélo puis de l'automobile, le caoutchouc était très demandé, surtout pour isoler les fils électriques et fabriquer des pneus. Léopold a soumis les Congolais au travail forcé pour récolter le caoutchouc et extraire le minerai. Des quotas irréalisables de production de caoutchouc ont été imposés à chaque village ; pour contraindre les villageois à livrer la récolte avec ponctualité, l'armée prenait des femmes en otages. Si la quantité fixée n'était pas livrée à temps, elles étaient exécutées. Un nombre ahurissant de dix millions de personnes ont été assassinées à coups d'exécutions sommaires, de conditions de travail inhumaines, d'emprisonnements et d'expulsions[35].

Grâce au travail infatigable du journaliste Edmund Morel qui, pour la première fois dans l'histoire, a lancé au début du XXe siècle une campagne internationale pour le respect des droits humains, un large public a été mis au courant des horreurs de la domination belge ; même l'écrivain américain Mark Twain a pris la plume à ce sujet[36]. Mais jamais un seul génocidaire n'a été traduit devant les tribunaux. La seule conséquence pour Léopold a été de devoir vendre le Congo à l'État belge en 1908 – comme si le pays, avec ses habitants, n'était qu'un vulgaire sac de farine. La Société générale de Belgique, le plus grand conglomérat métallurgique du royaume, a joué un rôle moteur dans le pillage des richesses minières et le génocide au Congo. Après la disparition de « l'État indépendant », l'entreprise a poursuivi ses affaires sans entraves jusqu'à ce qu'elle soit avalée en 2003 par le groupe multinational Suez Lyonnaise des Eaux qui, à son tour, a fusionné en 2008 avec Gaz de France pour former le troisième plus grand groupe mondial du secteur de l'énergie.

L'Inde : l'invention du Tiers Monde

La violence physique de la guerre et du travail forcé n'était que l'un des moyens pour forcer de nouveaux territoires ainsi que leurs habitants à s'intégrer au système en expansion. Pour ce faire, la violence structurelle du marché constituait un autre instrument tout aussi important, et étroitement lié à la violence physique. Un bon exemple en est la manière dont le sous-continent indien a été incorporé dans l'économie mondiale.

Depuis le milieu du XVIIIe siècle, l'Inde était gouvernée par la Compagnie britannique des Indes orientales, une entité privée quasi étatique qui appartenait à ses actionnaires. Après un soulèvement des mercenaires de la Compagnie (elle employait 200 000 soldats) qui menaçait de conduire à une révolte anticoloniale généralisée, le gouvernement britannique retira à la société par actions son autorité administrative et militaire en 1858. L'Inde fut soumise en tant que colonie au pouvoir de la Couronne, un vice-roi gouvernerait dorénavant à Calcutta. Directement administrée par l'État britannique, l'agriculture indienne a été monétarisée et intégrée au marché mondial à marche forcée. Pour parvenir à ce résultat, les Anglais ont employé des méthodes connues depuis l'Antiquité. C'est surtout la levée d'impôts en argent qui a contraint les paysans à abandonner leur économie de subsistance et, à la place, à produire pour le marché. Un autre moyen consistait à pousser les paysans dans la servitude pour dettes, une stratégie également ancienne qui a été perfectionnée à l'époque coloniale. On accordait aux petits paysans des acomptes sur leur récolte, pour être sûr qu'ils les livrent. En acceptant l'acompte, ils s'engageaient à en fournir une certaine quantité à une date déterminée. S'ils ne pouvaient pas respecter le contrat (à cause de sécheresses, de maladies ou pour d'autres raisons), ils entraient à vie dans une forme de servage pour dettes dont leurs descendants héritaient même « à jamais »[37]. Une fois pris dans les mailles de l'économie monétaire, les paysans ont assisté à la dissolution rampante des formes d'économie communautaire et solidaire, en particulier au niveau villageois, et à l'élargissement du fossé entre riches propriétaires terriens et simples paysans qui, à chaque récolte perdue, s'enfonçaient un peu plus dans l'endettement et finissaient par perdre leur terre et leur liberté.

Avec les impôts versés par les paysans indiens, les Britanniques ont pendant ce temps fait construire un vaste réseau ferroviaire qui traversait de long en large le sous-continent et permettait d'acheminer rapidement et à bas prix les matières premières et les produits agricoles vers les ports et par là vers le marché mondial. Les colons vantaient aussi le réseau de chemin de fer comme un moyen pour apporter rapidement, en cas de famine, de l'aide dans les régions touchées. Mais quand la Grande Famine est arrivée en Inde, le chemin de fer associé au « marché libre » s'est révélé fatal.

Dans les années 1876-1878 et 1896-1902, il y eut en Inde et dans d'autres parties du monde, notamment en Chine, au Brésil et en Afrique du Sud-Est, des vagues de famines d'une ampleur jusque-là inconnue. D'après divers calculs, ce sont entre 12 et 30 millions d'êtres humains qui sont morts rien qu'en Inde[38]. Comme c'est si souvent le cas dans ce genre de catastrophe, l'explication la plus simple et la plus confortable était purement météorologique. Et en effet, l'absence de précipitations liées à la mousson a bien joué un rôle essentiel. Mais comme le sociologue Mike Davis a pu le montrer dans son livre *Génocides tropicaux*, ce n'est que la combinaison des conditions météorologiques, de la logique du pouvoir et de la répression étatique qui a conduit à une tragédie d'une telle ampleur.

Durant les années de famine, un phénomène météorologique cyclique connu aujourd'hui sous le nom d'El Niño s'est manifesté dans l'océan Pacifique. El Niño influence un grand nombre de phénomènes climatiques sur notre planète et conduit notamment à des sécheresses exceptionnelles en Inde, dans le nord de la Chine et en Amazonie, tandis qu'il provoque des pluies diluviennes sur la côte ouest de l'Amérique du Sud. Les Niños des années 1876-1878 et 1896-1902 ont été particulièrement forts. Mais les gens ne sont pas morts en si grand nombre d'une pénurie absolue de denrées alimentaires. En 1877-1878, au milieu des pires années de famine, l'Inde a exporté 320 000 tonnes de blé vers l'Europe[39]. De nombreux silos étaient pleins à craquer et les marchands, vu que les prix flambaient, attendaient la prochaine hausse pour mettre en vente leurs stocks. Pendant ce temps, les gens affamés périssaient devant les réserves, placées sous haute protection militaire[40]. Les chemins de fer n'ont pas apporté les céréales à celles et ceux qui mouraient de faim, mais les en ont privés afin de les livrer au marché mondial.

Dans cette situation, les appels adressés au vice-roi Lord Lytton se sont multipliés pour qu'il intervienne sur les marchés en faveur des millions de gens en train de mourir. Mais Lytton imposa « l'interdiction de se mêler du commerce privé » puisque toute intervention humanitaire n'aurait fait que perturber l'équilibre infaillible du marché autorégulateur[41]. Le Anti-Charitable Contributions Act de 1877 a même interdit les donations privées, sous la menace de peines de prison[42]. Lytton a également refusé les demandes pressantes qui lui étaient faites par les Indiens de renoncer à collecter les impôts dans les régions touchées de manière particulièrement dure – c'est qu'il avait besoin de l'argent pour lancer une expédition militaire en Afghanistan. Pour s'acquitter de leurs impôts, les paysans affamés et endettés jusqu'au cou ont dû vendre leur dernière vache, ce qui les condamnait en général à une mort certaine. Un nombre incalculable de gens ont péri parce qu'il leur manquait deux centimes par jour pour survivre, tandis que dans la City à Londres, les caisses des marchands de blé sonnaient joyeusement et que les créanciers et grands propriétaires locaux se réjouissaient de pouvoir s'approprier le bétail et les terres des Indiens à l'agonie. La seule mesure prise par les Britanniques pour leur venir « en aide » a été de mettre en place quelques camps de travail dans lesquels les paysans réduits à l'état de squelette devaient abattre un travail physique extrêmement pénible en échange d'une alimentation totalement insuffisante. Bien que les services de santé britanniques aient averti que les Indiens, dans de telles conditions de vie et de travail, allaient droit à la mort, l'administration n'a ni augmenté les rations, ni allégé la charge de travail. Sous l'action conjuguée d'un travail de forçat et d'une sous-alimentation chronique, les camps de travail se sont finalement transformés en camps de la mort[43].

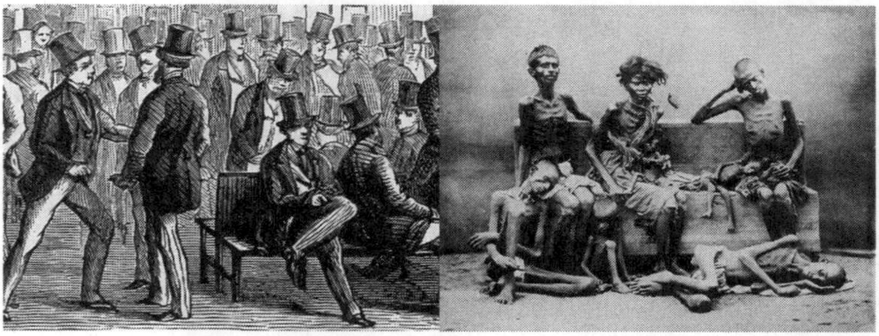

À gauche : la Bourse de Londres en 1873. À droite : Indiens affamés dans le district de Madras (1877).

Ce que les Britanniques ont fait en Inde était bien plus qu'une erreur de « management de crise ». Une fois de plus, c'était un génocide. Mais l'historiographie ne s'appesantit pas là-dessus, pas plus qu'elle ne s'arrête sur les 57 000 personnes qui meurent de faim chaque jour dans le monde contemporain. Car ces gens ne sont pas tués à coups de fusil, mais par un système économique censé incarner la « nature[44] ». À quel point ce système n'est ni naturel ni autorégulateur, la Grande Famine le montre d'emblée puisqu'il n'a pu être maintenu que par le recours massif à la violence physique. Sans les interventions de la police contre les affamés qui se révoltaient et attaquaient les dépôts de céréales, le « libre marché » se serait écroulé. Et comment aurait-il pu en aller autrement ? Comment un système social qui engendre côte à côte une richesse obscène et une misère mortifère pourrait-il être maintenu sans violence ?

La Grande Famine en Inde révèle en outre une propriété particulièrement dangereuse des marchés agricoles mondiaux : ils articulent les événements météorologiques et les prix à l'échelle globale. « Tout d'un coup, écrit Mike Davis, le prix du blé à Liverpool et les aléas de la mousson à Madras devenaient au même titre les variables d'une gigantesque équation mettant en jeu la survie de grandes masses d'humanité[45]. » Par conséquent, ce n'était plus seulement là où les récoltes étaient perdues que les gens avaient faim : le mécanisme de l'augmentation des prix a propagé la famine comme la peste. Dans la mesure où les paysans ont été forcés par le gouvernement colonial à produire, à la place des aliments dont ils pouvaient se nourrir eux-mêmes, des cultures de rapport destinées au marché mondial (comme le coton par exemple), ils ne sont plus capables, dès que les prix du blé et du riz augmentent trop fortement, de pourvoir à leurs propres besoins. Particulièrement à notre époque de chaos climatique qui risque de provoquer des phénomènes météorologiques extrêmes de manière encore plus massive qu'El Niño au XIXe siècle, le marché agricole mondial peut s'avérer être un piège mortel. Au XXIe siècle, la survie ne pourra être assurée que par une sortie de la logique du marché.

La destruction de la Chine par les puissances coloniales

L'intégration de la Chine au système-monde moderne ne s'est pas faite de la même manière qu'en Inde, mais elle a été tout aussi violente. Comme l'explique le sociologue Giovanni Arrighi, la Chine avait développé depuis des siècles une « économie de marché non capitaliste » qui, à la différence de l'Occident, reposait sur la séparation de l'État et du capital[46]. De cette manière, « l'empire du Milieu » était devenu le pays le plus prospère de la planète. Mais au début du XIXe siècle, l'expansion européenne ne cessait de gagner du terrain en Asie de l'Est. Les Britanniques étaient agacés par leur déficit commercial chronique avec la Chine. Pour le combler, ils essayaient d'exporter en Chine de l'opium qu'ils faisaient produire en Inde. La Compagnie britannique des Indes orientales était alors non seulement la plus grande société par actions, mais aussi le plus gros trafiquant de drogue au monde, et elle introduisait en contrebande des quantités phénoménales d'opium dans la ville de Guangzhou (Canton) au sud du pays. Mais l'empire du Milieu luttait contre le trafic illégal. Jusque-là, la Chine avait résisté avec succès non seulement à la colonisation, mais aussi à l'intégration rampante au marché capitaliste mondial. Les marchands étrangers étaient soumis à des restrictions considérables, et il en allait de même pour les missionnaires. Afin de forcer la Chine à s'ouvrir, le gouvernement britannique a fini par recourir à des moyens qui allaient plonger le pays dans le chaos et la misère, et conduire à l'une des plus grandes tragédies de l'histoire humaine. Comme il arrive souvent lorsque les victimes de grands crimes ne sont pas des Européens, nos livres scolaires et nos guides de voyage ne nous disent guère plus que quelques mots de cette histoire, et parfois même rien du tout.

Au XIXe siècle, les marchands britanniques se sont servis des sociétés secrètes de Chine méridionale, les fameuses triades, pour écouler leur opium. Ce faisant, ils les ont transformées en de puissantes organisations mafieuses qui ont massivement déstabilisé la société chinoise pendant un siècle. À côté de la Compagnie des Indes orientales, l'entreprise Jardine, Matheson & Co. (aujourd'hui un conglomérat mondial qui pèse un milliard de dollars et dont le siège social se situe dans le paradis fiscal des Bermudes) a joué un rôle crucial dans ce processus[47]. Plus tard, la Hongkong and Shanghai Banking Corporation (HSBC) – aujourd'hui la plus grande banque d'Europe – est aussi devenue un acteur central de cette histoire. C'est le crime organisé qui est à l'origine de la richesse de ces groupes. En lien avec les gouvernements britannique et français, et plus tard américain et japonais, ces entreprises ont été pionnières dans le trafic mondial de stupéfiants qui fait aujourd'hui partie, avec un chiffre d'affaires d'environ quatre billions (quatre mille milliards) de dollars, des secteurs les plus florissants de l'économie mondiale[48].

Jusqu'à aujourd'hui, les gouvernements sont restés de bien des manières impliqués dans ce commerce. Pendant la guerre du Vietnam, les États-Unis ont stimulé massivement le trafic de stupéfiants dans le « Triangle d'or » de la péninsule Indochinoise pour financer leurs opérations secrètes de bombardement du Laos. Ils ont ainsi créé de nouvelles organisations mafieuses puissantes qui ont continué à prospérer après la guerre, ont rendu près de 20 % des soldats étasuniens dépendants à l'héroïne et ont fini par submerger de drogues dures le marché américain lui-même. Un modèle similaire s'est ensuite répété au Nicaragua et en Afghanistan[49]. Les effets dramatiques, à l'échelle mondiale, du trafic de drogues sont en définitive le résultat des tentatives de l'Occident pour déstabiliser les régimes qu'il n'appréciait pas – et cette histoire a commencé dès les invasions britanniques en Chine.

Quand les autorités chinoises ont arrêté en 1839 des trafiquants de drogue britanniques et ont fait brûler plus de douze tonnes de stupéfiants introduites illégalement en Chine, les entrepreneurs Jardine et Matheson ont poussé Londres à lancer une guerre restée dans les annales sous le nom de première guerre de l'opium. Le Parlement britannique et les marchands ont exigé « satisfaction et réparation » pour le fait que le gouvernement chinois avait osé appliquer ses propres lois pour protéger le pays contre les narcotrafiquants, et ont envoyé une flotte de guerre. L'armée chinoise n'a pas pu faire grand-chose face aux canons et aux premiers cuirassés à vapeur des Britanniques – que les Chinois appelaient les « navires du diable » – et a capitulé en 1842. En 1856, la Grande-Bretagne et la France ont lancé à la suite d'un incident similaire la deuxième guerre de l'opium et, au point culminant de l'invasion, dévasté le palais impérial à Beijing. Les puissances victorieuses, que les États-Unis et la Russie avaient alors rejointes, ont extorqué les fameux « traités inégaux » qui ont légalisé le trafic de l'opium, obtenu l'ouverture de la Chine au commerce international et donné carte blanche aux missionnaires chrétiens. Le résultat des invasions et des activités mafieuses a été de précipiter la Chine dans le chaos d'un *failed state* – tout comme cent cinquante ans plus tard des États comme l'Irak et la Libye sont devenus « défaillants » après les interventions occidentales. L'économie jadis prospère a commencé à péricliter, le tissu social à se déliter. C'est alors qu'a éclaté en 1851 la guerre civile la plus sanglante de l'histoire : la révolte des Taiping. 20 à 30 millions de personnes y ont perdu la vie. La révolte a commencé dans le Sud infesté par les triades à la solde de l'Angleterre et de la France. Un fils de paysan qui s'appelait Hong Xiuquan, nourri aux idées apocalyptiques chrétiennes par un missionnaire américain, est devenu le chef des minorités insatisfaites qu'il a mobilisées pour combattre par les armes le gouvernement central[50]. Le mouvement qu'il a fondé promettait une société sans classes ; mais il était en même temps profondément autoritaire, répressif et imprégné de fanatisme religieux. Le conflit a dégénéré en guerre totale dans laquelle les deux camps ont mené une politique de la terre brûlée, incendiant des régions entières et dévastant des centaines de villes. Même si la guerre civile avait en partie des causes internes, les interventions britanniques ont joué un rôle décisif en jetant de l'huile sur le feu. Un autre résultat des guerres de l'opium est d'avoir rendu 20 millions de Chinois toxicomanes – un symbole macabre de la mise sous dépendance occidentale. Les drogues ont affaibli la population, l'armée et la direction du pays et, en même temps, ont servi à fuir la catastrophe sociale en permettant de s'évader dans un monde parallèle.

Après deux invasions et une guerre civile dévastatrice, la Chine était plongée dans le chaos et le désarroi. En 1899, les agissements des puissances coloniales ont provoqué une rébellion massive, la fameuse « révolte des Boxers[51] ». Une coalition de huit États (Allemagne, Grande-Bretagne, États-Unis, Russie, Japon, Italie, France et Autriche-Hongrie) riposta avec une nouvelle invasion. En exhortant à « ne faire ni quartier, ni prisonniers », l'empereur allemand invita ses soldats à une campagne d'extermination. C'est à cette époque qu'apparaît en Occident la propagande sur le « péril jaune » qui, jusqu'à aujourd'hui, n'a cessé d'être réactivée sous diverses variantes, afin de susciter une hostilité envers la Chine. Pourtant, cela faisait bien sept cents ans – depuis Gengis Khan – qu'aucun danger venant de Chine n'avait menacé l'Occident.

Après avoir écrasé les « Boxers » et pillé Beijing trois jours durant, les troupes alliées ont extorqué au gouvernement chinois des « paiements en réparation » qui se comptaient en milliards et ont parachevé la ruine du pays. Au cours des décennies suivantes, l'empire du Milieu est tombé sous la coupe de seigneurs de la guerre et d'organisations mafieuses en concurrence, chaque acteur bénéficiant du soutien de telle ou telle fraction des puissances alliées[52]. Déchiré par la guerre civile et économiquement exsangue, le pays allait ensuite devenir la proie du fascisme japonais. Les interventions des puissances coloniales ont plongé la Chine dans une spirale de dévastation – une époque que les Chinois appellent le « siècle de la honte ». En Europe et en Amérique du Nord, pourtant, cette histoire est largement refoulée ou minimisée jusqu'à aujourd'hui[53].

Vers la guerre totale

Vers 1900, la planète entière ou presque était intégrée à l'économie capitaliste mondiale qui constitue le premier système vraiment global dans l'histoire de l'humanité. La concurrence poussée à l'extrême entre les puissances coloniales pour conquérir les marchés, contrôler les matières premières et assurer leurs sphères d'influence fut l'une des causes qui allaient finalement aboutir à la Première Guerre mondiale. Tant que la Grande-Bretagne était de loin supérieure, économiquement et militairement, à tous les autres pays, personne ne pouvait sérieusement envisager de la mettre directement au défi sur le plan militaire. Mais vers 1900, sa puissante industrie charbonnière et sidérurgique avait permis à l'Allemagne de rivaliser avec l'Angleterre sur le plan économique, et le *Reich* voulait de toutes ses forces détrôner l'*Empire* en tant que puissance hégémonique.

Ce qui est surprenant, ce n'est donc pas que la Grande Guerre ait éclaté en 1914 ; car les guerres étaient et restent dans le système-monde moderne un moyen ordinaire pour imposer ses intérêts. On les considérait et on les considère encore comme susceptibles d'être conduites de manière rationnelle parce que ceux qui veulent imposer leurs intérêts ne risquent en général presque rien dans le conflit. Chefs d'État, producteurs d'armes et bailleurs de fonds ne mettent pas les pieds sur les champs de bataille, pas plus que la plupart des généraux. Ce sont toujours de simples soldats et des civils qui payent les guerres de leur vie ; et même les dommages financiers sont le plus souvent répartis sur le gros de la population. Pour cette raison, la guerre est structurellement un phénomène d'aléa moral : ceux qui prennent les décisions ne risquent eux-mêmes presque rien ; et ceux qui risquent leur vie n'ont aucun pouvoir de décision[54].

Ce qui était nouveau dans la Grande Guerre, ce n'était donc pas que les gouvernements aient décidé de la faire et qu'ils l'aient ensuite faite avec une totale absence de scrupules. C'est la technologie qui était inédite, et qui en a fait la première guerre d'anéantissement conduite de manière industrielle : des millions de soldats fonçaient dans un mur de mitraille et étaient fauchés rangée après rangée tandis qu'ailleurs, la mégamachine tournait à plein régime pour produire de nouvelles munitions et acheminer par chemin de fer d'autres hommes vers une mort certaine. Catapulté par les énergies fossiles dans une nouvelle dimension et poussé par la concurrence des États dans une course à l'armement grotesque, le complexe métallurgique a mis à la disposition des militaires des armes de tout nouveau type qui, par leur précision et leur puissance de destruction, n'avaient aucun équivalent dans l'histoire humaine : outre la mitrailleuse, le tank, la grenade, la bombe aérienne, le cuirassé à coque de fer, le sous-marin et la torpille.

L'industrie chimique, étroitement liée dès le début au complexe métallurgique[55], a elle aussi fourni une contribution essentielle à l'industrialisation du massacre : la synthèse du salpêtre par Fritz Haber et Carl Bosch n'a pas seulement permis la production d'engrais chimiques, mais aussi la fabrication d'explosifs et de poudre à canon dans des quantités jusque-là inimaginables. Sans cette invention, la guerre aurait pris fin dès 1915. Fritz Haber – qui a reçu ensuite le prix Nobel de chimie – est aussi le chercheur qui a développé pendant la guerre divers types de gaz de combat pour l'armée allemande.

Ce qui a été nouveau dans cette guerre, c'est aussi l'ampleur de la mobilisation. 50 millions de soldats ont en tout été engagés dans le cours de la guerre, 13 millions rien que du côté allemand. Si l'on se rappelle que les princes du Moyen Âge, même pour les plus grandes expéditions militaires, avaient du mal à rassembler quelques milliers d'hommes, alors la monstrueuse machinerie qu'était devenue la société au cours des Temps modernes apparaît clairement : une machine de guerre qui permet de transformer du jour au lendemain, si une poignée de dirigeants l'ordonnent, la moitié du globe en un champ de bataille.

Mais comment se fait-il que tous ces êtres humains aient obéi ? Comment est-il donc possible qu'ils aient quitté leurs foyers afin d'aller, dans des pays qui leur étaient complètement inconnus, tuer des gens qui ne leur avaient rien fait, quand bien même ils ne pouvaient rien y gagner d'autre que la même mort misérable, et tout cela seulement parce que quelque part dans les lointaines villes de Paris, Berlin ou Saint-Pétersbourg, une brochette de « personnages d'opérette », comme le disait Karl Kraus, en avaient décidé ainsi ? Quels fils invisibles et quels engrenages les ont contraints à se comporter comme les rouages d'une machine ?

L'action des institutions disciplinaires pendant deux siècles et l'endoctrinement nationaliste donnent sûrement des éléments de réponse, mais il reste quelque chose d'incompréhensible. Avec la Première Guerre mondiale, le système-monde moderne est entré dans une phase surréelle, spectrale. Ce n'est pas un hasard si Franz Kafka décrivait à l'époque un monde de contraintes invisibles qui dérobent à l'être humain sa liberté, ou si le dadaïsme et le surréalisme ont fait leur entrée dans le monde de l'art. Karl Kraus parlait de ces « années irréelles, impensables, inimaginables pour un esprit éveillé, inaccessibles au souvenir et conservées seulement dans un rêve sanglant[56] ». 10 millions de personnes sont mortes pendant la Première Guerre mondiale, 20 autres millions ont été blessées et un nombre incalculable de gens en sont sortis traumatisés – des bataillons d'êtres humains physiquement et psychiquement détruits.

9.
MASQUES

Le contrôle de la mégamachine et la lutte pour la démocratie (1787-1945)

C'est aux hommes qui possèdent le pays qu'il revient de le gouverner.

John Jay, premier président
de la Cour suprême des États-Unis

Les démocraties européennes n'ont été ouvertes qu'en partie et parfois seulement en théorie. Leur régulation passe par une sélection subtile des participants et des revendications.

Michel Crozier, « La crise de la démocratie »
(rapport pour la Commission trilatérale)

Dans le récit courant qui fait de l'Europe le berceau de la liberté, de la démocratie et de la prosperité, l'expansion du mode de production capitaliste aux XVIIIe et XIXe siècles est présentée comme la condition de l'avancée progressive des droits démocratiques. L'économie de marché et la démocratie seraient deux sœurs jumelles inséparables. Même s'il y a eu quelques régressions et quelques hésitations après la Révolution française, la voie vers la démocratie était toute tracée ; c'est sur elle que la bourgeoisie éclairée s'est engagée de manière intrépide, inspirée par les idéaux de la Déclaration d'indépendance américaine. Et parce que l'Occident a inventé la démocratie, ce récit lui confie également une mission à accomplir sur le plan de l'histoire universelle : il n'est pas seulement autorisé à propager vigoureusement ses acquis mais a même l'obligation de le faire, si besoin par la violence.

Il est étonnant de voir à quel point ce récit est populaire, bien que presque chacune de ses allégations soit fausse. La démocratie n'est pas une création de l'Europe ou de l'Amérique du Nord, ce ne sont ni les anciens Grecs, ni les Français, ni les « Pères fondateurs » des États-Unis qui l'ont inventée. Comme nous l'avons vu au premier chapitre, le principe de la domination de l'homme sur l'homme n'existait tout simplement pas pendant la majeure partie de l'histoire humaine ; jusqu'à il y a environ cinq mille ans, il était pratiquement impossible qu'une minorité impose durablement sa volonté à la majorité. Les mœurs et les institutions que les communautés ont jadis établies pour réguler les relations humaines et assurer la péréquation des intérêts ne peuvent certes pas être qualifiées de « démocratiques » au sens strict du terme, parce qu'il n'y avait ni peuple (*demos*), ni domination (*kratía*). Mais les formes d'organisation sociale qui ont existé partout sur terre avant que n'apparaissent les premières civilisations et avec elles la hiérarchie, et qui se sont en partie conservées jusqu'à aujourd'hui dans certaines cultures indigènes, sont bien plus démocratiques, au sens large, que tout ce qu'ont produit la Grèce antique, l'Europe moderne ou l'Amérique du Nord. Car dans ces communautés en général petites où certaines personnes pouvaient avoir du prestige et de l'influence, mais pas de pouvoir, on prenait tous les jours des décisions collectives qui incluaient la plus grande partie des personnes concernées. Les Héréro d'Afrique du Sud-Ouest constituent un exemple typique. Consterné, un administrateur colonial allemand notait à leur propos en 1895 : « Non seulement les hommes, mais souvent aussi les femmes et même les domestiques donnent leur avis. Personne ne se sent donc vraiment bien comme sujet, personne n'a vraiment appris à obéir[1]. » À l'apogée de la démocratie attique par contre, seule une minorité disposait du droit de vote : la démocratie signifiait la domination des citoyens de plein droit, c'est-à-dire d'hommes aisés, sur une majorité constituée d'esclaves, de femmes et de non-citoyens. Il en va de même de la première démocratie moderne aux États-Unis ainsi que de tous les systèmes représentatifs européens au XIXe siècle.

En outre, il y a aujourd'hui encore dans les démocraties représentatives d'inspiration européenne des secteurs entiers de la société qui sont largement dénués de toute démocratie. La plupart des entreprises en font partie. Comme le remarquaient les *Lowell mill girls*, elles sont construites en principe sur le modèle de la tyrannie absolue. La démocratie est aussi complètement absente de l'école, de l'armée et des autres institutions disciplinaires. Dans les faits, la plus grande partie des citoyens des démocraties représentatives modernes passent le plus clair de leur temps dans des contextes absolument non démocratiques[2].

Si l'Europe ne peut pas s'attribuer le mérite d'avoir inventé la démocratie, elle peut encore moins prétendre l'avoir diffusée dans le monde. Partout où la sainte trinité européenne du soldat, du marchand et du missionnaire a posé le pied, elle a tôt ou tard détruit les formes égalitaires d'organisation sociale. Sous la férule coloniale européenne, les Africains, les Amérindiens et une grande partie des Asiatiques ont été soumis à une hétéronomie et une tyrannie radicales qui se sont poursuivies en partie jusque dans les années 1970. Beaucoup de pays continuent à en souffrir de nos jours.

La troisième affirmation fallacieuse dans le grand récit du triomphe de la démocratie occidentale est le lien entre démocratie et économie de marché. Les conquêtes démocratiques qui ont pu effectivement être obtenues de haute lutte en Europe ne sont pas dues à la dynamique propre de son système économique, mais plutôt aux résistances qu'il a suscitées.

Le système-monde moderne s'est constitué contre les mouvements égalitaires en recourant massivement à la violence. Ses institutions militaires et économiques, dont les structures fondamentales n'ont pas changé jusqu'à aujourd'hui, ont été créées pour centraliser le pouvoir dans un petit nombre de mains. L'absolutisme était une phase nécessaire dans la formation des nouvelles structures de pouvoir : seule la concentration du pouvoir physique dans les mains d'un gouvernement central était en mesure de permettre la collecte des impôts nécessaires pour édifier de grandes armées et étouffer les résistances au nouveau système. Seul un État central puissant pouvait créer les institutions, le cadre légal et les infrastructures indispensables pour permettre l'expansion du système économique moderne.

Mais la forme absolutiste d'organisation suscite des troubles et des résistances de divers côtés qui, dans le pire des cas, peuvent nuire au bon fonctionnement du système. De plus en plus de gens ont été intégrés dans la machinerie économique et étatique, comme ouvrier ou bien à des postes plus élevés, mais ils ne bénéficiaient pas pour autant, dans la sphère politique, d'un droit de regard correspondant. Pour la grande majorité de la population, l'intégration au nouveau système a signifié une perte sèche de droits : les paysans et les ouvriers les plus démunis étaient livrés à un pouvoir central qui leur extorquait des impôts, les enrôlait dans l'armée et les contraignait par la violence physique ou structurelle à travailler dans les manufactures et les fabriques, tout en sanctionnant drastiquement les actes de désobéissance. Ce processus a été accompagné d'une paupérisation croissante, manifeste dans la régression des salaires réels, la charge fiscale croissante et la perte des biens communs. En revanche, d'autres couches de la population ont économiquement profité du nouveau système, sans pouvoir peser pour autant dans le processus de décision politique. Cet imbroglio dessinait les lignes de conflit qui allaient traverser le « siècle des révolutions » : d'un côté, différentes fractions des élites économiques (parfois classées en « conservateurs » et « libéraux ») se battaient pour obtenir le pouvoir dans le système politique ; de l'autre, celles et ceux qui à tous égards pâtissaient du système luttaient pour un ordre social complètement différent.

Les filtres de la démocratie

Compte tenu de ces conflits explosifs, les élites politiques et économiques étaient confrontées à un dilemme. D'un côté, il leur fallait faire des concessions aux groupes en révolte pour ne pas risquer de perdre le contrôle de la situation. Mais d'un autre côté, ces concessions ne devaient pas aller trop loin. Car le fonctionnement de la mégamachine exclut logiquement la véritable démocratie, synonyme d'autodétermination et d'auto-organisation. Dans les conditions de la concurrence globale, les États et les acteurs économiques étaient et restent contraints d'améliorer sans cesse l'efficience de leurs appareils productif et militaire. Et cela présuppose que les humains se plient autant que possible aux objectifs de ces appareils. L'option de ne pas jouer le jeu ne doit pas être laissée ouverte. Concrètement, cela signifie par exemple que l'opposition de principe au travail salarié de la part des mouvements ouvriers, telle qu'elle s'est régulièrement manifestée jusqu'à la fin du XIXe siècle, ne pouvait pas plus être tolérée que la mise en question du régime de la propriété, ou encore celle du pouvoir accordé au complexe métallurgique et à l'armée. Chaque fois que les mouvements ont attaqué ces institutions cruciales pour le système, les États ont toujours répondu par un usage massif de la violence physique, quelles que soient leur forme constitutionnelle (monarchique ou démocratique) et l'orientation idéologique des gouvernants (« conservatrice », « libérale » ou même « social-démocrate »). Ce qui dans ce système a mis des limites à la démocratie et continue à lui en poser, ce ne sont pas seulement certains groupes d'intérêts puissants, mais aussi la logique interne, autonomisée, de ses institutions. Une démocratie intégrale qui ne s'arrêterait pas sur le seuil de l'usine, de la caserne ou de l'école, ne signifierait rien de moins que la dislocation totale des structures fonctionelles de l'économie-monde moderne.

Voilà pourquoi l'histoire de la démocratie moderne doit être écrite aussi comme l'histoire des restrictions qui lui ont été imposées. Chaque liberté conquise a suscité une série de contre-mesures visant à en saper, à un autre niveau, le potentiel émancipateur[3].

États-Unis 1787 : le filtre de la représentation

La restriction de la démocratie a commencé dès la fondation de la première république moderne : les États-Unis d'Amérique. Les « Pères fondateurs » qui se sont regroupés autour de George Washington, Thomas Jefferson et James Madison ne cherchaient pas seulement à se libérer du pouvoir colonial britannique, mais aussi à tenir sous contrôle les aspirations égalitaires et démocratiques de base. En 1786, un an avant l'adoption de la constitution, la révolte de Shays avait secoué l'establishment politique. Après leur mobilisation militaire contre les Britanniques, les petits paysans étaient endettés jusqu'au cou, puisqu'ils n'avaient pour la plupart jamais reçu leur solde. Mais quand ils rentraient sur leurs terres, ils se voyaient soumis à des mesures d'exécution forcée et de contrainte par corps. Car leurs créanciers tentaient d'arracher par tous les moyens possibles les intérêts et le remboursement de leurs prêts afin de compenser les dettes de guerre qu'ils avaient quant à eux contractées auprès des banques néerlandaises. Ils insistaient pour que les paysans qui n'avaient pas un sou payent leur dû en or ou en argent. Un paysan a résumé la situation ainsi : « Les puissants vont nous prendre tout ce que nous avons et j'estime qu'il est temps de nous révolter, d'en finir avec tout ça et de nous débarrasser des tribunaux, des shérifs, des collecteurs d'impôts et des juristes en tout genre[4]. » Dans ce but, les paysans occupèrent les tribunaux et finalement prirent les armes ; l'État du Massachussetts eut beaucoup de mal à réunir 3 000 hommes pour écraser le mouvement. Compte tenu de tels soulèvements, les grands propriétaires terriens, les banquiers et les entrepreneurs qui étaient aux manettes ont de plus en plus défendu l'idée de créer un grand État unitaire disposant d'une armée permanente, afin de pouvoir faire face efficacement aux insurrections. Et pour ce faire, il fallait une nouvelle constitution.

James Madison, le « père de la Constitution américaine » et quatrième président des États-Unis, distinguait très clairement la *democracy* – dans laquelle il voyait un ferment d'agitation et de révolte – de la *republic*. Comme il l'a déclaré en 1787, la république serait « l'antidote » aux maux de la démocratie. « Les deux grandes différences entre une démocratie et une république sont : premièrement, la délégation du gouvernement de la république à un petit nombre de citoyens élus par les autres ; deuxièmement, le plus grand nombre de citoyens et la plus grande étendue de pays sur lesquels la république peut s'étendre. Les effets de la première différence sont, d'un côté, d'affiner et élargir les opinions du public, en les faisant passer par la médiation d'un corps choisi de citoyens, dont la sagesse peut discerner les vrais intérêts de leur pays[5]. »

Ce que Madison masquait derrière des formules élégantes, le premier président de la Cour suprême des États-Unis, John Jay, le disait sans le moindre détour : « C'est aux hommes qui possèdent le pays qu'il revient de le gouverner[6]. » Comme Thomas Jefferson et George Washington, Madison faisait partie des citoyens les plus riches des États-Unis. Tous trois étaient de grands propriétaires terriens et possédaient également des esclaves (Washington a plus tard affranchi les siens). Recalculée d'après le pouvoir d'achat actuel, la fortune de Madison s'élevait à près de 100 millions de dollars, celle de Jefferson – le « père de la Déclaration d'indépendance » – à 250 millions et George Washington, le premier président des États-Unis, disposait même de plus de 500 millions[7]. Il ne faut donc pas s'étonner si ces hommes ont créé un système politique qui réservait les décisions à un cercle aussi étroit que possible de gens qui, comme le disait Madison, « ne sont pas indûment liés à leurs électeurs ».

De leur côté, ces électeurs constituaient un petit groupe d'hommes triés sur le volet. Les femmes n'avaient pas le droit de vote, pas plus que les Noirs et les Amérindiens ; et les hommes blancs ne pouvaient voter que si leur fortune dépassait un certain seuil. D'après la Constitution, seuls 15 à 20 % des adultes avaient ainsi accès au suffrage, mais même eux constituaient encore, aux yeux des Pères fondateurs, un danger potentiel pour la stabilité du système et devaient de ce fait être tenus à distance du processus de décision politique par un moyen supplémentaire : le filtre de la représentation.

Le filtre de la représentation découple le processus de décision gouvernemental de la formation de la volonté populaire. Il scinde le terrain politique en deux espace-temps distincts : le moment des élections qui reviennent tous les quatre ou cinq ans, et le temps des décisions effectives qui peuvent être prises en principe à n'importe quel moment, sans que les représentés puissent en influencer directement le contenu et le résultat. C'est ainsi qu'un mur de protection a été érigé entre l'espace des décideurs et celui du « débat public ». Comme le reconnaissait Madison à juste titre, ce mur de protection est d'autant plus haut que l'État est vaste. Car plus le territoire est grand, plus les représentants sont éloignés de leurs électeurs. C'est pour cette raison que les Pères fondateurs se sont aussi massivement investis pour transformer la fédération d'États existante en un grand État fédéral, avec un gouvernement central fort et une armée fédérale puissante capable d'intervenir en cas de troubles, là où les représentants n'auraient pas suffisamment réussi à « affiner et élargir les opinions du public ».

France 1789 : le filtre de l'argent

Au cours de la Révolution française, tenir les forces égalitaires en échec s'est révélé encore plus difficile que dans le mouvement américain pour l'indépendance. Tout au long des XVIIe et XVIIIe siècles, la résistance et la rébellion ont secoué le royaume de France, mais ce n'est qu'avec la perspective de la banqueroute de l'État (qui dépensait avant la Révolution la moitié de ses revenus pour rembourser ses emprunts de guerre) qu'une « fenêtre de tir » s'est ouverte pour en finir avec l'Ancien Régime. Dans un premier moment, ce furent avant tout les bourgeois aisés qui ont présenté au roi, en situation de faillite financière, leurs exigences de participation politique, mais au cours de la Révolution, d'autres voix se sont mêlées aux leurs. Les conditions météorologiques extrêmes du « Petit Âge glaciaire » avaient conduit en 1788 à de très mauvaises récoltes et, par la suite, à l'augmentation du prix du pain, multiplié par trois une fois son plafonnement légal aboli. Les marchands de céréales stockaient des réserves en attendant que les prix montent encore. La haine de la répression étatique, accumulée depuis des générations, s'est combinée en un mélange explosif à la détresse économique des paysans et du peuple de Paris. Bien que l'Assemblée constituante ait été composée en majeure partie de bourgeois aisés, certains d'entre eux se sont néanmoins ouverts aux revendications de justice économique élevées par le gros de la population. Jacques Roux, le porte-parole des « Enragés », déclara le 25 juin 1793 à la Convention :

> La liberté n'est qu'un vain fantôme quand une classe d'hommes peut affamer l'autre impunément. L'égalité n'est qu'un vain

> fantôme quand le riche, par le monopole, exerce le droit de vie et de mort sur son semblable. La république n'est qu'un vain fantôme quand la contre-révolution opère, de jour en jour, par le prix des denrées, auquel les trois quarts des citoyens ne peuvent atteindre sans verser des larmes. [...] Parce que les lois ont été cruelles à l'égard du pauvre, parce qu'elles n'ont été faites que par les riches et pour les riches. [...] Ô rage, ô honte[8] !

La terreur que Maximilien de Robespierre a fait régner n'a pas seulement servi à tenir les royalistes en échec, mais aussi à empêcher que la démocratie déborde et prenne des directions susceptibles de menacer le système, comme celle que les Enragés préconisaient. Dès avril 1793, Robespierre déclare à la Convention : « L'égalité des biens est une chimère. » Il rassure les marchands et les banquiers : « Je ne veux point toucher à vos trésors[9]. » Au mois de septembre de la même année, il fait arrêter et condamner à mort Roux et les autres Enragés. La plupart sont guillotinés, Roux se suicide. Il n'en est pas allé autrement, sous le Directoire, de Gracchus Babeuf et de ses amis de la « Conjuration des Égaux », qui défendaient alors des positions similaires à celles de Roux : ils ont été exécutés en 1797. C'est ainsi que la dimension antisystème de la Révolution a fini par être largement supprimée ; son histoire s'achève avec l'Empire napoléonien et, pour finir, la Restauration monarchiste. Mais même si la Révolution n'a finalement pas induit un changement de système, elle est devenue le symbole, dans le monde entier, du fait qu'il est possible d'ébranler les piliers de l'ordre politique et économique.

Haïti 1804 : le filtre de la dette

L'appel à la liberté lancé par le peuple français a également trouvé un écho dans la colonie française de Saint-Domingue (devenue aujourd'hui Haïti) où la population majoritairement noire a proclamé la révolution en 1791, afin de se libérer de l'esclavage. En 1804, les Haïtiens sont enfin parvenus à déloger leurs maîtres français et à se libérer de la terreur que le Code noir, réintroduit par Napoléon, faisait régner sur l'île. Néanmoins, il s'est peu à peu avéré qu'ils étaient encore loin de bénéficier d'une liberté effective. Loin de reconnaître l'indépendance de Haïti, le gouvernement français coupa l'île du commerce international. En 1825, Charles X envoya quatorze navires de guerre dans les Caraïbes et fit au gouvernement de Port-au-Prince une proposition que ce dernier ne pouvait se permettre de refuser : Haïti serait reconnu comme État indépendant à condition de payer 150 millions de francs (ce qui correspond en pouvoir d'achat actuel à près de 21 milliards de dollars) pour dédommager les anciens propriétaires de plantations qui avaient été « expropriés ». Cette dette fictive était une invention absurde, mais elle s'est révélée terriblement réelle pour Haïti puisque chaque refus d'en payer les intérêts a suscité en riposte, pendant les cent vingt années qui ont suivi, un nouvel envoi de canonnières. C'est ainsi que Haïti a été pressuré par la France jusqu'en 1947[10] ; la pauvreté extrême et la violence politique qui règnent encore dans ce pays sont incompréhensibles si l'on ne rappelle pas cette histoire.

Haïti est l'exemple même de la manière dont la dette est utilisée comme un moyen pour détruire l'autodétermination et l'auto-organisation. Ce modèle a ensuite fait école et constitue jusqu'à aujourd'hui l'un des instruments de pouvoir les plus importants pour saper l'indépendance des anciennes colonies.

Le filtre du droit de vote et de la citoyenneté

La Révolution française a diffusé dans le monde entier l'idée que la citoyenneté est ouverte à tous, que tous les êtres humains jouissent des mêmes droits. Mais dès ses débuts, certains travaillaient avec zèle à endiguer les conséquences d'un tel principe. Six jours seulement après la prise de la Bastille, l'un des plus influents membres de l'Assemblée constituante, l'abbé Sieyès, proposa d'introduire une distinction entre les citoyens « actifs » et « passifs ». Seuls ceux qui « contribuaient aux services publics », c'est-à-dire exclusivement les hommes blancs fortunés, devaient être considérés comme des citoyens actifs et donc bénéficier du droit de vote. En octobre 1789, l'Assemblée a promulgué une loi qui définissait le citoyen actif d'après le montant de ses impôts[11]. Les femmes étaient complètement mises de côté. Cette division sociale en deux classes censitaires était idéologiquement justifiée par l'idée que les pauvres, les femmes et les Noirs ne seraient pas capables d'agir raisonnablement et devraient au préalable être éduqués à la raison[12]. Au fond, il ne s'agissait que d'une variante du discours classique, déjà présent chez Madison, sur l'irrationalité des masses populaires auxquelles on ne pourrait confier aucune responsabilité.

Sous la pression des Enragés, la Convention a certes promulgué en 1793 la première constitution au monde prévoyant un droit de vote universel et égal, du moins pour les hommes, mais elle n'est jamais entrée en vigueur. À la même époque, Olympe de Gouges a été la première à revendiquer le droit de vote des femmes dans sa *Déclaration des droits de la femme et de la citoyenne*, mais elle aussi a été guillotinée en 1793 ; ce n'est qu'en 1944, plus de cent cinquante ans plus tard, que les Françaises pourront finalement participer aux élections. Mais les femmes n'ont pas seulement été systématiquement privées de leur droit de suffrage : en 1795, la Convention leur interdit de participer aux réunions politiques. En 1804, le Code civil entre en vigueur, soumettant totalement les femmes à leur mari pour toutes les affaires juridiques et patrimoniales – une régression qui les a ramenées en deçà de leur condition sous l'Ancien Régime[13].

Au XIXe siècle, les mouvements sociaux n'ont réussi à obtenir nulle part en Europe, de manière pacifique ou non, un droit de vote égal pour tous, même s'ils ont franchi quelques étapes importantes dans cette direction. Ni les chartistes en

Angleterre, ni les révolutionnaires de 1848-1849 en France, en Allemagne, en Italie et en Hongrie n'ont pu arracher le suffrage universel et libre, bien qu'ils aient fait descendre des millions de personnes dans les rues[14]. Pendant la majeure partie du XIXe siècle, le droit de vote est resté dans toute l'Europe le privilège des bourgeois aisés de sexe masculin, qui représentaient moins de 20 % de la population adulte. L'opiniâtreté avec laquelle les « conservateurs » tout autant que les « libéraux » ont tenté de bloquer le suffrage universel montre clairement qu'accorder aux femmes et aux gens les plus démunis le droit de s'exprimer par les urnes était alors considéré comme une menace sérieuse pour la stabilité du système. Les choses n'ont commencé à changer que lorsque les élites ont réussi à installer d'autres filtres pour faire en sorte que les questions de changement de système ne puissent plus faire l'objet de débats à l'occasion des élections.

Le filtre de l'« opinion publique »

Dès l'invention de l'écriture, la censure et la propagande ont été employées pour influencer l'opinion publique. Mais la mise au point de la presse à imprimer a ouvert à la propagande des possibilités jusque-là inédites. Comme l'écriture elle-même, l'imprimerie s'est toutefois avérée être une invention à double tranchant. Depuis le XVIIIe siècle, à mesure qu'elle était techniquement améliorée et que les frais d'impression diminuaient, une vaste activité éditoriale s'est développée d'abord en Angleterre et en France, puis en Allemagne également, et a de plus en plus souvent ouvert ses colonnes à la critique. Dans certaines conditions, la concurrence interétatique permettait de se soustraire à la censure dans un pays en publiant dans un autre. Les beaux esprits, les révolutionnaires et les réactionnaires s'occupaient tous avec le même zèle d'éditer des pamphlets, des journaux et des brochures, comme par exemple Jean-Jacques Rousseau, Denis Diderot, Friedrich Schiller, Heinrich von Kleist ou Georg Büchner. C'était l'apogée de ce que le sociologue allemand Jürgen Habermas a appelé « l'espace public bourgeois[15] ».

Les mouvements ouvriers et féministes ont également utilisé cette forme d'espace public. La presse ouvrière a par exemple connu un véritable boom en Grande-Bretagne pendant la première moitié du XIXe siècle. Un député au Parlement constatait avec effroi que ces publications réveillaient, chez la plupart des gens, « leurs passions et leur égoïsme en opposant leur condition présente avec celle qu'ils prétendent atteindre un jour – une condition incompatible avec la nature humaine et avec les lois immuables établies par la Providence pour ordonner la société civile[16] ». Les tentatives pour mettre un terme à ces publications au moyen de lois restrictives et de taxes élevées n'ont pas porté leurs fruits. Pourtant, la presse ouvrière a connu un fort déclin dans la seconde moitié du XIXe siècle, dont elle ne s'est jamais vraiment remise.

Ce déclin tient surtout à des raisons économiques. Si en 1837 on n'avait besoin que de mille livres sterling pour fonder un journal et que les coûts étaient couverts à partir de 6 000 exemplaires vendus, il fallait disposer au début du XXe siècle de deux millions de livres pour se lancer dans la presse – et vendre 250 000 exemplaires pour rentrer dans ses frais[17]. La nouvelle génération de presses rotatives exigeait des investissements considérables que seules pouvaient en général se permettre de grandes entreprises. En conséquence, la propriété des journaux s'est de plus en plus concentrée dans les mains d'une mince couche de détenteurs de capitaux qui se sont mis à disposer par ce biais d'un pouvoir immense sur l'opinion. En elle-même, la logique du marché constitue ainsi un filtre efficace faisant que la censure a pu lentement passer à l'arrière-plan.

La réduction du spectre des discours diffusés se révèle par exemple dans le fait que le *New York Tribune*, le journal qui avait le plus fort tirage au monde dans les années 1860, employait des auteurs comme Karl Marx et Friedrich Engels au titre de correspondants en Angleterre. Cinquante ans plus tard, il était impensable que quelqu'un comme Rosa Luxemburg écrive pour les plus grands titres d'Allemagne, de Grande-Bretagne ou des États-Unis.

La concentration croissante dans le secteur de la presse et de l'information a aussi engendré le type moderne de l'empire médiatique. L'ancien éleveur de pigeons voyageurs Paul Julius Reuter a fondé en 1851, avec son bureau à la Bourse de Londres, la première agence de presse du monde (Reuters) qui devait conserver pendant des décennies un quasi-monopole sur les nouvelles internationales et qui, aujourd'hui encore, domine ce marché[18]. Anobli par la reine qui lui a conféré le titre de baron, Reuter s'est ensuite lancé dans l'extractivisme en Perse et a fondé la Imperial Bank of Persia.

Une génération après Reuter et également en Angleterre, Alfred Harmsworth, 1er vicomte Northcliffe s'est hissé au rang de magnat de la presse le plus puissant de son temps. À côté des plus grands titres de la presse tabloïde britannique comme le *Daily Mail* ou le *Daily Mirror*, il possédait aussi les « journaux de référence » mondiaux qu'étaient le *Times* et le *Sunday Times*. De cette manière, il concentrait entre ses mains un pouvoir médiatique tel qu'il n'y en avait jamais eu dans l'histoire auparavant. Il a entre autres utilisé ce pouvoir pour mobiliser massivement en faveur de l'entrée en guerre du Royaume-Uni en 1914. Selon le journal concurrent *Star* : « À côté de l'empereur allemand, Lord Northcliffe a plus que tout autre homme vivant contribué à déclencher la guerre[19]. »

Pendant ce temps, le multimillionnaire William Hearst s'est construit dans le premier tiers du XXe siècle une position dominante similaire aux États-Unis – c'est lui qui a servi de modèle pour le film d'Orson Welles *Citizen Kane*. Fort de la richesse de son père, copropriétaire du plus grand groupe minier des États-Unis à l'époque, il s'est constitué un empire qui regroupait à son apogée 25 quotidiens, 24 hebdomadaires, 12 stations de radio et un studio de cinéma. Il touchait 40 millions de personnes aux États-Unis – le tiers de tous les lecteurs de journaux. À la même époque, le président du conseil d'administration du groupe Krupp, Alfred Hugenberg, a pu édifier en Allemagne un empire médiatique tout aussi vaste avec lequel il a fait de la propagande en faveur des idées de la droite nationaliste, en particulier des nazis. Avec le soutien du complexe métallurgique (secteur minier plus industrie lourde) et de quelques grandes banques (surtout la Commerzbank et la Deutsche Bank), il contrôlait dans les années 1920 presque la moitié de la presse allemande et fit l'acquisition en 1927 des célèbres studios de cinéma de l'Universum Film AG (UFA)[20].

La concentration des médias dans les mains d'une minorité a constitué un moyen efficace pour filtrer le discours public. Et pourtant, le pouvoir des tsars médiatiques est resté limité. Premièrement, tous les journaux étaient encore loin de leur appartenir ; et deuxièmement, il y avait toujours un espace public vivant qui ne se réduisait pas à la consommation médiatique, mais s'organisait en divers cercles de discussion politique, artistique ou scientifique. Les informations qui y étaient échangées et les idées qui y étaient développées étaient encore souvent de première main, elles reposaient sur ce que les gens observaient par eux-mêmes, sur des reportages écrits par des voyageurs, des comptes rendus faits par des délégués. On n'avait pas encore inventé le téléspectateur atomisé dont la représentation du monde est presque intégralement, sauf en ce qui concerne son appartement et son lieu de travail, induite par les images préfabriquées qui sortent de son écran.

Ultima ratio regum : des canons pour le *statu quo*[21]

Quand les filtres de la représentation, de la citoyenneté restreinte, de l'argent et de la manipulation de l'opinion publique ne parvenaient plus à remplir leur mission, les gouvernements avaient recours à la violence physique ouverte, peu importe qu'ils se disent « conservateurs », « libéraux » ou « sociaux-démocrates ». La répression policière massive et même la mobilisation de l'armée contre les mouvements ouvrier et féministe ont été à l'ordre du jour tout au long du XIXe jusqu'au début du XXe siècle, au point d'en arriver à la guerre ouverte contre les révolutionnaires en 1848-1849.

Dans certains cas, l'écrasement violent des mouvements égalitaires était même l'acte fondateur d'une république tout juste instituée. Prenons l'exemple de la France en 1871 : alors que Paris était encerclée par les troupes du gouvernement versaillais et de l'envahisseur allemand, le peuple proclama que la ville était désormais une commune autoadministrée. Les communards poursuivaient le travail inachevé des révolutionnaires de 1789 : ils suspendirent provisoirement le paiement des loyers, interdirent le recouvrement des dettes par la force, prohibèrent le prêt à intérêts, confièrent les usines abandonnées par leur propriétaire à l'autogestion ouvrière et posèrent les premières bases d'un système public de retraite.

La réponse de la toute jeune Troisième République ne s'est pas fait attendre : en mai, l'armée versaillaise soutenue par les forces allemandes d'occupation entre dans Paris et applique la loi martiale. Des dizaines de milliers de communards sont passés par les armes, dont des milliers de femmes et d'enfants. Les massacres de la « semaine sanglante » n'ont pas été ordonnés par un monarque ou un dictateur fou, mais par Adolphe Thiers, président de la Troisième République et historien reconnu de la Révolution française. L'histoire de la Commune montre que l'option véritablement démocratique, celle du dépassement des filtres de la représentation et de l'argent, est en principe inacceptable dans la perspective de la république (telle que l'entendait Madison). Comme nous aurons encore l'occasion de le voir, c'est toujours le cas aujourd'hui.

Comment garder le contrôle du système ?

On doit à la ténacité et à la capacité d'organisation remarquables des mouvements portés par les ouvriers, les femmes et les défenseurs des droits civiques le fait qu'en Europe, au terme de luttes qui ont duré plus de cent cinquante ans, certains droits démocratiques aient été enfin reconnus, parmi lesquels le droit de vote universel et libre. Ce sont ces mouvements, et non la supposée pression à la démocratisation qu'exercerait l'économie de marché, qui ont permis de constituer le filet minimal de droits qui, aujourd'hui, pose des bornes à l'arbitraire étatique et nous procure certains espaces de liberté.

De telles avancées ne sont toutefois pas seulement dues à la force de ces mouvements, mais aussi au fait que la mégamachine avait un point faible. À mesure que le charbon fossile se substituait, dans la fourniture d'énergie, aux sources décentralisées qu'étaient le vent, l'eau, le bois et la force de traction animale, le système industriel se montrait de plus en plus vulnérable. Les mines, les ports et les lignes ferroviaires jouaient un rôle crucial dans l'approvisionnement en charbon. Un nombre relativement limité d'ouvriers y contrôlait des quantités gigantesques d'énergie – une énergie dont l'acheminement ne tolérait aucun retard puisque la totalité du système de production de masse en dépendait. Le mouvement ouvrier n'a pas mis longtemps à repérer ce talon d'Achille. Les grandes grèves des mineurs anglais en 1842 n'ont certes pas eu beaucoup d'effet, mais la situation était déjà complètement différente vers la fin du siècle. Les grèves que les mineurs, les cheminots et les dockers ont faites des années 1880 aux années 1910, lesquelles ont ébranlé presque toutes les grandes nations industrielles, menaçaient tout le système productif et financier d'une économie mondiale basée sur le charbon. En 1889, presque tous les mineurs de la Ruhr, environ 90 000 personnes, se sont lancés dans une grève largement spontanée. L'armée est intervenue et a fait onze morts parmi les grévistes. Bien que la grève ait été écrasée, elle n'en a pas moins modifié le paysage politique : un an plus tard, le gouvernement a dû revenir sur l'interdiction des syndicats et des partis ouvriers. En 1889 également, 260 000 mineurs ont cessé le travail en Angleterre et au pays de Galles, entamant ce qui a jusque-là constitué la plus grande grève dans l'histoire du travail organisé. Ces grèves avaient de plus en plus tendance à faire tache d'huile et à se transformer en grèves générales, comme en Belgique en 1902 où les ouvriers exigeaient que le droit de vote soit ouvert à tous de manière égale. En 1914, une grève de mineurs à Ludlow, Colorado, dégénéra en véritable guerre civile : la Garde nationale tira à la mitraillette sur les grévistes, femmes et enfants compris, et incendia leur campement fait de tentes. L'image de John D. Rockefeller, le propriétaire de la mine, en souffrit sérieusement, au point qu'il finit par engager un certain Ivy Lee – qui devait devenir le cofondateur de l'industrie moderne des relations publiques – pour abreuver les médias en reportages positifs sur lui et sa famille. Mais les problèmes n'étaient pas pour autant résolus. Un rapport commandité par Rockefeller constatait en 1918 : « Que ne risque-t-il pas d'arriver si, aux États-Unis ou en Angleterre, d'ici quelques jours ou quelques mois, les mines de charbon sont tout à coup fermées et les chemins de fer bloqués ! […] Il s'agit là d'un pouvoir qui, s'il était mis en œuvre, paralyserait […] la nation plus efficacement que n'importe quel blocus de guerre[22]. »

À gauche : la Garde nationale arrive à Ludlow. À droite : grévistes devant leur campement de fortune à Ludlow (1914).

Dans un tel contexte, les entrepreneurs et les États étaient obligés de faire des concessions aux travailleurs s'ils ne voulaient pas prendre le risque de blocages de la production susceptibles de mettre le système en danger[23]. Il leur fallait alors naviguer entre deux écueils : s'ils ne lâchaient rien ou ne faisaient que des concessions minimales, le système risquait l'infarctus à force de grèves et de sabotages ; s'ils cédaient trop, le risque était de voir advenir une « véritable démocratie » conduisant également au démantèlement de la mégamachine. Comme la ligne de crête entre ces deux périls se rétrécissait, il a fallu trouver des stratégies et des méthodes nouvelles pour assurer le fonctionnement sans friction du système. Et cela impliquait de faire entrer le contrôle du système dans une nouvelle dimension.

L'histoire du XXe siècle ne peut être comprise que si l'on garde en tête à quel point la recherche d'une solution à ce dilemme était pressante pour les élites économiques et politiques. En principe, elles avaient le choix entre deux types d'option : soit accepter la mise en place formelle d'une démocratie représentative et parier sur la possibilité de la canaliser, à l'aide de divers filtres, dans les directions souhaitées ; soit s'efforcer d'abolir le système représentatif pour le remplacer par une forme de gouvernement totalitaire, option sur laquelle une grande partie des élites économiques, et pas seulement en Allemagne et en Italie, ont misé dans les années 1920 et 1930.

La crise de contrôle, acte premier : Russie 1917

Pour un grand nombre d'États, la Première Guerre mondiale a tout d'abord permis de remettre à plus tard le problème de la démocratie. Une guerre peut provisoirement désamorcer un grand nombre de conflits intérieurs : elle suspend la démocratie au nom de la survie de la nation et crée une communauté de destin (bien sûr illusoire). Dans de nombreux pays, les syndicats étaient prêts à renoncer au droit de grève, les systèmes économique et politique ont été régulés de manière autoritaire, en recourant à l'état d'exception. Au cours de la guerre, cette dynamique s'est néanmoins renversée, ce qui a remis à l'ordre du jour la question démocratique, sous une forme encore plus aiguë. Compte tenu du nombre de victimes sans précédent, des pans toujours plus grands de la population se sont opposés à la guerre, et plus elle durait, plus les gouvernements perdaient de leur légitimité, particulièrement en Allemagne et en Russie.

En soumettant la population à une misère extrême et en affaiblissant le régime tsariste, la guerre a ouvert en Russie une opportunité historique pour faire la révolution : d'abord pour que le régime s'effondre (en février-mars 1917) et ensuite pour que les bolcheviks s'emparent du pouvoir (en octobre 1917). Le cauchemar des conservateurs et des libéraux est tout à coup devenu réalité : les possédants étaient désormais menacés d'expropriation. De leur côté, beaucoup de paysans, d'ouvriers et d'intellectuels de gauche caressaient l'espoir qu'une vraie démocratie soit mise en place. De fait, Lénine avait promis au peuple russe que le pouvoir reviendrait après la révolution aux conseils d'ouvriers et de soldats qui incarnaient la démocratie de base et s'étaient formés partout dans le pays dès la révolution de Février. Mais aussitôt que Lénine et les bolcheviks se sont emparés du pouvoir, ils ont fait refluer les conseils pas à pas jusqu'à enterrer le rêve d'auto-organisation et d'autogestion[24]. Si Lénine avait encore affirmé, avant de prendre le pouvoir : « Le socialisme ne se crée pas d'en haut, par décret. Il ne peut être que le résultat de l'activité créatrice et vivante des masses », il a ensuite écrit : « Le prolétariat a besoin du pouvoir d'État, d'une organisation centralisée de la force, d'une organisation de la violence[25]. » Il serait néanmoins erroné de ne voir là-dedans qu'un mensonge délibéré. Au cours des quatre années de guerre civile que la révolution a déclenchées, et compte tenu des interventions militaires incessantes des puissances étrangères, se doter de structures dirigées de manière rigide et organisées de manière centralisée était la seule possibilité de sauver le gouvernement révolutionnaire. La logique de la guerre a affaibli les forces autogestionnaires et renforcé les structures autoritaires.

Même si les objectifs de Lénine étaient complètement différents de ceux des Pères fondateurs des États-Unis et des avocats du « libéralisme » occidental dans sa version dominante, sa conception de la démocratie présente certains parallèles avec leurs convictions. Il considérait que le gros de la population, qu'il appelait les « masses », était incapable de prendre des décisions rationnelles ; le peuple devait donc être guidé par une élite de gens formés (théorie qui a soulevé dans le camp communiste, notamment de la part de Rosa Luxemburg, des critiques sévères).

Que des hommes politiques appartenant à des camps aussi différents se retrouvent d'accord sur cette question peut paraître de prime abord stupéfiant ; mais cela tient fondamentalement au mode de fonctionnement de la mégamachine que Lénine et ses compagnons de lutte ne voulaient en aucun cas démanteler, mais simplement utiliser d'une autre manière. L'idée que Lénine se faisait de la société socialiste à venir s'inspirait du système industriel « tayloriste » et tout particulièrement de l'économie de guerre allemande[26]. Sous la direction de l'industriel Walther Rathenau (président du géant de l'électricité AEG), l'économie de guerre était devenue en Allemagne une mégamachine extrêmement efficace, planifiée de manière centralisée. Lénine y voyait « le nec plus ultra en matière de technique, de planification et d'organisation capitalistes à grande échelle », c'était pour lui le modèle d'une société socialiste[27]. « L'industrie mécanique à grande échelle est au fondement du socialisme, ajoutait-il, il exige une *unité de la volonté,* absolue et stricte, qui régisse les travaux communs de centaines, de milliers et de dizaines de milliers de personnes. Mais comment une stricte unité de la volonté peut-elle être assurée ? Par la soumission de la volonté de milliers de gens à celle d'une seule personne[28] ».

Lénine formulait ici un principe qui est également valable pour la société industrielle bourgeoise. Sous le capitalisme comme sous le socialisme d'État, le gigantisme technologique basé sur la division du travail est incompatible avec l'auto-organisation – donc avec la démocratie authentique. La seule différence tient à ce que Lénine substituait le bureaucrate du parti à l'entrepreneur qui commande à ses employés. C'était certes un pas en avant colossal, puisqu'il signifiait tout de même l'expropriation de cette mince couche de gens qui, ne représentant qu'un ou deux pour cent de la société, possédaient la plus grande partie des moyens de production. Mais du point de vue de la mégamachine, les changements étaient beaucoup moins dramatiques qu'il n'y paraît au premier regard. Ici comme ailleurs, les fonctions centrales ont été prises en main par une couche de spécialistes constituant environ, dans une société industrielle développée, 20 % de la population – les 80 % restants devant être tenus à l'écart, autant que possible, des processus de décision et se contenter de faire ce qu'on leur disait[29]. Ici comme ailleurs, le but de la machine industrielle était d'accumuler du capital pour le réinvestir dans une spirale infinie ; ou, comme le disait Lénine lui-même : « Le socialisme n'est que le monopole du capitalisme d'État mis au service des intérêts du peuple tout entier[30]. »

Le système léniniste a maintenu en marche les fonctions principales de la mégamachine (ou plutôt a commencé à les mettre en branle dans une Russie largement paysanne) pour l'utiliser dans un autre but : la redistribution de la richesse sociale du haut vers le bas. Au début, il y est parvenu avec succès. Mais son système n'a pas rompu avec les quatre tyrannies, bien au contraire : la violence structurelle du marché a été remplacée par la domination directe de la bureaucratie ; les structures de l'appareil d'État tsariste, y compris la police et l'armée, ont été dans l'ensemble maintenues ; le complexe métallurgique a même été massivement renforcé ; et un système de camps d'internement a été mis en place qui allait faire, plus tard sous Staline, des millions de victimes ; l'idée d'une domination sans limite de l'homme sur la nature a atteint des proportions sans précédent dans les grands projets technocratiques de l'Union soviétique, qui en fin de compte ont laissé derrière eux des paysages post-apocalyptiques, de Tchernobyl à Mourmansk en passant par Semipalatinsk[31]. Dans le domaine du pouvoir idéologique, l'appareil de propagande de Lénine était à la pointe du développement au début du XXe siècle, même si le modèle occidental des *public relations* devait se révéler finalement supérieur.

En dépit de ces continuités, le léninisme constituait la hantise d'une grande partie des élites occidentales, pour qui la révolution était synonyme d'expropriation. Le scénario russe aggravait donc l'urgence, pour elles, de trouver une voie leur permettant de faire passer la mégamachine entre le Scylla de la démocratie authentique et le Charybde du léninisme.

La « démocratie dirigée »

Alors que l'absolutisme repose sur l'idée de l'exercice linéaire du pouvoir, telle qu'elle est symbolisée par le levier de commande, l'idée du pilotage (*governance*) d'une société complexe a plutôt pour emblème la régulation de la machine à vapeur. James Maxwell a été le premier à étudier de manière systématique son régulateur à boules – en anglais *centrifugal governor* – dans les années 1860 et à en tirer ce qu'on a ensuite appelé la théorie du contrôle. Cette dernière décrit les systèmes autorégulés qui peuvent être influencés de l'extérieur par des paramètres simples de régulation (*system input*). Même si cette théorie physique ne se laisse pas directement transposer dans la praxis politique, les idées de nombre d'économistes et de penseurs politiques tournaient pourtant autour de questions et de problèmes similaires : comment la mégamachine, en tant que mécanisme autorégulateur, pouvait-elle être maintenue en marche et quelles variables de régulation devaient être délibérément influencées « de l'extérieur » ?

Le concept de « démocratie dirigée » est l'une des réponses possibles à cette question. Il a été formulé pour la première fois dans les années 1920 par le journaliste étasunien Walter Lippmann. Ce dernier passe encore aujourd'hui pour un théoricien des médias de la plus haute importance et pour l'un des intellectuels les plus influents de son époque ; il a conseillé plusieurs gouvernements des États-Unis et a été en 1921 l'un des membres fondateurs du Council on Foreign Relations, l'un des premiers et, jusqu'à aujourd'hui, des plus importants *think tanks* américains, dont il a ensuite pris la présidence.

Lippmann était convaincu qu'une démocratie moderne est faite de deux types d'êtres humains. D'un côté, il y a ceux qu'il classait dans le « troupeau dérouté », c'est-à-dire ceux dont les opinions non qualifiées reposent sur des intérêts personnels à courte vue. Comme ils seraient fondamentalement dépassés par la complexité des sociétés modernes, leur participation à la vie politique devrait se limiter à choisir tous les quatre ans entre deux fractions en concurrence de la « classe des spécialistes ». Cette « classe experte » dispose seule du savoir nécessaire pour piloter une mégamachine ultracomplexe tout en suivant la boussole de l'intérêt général. Pour cette raison, il serait nécessaire que les experts guident le troupeau en influençant de manière délibérée l'opinion publique par ce que Lippmann appelle la « fabrication du consentement » (*manufacture of consent*). Voici ce qu'il écrivait en 1922 :

> Les possibilités de manipulation [de l'opinion publique] disponibles à tous ceux qui comprennent le processus sont relativement simples. La création du consentement n'est pas un art nouveau. C'est un art très ancien qui était censé avoir disparu avec l'émergence de la démocratie. Mais il n'a pas disparu. Au contraire, ses techniques se sont considérablement améliorées, parce qu'il se base maintenant sur l'analyse plutôt que sur des règles empiriques. Ainsi, grâce à la recherche psychologique et aux moyens de communication moderne, la pratique de la démocratie a pris un nouveau tournant. C'est une révolution bien plus significative que tout changement de pouvoir économique[32].

Les idées de Lippmann se situent dans le droit fil de celles de Madison et de la plupart des autres « Pères fondateurs » des États-Unis. Elles ont été prolongées par Edward Bernays, considéré avec Ivy Lee comme le fondateur des *public relations*. Neveu de Sigmund Freud, Bernays a utilisé les théories de son oncle sur l'inconscient pour influencer les désirs, les sentiments et les pensées des masses. Dans son livre *Propaganda* publié en 1928, il écrivait :

> La manipulation consciente, intelligente, des opinions et des habitudes organisées des masses joue un rôle important dans une société démocratique. [...] Nous sommes pour une large part gouvernés par des hommes dont nous ignorons tout, qui modèlent nos esprits, forgent nos goûts, nous soufflent nos

> idées. C'est là une conséquence logique de l'organisation de notre société démocratique. Cette forme de coopération du plus grand nombre est une nécessité pour que nous puissions vivre ensemble au sein d'une société au fonctionnement bien huilé. [...] Les techniques servant à enrégimenter l'opinion ont été inventées puis développées au fur et à mesure que la civilisation gagnait en complexité et que la nécessité du gouvernement invisible devenait de plus en plus évidente[33].

De tels propos font penser à une parfaite théorie du complot : des figures obscures tirent en coulisses les ficelles qui font danser la société. Mais cette image induit évidemment en erreur et Bernays a sans doute exagéré les possibilités manipulatoires de sa branche de métier, pour en faire la promotion. Malgré tout, son analyse de la nécessité qu'il y a à piloter les sociétés industrielles complexes est absolument exacte et les méthodes qu'il a développées ont été extrêmement influentes et couronnées de succès, tant pour les gouvernements que pour les entreprises. En 1917, il a travaillé (comme Lippmann) dans le Committee on Public Information, l'une des agences de propagande créées par le gouvernement des États-Unis, laquelle a réussi à mobiliser pour la guerre une population d'abord réticente. Le Comité a commandité de grands films à Hollywood, fabriqué des nouvelles partiellement ou totalement fausses pour alimenter les rédactions des journaux (qui les ont pendant longtemps reprises sans esprit critique) et envoyé dans tout le pays un bataillon de volontaires entraînés à tenir, à la radio et à n'importe quelle occasion publique, des discours de quatre minutes apparemment « authentiques » et positifs sur la guerre. Plus tard, Bernays a travaillé pour différents présidents des États-Unis et est devenu un *spin doctor* important au service des industries du tabac, de l'agroalimentaire, de l'aluminium et de l'automobile. L'un de ses plus grands triomphes a consisté à vendre aux femmes la cigarette comme un symbole de liberté et d'indépendance. Joseph Goebbels a longuement étudié les écrits de Bernays pour mettre au point sa machine de propagande antijuive – un renversement macabre pour Bernays, qui était lui-même juif[34].

Les idées de Lippmann, de Bernays ainsi que des propagandistes russes ont fait naître des visions futuristes quant à la possibilité de contrôler totalement la conscience et les émotions des citoyens. Chez certains, ces idées ont suscité l'espoir de voir advenir l'utopie d'un contrôle social parfait, et chez d'autres la crainte que se mette en place un monde cauchemardesque. C'est à cette époque que sont publiés les grands romans dystopiques que sont *Nous autres* (1920), *Le Meilleur des mondes* (1932) et *1984* (1948). Toutefois, la pratique a fini par montrer que l'idée d'un pilotage linéaire ne marche pas. Même Goebbels devait constater qu'il ne pouvait pas contrôler unilatéralement l'opinion publique, mais avait besoin d'espions pour savoir ce que les Allemands pensaient et disaient en cachette, afin de mieux ajuster sa propagande[35]. L'opinion publique ne fonctionne pas de manière linéaire, mais cybernétique. Il faut sans cesse recalibrer le *system input* pour obtenir un certain *system output*.

La « démocratie dirigée » a été une réponse à la puissance des mouvements sociaux et à l'extension inévitable du droit de vote. L'une de ses principales fonctions est de circonscrire le domaine de ce dont on peut « raisonnablement » discuter de telle sorte que les options menaçant le système ne fassent jamais sérieusement partie du débat. Voilà comment George Orwell décrivit en 1943 le phénomène dans un avant-propos – censuré par le ministère britannique de l'information – destiné à *La Ferme des animaux* :

> Il y a en permanence une orthodoxie, un ensemble d'idées que les bien-pensants sont supposés partager et ne jamais remettre en question. Dire telle ou telle chose n'est pas strictement interdit, mais « cela ne se fait pas », exactement comme à l'époque victorienne « cela ne se faisait pas » de prononcer le mot « pantalon » devant une dame. Quiconque défie l'orthodoxie en place se voit réduit au silence avec une surprenante efficacité[36].

La production de cet « ensemble d'idées que les bien-pensants sont supposés partager et ne jamais remettre en question » est, dans un monde où il n'y a ni concile du Vatican ni comité central pour définir l'orthodoxie, un processus très complexe. Trois sous-systèmes y jouent un rôle décisif : le système universitaire (en tant qu'appareil de production de savoir et filtre de sélection pour entrer dans la « classe des spécialistes »), le système des partis (qui participe au filtrage opéré par la représentation politique) et les médias. La définition du spectre des opinions « raisonnables » n'y passe pas en premier lieu par la prise d'influence directe, linéaire, sur les individus, mais par des mécanismes autorégulateurs dont le marché est lui-même le plus important. La manière dont fonctionnent les médias commerciaux en est un bon exemple. À mesure que l'information devient une marchandise, les plus riches ont aussi tendanciellement plus de chances de pouvoir influencer l'opinion publique dans le sens qui leur convient. Celui qui a de l'argent peut non seulement faire de la publicité, mais même se payer directement des journaux entiers, des chaînes de télévision ou des agences de presse ; il peut employer les meilleurs stratèges en relations publiques, qui savent inonder le marché d'informations ; il peut engager une armée d'avocats pour intenter des procès aux journalistes critiques ; et il peut influencer souterrainement la production d'information en commandant des études scientifiques, en finançant des cursus ou des universités entières, en créant des organisations non gouvernementales, des *think tanks* et des fondations. Un journaliste qui évolue dans ce système s'imprègne chaque jour des conceptions du monde ainsi produites jusqu'à ce qu'elles deviennent, au moins en partie, les siennes. Les règles du jeu apparemment neutres du marché se révèlent, à y regarder de plus près, être le vecteur d'une autocensure systématique. Même si cette censure laisse parfois passer des opinions subversives, elle est tout de même bien supérieure à la censure étatique *puisqu'elle n'apparaît pas comme censure*[37].

Toutefois, ce système jusqu'à un certain point autorégulateur est tout sauf parfait. Sa faille permanente tient à ce que malgré tout, on ne peut empêcher les êtres humains de penser par eux-mêmes. La « démocratie dirigée » est par conséquent toujours menacée ; quand son édifice se fissure, quand le « troupeau dérouté » fait irruption dans le domaine bien gardé des experts, d'autres méthodes plus radicales pour garder le système sous contrôle repassent dans le champ des options politiques envisageables.

La crise de contrôle, acte deux : la révolution allemande de 1918-1919

La naissance du fascisme fut une réponse aux mouvements massifs d'opposition au système qui sont apparus, en particulier en Allemagne et en Italie, à la fin de la Première Guerre mondiale – mouvements qui ne pouvaient plus être contrôlés par les moyens d'une « démocratie dirigée ». En Allemagne, la révolution commença en octobre 1918 à Kiel par le refus des soldats de la marine, épuisés et désillusionnés après quatre années de guerre d'extermination, de lever encore une fois l'ancre pour une bataille absurde. Les mutins se constituèrent en conseils et, en cinq jours, la révolution se propagea à tout le pays, de Hambourg à Munich et de Breslau à Cologne – et ce sans organisation centrale. Des usines et des administrations communales entières ont été prises en charge par des conseils. En très peu de temps, de simples ouvriers et soldats sont ainsi parvenus à mettre en place une auto-organisation efficace. L'Empire allemand paralysé ne pouvait qu'assister impuissant aux événements parce que, même avec la meilleure volonté du monde, on ne trouvait plus de soldats prêts à tirer sur leurs camarades. Cette révolution n'a pas été conduite, comme la révolution d'Octobre en Russie, par une élite bolchevique, mais par une classe ouvrière à prédominance sociale-démocrate. Elle n'aspirait pas à la « dictature du prolétariat », mais à l'abolition du militarisme et du capital privé par l'autogestion ouvrière. Les insurgés croyaient que les leaders du Parti social-démocrate partageaient fondamentalement leurs objectifs et ne pouvaient donc absolument pas s'imaginer ce qui est arrivé quelques mois après le début de la révolution : Friedrich Ebert, le premier président social-démocrate du Reich, a mobilisé des corps francs protofascistes pour faire fusiller les révolutionnaires de son parti. Comme la majorité des soldats qui avaient servi pendant la guerre n'étaient toujours pas prêts, au début de l'année 1919, à tirer sur leurs compatriotes, Ebert ne pouvait recourir qu'aux forces d'extrême droite que son ministre de la Défense Gustav Noske (lui aussi social-démocrate) rassemblait tambour battant. En janvier 1919, les corps francs entrent dans Berlin, en mars ils progressent dans les quartiers ouvriers de la capitale et en avril ils noient dans le sang la République des conseils qui avait été proclamée à Munich quelques semaines plus tôt. Des milliers de personnes pour la plupart désarmées furent exécutées et un nombre incalculable furent torturées. De nombreux soldats des corps francs portaient déjà la croix gammée en brassard : les cellules germinales du mouvement nazi étaient nées[38].

À gauche : les commanditaires Noske et Ebert, du Parti social-démocrate. À droite : des membres des corps francs en Bavière (1919).

L'option fasciste

C'est à peu près à la même époque qu'a été officiellement fondé à Milan le mouvement fasciste italien. Dans le bâtiment de l'*Assoziazione degli Industriali Lombardi*, la plus puissante association d'industriels italiens, Benito Mussolini et ses partisans ont créé le 23 mars 1919 les *Fasci Italiani di Combattimento* (Faisceaux italiens de combat) dont devait plus tard sortir le Parti national fasciste. Le contexte était à peu près le même qu'en Allemagne : en Italie du Nord, des conseils ouvriers ont occupé après la guerre de grosses usines et de grands domaines agricoles ; dans certaines villes comme Turin, Gênes, Pise ou Livourne, ils ont même proclamé la « démocratie ouvrière ». Confrontés à cette situation, un bon nombre d'industriels et de grands propriétaires fonciers ont financé les milices de nervis de Mussolini – les *fasci* – pour tabasser ou assassiner les ouvriers en révolte ; certains ont même officiellement recruté des fascistes comme « agents de sécurité » pour protéger leurs usines. Deux ans durant, les chemises noires ont terrorisé le pays et les autorités leur laissaient les coudées franches. En 1922, les fascistes ont réussi à casser par la violence une grève générale dans tout le pays et se sont ainsi qualifiés aux yeux des élites bourgeoises pour assumer le pouvoir. La même année, Mussolini était nommé chef du gouvernement[39].

Avec la prise du pouvoir par Mussolini, une nouvelle option s'est présentée sur la scène politique : le fascisme comme manière de garder le contrôle sur la mégamachine. Certes, une partie des élites d'obédience libérale y a d'abord vu une régression abjecte vers des temps que l'on croyait révolus. Mais partout où les filtres de la démocratie dirigée ne fonctionnaient plus, où une bonne partie des gens ne craignait plus de préconiser publiquement un renversement révolutionnaire du système, cette option extrême est peu à peu entrée dans le champ de la realpolitik. Et ce n'est pas seulement vrai de l'Allemagne et de l'Italie. Lors d'une conférence de presse à Rome en 1927, Winston Churchill a déclaré en s'adressant à Mussolini :

> Si j'avais été italien, je vous aurais certainement soutenu tout au long de votre lutte victorieuse contre les ambitions et les passions bestiales du léninisme. Votre mouvement a rendu service au monde entier. L'Italie a montré qu'il existe une manière de combattre les forces subversives[40].

Encore en 1938, Churchill proclamait :

> J'ai toujours dit que si la Grande-Bretagne venait à perdre la guerre, j'espérais que nous trouverions un Hitler pour nous aider à retrouver la place qui est la nôtre dans le concert des nations[41].

Churchill croyait toutefois que l'Angleterre n'aurait pas à recourir à ce moyen extrême parce que son pays avait, selon ses termes, « ses propres méthodes pour faire les choses ». Mais dans presque tous les autres pays européens, le système parlementaire a été suspendu dans les années 1930 ou au début des années 1940, que ce soit par des élections, un putsch, une guerre civile ou l'invasion de l'armée allemande. En outre, l'option fasciste n'est pas restée circonscrite à l'Europe. Dans le Japon qui était entre-temps devenu une grande puissance industrielle et avait connu, après la Première Guerre mondiale, une grave crise économique et un essor massif des mouvements de contestation, le « fascisme Tennō » est parvenu à s'imposer pour remplir de manière très efficace, comme ses variantes européennes, sa mission de mettre hors jeu les mouvements d'opposition au système.

C'est au beau milieu de cette situation mondiale de plus en plus sombre que les habitants de la Catalogne, de l'Aragon et d'autres provinces espagnoles ont entrepris pendant la guerre civile de 1936-1939 la tentative, de loin la plus aboutie dans l'Europe de la première moitié du XXe siècle, de construire une véritable démocratie. Relisons le témoignage de George Orwell qui est parti, comme plusieurs milliers de Britanniques, se battre en tant que volontaire pour défendre la toute jeune république espagnole, bien que le gouvernement britannique l'eût interdit par la loi :

> Et surtout, il y avait la foi dans la révolution et dans l'avenir, l'impression d'avoir soudain débouché dans une ère d'égalité et de liberté. Des êtres humains cherchaient à se comporter en êtres humains et non plus en simples rouages de la machine capitaliste. [...] Personne n'avait de chef au-dessus de lui[42].

Presque toute la production en Catalogne était aux mains des travailleurs, depuis l'usine de tramways jusqu'au salon de coiffure. L'absence de chefs n'a absolument pas fait reculer la production : dans bien des domaines et tout particulièrement en agriculture, elle a même augmenté. Les ouvriers n'ont pas été seulement attaqués par les fascistes, mais aussi par le parti communiste fidèle à Moscou. Avec le soutien militaire des Allemands, les troupes de Franco ont fini par mettre un terme brutal aux expériences d'auto-organisation et à la république dans son ensemble. Le gouvernement des États-Unis est certes resté officiellement neutre, mais Texaco fournissait les fascistes en pétrole tandis que General Motors et Ford leur livraient plus de dix mille camions. Comme l'a reconnu un haut fonctionnaire du régime franquiste après la guerre : « Sans le pétrole, les camions et les crédits américains, nous n'aurions jamais pu gagner la guerre civile[43]. »

Dans la plupart des pays, le fascisme a été massivement soutenu par les industriels, les banquiers et les grands propriétaires fonciers[44]. En Allemagne, presque toute la grande industrie et la haute finance se sont progressivement rangées du côté nazi. Pour autant, le national-socialisme était loin de constituer la solution idéale pour la plupart des bourgeois. Certes, les élites économiques allemandes ont en grande partie détesté la démocratie parlementaire ; mais l'antisémitisme radical et la rhétorique partiellement anticapitaliste du parti nazi ont tout d'abord effarouché un grand nombre de leurs membres. Dans son discours devant le club des industriels de Düsseldorf le 26 janvier 1932 (qui débordait de monde en raison d'une affluence énorme), Hitler a toutefois essayé de dissiper ces réserves et promis qu'il ne toucherait pas à la propriété privée s'il devenait chef du gouvernement. En novembre de la même année, une vingtaine d'industriels ont adressé une lettre au président du Reich, le maréchal von Hindenburg, pour exiger la nomination de Hitler au poste de chancelier[45]. Le 20 février 1933, Hitler et Göring ont réussi à obtenir, au terme d'une rencontre secrète avec des représentants haut placés du monde économique, des fonds considérables pour la campagne électorale à venir – qui grâce à cet argent allait être la dernière pendant quinze ans[46]. AEG, Telefunken, Thyssen, Krupp, RWE, Daimler-Benz, Porsche, BMW, AFA (aujourd'hui Varta), Siemens, Osram, Dr. Oetker, Wintershall, Unilever, Bertelsmann, Allianz, Merck, l'IG Farben (cartel de la chimie allemande regroupant Agfa, BASF, Bayer et Hoechst) et Flick (aciéries) – bref, toutes les grandes entreprises industrielles allemandes –, ainsi que des dirigeants de la Commerzbank, la Dresdner Bank et la Deutsche Bank, ont soutenu les nazis de diverses manières[47] et en ont tiré profit d'un double point de vue : d'un côté, l'État SS étouffait les syndicats et les mouvements de gauche de manière plus efficace qu'aucun gouvernement parlementaire n'aurait pu le faire ; d'un autre côté, le régime a ensuite fourni aux entreprises une main-d'œuvre extrêmement bon marché et privée de ses droits sous la forme des millions d'ouvriers étrangers qui ont été soumis au travail forcé.

Des fractions importantes du capital étranger soutenaient aussi financièrement les nazis, notamment Vickers, le plus grand groupe d'armement britannique, Henry Deterding (directeur général de Royal Dutch Shell) et le Comité des forges de France, qui représentait l'industrie lourde française[48]. Louis Renault, connu pour l'admiration qu'il vouait au Führer, l'a rencontré plusieurs fois entre 1935 et 1939[49]. Le producteur d'automobiles Henry Ford n'était pas seulement un fournisseur de Franco, mais aussi de la Wehrmacht, et ce jusque tard dans les années 1940. Ses écrits antisémites avaient inspiré les nazis et il reçut en 1938 la plus haute distinction du Reich, avec les félicitations personnelles de Hitler.

Malgré ce soutien massif des élites économiques, il serait faux de ne voir dans le fascisme qu'un complot ourdi dans les plus hautes sphères de la société. Car à la différence des dictatures militaires traditionnelles, le fascisme était un *mouvement*. Il a mobilisé une société de traumatisés, de frustrés et de dérangés en détournant leur haine du système vers des voies qui allaient finalement sauver ce même système. Aux déracinés, il offrait une patrie en leur promettant de restaurer une communauté populaire mythifiée ; aux traumatisés qui rentraient accablés des champs de bataille de la Grande Guerre, il faisait miroiter des perspectives de grandeur et de pouvoir ; et aux victimes d'un système économique monstrueux, il proposait non seulement des explications simples, mais aussi un programme d'ascension sociale.

Du point de vue du système dans son ensemble, la fonction que le fascisme devait finalement remplir a consisté à convertir une grande partie des forces opposées au système en agents de sa préservation. Dans sa forme la plus extrême, le national-socialisme allemand, l'outil principal qu'il a utilisé à cette fin a été de définir un groupe de coupables dans la société, sur lesquels tous les maux pouvaient être projetés : les Juifs. Ce faisant, les nazis pouvaient s'appuyer sur l'histoire presque bimillénaire de l'antijudaïsme et de l'antisémitisme[50]. Renouant avec cette sombre tradition et équipé des méthodes de propagande perfectionnées par les relations publiques modernes, les nazis ont mis en branle une gigantesque machine à détourner l'attention et à canaliser la colère, le désespoir et la haine suscités par un système monstrueux vers un groupe déterminé qu'ils avaient choisi comme bouc émissaire.

Ce qui s'est alors passé, tout le monde le sait – et pourtant l'horreur qui a déferlé d'Allemagne sur le reste de l'Europe reste inconcevable. La mégamachine s'est transformée pour six ans en un gigantesque appareil d'extermination industrielle, organisé sur le modèle de la division tayloriste du travail. On entend souvent dire que le national-socialisme aurait été une régression irrationnelle, mais à bien des égards, c'était exactement le contraire : un excès, un emballement d'une certaine forme de rationalité, celle justement sur laquelle repose la mégamachine. En tant que rouages parfaitement huilés, des millions d'êtres humains ont travaillé à plein régime au sein d'un mécanisme qui a été réaffecté en très peu de temps de la fabrication de biens de consommation vers la production de cadavres en série. Le fascisme et le national-socialisme n'ont pas constitué, comme on ne cesse de l'affirmer, des rechutes dans une « barbarie primitive ». Ce sont des phénomènes du XXe siècle, tout à fait modernes[51]. Le pire massacre de l'histoire de l'humanité plonge ses racines au cœur de la « civilisation ».

10.

MÉTAMORPHOSES

Le boom de l'après-guerre, la contre-culture et les limites du système (1945-...)

Dans cette émission, tout est à vendre.
Propos tiré du film *The Truman-Show*

« Little Boy » ne faisait que 3,20 mètres de long et 71 centimètres de diamètre, c'était un objet à peine plus grand qu'un sapin de Noël. Mais dans sa coque métallique était condensée une puissance destructrice qui devait suffire à éliminer 80 000 personnes en quelques instants, en irradier des centaines de milliers d'autres et transformer une grande ville en paysage lunaire. Pour les Japonais qui ont survécu à Hiroshima et pour l'opinion publique mondiale, la bombe a marqué une césure historique. Désormais, l'anéantissement de l'humanité et même de la vie sur Terre faisait partie des options réalistes ; pour en arriver là, il ne faudra rien de plus qu'appuyer sur un bouton, comme pour prendre l'ascenseur.

Tout le pouvoir accumulé et toute la force destructrice de la mégamachine se concentrent dans Little Boy. Léonard de Vinci, l'ingénieur militaire le plus innovant de son temps, avait déjà écrit sur la possibilité de « générer des tempêtes avec des coups de tonnerre et des éclairs terrifiants qui traversent la nuit à toute vitesse, renversent de hauts bâtiments et dessouchent les forêts[1] ». Le chemin qui mène de Léonard de Vinci à Robert Oppenheimer, le « père de la bombe atomique », permet de mesurer l'expansion fulgurante qu'a connue le complexe métallurgique en quatre siècles. La fabrication de la bombe atomique a été le plus grand projet scientifique de tous les temps, jusqu'à 100 000 personnes y ont collaboré. C'est le début de la *Big Science*, c'est-à-dire de la recherche à grande échelle, organisée de manière industrielle, telle que l'avait déjà fantasmée Francis Bacon.

À gauche et au milieu : centre de production d'uranium enrichi à Oak Ridge. À droite : explosion de la bombe atomique à Nagasaki.

Ce projet n'était pas seulement particulier par son ampleur, mais aussi en raison du secret dont il a été entouré, vers l'intérieur comme vers l'extérieur. Aucune équipe de travail ne devait savoir ce que l'autre faisait, les collaborateurs étaient astreints au silence même vis-à-vis de leurs plus proches parents. À partir du projet Manhattan, la technologie est entrée dans une phase de gigantisme et s'est développée sous la forme d'un univers parallèle radicalement séparé du reste de la société et soustrait à tout contrôle démocratique.

Les bombardements nucléaires de Hiroshima et de Nagasaki ne sont pas du tout restés des événements isolés : les grandes puissances atomiques ont fait exploser depuis 1945, à titre d'essai, environ 2 000 ogives nucléaires dans le monde entier, ce qui représente au total une force de déflagration de 34 000 bombes comme celle larguée à Hiroshima[2]. Dans les déserts du Nevada et du Kazakhstan, dans les océans et les atolls des mers du Sud, les pilotes de la mégamachine ont mené, sans trop attirer l'attention du grand public, une guerre mondiale contre la planète Terre.

Les fantasmes de toute-puissance des ingénieurs ont atteint à cette époque leur acmé absolue, non seulement dans le domaine militaire, mais aussi dans le civil. L'Union soviétique de Staline a annoncé le « Grand Plan pour la transformation de la nature », qui envisageait de détourner deux des trois plus grands systèmes fluviaux de Russie, sur une longueur de 10 000 kilomètres, de l'Arctique vers les déserts d'Asie centrale. À la même époque, les États-Unis travaillaient sur le projet de creuser à coups de bombes nucléaires un second canal de Panama – le « canal pan-atomique » – à travers l'Amérique centrale, tandis que l'ingénieur allemand Herman Sörgel proposait d'assécher en grande partie la Méditerranée à l'aide d'un barrage obstruant le détroit de Gibraltar[3]. Même si ces projets extrêmes n'ont finalement pas abouti, ils illustrent de manière emblématique la vision du monde qui dominait à cette époque : la nature n'est qu'une masse inerte à la disposition des ingénieurs qui croient, à l'image de Dieu, pouvoir la modeler à leur gré.

Les Trente Glorieuses

Rétrospectivement, les trois décennies qui ont suivi « Little Boy » ont été appelées les « Trente Glorieuses » ou l'« âge d'or du capitalisme ». C'est à cette époque que le système-monde moderne a connu la plus forte poussée expansionniste de son histoire. L'Europe de l'Ouest, l'Amérique du Nord et le Japon se sont développés au point de devenir des sociétés de consommation bénéficiant parfois de taux de croissance à deux chiffres, que certains regardent aujourd'hui avec envie. Le système parlementaire est parvenu à s'imposer dans la plupart de ces pays, complété par la mise en place d'un État-providence. Comme à la fin du film *Metropolis* (1927), le travail et le capital se sont tendu la main et ont scellé la paix pour faire avancer ensemble l'humanité sur le chemin du progrès. Et ce progrès, *in fine,* devait être également accordé au Sud global sous la forme du « développement ». Les monstres de la modernité semblaient une fois pour toutes conjurés. Les miracles de la technologie lourde et les sources d'énergie presque inépuisables du pétrole et de l'atome allaient créer un paradis sur terre dans lequel les vieux conflits s'estomperaient.

Telle était du moins l'image que l'industrie des relations publiques diffusait à cette époque dans d'innombrables spots publicitaires commandités par les gouvernements et les entreprises. Mais si l'on change de point de vue, cette période historique donne lieu à de tout autres récits. Du point de vue des populations indigènes par exemple – des Adivasis en Inde ou des Punan de Bornéo –, cette époque a été caractérisée par la poursuite et même par l'accélération de la destruction coloniale de leurs cultures. La boulimie de ressources pour alimenter l'expansion industrielle a dérobé aux Aborigènes leur espace vital à vue d'œil. Des millions de personnes ont été violemment expulsées de leurs terres pour faire place libre à des « projets de développement » ; pour la plupart, ces gens se sont échoués dans les bidonvilles des mégapoles en pleine explosion.

D'un autre coté, pour les populations des colonies, cette époque a été en même temps porteuse de grands espoirs, notamment en matière d'autodétermination politique et économique. Au terme de luttes qui ont parfois duré des décennies, presque tous les pays d'Afrique et d'Asie ont fini par obtenir l'indépendance formelle. Mais ces victoires ont été payées au prix fort par un grand nombre de victimes. Rien qu'en Algérie, 300 000 personnes environ sont mortes entre 1954 et 1962 dans la lutte contre l'armée française, des millions d'Algériens ont été incarcérés, torturés et gravement traumatisés[4]. Une fois leurs colonies devenues indépendantes, les anciennes puissances impériales sont intervenues, au mépris total de leurs généreuses promesses de « développement » et de paix, dans des douzaines de pays par le moyen d'opérations secrètes pour expulser des affaires les gouvernements démocratiquement élus et anéantir les tentatives de développement autonome. Au Vietnam où cette stratégie n'a pas fonctionné, les États-Unis se sont finalement lancés dans une guerre massive au cours de laquelle plus de bombes ont été larguées que pendant toute la Seconde Guerre mondiale[5]. Ils ont ainsi parachevé la guerre d'Indochine que les troupes coloniales françaises avaient menée auparavant avec une brutalité extrême. Trois à quatre millions de Vietnamiens, de Laotiens et de Khmers en sont morts. Juste avant, la guerre de Corée (1950-1953) avait déjà fait au moins autant de victimes. Le gouvernement des États-Unis y avait mené une guerre aérienne qu'il avait lui-même qualifiée d'« impitoyable » et qui avait éliminé près de 20 % de la population. Bien avant la guerre du Vietnam, le napalm y avait déjà été employé de manière massive contre des populations civiles[6].

Si l'on déplace encore la caméra et que l'on se glisse dans la peau d'un habitant non humain de notre planète, cette époque apparaît alors comme le début de l'une des périodes les plus sombres de l'histoire de la Terre. Les tronçonneuses ont abattu les forêts à un rythme jusque-là inimaginable, les excavatrices ont éventré la terre et transformé des régions entières en véritables déserts, les usines chimiques ont empoisonné les rivières et l'agriculture industrielle a transformé les terres en monocultures imbibées de pesticides[7]. Les Trente Glorieuses ont marqué le début d'une extinction des espèces qui s'est accélérée de manière exponentielle et menace entre-temps de dégénérer en l'une des plus grandes crises de l'histoire du vivant[8]. Pour les animaux de ferme comme les vaches, les cochons et les poules, c'est l'entrée dans l'ère de l'élevage et de l'abattage en masse, écho macabre du goulag et des camps de concentration dans le monde animal.

Du point de vue du système-Terre pris comme une totalité vivante, cette époque est enfin associée à une transformation de l'atmosphère aux conséquences immenses : dopées par une consommation de charbon et de pétrole en croissance exponentielle, les émissions de gaz à effet de serre ont été multipliées par trois à l'échelle mondiale. Rien qu'entre 1971 et 1973, l'humanité a libéré dans l'atmosphère plus de CO_2 que durant le siècle et demi allant de 1750 à 1900[9]. Avec la poussée expansionniste de l'après-guerre, le système a atteint pour la première fois un pouvoir de nuisance susceptible de modifier les forces météorologiques globales – les conditions climatiques, le cycle de l'eau, les courants atmosphériques et océaniques – avec une puissance qui, pour la plupart des êtres humains jusque-là, était considérée comme l'apanage des dieux. Mais tandis que Poséidon dans *L'Odyssée* ou Yahvé dans l'histoire du Déluge ont pu à nouveau arrêter les flots, la mégamachine a engendré des changements irréversibles qui échappent à tout contrôle.

Des machines à désirer sans répit

Dans un premier temps, les populations d'Amérique du Nord et d'Europe de l'Ouest n'ont pas pris conscience de ce revers sinistre du boom économique occidental. Sous la pression de la concurrence avec le bloc de l'Est qui connaissait lui aussi une croissance économique considérable, et par peur que ne puissent à nouveau émerger, comme après la Première Guerre mondiale, des mouvements de contestation, les gouvernements et les entreprises avaient misé à l'Ouest sur un compromis avec la classe ouvrière. Dans l'histoire du système-monde moderne, jamais les ouvriers – du moins ceux du Nord global – n'avaient pu obtenir une telle augmentation de revenus, jamais les États n'avaient consacré une part aussi importante de leurs moyens financiers au bien-être général.

Mais tandis que l'économie triomphait, la vie réelle était loin d'être aussi glorieuse pour la plupart des gens. 60 millions de personnes avaient été tuées durant la guerre et au moins autant gravement blessées. Un nombre incalculable avaient côtoyé pendant des années la mort infligée en masse, la violence extrême et la peur. Lors d'un voyage en Allemagne, Hannah Arendt diagnostiquait en 1950 chez ses anciens compatriotes une « contrainte aveugle à être tout le temps occupé, un désir ardent de faire des choses toute la journée, sans jamais se reposer » :

> Cet affairement est devenu leur arme principale pour mettre la réalité à distance. Et l'on voudrait crier : mais tout cela n'est pas réel – la réalité, ce sont les ruines ; la réalité, c'est l'horreur passée ; la réalité, ce sont les morts que vous avez oubliés. Mais les interlocuteurs sont des spectres vivants que l'on ne

> parvient plus à toucher avec des mots, des arguments, des regards humains et l'affliction de cœurs humains[10].

En Europe comme aux États-Unis et au Japon, la consommation d'antidépresseurs est devenue un phénomène de masse ; du jour au lendemain se sont multipliés les diagnostics douteux de « dystonie végétative » et de « dystrophie », ce qui n'était finalement qu'une manière détournée de parler des troubles post-traumatiques[11].

La désorientation et le bouleversement mental des gens ont fait le jeu, de manière perfide, des exigences du système économique. La Seconde Guerre mondiale avait engendré toute une gamme d'innovations technologiques prêtes à être produites en masse à des fins civiles, notamment l'énergie nucléaire, l'avion à réaction, le transistor et l'ordinateur[12]. Simultanément, les gigantesques capitaux dont l'économie de guerre n'avait plus besoin n'attendaient que d'être mis en valeur. Le résultat de cette constellation historique a été une croissance exponentielle de la production au cœur de laquelle il y avait une fois de plus le complexe métallurgique, en particulier l'industrie automobile. À des sociétés en grande partie traumatisées et désorientées, on a proposé un gigantesque programme de divertissements narcotiques qui, à coups de Mickeys qui vous saluent de la main dans leurs Cadillac et de Monsieur Propre, a créé un monde d'une amnésie étourdissante.

L'industrie automobile a joué un rôle central dans cette phase d'expansion. Comparée au rail, la voiture individuelle est objectivement une invention profondément irrationnelle : elle démultiplie les volumes d'énergie consumés ; elle suppose de tapisser de bitume des superficies immenses qui ne sont plus disponibles pour l'agriculture, le logement, la vie urbaine et la nature ; de nos jours, elle tue chaque année dans le monde plus d'un million de personnes rien que dans les accidents de la route (qui font plus de morts que les conflits armés) et en blesse gravement environ 40 millions[13] ; et pour finir, elle conduit à toute vitesse à la congestion, engendrant un embouteillage perpétuel comme nous pouvons le voir partout dans le monde, de Shenzhen à Bombay en passant par Los Angeles et Paris. Pourtant, comme l'a montré et calculé jadis le philosophe Ivan Illich, même là où le trafic est fluide, l'automobile ne fait pas avancer beaucoup plus vite que le vélo si l'on tient compte du temps nécessaire pour gagner l'argent qu'il faut pour payer la voiture, l'essence, les réparations, les taxes routières, les assurances et les contraventions[14]. En dépit de l'absurdité du système automobile, pratiquement tous les gouvernements, de Washington à Tokyo en passant par Moscou et Londres, ont misé sur la stratégie du « tout voiture ». Aux États-Unis, les fabricants de voitures et de pneus ont systématiquement détruit, des années 1930 aux années 1950, les transports publics de proximité : General Motors, Standard Oil et Firestone ont acheté sous divers prête-noms les régies de transports publics de 45 villes étasuniennes, dont New York et Los Angeles, pour y fermer peu à peu les lignes de tramways et les trains de banlieue. À la place des voies ferrées désormais en friche, on a alors construit des autoroutes sur lesquelles les véhicules construits par General Motors, avec leurs pneus Firestone, roulaient grâce à l'essence de Standard Oil[15]. Simultanément, l'industrie a vendu la voiture comme un symbole de liberté et d'indépendance, la quintessence du rêve américain[16]. On comprend facilement pourquoi : avec l'introduction du système automobile, on pouvait désormais vendre à chaque citoyen son propre habitacle de métal, son propre système de propulsion et de l'énergie à tire-larigot. En même temps, les investissements publics dans les infrastructures routières ont énormément stimulé le secteur du BTP, qui a lui aussi largement contribué à l'expansion de la mégamachine.

Maintenir durablement en marche une telle machinerie était toutefois loin d'être facile. Au bout d'un certain temps, la plupart des ménages étaient équipés d'une voiture, d'un téléviseur et d'un réfrigérateur. Mais comme les capacités de production construites entre-temps devaient continuer de tourner, afin que l'argent investi puisse être perpétuellement rentabilisé, il fallait trouver un moyen de pousser les consommateurs à jeter toujours plus rapidement ces appareils et à les remplacer par des neufs. La solution à ce problème a été baptisée « obsolescence programmée », terme qui désigne la réduction délibérée de la durée de vie des produits. Le principe en avait déjà été développé à la fin des années 1920, quand General Motors (bientôt suivi par d'autres fabricants) avait mis en circulation des voitures délibérément conçues pour ne pas durer[17]. Après la guerre, cette idée a été appliquée à presque toutes les branches de la production. Le principe de la *mode,* qui jusque-là n'était universellement répandu que dans le secteur de l'habillement, a été généralisé, à l'aide de l'industrie publicitaire en plein boom, à tous les biens de consommation possibles, qu'il s'agisse de canapés ou de cuisines intégrées – branches dans lesquelles la pratique du renouvellement permanent était inconnue auparavant. On s'est désormais mis à acheter les derniers modèles parce qu'ils étaient nouveaux et modernes, et non parce que les anciens n'étaient plus utilisables. Ici aussi, les contraintes de l'accumulation sans fin du capital ont convergé avec le refoulement compulsif de la mémoire.

Dès 1928, le président des États-Unis John Hoover avait déclaré devant un parterre de spécialistes des relations publiques : « Vous avez assumé la tâche de créer des désirs et vous avez transformé les gens en machines à désirer sans répit ; ces machines qui tournent constamment sont devenues la clef du progrès économique[18]. » Le consumérisme comme religion d'État a été complété par l'introduction en politique d'un nouveau mantra : la croissance économique. Certes, depuis que le système de l'accumulation infinie avait été mis en place au début des Temps modernes, l'expansion permanente de l'économie monétaire – car c'est juste cela que désigne notre notion de « croissance économique » – était devenue une nécessité systémique. Mais ce n'est qu'entre les années 1930 et 1950 qu'on s'est mis à mesurer cette croissance à l'échelle nationale, et ce n'est qu'après la guerre qu'elle a été officiellement érigée en but suprême de l'État. Son intronisation comme objectif politique central a alors été critiquée par une kyrielle d'économistes et de politiciens. Joseph Schumpeter estimait par exemple que réduire les performances du système économique à un seul indicateur était une « fiction forgée par les statisticiens », une « agrégation de données sans aucune signification »[19]. Dans un discours officiel, le candidat à la présidence des États-Unis Robert Kennedy résumait ainsi en 1968, quelques mois avant d'être assassiné, sa critique de l'idéologie de la croissance :

> Notre PIB prend en compte dans ses calculs la pollution de l'air, la publicité pour le tabac et les courses des ambulances qui ramassent les blessés sur nos routes. Il comptabilise les verrous spéciaux que nous installons pour protéger nos habitations et le coût des prisons où nous enfermons ceux qui réussissent à les forcer. Il intègre la destruction de nos forêts de séquoias ainsi que l'abandon de notre merveilleuse nature à un urbanisme tentaculaire et chaotique. Il tient compte du napalm, des armes nucléaires et des voitures blindées de la police destinées à réprimer des émeutes dans nos villes. Il tient compte de la fabrication de fusils ainsi que des programmes de télévision qui exaltent la violence dans le but de vendre les jouets correspondants à nos enfants. En revanche, le PIB

> ne rend pas compte de la santé de nos enfants, de la qualité de leur instruction, ni de la gaieté de leurs jeux. Il ne mesure pas la beauté de notre poésie ou la solidité de nos mariages. Il ne songe pas à évaluer la qualité de nos débats politiques ou l'intégrité de nos représentants. Il ne prend pas en considération notre courage, notre sagesse ou notre culture. Il ne dit rien de notre sens de la compassion ou du dévouement envers notre pays. En un mot, le PIB mesure tout, sauf ce qui fait que la vie vaut la peine d'être vécue[20].

Mais en dépit de toutes les critiques, la croissance du PIB est finalement parvenue à s'imposer dans le monde entier comme le meilleur indicateur du progrès et du « développement », non seulement dans les cercles d'économistes, mais aussi dans le monde politique et jusque dans les organisations internationales comme l'OCDE[21]. Du point de vue du bien commun, ce choix était en fin de compte tout aussi irrationnel que l'introduction du système automobile ; dans la logique de la mégamachine qui doit sans cesse grossir pour poursuivre son existence, il était en revanche tout à fait conséquent.

Les mouvements pour l'indépendance dans le Sud global

Dans d'autres régions du monde, l'expansion du système a buté à la même époque sur une résistance acharnée. Depuis le début du siècle, de forts mouvements anticoloniaux étaient apparus dans de nombreux pays d'Afrique et d'Asie ; ils aspiraient à la création d'États indépendants et, bien souvent, défendaient aussi des conceptions économiques alternatives. L'Inde a été l'un des premiers pays à obtenir son indépendance, et elle l'a fait en empruntant une voie historique inédite. Au début du XXe siècle, Mohandas « Mahatma » Gandhi avait développé en Afrique du Sud le concept de *satyagraha* (« attachement ferme à la vérité ») qui est souvent présenté de manière erronée comme un appel à la « résistance passive ». Gandhi concevait le principe de la non-violence non pas comme le pis-aller des faibles, mais comme l'arme de ceux qui sont en position de force. Si une infime minorité de colons britanniques a pu régner sur l'Inde, c'est parce que les Indiens collaboraient avec elle d'une manière ou d'une autre. Gandhi proposa donc une stratégie de non-collaboration active qui visait la machine coloniale en plein cœur. Il s'agissait de rompre avec une division internationale du travail qui avait relégué l'Inde au statut de fournisseur de matières premières à bas prix et détruit sa production textile autrefois florissante. Des millions d'Indiens boycottèrent les produits et les impôts britanniques, et tentèrent de redonner vie à la tradition de l'autosubsistance villageoise qui avait été brisée par l'intégration forcée au marché.

Les stratégies de non-collaboration et de désobéissance civile ont mis les Britanniques face à de tout autres défis que les soulèvements armés. En 1930, l'armée anglaise a par exemple tiré au fusil-mitrailleur sur un rassemblement de musulmans qui protestaient pacifiquement à Peshawar, mais même sous une grêle de balles, ils n'ont pas perdu leur fermeté intérieure : « Dès que ceux qui étaient en première ligne tombaient par terre sous le coup des balles, ceux qui étaient derrière prenaient leur place en déchirant leurs chemises pour offrir leur poitrine aux coups de feu[22]. » Au lieu d'étouffer la résistance, de tels massacres n'ont fait que la galvaniser encore plus. En 1947, la Grande-Bretagne a finalement dû se retirer d'Inde. L'indépendance formelle était obtenue, mais comme nous allons le voir, le combat de Gandhi et de ses partisans était pourtant loin d'être gagné.

Le « développement » comme colonisation intérieure

Deux ans après l'indépendance de l'Inde, Harry Truman scindait le monde en deux hémisphères lors de son discours d'investiture comme président des États-Unis : d'un côté, les pays « développés » du Nord global et de l'autre, les pays « sous-développés » du Sud dont le Nord, avec sa civilisation supérieure, devait « soulager la souffrance[23] ». D'un seul coup, deux milliards d'êtres humains étaient déclarés « sous-développés », ainsi que leurs cultures. Il n'est pas difficile de reconnaître dans cette division de l'humanité la version moderne d'anciennes oppositions conceptuelles comme « chrétiens » *versus* « païens », ou « civilisés » *versus* « sauvages », qui toutes avaient servi à justifier la supériorité et les ambitions missionnaires de la civilisation occidentale.

Dans la logique de Truman, l'histoire n'a qu'une seule dimension : toute l'humanité tend en ligne droite vers le but qu'est la société industrielle occidentale, modèle que les États-Unis ont réalisé à merveille. Tout le reste n'est que stagnation ou régression, en bref « sous-développement ». Les cultures et les formes d'organisation sociale qui ne suivent pas cette ligne doivent être, selon cette logique, abandonnées. L'historien sud-africain Jan L. Sadie a décrit ce raisonnement de manière exemplaire en 1961 :

> Le fait qu'un peuple sous-développé entreprenne son propre développement économique n'est pas compatible avec le maintien de ses coutumes et mœurs traditionnelles. Tout progrès économique implique nécessairement de rompre avec ces dernières. Il faut révolutionner la totalité des institutions et des habitudes sociales, culturelles et religieuses, et par conséquent leur attitude psychologique, leur philosophie et leur mode de vie. C'est donc une désorganisation sociale qui s'impose. Il faut générer de l'insatisfaction, c'est-à-dire un désir d'obtenir plus de choses qu'il n'est possible d'en atteindre à tout moment. La souffrance et le déracinement qui pourraient en résulter soulèveront peut-être des objections, mais c'est visiblement le prix à payer pour le développement économique, la condition de possibilité du progrès économique[24].

L'idée de « développement » a dominé les esprits de générations entières de politiciens, d'économistes et de commissaires au Plan, qu'ils fussent d'inspiration socialiste ou capitaliste[25]. Et cela n'a pas été seulement le cas dans la sphère d'influence directe de l'Occident, mais aussi dans des pays comme l'Inde ou la Chine qui, à l'origine, promettaient de prendre leur propre voie. Après l'assassinat de Gandhi (1948), Jawaharlal Nehru est parvenu à imposer en Inde son projet de développement basé sur le gigantisme technologique et l'État central, qui allait complètement à rebours des idées du Mahatma. Gandhi voulait sortir de la logique de la mégamachine. Les piliers de sa philosophie politique étaient : *swaraj* (autogestion), *swadeshi* (économie locale) et *sarvodaya* (amélioration des conditions de vie pour tous). Nehru misait quant à lui sur l'imitation du modèle occidental d'industrialisation. Cette stratégie a fait d'innombrables victimes. Rien que pour les projets de barrages géants, l'auteure indienne Arundhati Roy estime que plus de 50 millions de personnes ont été déplacées de force depuis les années 1950, dont la plupart ont atterri dans les bidonvilles des métropoles tentaculaires[26]. La plus grande partie d'entre eux faisaient partie des Adivasis, les « premiers habitants » qui vivaient dans de lointaines régions montagneuses et forestières. Aujourd'hui encore, des millions d'Aborigènes indiens sont victimes de déportations au nom du « développement », en particulier à cause des barrages et des mines. L'immense richesse de leurs cultures menace entre-temps d'être définitivement perdue.

À gauche : le barrage de Sardar Sarovar en Inde. À droite : des paysans et des activistes protestent contre le barrage.

En Chine, les communistes ont obtenu d'importants succès dans les premières années qui ont suivi leur prise de pouvoir en 1949 : la famine et la guerre civile ont été surmontées, les bandes mafieuses et les puissances coloniales étrangères repoussées, les premiers fondements d'un système social étatique posés. Après plus de dix décennies de chaos que les Chinois appellent le « siècle de l'humiliation », le pays entra enfin dans une époque d'unité nationale et de reconstruction sur la base d'un nouveau contrat social. Mao, pourtant, avait des buts plus ambitieux, il voulait dépasser l'Occident sur son propre terrain, en recourant aux mêmes moyens que lui. En 1958, il proclame le « Grand Bond en avant » : en quelques années, la Chine était censée atteindre le niveau industriel de la Grande-Bretagne ; et pour en arriver là, la clé serait l'industrie sidérurgique. Mais à la différence de l'Occident, l'industrialisation de la Chine devait se faire de manière décentralisée pour surmonter le fossé croissant entre villes et campagnes et faire contrepoids à la concentration du pouvoir dans les mains de l'État central. Ce qui semblait au début une initiative intelligente pour renforcer l'auto-organisation rurale a pris néanmoins, avec la focalisation sur la métallurgie, un tournant fatal. Pour remplir les quotas surélevés de production fixés par le gouvernement, les Chinois se sont vu contraints de faire fondre tous leurs objets en fer, de la bêche à l'armature du lit, dans des fourneaux de fortune pour les transformer en acier. Le résultat : des montagnes de déchets inutilisables. Mais le pire, c'était que les paysans embarqués dans la folie sidérurgique avaient négligé les récoltes, et ce en pleine sécheresse. Il en a résulté l'une des pires famines de l'histoire chinoise, qui a fait des millions de morts[27].

Pareillement, la « Révolution culturelle » que Mao a appelée de ses vœux huit ans plus tard pour contrebalancer la reféodalisation et la bureaucratisation de la société était contaminée par une idée de développement qui misait sur une rupture brutale avec toutes les racines culturelles et sociales. Il fallait combattre les « Quatre Vieilleries » : les vieilles idées, la vieille culture, les vieilles coutumes et les vieilles habitudes. Même si les objectifs économiques et sociaux de Mao étaient différents, les parallèles avec l'idéologie capitaliste du développement n'en sont pas moins évidents. Outre la bureaucratie du parti et les intellectuels, cette campagne a notamment pris pour cible les cultures traditionnelles et indigènes. Au Tibet, des milliers de monastères furent saccagés ; les Mongols, les Ouigours et les Dai vivants dans le Yunnan furent persécutés parce que leurs cultures n'étaient pas assez « prolétariennes »[28].

Le « développement » comme *Fata Morgana*

Le « développement » se révèle être en pratique une sorte de culte moderne du sacrifice : des pans entiers de la population doivent être immolés, ainsi que leurs cultures, pour aplanir le chemin que la nation doit prendre afin d'accéder au progrès. Toutefois, l'amère ironie de l'histoire réside dans le fait que le but de tous ces sacrifices – le « progrès » – s'est avéré relever, pour la plupart des pays, d'un mirage. Les victimes ont offert leur sang, mais le développement ne s'est pas matérialisé. Car partout où, dans le Sud global, des gouvernements ont sérieusement tenté d'engager un développement autonome – même ceux qui ne se démarquaient pas de l'étroite feuille de route tracée par Truman –, l'Occident est intervenu pour les combattre par tous les moyens, que ce soit en renversant les régimes par la force ou en recourant à la violence structurelle de la dette. Le concept de développement est ainsi devenu un cas typique de *double bind*[29] : il a réduit l'imagination politique à un objectif unique – copier l'Occident –, mais les grandes puissances industrielles ont fait en sorte que ce but reste justement hors d'atteinte pour la plupart des pays.

Dans son discours de 1949, Truman avait fait une promesse : « L'ancien impérialisme – l'exploitation au service du profit étranger – n'a rien à voir avec nos intentions. Ce que nous envisageons, c'est un programme de développement fondé sur les concepts d'une négociation équitable et démocratique. » Mais tandis que les politiciens comme Truman multipliaient inlassablement les déclarations de ce genre, d'autres fractions des appareils d'État qu'ils dirigeaient travaillaient d'arrache-pied à empêcher l'avènement d'une véritable démocratie et d'un authentique développement dans les pays du Sud. Les services secrets modernes ont joué un rôle décisif dans cette obstruction. Ils avaient été créés pendant la Seconde Guerre mondiale à l'ombre des armées officielles sous la forme d'appareils paramilitaires comptant des dizaines de milliers d'agents. La liste des coups d'État qu'ils ont organisés, à commencer par le putsch contre le gouvernement iranien démocratiquement élu de Mohammad Mossadegh en 1953[30], couvrirait des pages entières ; nous nous contenterons ici d'en donner quelques exemples.

Au début des années 1950, le gouvernement démocratiquement élu du Guatemala se donnait pour but de transformer, comme le disait son président Jacobo Árbenz Guzmán, ce « pays arriéré dont l'économie est à prépondérance féodale en un État capitaliste moderne[31] ». Pour conforme au système que cet objectif puisse paraître, il n'en était pas moins inacceptable aux yeux des États-Unis, car il signifiait que la United Fruit Company (aujourd'hui Chiquita) perdrait son pouvoir, elle qui avait jusque-là la haute main sur cette « république bananière ». Sur ce, la firme engagea rien de moins qu'Edward Bernays pour lancer une campagne qui présentait Árbenz comme un crypto-stalinien voulant ériger une dictature communiste. En 1954, la CIA organisa un putsch contre Árbenz et installa un gouvernement fantoche ; orchestré par la machine de propagande de Bernays, cet événement fut salué dans presque tous les médias occidentaux comme une victoire de la démocratie. Pendant les trois décennies suivantes, divers régimes militaires ont régné sur ce pays d'Amérique centrale ; ils ont annulé les réformes sociales d'Árbenz et mené contre l'opposition une guerre brutale, qui a fait plus de 200 000 morts[32].

En 1960, les aspirations des Congolais à l'indépendance ont abouti à ce que les Belges quittèrent enfin le pays qu'ils avaient ravagé pendant près d'un siècle. Les premières élections libres ont porté au pouvoir Patrice Lumumba qui, comme Árbenz et Mossadegh, aspirait à mettre en branle un développement industriel autonome dans son pays et, pour ce faire, cherchait même conseil aux États-Unis. Mais pour les sociétés d'exploitation minière occidentales, cela aurait signifié la fin de leurs profits au Congo. Comme d'anciens agents des services secrets belges et étasuniens l'ont raconté plus tard en toute franchise, ils ont incité le général Mobutu à mettre d'abord Lumumba en résidence surveillée, puis à l'assassiner[33]. Des documents déclassifiés de la CIA montrent que l'ordre est venu directement du président Eisenhower, ce qu'a entre-temps confirmé le Département d'État[34]. La mission de l'ONU sur place et la presse internationale observèrent sans rien faire la manière dont l'armée maltraita Lumumba sur l'aéroport de Léopoldville et l'embarqua ensuite dans l'avion qui devait l'emmener sur les lieux de sa mort, où des mercenaires belges l'ont exécuté. Sa dépouille fut ensuite découpée en morceaux et plongée dans un bain d'acide. Mobutu Sese Seko, le chef de l'armée, prit le pouvoir dans les années suivantes et pilla le pays jusqu'en 1997. Son régime de terreur fut reconnu et activement soutenu par tous les gouvernements occidentaux, en particulier par la France, la Belgique et les États-Unis. Il en est sorti un pays qui est aujourd'hui encore profondément ravagé, marqué par les guerres civiles et une pauvreté extrême.

En Indonésie, la chute du président Sukarno a été suivie d'un véritable génocide. Il était l'un des porte-parole du mouvement des non-alignés et espérait lui aussi que son pays se développe de manière autonome, en restant indépendant de l'Ouest comme de l'Union soviétique. Comme l'attestent des documents déclassifiés il y a quelques années, la CIA a reçu l'ordre, émanant du plus haut niveau de l'appareil d'État américain, de « liquider le président Sukarno[35] ». L'homme sur lequel les Américains ont misé pour ce faire était le général Suharto. Sur la base d'une liste établie par la CIA des militants de la gauche indonésienne, et avec l'aide d'armes américaines, Suharto a envoyé en 1965 ses escadrons de la mort assassiner plusieurs milliers de personnes. Les progrès de l'opération faisaient l'objet de rapports réguliers auprès de l'ambassade des États-Unis à Jakarta, la CIA tenait scrupuleusement le registre du massacre. Mais Suharto est allé encore plus loin, il a recruté des dizaines de milliers de jeunes hommes qui ont été formés à la va-vite à l'assassinat politique et envoyés « nettoyer le pays des communistes ». Armés de machettes, de massues et de pistolets, ils ont torturé et assassiné en quelques mois presque un million de personnes[36]. Rien que sur la petite île de Bali, vendue aujourd'hui comme un paradis des mers du Sud, autour de 100 000 personnes ont été tuées – soit 8 % de la population de l'île à l'époque[37]. Des voyageurs rapportaient que les rivières étaient littéralement bouchées par les cadavres, ce qui rendait impossible le transport par voie d'eau. Il en a résulté un pays tétanisé par le choc et une population terrorisée à un point inouï. C'est dans ce contexte que, juste après la prise de pouvoir de Suharto, les économistes de la fameuse « mafia de Berkeley » – des Indonésiens qui avaient étudié aux États-Unis et reçu le soutien de la fondation Ford – mirent sens dessus dessous la politique économique de leur pays et ouvrirent les portes aux capitaux occidentaux. En seulement deux ans, une poignée de transnationales se sont partagé presque toutes les ressources naturelles du pays, avant tout le pétrole, le cuivre, le bois et le caoutchouc[38].

C'est ainsi que, pays après pays, les espoirs de développement autonome ont été anéantis et que le mouvement des non-alignés, apparu entre 1955 et 1961, a été radicalement affaibli.

La révolution mondiale de 1968

Après la Seconde Guerre mondiale, le deuxième grand challenge pour la mégamachine globale est venu de la lutte pour les droits civiques et de la contestation étudiante, qui prenaient une tournure massive depuis les années 1960. Cette vague d'opposition ne se limitait pas seulement aux États-Unis et à l'Europe : elle s'est propagée comme une traînée de poudre dans le monde entier, du Japon au Mexique en passant par Prague et Rio de Janeiro. Cette « révolution mondiale de 1968 » bravait le système global d'une manière bien plus fondamentale que la « vieille gauche » – c'est-à-dire les partis et les syndicats communistes et sociaux-démocrates – qui faisait entre-temps parti de l'establishment et n'avait guère plus à proposer qu'une autre manière de gérer la mégamachine. Les nouveaux mouvements n'aspiraient pas simplement à mieux répartir les richesses, mais à changer la vie de fond en comble. Ils étaient soutenus par un mouvement culturel, une « contre-culture » globale qui s'exprimait dans la musique, le théâtre, la littérature et le cinéma, et ils étaient en quête de nouvelles formes de vie collective et d'économie commune par-delà la famille nucléaire, l'État et le marché. À la différence de la vieille gauche focalisée sur le socialisme d'État, les mouvements soixante-huitards défiaient les quatre tyrannies : le despotisme du marché, la violence physique de l'État, le pouvoir idéologique incarné par les médias et le système scolaire et universitaire, ainsi que la dictature de la pensée linéaire, de la technocratie, de l'idée de dominer totalement la nature. Dans l'histoire des États-Unis, la guerre du Vietnam est la première à avoir été publiquement rejetée, tandis qu'elle faisait rage, par de larges pans de la population américaine. Alors qu'au début des années 1960, les premiers rassemblements contre la guerre réunissaient dans des salles minuscules à peine quelques participants, ce sont des centaines de milliers de personnes qui sont descendues dans la rue à partir de 1965. Des dizaines de milliers de jeunes hommes ont refusé de partir sous les drapeaux et brûlé en public leur livret militaire, tandis que les comédies musicales comme *Hair* ainsi que les pièces du Living Theater sont devenues des symboles mondiaux de la résistance aux appareils militaires.

Ce n'est pas seulement l'armée qui a été remise en question, mais également toutes les institutions disciplinaires, indispensables au bon fonctionnement du système, qui étaient apparues dans les sociétés occidentales au cours des Temps modernes : l'école, la psychiatrie, la prison ainsi que le travail salarié et aliéné. Il s'agissait de libérer « l'homme unidimensionnel » (Herbert Marcuse) transformé en rouage dans la machine globale, et ce à tous les niveaux : économique, politique, mental, corporel et émotionnel.

Les mouvements des années 1960 et du début des années 1970 ont fait tomber les masques de la « démocratie dirigée » : derrière les vitrines du « meilleur des mondes » consumériste, ils ont pointé du doigt les bains de sang organisés partout dans le monde au nom des « valeurs occidentales », et dont le Vietnam devenait le symbole. Le mythe affirmant que l'Occident aurait la mission d'apporter le salut aux autres peuples était publiquement battu en brèche et les filtres de la représentation, censés garantir depuis l'époque de Madison la stabilité du système, étaient remis en cause. Partout sortaient de terre des assemblées pratiquant la démocratie par en bas, des *teach-in* et des *sit-in*. Les universités qu'on avait chargées de produire des « intellectuels technocrates » (Samuel Huntington) devenaient des espaces de discussion collective sur le changement social.

Ce qui semblait particulièrement menaçant, c'était que les étudiants révoltés rejoignaient les autres mouvements qui faisaient alors descendre dans la rue de larges pans des populations jusque-là marginalisées : le mouvement afro-américain des droits civiques, celui des peuples indigènes et celui des femmes. En 1968, l'American Indian Movement a été fondé aux États-Unis et est parvenu à faire entendre la voix des *native Americans* à un large public. En 1964, le mouvement afro-américain des droits civiques a réussi aux États-Unis à abolir la ségrégation raciste ancrée dans la loi ; et il était en train de faire un pas de plus en rejoignant le mouvement contre la guerre du Vietnam et en s'associant lui aussi à la quête d'une société postcapitaliste. Une « deuxième vague » féministe se rebellait contre les fondements patriarcaux de la famille, de la politique et de l'économie, et convergeait, elle aussi, avec le mouvement pacifiste et la « contre-culture ».

Pratiquement toutes les institutions sur lesquelles reposaient le pouvoir et la domination depuis cinq siècles, voire depuis cinq millénaires, étaient massivement mises au défi.

La réponse à 1968

L'establishment politique et économique était confronté à des formes de résistance jusque-là inconnues. Pour les mouvements d'indépendance du Sud global, il avait trouvé des stratégies d'endiguement ; et il avait même réussi à paralyser la « vieille gauche » d'Amérique du Nord et d'Europe, notamment en cédant aux travailleurs, durant le boom des Trente Glorieuses, une portion croissante du gâteau qui lui-même s'accroissait. Mais ces moyens ne permettaient pas d'enrayer les nouveaux mouvements sociaux, qui ne pouvaient être ni écartés par des putsch, ni achetés : ils ne voulaient pas un plus gros morceau du gâteau, mais, comme le dit un célèbre slogan allemand de l'époque, « toute la boulangerie ». Il s'agissait alors de refaire le monde du tout au tout. Au début des années 1970, la bande dessinée française *L'An 01* le disait ainsi : « On arrête tout, on réfléchit et c'est pas triste. » Il faut ajouter que ces mouvements étaient composés en très grande partie d'étudiants formés pour piloter la mégamachine et ses innombrables sous-systèmes – et non pour la démanteler. Il était donc nécessaire de se forger une nouvelle boîte à outils afin de combiner les anciennes tactiques, qui avaient fait leurs preuves, à de nouvelles stratégies.

Parmi les vieilles méthodes, il y avait aussi la violence physique, même si elle était soumise à certaines restrictions dans les « démocraties dirigées » du monde occidental. Face aux barricades érigées dans les rues de Paris en mai 1968, la police a utilisé des grenades lacrymogènes, a tabassé des milliers de manifestants au point de les envoyer à l'hôpital et en a arbitrairement arrêté encore plus, tandis que les chars attendaient aux portes de la ville. Dans la ville de Mexico, des tireurs d'élite aux ordres du gouvernement ont ouvert le feu sur une foule de 10 000 personnes désarmées qui s'étaient rassemblées lors d'une manifestation. Des centaines de gens sont morts ou ont été gravement blessés. À Berkeley, le gouverneur de Californie Ronald Reagan a fait ouvrir le feu à balles réelles sur une foule pacifique qui occupait un parc, tandis que des hélicoptères l'arrosaient de gaz lacrymogène ; le shérif responsable de l'opération a lui-même concédé que ses hommes avaient combattu « comme s'ils avaient été face aux Viêt-Cong[39] ». En Ohio, la Garde nationale a marché contre des étudiants désarmés et, à cent mètres de distance, en a abattu quatre à coups de balles dum-dum. Au Brésil, la dictature militaire soutenue par les États-Unis a arrêté, torturé et assassiné d'innombrables opposants au régime ; et en Tchécoslovaquie, des centaines de milliers de soldats du pacte de Varsovie ont convergé pour préparer une fin brutale au « Printemps de Prague ». La violence, pourtant, n'est pas toujours parvenue à atteindre son but d'intimider et de terroriser. Après le massacre de l'Ohio, huit millions d'étudiants se sont mis en grève dans tout le pays – la plus grande mobilisation estudiantine de tous les temps. En France, les ouvriers se sont solidarisés, en raison des violences de la police, avec les étudiants et ont organisé la plus grande grève générale spontanée dans l'histoire du pays.

Comme le recours à la violence physique ouverte soulevait l'opinion publique contre les autorités et menaçait de déstabiliser encore plus profondément le système, de nombreux États ont misé de manière croissante sur le recours à des formes camouflées de violence. Un bon exemple de cette stratégie est le programme secret du FBI connu sous le nom de Cointelpro (pour Counter Intelligence Program) qui avait été développé à l'origine contre les dissidents soupçonnés d'être communistes et était mobilisé désormais contre les mouvements antimilitaires, Martin Luther King, les Black Panthers, les féministes, l'American Indian Movement, les groupes estudiantins et les sénateurs qui critiquaient la guerre. Comme le montrent des documents internes du FBI rendus publics en 1971, le programme avait pour but « de discréditer, de déstabiliser et de démoraliser » les mouvements d'opposition, même quand ils étaient parfaitement légaux et pacifistes. Les méthodes employées allaient des campagnes de diffamation contre les leaders à l'assassinat politique, en passant par l'infiltration d'agents provocateurs. À coups de lettres et d'appels téléphoniques anonymes, on a délibérément rendu les activistes paranoïaques ; Martin Luther King a par exemple été sommé de se suicider. Des membres du FBI lançaient des rapports mensongers dans les médias, imprimaient de fausses brochures et créaient de pseudo-groupes politiques pour monter les diverses parties du mouvement les unes contre les autres. La police et le FBI utilisaient des prétextes tirés par les cheveux pour faire des perquisitions chez les militants du mouvement pour les droits civiques et saccager leur appartement ; plusieurs membres des Black Panthers ont été exécutés dans leur domicile[40].

Un autre exemple est le réseau « Gladio » découvert en 1986 par le juge d'instruction italien Felice Casson. Associant des néofascistes et des agents du service italien de renseignement militaire SISMI, de l'OTAN et de la CIA, il a commis dans les années 1960 et 1970 de nombreux attentats terroristes en Italie, dans le but exprès de faire porter le chapeau aux organisations de gauche[41]. L'ancien président du Conseil italien Giulio Andreotti a confirmé, à l'occasion d'une question parlementaire, l'existence de Gladio et ajouté que des organisations similaires étaient présentes dans de nombreux pays d'Europe de l'Ouest[42]. À la suite de ces révélations, le Parlement européen a exigé en 1990 que tous les pays de l'Union fassent la lumière sur l'existence de ce genre d'organisations paramilitaires secrètes, afin d'aboutir à leur dissolution – sans succès notable toutefois[43]. La forme de terrorisme d'État pratiquée par Gladio et d'autres organisations dans le but de provoquer la mise en place d'un état d'exception permettant d'intensifier la répression politique est désormais connue sous le nom de « stratégie de la tension ».

Le système idéologique est ébranlé

Au début des années 1970, l'ambiance bascula dans de nombreux pays, notamment sous l'effet de la violence. Le sentiment de vivre un nouveau départ et les ardentes espérances cédèrent en partie la place à un climat de peur. Nombre de groupes politiques éclatèrent et se scindèrent en fractions qui se combattirent les unes les autres. Dans le même temps, de nombreux militants se retirèrent de l'arène politique pour se consacrer à leur libération spirituelle ; d'autres encore se lancèrent dans « l'entrisme » en espérant changer les institutions de l'intérieur, ou s'évadèrent dans le consumérisme.

Bien que la violence étatique ait contribué à ce fractionnement et à cette intimidation, ses succès étaient tout relatifs. Les fondements idéologiques du système étaient durablement ébranlés. Avec la révélation des crimes de guerre américains perpétrés à Mỹ Lai (Vietnam) en 1969 et le scandale des *Pentagon Papers* (1971), de larges pans de la population ont pris conscience qu'une guerre d'extermination brutale était menée en leur nom, sous le prétexte fallacieux de défendre la démocratie et la liberté, et que quatre gouvernements successifs leur avaient systématiquement menti sur les buts de guerre et l'ampleur des massacres. Les révélations sur Cointelpro (1971) et sur les programmes secrets de la CIA (1974) montraient que le gouvernement n'avait pas hésité à recourir massivement à la violence contre sa propre population. Face à tout cela, le scandale du Watergate (1972) n'est au fond qu'une note de bas de page dans le cours de l'histoire.

Ces révélations n'ont pas seulement ébranlé l'establishment politique, mais aussi la vision du monde qui prédominait en Occident. Car il s'agissait de bien plus que des manquements de tel ou tel gouvernement ; tout le système politique et idéologique dont les États-Unis étaient l'épicentre tremblait sur ses bases. La confiance dans les institutions étatiques et en particulier dans l'armée était entamée durablement[44]. Le mouvement pacifiste a ainsi pu devenir dans les années 1970 une force importante d'opposition au système, rendant les menées bellicistes plus difficiles que jamais dans l'histoire des États modernes ; le complexe militaro-industriel est entré pour longtemps dans une phase où il se retrouvait au centre de la critique publique et des actions de protestation.

À cela s'est également ajoutée l'émergence d'une nouvelle vague d'activisme étroitement liée à la résistance contre l'armée : le mouvement écologiste moderne. En 1970, Greenpeace est fondée pour organiser la résistance aux essais nucléaires militaires en Alaska ; de même, les Amis de la Terre se forment à cette époque comme organisation antinucléaire. L'*Earth Day* a fait descendre en 1970 vingt millions de citoyens étasuniens dans la rue pour manifester en faveur de la protection de l'environnement.

Le mouvement écologiste est en outre lié à une révolution scientifique profonde. En 1972 paraît le fameux rapport Meadows « Halte à la croissance ? » commandité par le Club de Rome[45]. Des scientifiques du célèbre Massachusetts Institute of Technology y montrèrent à l'aide de modélisations informatiques que la poursuite de la croissance industrielle conduirait forcément à un effondrement global du système avant 2100 – un pronostic que de nombreuses vérifications et mises à jour du rapport n'ont cessé de confirmer depuis[46]. Dans les domaines de la physique, de la chimie et de la biologie, les travaux d'Ilya Prigogine sur les systèmes non linéaires ont ébranlé les représentations mécanistes de la nature[47]. En économie, un ancien collaborateur de John Maynard Keynes, Ernst F. Schumacher, développa sous l'influence de Gandhi l'idée d'une « économie des peuples » décentralisée et écologique ; son livre *Small is Beautiful* est devenu un best-seller international. À peu près à la même époque, le chercheur de la NASA James Lovelock et la biologiste Lynn Margulis formulèrent l'« hypothèse Gaïa » : la première tentative scientifique pour comprendre la Terre comme un système vivant, autorégulateur.

La nouvelle pensée se reflétait quant à elle dans les pratiques d'innombrables communautés liées à la « contre-culture », qui cherchaient à élaborer une vie par-delà la destruction de la nature, le consumérisme et la concurrence (et pour ce faire renouaient en partie avec de plus anciennes traditions, comme le romantisme et les « mouvements de réforme de la vie »[48]). Ce faisant, une autre rupture encore s'esquissait dont l'importance ne saurait être sous-estimée : la révolution pédagogique. Depuis le début des Temps modernes, des méthodes éducatives s'étaient mises en place à l'école et dans la vie de famille pour briser la volonté de l'enfant et le transformer en rouage bien huilé de la machine familiale, militaire et économique[49]. À partir de la fin du XIXe siècle pourtant, l'« éducation nouvelle » avait déjà propagé un plus grand respect de l'enfant. Mais ce n'est que dans les foyers familiaux, les crèches parentales et les écoles alternatives de l'époque post-soixante-huitarde que ce mouvement a atteint la « masse critique » permettant que soit remis en question un fondement décisif de la société disciplinaire.

Certes, 1968 n'avait finalement pas apporté la grande révolution politique espérée, mais les changements sociaux n'en étaient pas moins profonds. Une critique de l'édifice entier de la domination moderne et de la conception occidentale de la « civilisation » était maintenant à l'ordre du jour d'une « contre-culture » mondiale qui s'immisçait toujours plus profondément dans la culture dominante.

Tempérer la démocratie

En 1973, la Commission trilatérale a vu le jour à l'instigation de David Rockefeller afin de mieux coordonner les efforts des États-Unis, de l'Europe de l'Ouest et du Japon pour réguler le système mondial. Parmi ses membres, il y avait des politiciens importants issus des trois continents, des P.-D.G. de grands groupes comme Exxon, Toyota, Fiat, Lehman Brothers, BNP Paribas ou Coca-Cola, mais aussi des dirigeants syndicaux ainsi que des journalistes renommés, dont les directeurs de rédaction du *Time Magazine*, du *Financial Times* et de l'hebdomadaire allemand *Die Zeit*.

L'un des premiers rapports commandités à la Commission était intitulé « La crise de la démocratie ». Samuel Huntington et ses coauteurs français et japonais y diagnostiquaient un « excès de démocratie » qui menaçait la stabilité du système. Huntington y évoque avec nostalgie les années 1950, quand le président « Truman avait su gouverner le pays avec la collaboration d'un nombre relativement restreint de juristes et de banquiers de Wall Street[50] ». Avec une franchise remarquable, les auteurs constatent que « les démocraties européennes n'ont été ouvertes qu'en partie et parfois seulement en théorie. Leur régulation passe par une sélection subtile des participants et des revendications[51] ». Huntington poursuit :

> La conduite efficace d'un système politique démocratique exige habituellement une certaine dose d'apathie et de non-engagement de la part de certains individus et de certains groupes. [...] Les groupes sociaux marginaux, comme la communauté noire, participent désormais pleinement au système politique. Cependant, le système politique risque d'être surchargé par les revendications qui étendent ses fonctions et sapent son autorité[52].

Huntington déplora en outre que les sociétés industrielles avancées aient engendré une couche d'« intellectuels idéalistes qui passent leur temps à dénigrer le leadership, à contester l'autorité ainsi qu'à démasquer et délégitimer les institutions établies[53] ». Les journalistes font peser selon lui un autre danger : « En raison de l'influence grandissante des journalistes sur les patrons de presse et les rédacteurs en chef, la presse joue un rôle de plus en plus critique envers le gouvernement et les autorités publiques. Dans certains pays, les normes traditionnelles d'"objectivité" et d'"impartialité" ont été balayées au profit d'un journalisme partisan[54]. » Les nouvelles valeurs qui se diffusent à tous les échelons de la société feraient que les gouvernements ont de plus en plus de mal à « imposer la discipline et l'esprit de sacrifice à leurs citoyens ».

Les analyses de ce rapport sont l'un des témoignages les plus précis et les plus révélateurs sur la peur qu'avaient les élites politiques « libérales » de la véritable démocratie[55]. En comparaison, les recommandations proposées à la fin étaient bien vagues. Il est ainsi question de « trouver un meilleur équilibre entre le gouvernement, la presse et les autres institutions sociales » ou de « mettre bien plus en accord l'enseignement avec nos exigences économiques et politiques ». Des préconisations aussi floues en disent long sur l'embarras complet dans lequel était tombé l'establishment au milieu des années 1970. Il n'avait pas encore mis au point ses stratégies pour opérer le « grand bond en arrière[56] ».

La grande régression

Dans ces années 1970 très agitées, les élites politiques et économiques devaient combattre sur deux fronts au moins. D'un côté, il leur fallait relever le défi posé par la contre-culture et les mouvements d'opposition au système, d'un autre côté, une crise économique mondiale s'esquissait à l'horizon. Après trois décennies de boom, une phase de stagnation et de contraction commença vers 1973. Ce qui en sonna le départ, ce fut une envolée abrupte du prix du pétrole, une grave récession et l'effondrement du système monétaire international (dit de Bretton-Woods), y compris de la convertibilité du dollar en or.

La réponse à cette conjoncture est ce que l'on a par la suite appelé la « révolution néolibérale », bien qu'il se soit plutôt agi en réalité d'une sorte de réaction conservatrice. Son but était de relancer la machine capitaliste enlisée, de refouler la contre-culture et de restaurer le pouvoir des classes économiques dominantes qui avait été clairement affaibli dans les années 1960[57]. Cette « révolution » se jouait sur différents plans : celui de la politique économique, celui de la propagande idéologique et – ce qu'on néglige souvent – celui de l'expansion militaire.

Aujourd'hui, on a déjà partiellement oublié le drame qu'a constitué à l'époque ce renversement de vapeur de l'économie mondiale à partir de 1973. Les États-Unis tombaient dans une profonde récession et le prix du pétrole était à certains moments quintuplé, ce qui remettait en cause non seulement le système automobile, mais aussi le modèle de croissance qui reposait tout entier sur les énergies fossiles. En Grande-Bretagne, une grave crise bancaire eut lieu à la même époque ; en 1977, le pays était à la limite de la faillite et fut obligé de demander un crédit au Fonds monétaire international, qui l'a conditionné à l'acceptation d'un plan d'« adaptation structurelle » radical. En 1975, la ville de New York était elle aussi au bord de la banqueroute[58]. Comme ce sera par la suite le cas dans d'innombrables pays d'Afrique, d'Asie et d'Amérique latine, ces crises dans le remboursement de la dette allaient servir d'occasion pour bouleverser de fond en comble la société. La transformation immédiate de Manhattan, juste après la faillite de New York, en un Eldorado pour super-riches dont les classes moyennes et inférieures ont été expulsées en constitue le prototype[59].

L'économie de la dépossession

Pour remettre en marche la machine à accumuler et rétablir leur pouvoir menacé sur la société, les détenteurs de capitaux ont misé sur une palette de stratégies typiques dans les phases de contraction économique. D'un côté, ils s'efforçaient intensément de baisser les frais liés à l'*input*, c'est-à-dire les salaires, les impôts et le coût des ressources naturelles. Pour diminuer les rémunérations et les taxes, diverses méthodes se présentaient : combattre les syndicats, le salaire minimal fixé par la loi et les normes salariales ; délocaliser la production dans des pays à bas salaires ; financer des campagnes destinées à réduire les charges des entreprises ; installer les sièges sociaux dans des paradis fiscaux, etc.[60]. Pour abaisser le prix des ressources, c'est l'endettement du Sud global qui allait servir, comme nous allons bientôt le voir, de levier décisif.

L'expansion des activités spéculatives constitue la seconde réaction, elle aussi typique dans les phases de contraction économique. Comme les investissements dans ce qu'on appelle « l'économie réelle » ne valaient presque plus le coup, les détenteurs de capitaux ont de plus en plus misé sur des opérations financières qui promettaient des gains élevés à court terme et incitaient à la suppression des régulations contraignantes. On entend souvent dire que la spéculation serait en fin de compte un jeu à somme nulle pour l'ensemble des spéculateurs ; mais en pratique, il en va tout autrement. Car tandis que les profits filent dans les caisses d'acteurs privés quand une bulle spéculative gonfle, c'est le trésor public qui en général se présente, dès que la bulle explose, pour compenser une grande partie des pertes et les répercuter sur la collectivité. La grande crise bancaire et immobilière étasunienne de 1982, connue sous le nom de

« crise des *savings and loan* », est un exemple typique : après l'explosion de la bulle, l'État prit en charge des pertes d'une hauteur exorbitante de 124 milliards de dollars, tandis que les compagnies privées ne se portèrent responsables que de 29 milliards[61]. Ce schéma a été constamment réitéré lors des innombrables crises bancaires et financières depuis le début des années 1980, jusqu'à l'effondrement global de 2008 et la « crise de l'euro » qui s'en est suivie. Pour rendre la spéculation durablement profitable, il ne faut donc pas seulement abolir les réglementations contraignantes ; il faut aussi assurer que les pertes liées à une éventuelle crise ne soient pas assumées par les spéculateurs eux-mêmes. Bien que ce principe soit incompatible avec l'*idéologie* néolibérale, il a néanmoins joué dès le début un rôle déterminant dans la *praxis* néolibérale.

La troisième stratégie a consisté en une sorte de cannibalisme interne au système. La mégamachine s'est mise à se dévorer elle-même, à commencer par sa propre infrastructure. On a privatisé des secteurs qui, pour de bonnes raisons, avaient jusque-là été soustraits à la logique de l'accumulation capitaliste et avaient été organisés de manière étatique ou publique – comme les systèmes de santé, d'enseignement et de retraite, les réseaux de transport ou de distribution d'eau. Pour accroître leurs profits à court terme, les investisseurs s'en sont souvent pris à la substance même de ces infrastructures : les réseaux ferroviaires ont été démantelés, les canalisations d'eau ont été mal entretenues, le personnel a été licencié, etc. Les exemples de ces processus de désintégration sont légion, du réseau argentin de chemins de fer qui a entre-temps presque disparu jusqu'au système délabré d'approvisionnement en eau à Londres.

Les trois stratégies ont été très efficaces pour permettre à certains entrepreneurs de faire des profits élevés et au pourcent supérieur de la population de restaurer son pouvoir de classe ; elles ont abouti à un « authentique coup d'État des multinationales » (Chris Hedges) qui se sont hissées au rang de véritables souverains du globe. Mais en même temps, ces stratégies ont coûté un prix énorme aux économies nationales. D'une part, elles ont ruiné les infrastructures nécessaires au bon fonctionnement à long terme de la machine à accumuler. D'autre part, elles ne peuvent marcher que si, quelque part dans le système, les dettes s'accumulent. Si les salaires sont baissés, les consommateurs doivent prendre des crédits pour pouvoir continuer d'acheter ce que le système produit ; si les impôts diminuent, les États doivent s'endetter pour continuer à mettre à disposition des infrastructures qui fonctionnent ; et si la spéculation doit être rentable sur la durée, ces mêmes États sont obligés de s'endetter encore plus pour pouvoir amortir les crises. Le programme néolibéral sape donc à long terme non seulement les conditions de vie de pans entiers de la population, mais aussi les fondations de la mégamachine elle-même.

Tanks et propagande

Parvenir à imposer un tel programme de saccage social n'était bien sûr pas une mince affaire et, en fonction des pays et des continents, il a fallu pour ce faire un dosage différent de propagande idéologique, de pouvoir structurel et de violence physique.

Le Chili incarne le prototype du recours à la violence militaire. Le gouvernement élu de Salvador Allende y a été renversé en 1973, avec le soutien des États-Unis, par un coup d'État destiné à aplanir le chemin au programme économique de choc des *Chicago boys* formés par l'économiste américain Milton Friedman. Dans les grands stades de Santiago, reconvertis dans les jours qui ont suivi le putsch en salles de torture et champs de massacre, l'armée a étouffé au nom des « marchés libres » toute résistance au coup d'État[62].

Il était toutefois difficile de transposer dans le Nord le modèle chilien. L'option des tanks et de la torture étant ici inenvisageable, il fallait recourir à d'autres moyens. Dans les années 1980 et 1990, une colossale campagne de propagande a ainsi déferlé, à partir des États-Unis et de la Grande-Bretagne, sur l'Amérique du Nord et l'Europe de l'Ouest, pour vendre aux citoyens la destruction de leurs infrastructures collectives et de leur sécurité sociale comme une libération individuelle. La quête d'épanouissement personnel et de liberté vis-à-vis de toute intervention étatique, qui avait joué un rôle essentiel dans la contre-culture des soixante-huitards, a alors été réinterprétée en des termes conformes au marché : l'optimisation de soi et la liberté de consommer. D'innombrables *think tanks* et fondations ont été édifiés à coups de milliards par le monde économique afin de propager leur « expertise » au sein des réseaux politiques, des universités et des médias de masse. Selon le nouvel évangile, si les êtres humains prenaient enfin leur destin en mains propres et se libéraient des tutelles étatique, syndicale et morale, le bien-être augmenterait pour tous comme de lui-même, grâce à la main invisible du marché. À vrai dire, la promesse de libération vis-à-vis de l'État était dès le début une duperie, car si le programme néolibéral visait certes à démanteler les services sociaux obtenus de haute lutte par les peuples, il misait en même temps sur un déploiement massif de l'armée, des « dispositifs sécuritaires » et de la surveillance dont il avait de plus en plus besoin pour contrôler des sociétés en pleine désagrégation.

Dans les grandes écoles, les médias, les arts et les partis, une régression idéologique a eu lieu telle qu'Huntington et ses collaborateurs en auraient difficilement rêvé. La marchandisation des universités et le retour à des méthodes scolaires dans l'enseignement supérieur ont refoulé peu à peu la pensée critique et favorisé le type de « l'intellectuel technocrate » qu'Huntington appelait de ses vœux[63]. Une nouvelle vague de concentration dans le secteur des médias et la privatisation de la télévision – qui a eu lieu en Allemagne comme en France à la date hautement symbolique de 1984 – ont fait en sorte que les journalistes engagés aient plus de mal que jamais à s'affirmer face aux directeurs de rédaction et aux propriétaires des médias. Les événements sportifs et les concours de chant ont pris de plus en plus de place à l'antenne, remplissant ainsi une fonction idéologique importante : préparer le téléspectateur à vivre dans un monde où la concurrence est totale. Dans les salles obscures, les films d'horreur, de fantasy et d'anticipation – à commencer par *Les Dents de la mer* (1975) et *La Guerre des étoiles* (1977) – ont refoulé le cinéma engagé de l'époque précédente. Et dans le paysage politique, les partis sociaux-démocrates ont définitivement rompu avec leurs racines socialistes et sont devenus les exécuteurs zélés du programme néolibéral – une évolution qui a fait qu'il n'y avait quasiment plus, lors des élections, de véritable alternative politique mise au vote.

Le grand démantèlement à l'Est

La mondialisation du programme néolibéral ne s'est pas arrêtée au pied du rideau de fer et de la Grande Muraille de Chine. Quand Mikhaïl Gorbatchev a commencé dans la deuxième moitié des années 1980 à démocratiser lentement le système autoritaire sclérosé de l'Union soviétique, il était bien conscient d'amorcer un processus risqué ; mais il ne pouvait pas imaginer quelles vannes il était alors en train d'ouvrir. Son objectif était de réaliser une sorte d'État-providence social-démocrate sur le modèle de la Suède mais, comme on le sait, il ne l'a jamais atteint. Les consultants et les créanciers occidentaux se sont servis de la crise économique qui suivit en 1991 la dissolution de l'Union soviétique pour imposer leur thérapie de choc et préparer le terrain à l'une des plus remarquables razzias de l'histoire moderne. Les « investisseurs » étrangers et les élites locales ont fait main basse sur les pièces de choix du système qui s'effondrait et ont gagné du jour au lendemain des milliards. Quand en 1993 le Parlement russe s'est mis en travers du régime cleptocratique de Boris Eltsine, qui avait le soutien du FMI et des gouvernements occidentaux, en refusant de lui accorder les pleins pouvoirs et d'avaliser sans broncher le programme néolibéral du FMI, Eltsine a joué la « carte Pinochet » : il a envoyé chars et soldats ouvrir le feu sur le bâtiment du Parlement jusqu'à ce que les députés élus en sortent les mains en l'air. Le lendemain du coup d'État sanglant, on pouvait lire à la une du *Washington Post* : « Une victoire de la démocratie[64] ».

En Chine, Deng Xiaoping était parvenu dès le début des années 1980 à ouvrir l'économie chinoise au capital extérieur et à introduire plus de concurrence ; il avait ainsi sonné le départ d'un processus qui devait finalement aboutir au boom chinois des décennies suivantes. Bien que la Chine ait entrepris de trouver un équilibre entre l'ouverture au marché et le contrôle étatique, et que ce compromis ait provoqué des taux de croissance impressionnants et apporté à de nombreuses personnes une indéniable élévation de leur niveau de vie, cette trajectoire a fait dès le début des victimes considérables. On estime que 70 millions de paysans ont été, depuis, expulsés de leurs terres, les simples ouvriers ont perdu pratiquement toute protection sociale. Les gens étaient forcés, surtout les femmes, d'accepter de travailler dans des conditions inhumaines au sein des « ateliers de misère » des nouvelles zones franches tandis que les cadres du parti s'appropriaient les entreprises publiques désormais privatisées et devenaient multimillionnaires en quelques années[65]. Cette situation a été l'un des détonateurs déterminants de la contestation sur la place Tian'anmen en 1989. On sait comment le pouvoir chinois a réagi : Deng Xiaoping a brisé la résistance des étudiants et des ouvriers à coups de chars et d'exécutions de masse. Ce faisant, il a laissé la voie libre aux privatisations radicales des années 1990, qui ont fait de la Chine l'un des pays au monde les plus profondément clivés sur le plan social[66]. C'est seulement dans les années 2010 que le fossé entre pauvres et riches a pu être à nouveau réduit.

Toutefois, c'est en Irak que la révolution néolibérale a pris, à partir de 2003, sa forme la plus extrême et la plus violente. Une fois le pays complètement dévasté par l'armée des États-Unis et de ses alliés, le premier acte administratif du gouverneur Paul Bremer a consisté à édicter un paquet de lois prévoyant la privatisation de tous les services publics et l'ouverture des banques irakiennes au contrôle de l'étranger. Depuis, ce pays qui était l'un des plus prospères du Moyen-Orient est devenu l'un des plus pauvres du monde, les infrastructures publiques ont été détruites, le pays a sombré dans le chaos et il est devenu la proie de seigneurs de la guerre et de fanatiques religieux[67].

Le pouvoir des dettes

Outre la violence militaire et le pouvoir idéologique, il y avait encore un autre moyen pour parvenir à imposer la restructuration néolibérale : la violence structurelle des dettes. Au milieu des années 1970, d'énormes quantités de capitaux en argent, provenant avant tout des pays producteurs de pétrole, se sont amassées dans les grands centres financiers, mais compte tenu de la récession mondiale, il y avait de moins en moins de possibilités de les investir dans des activités profitables. L'une des stratégies pour placer ces capitaux de manière sûre et rentable a consisté à proposer aux pays du Sud global des crédits pour financer leur « développement ». Des banquiers, des économistes et des conseillers politiques occidentaux se sont déployés dans le monde entier pour vendre aux gouvernements de leurs anciennes colonies de grands projets d'infrastructure financés à l'aide de crédits accordés par le Nord, et réalisés par des firmes occidentales. En conséquence, les pays du Sud se sont massivement endettés en vue d'un développement qui s'est révélé dans la plupart des cas chimérique. Entre 1970 et 2000, l'endettement des soixante pays du monde les plus pauvres est passé de 25 à 523 milliards de dollars[68]. Bon nombre des pays qui ont contracté des crédits étaient, que ce soit l'Indonésie, les Philippines, le Brésil, l'Ouganda, le Congo ou Haïti, sous la coupe de dictateurs soutenus par l'Occident ou parvenus au pouvoir à la suite d'un putsch. En tant qu'autocrates, ils n'avaient de comptes à rendre à personne sur l'utilisation de l'argent emprunté et ont pu en faire disparaître une grande partie dans leurs comptes à numéro en Suisse, engloutissant le reste dans des projets de prestige surdimensionnés et absurdes – dont il ne reste aujourd'hui, bien souvent, que des ruines. Les taux d'intérêt et de rendement étaient assurés puisque les gouvernements se portaient garants des projets, le « risque de placement » était pratiquement nul. Aujourd'hui, des pays comme l'Argentine, le Zimbabwe ou le Mexique payent encore des intérêts pour ces crédits bien qu'ils aient déjà remboursé plusieurs fois les sommes qui leur avaient été prêtées[69]. Ainsi les pays les plus pauvres du monde ont-ils subventionné, par le flux continuel des intérêts du Sud vers le Nord, l'accumulation du capital dans les places financières de New York et Londres.

Mais l'endettement du Sud était et reste bien plus qu'une affaire juteuse : il s'agit aussi d'un instrument de contrôle politique. Une fois endettés, les pays sont exposés au chantage de leurs créanciers. La coercition « propre » de l'économie a pu ainsi prendre la relève des « sales » interventions militaires ou paramilitaires.

Entre 1979 et 1981, le directeur de la Réserve fédérale des États-Unis Paul Volcker a choqué le monde entier en rehaussant radicalement les taux d'intérêt, qui ont fini par atteindre les 20 %[70]. Les conséquences furent dramatiques pour le Sud global : en un rien de temps, les dépenses liées au service de la dette se démultiplièrent et les pays prirent l'un après l'autre le chemin de la faillite. Cette crise des dettes a servi de cheval de Troie au pouvoir croissant du Fonds monétaire international (FMI), créé à l'origine pour stabiliser les monnaies qui entraient en zone de turbulence. Depuis le début des années 1980, l'institution a néanmoins assumé des missions toutes nouvelles. Souvent en collaboration étroite avec le Trésor américain, il poussait les pays surendettés à demander une « aide d'urgence » censée permettre d'éviter la banqueroute imminente de l'État ; mais l'obtention de ces crédits était conditionnée par des interventions profondes dans la législation et la structure sociale des pays concernés. Par ce biais, le FMI est devenu une sorte de gouvernement néocolonial régnant sur des pans entiers de l'Afrique, de l'Asie et de l'Amérique latine, où il a détruit les rares bribes de développement autonome qui avaient survécu aux « opérations secrètes » menées depuis les années 1950. La crise de la dette que les pays du Sud ont connue s'est ainsi révélée particulièrement utile : non seulement elle assurait un flux ininterrompu d'argent vers les banques occidentales, mais elle diminuait en même temps, pour les industriels du Nord, le coût des intrants. Car en contrepartie des crédits d'urgence accordés, le FMI exigeait que ces pays orientent radicalement leur économie vers l'exportation de produits agricoles et de matières premières destinées à l'industrie. Son argument semblait imparable : si vous exportez plus, vous pourrez rembourser vos dettes plus vite. Mais comme il prescrivait cette recette à un grand nombre de pays en même temps, le marché mondial fut littéralement submergé de blé, de riz, de café, de tabac, de sucre, de cuivre, d'aluminium, de charbon et de pétrole, dont les prix ont fini par s'effondrer[71]. Au lieu de résoudre la crise de ces pays, cette politique n'a fait que l'aggraver encore plus ; dans le Nord en revanche, les coûts baissaient pour l'industrie manufacturière.

La seconde dévastation du Mexique

Les thérapies de choc néolibérales ont précipité la plupart des pays d'Amérique latine et d'Afrique, ainsi que de grandes parties de l'Asie, dans un cercle vicieux aux conséquences dévastatrices en termes de dette, de misère et de violence. Prenons l'exemple frappant du Mexique. Après l'explosion des dettes publiques à la suite du choc de la « politique Volcker », le pays était en 1982 au bord de la faillite. En échange de crédits, le FMI et le ministère étasunien des finances ont prescrit un programme radical d'adaptation structurelle qui prévoyait pour la première fois, outre une réduction massive des dépenses publiques et une dérégulation du système financier, une privatisation générale. À la suite de son application, le revenu réel moyen des Mexicains a chuté de près de 50 %. Dans la ville de Mexico, les dépenses pour les services publics comme l'approvisionnement en eau, la collecte des ordures et la santé ont baissé d'environ 25 %. C'est ainsi qu'en dix ans seulement, l'une des villes les plus paisibles d'Amérique latine s'est transformée en la métropole la plus dangereuse de la région[72]. Après l'anéantissement de Tenochtitlán par les troupes de Hernán Cortés plus de quatre cent cinquante ans auparavant, la ville fut à nouveau dévastée, cette fois par la violence structurelle du FMI.

La crise s'est encore aggravée lorsque le Mexique a ratifié en 1994 l'Accord de libre-échange nord-américain (ALENA). Les importations de maïs ultra-subventionné en provenance des États-Unis détruisaient désormais les conditions d'existence des petits paysans, tandis que les firmes étasuniennes délocalisaient une grande partie de leur production vers le Mexique. Le long de la frontière avec les États-Unis, des dizaines de milliers de *maquiladoras* sont apparues : des usines de montage et des ateliers de couture dans lesquelles des populations paupérisées, surtout des femmes, travaillaient pour des salaires de misère. Les villes de Ciudad Juárez et Tijuana ont à cette époque multiplié par dix le nombre de leurs habitants. Mais quand les industries ont émigré vers des pays où la main-d'œuvre était encore moins chère, surtout en Chine, les emplois se sont volatilisés. Dans le vide qu'ils laissaient derrière eux, les narcotrafiquants et la prostitution se sont mis à prospérer. La ville de province paisible qu'était vingt ans plus tôt Ciudad Juárez est alors devenue l'une des agglomérations les plus violentes du monde, avec près de 3 000 meurtres par an.

Un habitant sur dix y est aujourd'hui toxicomane[73]. Pendant ce temps, l'entrepreneur mexicain et profiteur de la crise Carlos Slim – aujourd'hui copropriétaire du *New York Times* – s'était hissé au rang d'homme le plus riche de la planète.

La diabolisation des *autres*

Dans le Nord comme dans le Sud, à l'Est comme à l'Ouest, la régression néolibérale a déchiré le tissu social et miné la cohésion des sociétés. Comme cela avait déjà été le cas dans les périodes ultralibérales du XIXe siècle, de nombreux gouvernements ont de plus en plus misé, cette fois encore, sur la carte du nationalisme (ou du fondamentalisme religieux) pour ressouder la société. Le patriotisme bruyant de la Grande-Bretagne thatchérienne à l'époque de la guerre des Malouines, l'ère Reagan aux États-Unis ou la montée d'un nationalisme hindou fascistoïde en Inde en sont d'aussi bons exemples que les mouvements nationalistes en Europe continentale.

Pour construire un groupe uni, un « nous » – c'est-à-dire une « communauté imaginaire » – à partir d'une société déchirée, il faut lui opposer un *autre*, un ennemi extérieur, une menace. Jusqu'en 1989, l'Ouest est parvenu à faire jouer ce rôle au communisme, mais au plus tard après la chute du mur de Berlin, il lui a fallu chercher une solution de remplacement. Le « terrorisme international » allait finalement remplir cette fonction. Le même Samuel Huntington qui s'était déclaré favorable en 1975 à une « démocratie tempérée » a diffusé à partir de 1993 ses thèses sur le « choc des civilisations », devenues depuis particulièrement influentes[74].

Bien que même au cours de l'année de terreur qu'a été 2001 pour les États-Unis, dix fois plus d'Américains soient morts sous les balles de leurs compatriotes que lors des attentats du 11 Septembre, on est parvenu à faire passer « l'islamisme » pour la plus grande menace pesant sur l'humanité et à justifier de cette manière non seulement diverses guerres, mais aussi un recul massif des libertés publiques. À nouveau, l'ennemi de la civilisation pouvait être localisé à l'est (cette fois-ci dans l'Orient qu'on qualifie de « moyen »). Un « orientalisme » vieux de plus de deux mille ans d'histoire, opposant un Orient sauvage et imprévisible à un Occident rationnel et civilisé, a fourni une matrice profondément ancrée dans la pensée occidentale pour préciser les traits de ce nouvel ennemi[75]. Les divers courants de l'islam politique, tous réunis dans le même sac de l'« islamisme », se sont rapidement vus qualifiés de « moyenâgeux » bien qu'ils n'aient absolument rien à voir avec le Moyen Âge étant donné qu'ils sont le produit de l'histoire coloniale moderne.

Cette évolution est d'autant plus macabre que l'ennemi présumé de la civilisation devient réalité à mesure qu'on le combat par des moyens militaires. Ici à nouveau, l'Irak est un bon exemple : alors qu'il n'y avait pratiquement pas d'attentats islamistes dans ce pays avant l'invasion de 2003, la prétendue « guerre contre le terrorisme » l'a mis sous la coupe des seigneurs de la guerre et des organisations terroristes.

Les limites du système

Depuis le début des années 1970, les limites sur lesquelles bute la mégamachine globale se sont manifestées de plus en plus clairement. Lors des crises pétrolières de 1973 et 1979, les habitants des pays industrialisés ont fait par eux-mêmes l'expérience de ce que peut signifier concrètement la finitude des sources d'énergie fossile : le rationnement de l'essence, les interdictions de circulation, la panique des consommateurs, l'inflation. Les accidents nucléaires graves de Three Mile Island (1979), Tchernobyl (1986) et finalement Fukushima (2011) ont ébranlé fortement l'idée que nous serions capables de dominer la nature par la technologie.

Tandis que dans les années 1960 une bonne partie de la « classe des experts », de Los Angeles à Tokyo et de Paris à Brasilia, se projetait vers une utopie technocratique dans laquelle les humains optimisés par la cybernétique se déplaceraient dans des navettes spatiales, aujourd'hui, il ne nous reste plus que la perspective d'une dystopie désolée : une planète déchirée entre une richesse extrême et une pauvreté tout aussi abyssale, qui se précipite vers la catastrophe écologique avec un gigantesque arsenal d'armes nucléaires, des mégapoles qui implosent et un système financier délirant. Bien que certains illuminés à la foi inébranlable proclament encore les promesses de la haute technologie et des marchés libres, il ne fait aucun doute que la foi optimiste dans le progrès, qui a caractérisé la civilisation occidentale pendant plus de deux cents ans, est en train de s'effondrer.

Limites économiques

Depuis la crise financière de 2008, l'instabilité du système économique global crève les yeux. Mais pour une bonne partie de la population mondiale, les krachs et les crises chroniques faisaient déjà partie du quotidien depuis des décennies : rappelons seulement la crise mexicaine en 1982 et la tempête économique asiatique en 1997, ainsi que les faillites de la Russie en 1998, du Brésil en 1999 et de l'Argentine en 2000.

La cause de cette instabilité croissante ne doit pas être cherchée, comme on le fait souvent, dans l'absence de scrupules d'une poignée de banquiers haut placés, mais dans le fait que l'accumulation du capital, qui repose sur le cycle production-vente-profit-réinvestissement, s'est ralentie à l'échelle mondiale. Cela tient principalement à ce que la régression néolibérale, si elle a été très rentable pour une mince élite, a en même temps considérablement affaibli la demande en réduisant les salaires et en précarisant le travail. Les consommateurs n'ont tout simplement plus assez d'argent pour continuer d'acheter la production globale – qui, dans la logique du système, ne doit pas cesser de croître – à des prix rentables. Ce problème de la demande est aggravé par le fait que la rationalisation du travail éjecte du système productif de plus en plus de gens qui, par conséquent, ne touchent plus un salaire leur permettant de consommer comme avant. Le système est asphyxié par sa propre productivité. Au cours du dernier siècle, la mécanisation du travail avait déjà remplacé des foules de travailleurs de l'agriculture et de l'industrie ; désormais, cette tendance s'empare aussi des classes moyennes et du secteur des services par le biais de l'informatisation[76]. Il en résulte un chômage structurel massif qui ne cesse de s'aggraver, et ce à l'échelle mondiale, même si le phénomène est atténué par les manipulations des statistiques gouvernementales. Si l'on parlait encore dans les années 1980 de la « société des deux tiers », dans laquelle un tiers des gens sont durablement exclus du travail lucratif, alors nous allons aujourd'hui, à l'échelle mondiale, vers la « société du un cinquième », celle dans laquelle seulement 20 % de la population fait tourner la production[77]. Quelle place y a-t-il pour les 80 % restant et comment la paix sociale et la stabilité politique pourraient-elles encore être possibles dans de telles conditions ?

En théorie, on pourrait désamorcer cette crise structurelle par un programme keynésien : taxer massivement la richesse, créer des emplois dans le secteur public, imposer l'augmentation des salaires et la réduction du temps de travail, etc. Mais un tel programme augmenterait considérablement les frais des capitalistes, que ce soit sous la forme d'impôts ou de dépenses salariales, et réduirait par conséquent sensiblement leurs perspectives de profit. Voilà pourquoi ils le combattent avec tous les moyens dont ils disposent – et aggravent ainsi la crise. Mieux ils parviennent à faire prévaloir leurs intérêts à court terme, plus ils sapent la bonne marche du système économique dont ils se nourrissent. Et il est également difficile d'imaginer que les acteurs étatiques puissent trouver une solution à ce dilemme, vu qu'ils sont pris eux aussi dans une logique grandissante de mise en concurrence mondiale des territoires.

Cette crise systémique est dissimulée depuis des décennies par un endettement exponentiel de tous les acteurs – les entreprises, les États et les consommateurs. Mais les bulles financières ont la désagréable propriété de toujours finir par exploser un jour ou l'autre. En 2008, les États ont encore réussi à parer à l'effondrement total du système financier mondial, en se chargeant avec leurs contribuables de la majeure partie des frais provoqués. Mais il est plus que douteux qu'ils puissent le faire une fois de plus, d'autant que ce n'est pas seulement leur budget qui atteint ses limites, mais aussi leur légitimité qui s'érode.

L'involution de l'État et l'effritement de la loyauté citoyenne

À partir des années 1990, de plus en plus d'États, tout d'abord à la périphérie du système, se sont écroulés et n'étaient plus en mesure de contrôler leur territoire. Désormais, les « États défaillants » constituent un corridor long de près de dix mille kilomètres qui va du Congo à l'Afghanistan en passant par le Mali, la Libye, le Soudan, la Somalie, la Syrie et l'Irak. Depuis la crise financière mondiale de 2008, le phénomène grignote les marges de l'Europe. La guerre civile en Ukraine en est un exemple typique. La catégorie de *failed state* est certes en partie arbitraire et sert souvent à justifier des interventions « antiterroristes » ; mais le phénomène visé n'en est pas moins réel. Pour une part considérable, il remonte à la crise de la dette des années 1980 et 1990. Dans bien des États, par exemple au Mali, les jeunes n'ont pas d'autre perspective, après des décennies d'adaptation structurelle, que de rallier l'un des groupes militaires qui rivalisent pour le contrôle du pays, que ce soit l'armée, les jihadistes ou les trafiquants de drogue[78]. Comme dans l'Europe de la guerre de Trente Ans, il en résulte la mise en place d'une économie de guerre.

Certains *failed state* comme l'Irak sont le produit direct d'interventions militaires. Ce qui est frappant dans ces pays, c'est que la puissance étrangère n'est plus capable ou n'a plus la volonté, contrairement à ce qui se passait à l'époque coloniale, d'y édifier une structure étatique stable. En ce qui concerne les États-Unis d'Amérique, cela tient à deux raisons évidentes : depuis la guerre du Vietnam, la réticence à mobiliser durablement l'armée de terre à l'étranger est devenue majoritaire dans la population ; en outre, compte tenu de sa dette publique colossale, le pays est incapable d'assumer les frais d'une longue occupation et d'un programme de reconstruction sur le modèle du plan Marshall.

Même au sein des pays industrialisés, on peut voir les structures étatiques se déliter dans certains secteurs. Presque toute l'époque moderne jusqu'au début des années 1970 a été caractérisée par la tendance de l'État à centraliser et rationaliser de plus en plus de fonctions du système afin de mieux contrôler les populations et les territoires et d'optimiser la machine à multiplier l'argent. Mais désormais, le système fait marche arrière : le remplacement des armées de conscrits par des troupes de mercenaires et des prestataires privés de services militaires, tels qu'ils ont caractérisé le début des Temps modernes, en est un signe clair. De plus en plus souvent, les entreprises recourent elles aussi – à l'instar des premières sociétés par actions au XVIIe siècle – à des armées privées de mercenaires pour pouvoir opérer dans un monde qui devient de moins en moins sûr[79].

Un autre aspect de l'involution du système est le délabrement des infrastructures. L'édification d'un pouvoir étatique centralisé a servi pendant des siècles à créer les infrastructures nécessaires au bon fonctionnement de l'économie : routes, voies ferrées, ponts, réseaux électriques, système d'approvisionnement et d'évacuation des eaux, écoles, administrations, etc. Depuis les années 1980, ces infrastructures se délitent dans certains des plus riches pays industrialisés, notamment aux États-Unis où le processus va à toute vitesse. L'American Society of Civil Engineers constatait dès 2003 que « l'infrastructure nécessaire au fonctionnement de notre économie et à notre qualité de vie se délabre[80] ». L'association réclame depuis des années un programme d'investissement de plus de deux *billions* de dollars – un plan illusoire compte tenu de la crise budgétaire.

Moins l'État assure l'entretien des infrastructures et fournit de prestations sociales, plus il revient à ce qu'il était à l'origine : une pure machine militaire et répressive. Les États-Unis sont encore une fois un cas d'école. Tandis qu'une bonne partie de la population tombe sous le seuil de pauvreté et lutte pour sa survie, le gouvernement se concentre sur la construction de système de surveillance, de prisons et d'appareils militaires. Il en résulte que la loyauté des citoyens vis-à-vis de l'État, péniblement acquise depuis le XIXe siècle, s'effrite. Avec l'abandon du compromis historique entre le travail et le capital qui a culminé dans les États-providence des Trente Glorieuses, la possibilité de piloter le système dans le cadre d'une « démocratie dirigée » se réduit. Les citoyens se détournent des structures politiques traditionnelles, les options se radicalisent – ce qui déstabilise encore plus le système.

Le retour du nationalisme et du fascisme

Lorsque la frustration et la colère des citoyens dépassent un certain seuil, lorsque le « troupeau dérouté » (Walter Lippmann), hors de contrôle, s'échappe de son enclos, les politiciens ont en principe deux options : soit faire de véritables concessions aux classes moyennes et populaires, c'est-à-dire renforcer la justice sociale ; soit protéger les intérêts des riches et des puissants en détournant le troupeau vers des boucs émissaires, pour en canaliser la colère. Cette stratégie de diversion fonctionne particulièrement bien en temps de crise, car elle exploite la perte de sécurité, la peur et la paranoïa latente en les nourrissant d'images concrètes : le musulman terroriste, le migrant criminel, le Russe belliciste, le Chinois perfide, le Juif cupide, le Méditerranéen paresseux, le toxicomane dangereux, le RMiste qui vit sur le dos du contribuable, etc. La liste de ces stéréotypes est presque infinie et varie de pays en pays. Les cercles politiques qui y ont intérêt jouent sur eux avec virtuosité pour détourner l'attention des questions systémiques et des conflits de répartition, et une partie des médias joue activement son rôle de mégaphone. C'est ainsi que, depuis les années 2000, des démagogues de droite sont parvenus en maints pays à canaliser la colère des citoyens vers de nouveaux ennemis imaginaires et, de cette manière, à parvenir au pouvoir, y compris Jair Bolsonaro au Brésil, Narendra Modi en Inde, Donald Trump aux États-Unis, Rodrigo Duterte aux Philippines et Viktor Orbán en Hongrie. Comme cela avait déjà été le cas dans l'Europe de l'entre-deux-guerres, une partie du grand capital finance les réseaux et les partis d'extrême droite parce qu'elle y voit les dernières forces susceptibles de défendre ses privilèges. Les conséquences sont fatales, car la droitisation aggrave encore plus toutes les dynamiques conduisant à la crise globale : le risque de guerre autant que la fracture sociale et la dégradation de l'environnement.

Les limites ultimes de la biosphère

Pour marcher, la machine à accumuler a besoin d'un approvisionnement toujours croissant en énergie et en matières premières ; à l'autre bout de la chaîne, il en résulte une production de déchets et de gaz à effet de serre qui augmente aussi de manière exponentielle. Le lien entre croissance économique et destruction de la planète saute tellement aux yeux qu'il suffit de nos cinq sens pour le saisir. Quand on traverse les forêts saccagées de Bornéo ou d'Amazonie, les côtes du Nigeria ou du golfe du Mexique souillées par des marées noires, les régions irradiées de Fukushima et de Tchernobyl, les continents de déchets à la dérive dans l'océan Pacifique, les districts dévolus à l'exploitation des gaz de schiste aux États-Unis, les paysages ravagés par les mines de cuivre, d'or, de bauxite et d'uranium en Papouasie-Nouvelle-Guinée, en Inde, au Ghana ou au Chili ainsi que les îles des Caraïbes détruites par des ouragans inouïs – pour ne donner qu'un aperçu sommaire et arbitraire de la dévastation planétaire en cours –, on n'a pas besoin de s'enfermer dans les bibliothèques où s'entassent les études scientifiques sur la dégradation de la biosphère pour saisir l'essentiel : un système qui détruit ses propres conditions d'existence à un tempo si rapide n'a aucun avenir. En outre, la fin du pétrole bon marché (le « pic pétrolier ») et la raréfaction prévisible de matières premières stratégiques comme le cuivre et l'uranium posent à l'expansion continue des limites énergétiques et matérielles[81].

Face à ce constat, on ne cesse d'objecter que la consommation de ressources et la croissance monétaire seraient deux choses différentes ; que jusqu'à présent, il n'y aurait eu qu'une fausse sorte de croissance et que nous aurions besoin à présent d'une autre croissance, « verte » et « soutenable ». Le « découplage », voilà la formule magique : nous pourrions certes continuer à accumuler toujours plus d'argent, mais nous consommerions de moins en moins de ressources par euro encaissé. De fait, le découplage a déjà été mis en œuvre dans tous les pays industrialisés depuis longtemps, pour la simple et bonne raison que les entreprises ont tout intérêt à réduire leurs coûts d'approvisionnement et donc à économiser les ressources. Toutefois, la logique de la mégamachine veut que les entreprises ne fassent pas disparaître l'argent économisé dans un bas de laine, mais le réinvestissent pour accroître la production (ou la spéculation), tandis que les consommateurs dépensent chaque euro épargné sur un autre poste – un phénomène connu sous le nom d'« effet rebond[82] ». Même celui qui ne dilapide pas tout son argent, mais le place à la banque, le réinvestit dans le circuit économique puisque la banque « travaille » avec. Les idées de découplage et d'usage efficace des ressources n'augurent donc aucune solution.

Toute société humaine, y compris son économie, est un sous-système de la planète Terre. Elle vit des flux de matières dans ce système d'ordre supérieur, de sa capacité à mettre à disposition de l'eau, de l'air respirable, de la nourriture, des minéraux et des conditions météorologiques relativement stables[83]. La Terre peut très bien se débrouiller sans sociétés ni économies humaines, mais ces sociétés et ces économies ne peuvent pas un instant exister sans le système vivant ultracomplexe qu'est la Terre. Si le système d'ordre supérieur s'effondre, le sous-système périt aussi. Pour cette simple raison, l'idée que l'économie et la technique humaines puissent dominer la nature est aberrante. Un sous-système ne peut jamais prendre le contrôle du système d'ordre supérieur dont il dépend.

Un sous-système ne peut pas non plus grandir indéfiniment au sein d'un système d'ordre supérieur. S'il dépasse certains seuils critiques, le système d'ordre supérieur ne peut plus assurer certaines fonctions, ce qui en retour nuit à l'approvisionnement du sous-système. Bien des sociétés ont déjà dû en faire l'expérience, les Pascuans qui ont abattu leurs forêts jusqu'au dernier tronc tout comme les Mayas et les Vikings[84]. Mais l'effondrement de ces civilisations n'avait jamais qu'une portée régionale. En revanche, avec la monstrueuse force d'expansion et de destruction de la mégamachine qui s'est désormais emparée de la Terre entière, nous avons atteint des limites globales qui affectent presque tous les systèmes importants pour la vie humaine : les sols, les forêts, les mers, le climat, la biodiversité et le cycle de l'eau.

Dans l'histoire de la vie sur Terre, il y a eu cinq extinctions massives des espèces, connues également sous le nom des *big five*. La civilisation industrielle a mis en branle la sixième, la plus grande depuis 66 millions d'années, quand les dinosaures ont disparu. L'ONU prévient que le déclin dramatique des formes de vie est au moins aussi préoccupant que le changement climatique et qu'il met lui aussi en question la survie de l'humanité[85].

Depuis l'époque de la Révolution industrielle, on a perdu près d'un tiers des surfaces cultivables, la plupart au cours des quarante dernières années. À cause de l'agriculture industrielle, l'érosion des sols va dix à cent fois plus vite que leur régénération. À l'échelle du globe, 1 % de la terre arable est ainsi perdue en moyenne par an[86]. À cela s'ajoute le bétonnage des terres qui progresse à toute vitesse et l'empoisonnement des sols par les pesticides, l'élevage industriel et les métaux lourds. La fertilité en baisse des sols lessivés n'est encore compensée que par les engrais chimiques. Toutefois, leur production à l'aide du procédé Haber-Bosch exige des quantités considérables de pétrole qui, comme on le sait, se fera tôt ou tard rare et par conséquent cher.

La situation de l'eau n'est pas moins préoccupante. L'eau douce ne représente qu'environ 2 % de la quantité d'eau globale et elle est en grande partie contenue dans la calotte glaciaire des régions polaires, qui est déjà partiellement en train de fondre. L'agriculture industrielle engloutit près de 90 % des ressources utilisables en pompant non seulement dans les rivières et les lacs, mais aussi dans les réserves souterraines qu'on appelle les aquifères. La nappe phréatique Ogallala en Amérique du Nord par exemple, dans laquelle de grandes quantités d'eau douce se sont accumulées pendant des millions d'années, est raccordée du Texas au Dakota du Sud à des millions de pompes et, selon les prévisions, elle sera épuisée d'ici vingt à trente ans ; la question se pose de savoir comment l'ouest des États-Unis pourra alors s'approvisionner en eau potable[87]. On pourrait en dire de même des grands aquifères du Mexique, d'Afrique du Nord et du Proche-Orient. En Chine, plus de la moitié des réserves d'eau souterraines sont souillées par des résidus de l'industrie et de l'agriculture[88] ; en outre, le Nord souffre déjà d'une pénurie d'eau structurelle aggravée par la progression du désert de Gobi en direction de Beijing. Le gouvernement chinois veut faire face à cette crise avec l'un des plus grands projets d'infrastructures de l'histoire : un système de pipelines et de canaux qui pomperait l'eau du fleuve Yang-Tsé pour l'acheminer sur des milliers de kilomètres vers le Nord. Mais quand le niveau du « fleuve Bleu » tombera en dessous d'un seuil critique, la Chine du Nord sera elle aussi à sec.

Le changement climatique aggrave considérablement ces crises. Les grands glaciers de l'Himalaya sont déjà en train de fondre. Quand ils auront disparu dans quelques décennies, les grands fleuves que sont le Huang He (ou fleuve Jaune), le Yang-Tsé, le Brahmapoutre, l'Indus et le Gange ne vont plus charrier beaucoup d'eau en été, eux qui alimentent le sud de la Chine ainsi que le Bangladesh, le Pakistan et tout le nord de l'Inde. Personne ne sait ce que les 1,5 milliard de personnes concernées devront alors faire. Nul ne peut non plus prédire ce qui se passera quand les gouvernements devront choisir entre couper l'eau et l'électricité à leur industrie ou à leur propre population. Dans ces conditions, une seule chose est sûre : entre les blackouts, les catastrophes humanitaires et les révoltes, un management stable du système semble de moins en moins concevable.

Tandis que l'eau douce indispensable à la vie menace de ne plus dévaler des montagnes, le niveau des océans, quant à lui, s'élève. Un quart de la population mondiale vit dans de basses régions côtières. Les calottes glaciaires du Groenland et de l'Antarctique fondent bien plus vite que les climatologues ne le supposaient encore il y a quelques années. Une montée du niveau des mers de seulement 50 à 100 centimètres d'ici la fin du siècle – une estimation devenue entretemps bien optimiste – signifierait déjà que des mégapoles comme New York, Hong Kong, Shanghai, Calcutta, Dacca, Bombay, Jakarta ou Lagos devraient être à terme évacuées. Car non seulement le niveau d'eau *moyen* monte, mais les raz de marée dévastateurs comme l'ouragan Sandy (2012), le typhon Haiyan (2013) ou l'ouragan Harvey (2017) prennent une ampleur démesurée et détruisent les infrastructures[89]. Au Bangladesh, l'eau salée contamine déjà les sources d'eau douce, des régions entières deviennent inhabitables avant même qu'elles ne disparaissent sous la mer.

Si l'on combine ces divers facteurs – extinction des espèces, diminution des terres fertiles et des sources d'eau douce, sécheresses et inondations d'origine climatique, réserves de pétrole en baisse –, il pourrait y avoir d'ici 2040 un effondrement de la production alimentaire globale. C'est ce qu'indiquent aussi bien les scénarios actualisés du Club de Rome qu'une étude commanditée par la compagnie d'assurances Lloyd's[90].

Le dépassement des limites écologiques du système ne doit pas être pensé sans tenir compte de ses limites sociales et politiques ; car plus les conditions de vie naturelles seront détruites, plus les conflits sociaux s'aggraveront et pourront facilement virer au renversement politique, que ce soit par le biais de révolutions, de prises de pouvoir autoritaires ou de guerres. Les crises écologiques peuvent également provoquer des flux migratoires immenses qui, à leur tour, pourraient aggraver les conflits sociaux et déstabiliser des États entiers. En outre, les limites écologiques ne doivent pas être séparées des limites économiques. Une rupture d'approvisionnement en énergie de l'industrie chinoise peut par exemple déclencher un krach du système financier mondial qui, même sans cela, est déjà très instable.

Il est en fin de compte oiseux d'examiner à fond de tels scénarios puisque l'imprévisibilité de principe est justement la caractéristique décisive de la grande crise systémique dans laquelle nous nous enfonçons chaque jour un peu plus. Personne ne peut prédire quand, et dans quelle partie du système, quels sous-systèmes vont tomber en panne et quelles conséquences cela aura pour les autres éléments. Nous savons seulement que, tant que la mégamachine continuera de fonctionner, la probabilité de ce genre d'effondrements augmentera rapidement et que toute tentative aboutie pour dépasser *une* limite systémique et poursuivre l'expansion ne rendra que plus fatal le naufrage du système sur l'écueil suivant.

Malgré le caractère structurellement imprévisible de la situation, les stratèges en sécurité et les *think tanks* internationaux explorent depuis quelques années, de manière carrément obsessionnelle, divers scénarios de fin du monde dans l'espoir de trouver encore les moyens de gérer le système. Ils n'ont pas encore compris que l'ère du contrôle est révolue. Le fantasme d'un management global du système, d'une « gouvernance mondiale », s'effondre sous nos yeux et cède dans la panique la place à des mesures *ad hoc* : ici une entreprise militaire contre des « rebelles » et des « terroristes », là-bas le sauvetage de banques zombies ; ici, l'annonce jubilatoire de la découverte d'une nouvelle nappe de pétrole dans l'Arctique dont la calotte glaciaire fond à toute vitesse, là-bas un plan abscons de géo-ingénierie sorti du cabinet du Docteur Folamour. La mégamachine se précipite dans le mur et ses pilotes jouent à l'aveuglette sur divers régulateurs, ce qui ne fait finalement qu'empirer la situation. Car les seuls outils qui pourraient maintenant nous être d'une aide quelconque n'ont jamais été prévus : un frein et une marche arrière.

11.

POSSIBILITÉS

Sortir de la mégamachine

Au fond de la Moldau
[rivière Vltava] se promènent des pierres.
À Prague, trois empereurs gisent sous terre.
Le grand ne reste pas grand et le petit, petit.
La nuit a douze heures, puis vient alors le jour.
Bertolt Brecht,
Le Chant de la Moldau

La domination de l'homme par l'homme a au moins cinq mille ans d'histoire derrière elle. Nous ne savons pas si nous parviendrons un jour à bannir de notre planète cette invention aux conséquences si funestes. Mais nous savons que toutes les sociétés fondées sur la hiérarchie et la domination ont fini par s'écrouler. Aucun système social n'est éternel. Cette proposition est aussi valable pour le système-monde capitaliste qui s'est diffusé sur terre au cours des cinq derniers siècles. Son instabilité croissante et sa désintégration potentielle ouvrent autant la perspective d'un effondrement catastrophique que des opportunités de bifurcations radicales vers un ordre plus juste. Plus un système complexe est éloigné de l'équilibre, plus des mouvements infimes peuvent provoquer dans certaines circonstances des effets énormes, tel que le fameux papillon qui déclenche une tempête[1]. Cela est vrai pour le meilleur comme pour le pire.

La transition d'un système social complexe et hiérarchique comme la mégamachine vers d'autres formes d'organisation passe en général par des phases d'effondrement et des phases de réorganisation – sachant que ce processus peut durer des décennies ou même des siècles[2]. Certes, l'effondrement ou le collapse implique souvent le chaos, mais pas forcément l'apocalypse. Le « déclin de l'Empire romain (d'Occident) », tellement déploré, n'a par exemple pas pris la forme d'une destruction universelle, mais a été à long terme un immense soulagement pour la majorité des populations, notamment parce qu'il a entraîné la fin de l'esclavage, des appareils militaires monstrueux et de la charge fiscale oppressive.

Il faut néanmoins reconnaître que notre situation actuelle est bien plus périlleuse qu'il y a mille cinq cents ans, pour trois raisons : *primo*, nous vivons dans un monde où 15 000 ogives nucléaires et 600 millions d'armes à feu mettent nos vies en péril ; *secundo*, la destruction des écosystèmes planétaires progresse tellement vite qu'elle sape les conditions de vie de grandes parties de la population mondiale ; *tertio*, l'écroulement d'une société industrielle globalisée peut entraîner des problèmes vitaux d'approvisionnement, alors que dans une société agraire comme l'était la Rome antique, la réorganisation était clairement plus facile. Voilà pourquoi les stratégies de transition ne doivent pas s'occuper aujourd'hui uniquement de réorganisation économique. Elles doivent aussi savoir comment réagir à des défaillances brusques du système, à des difficultés d'approvisionnement et à une propagation de la violence.

Chaos et changement de système

On n'ébauche pas une nouvelle société sur une planche à dessin comme on le fait pour un nouvel aménagement intérieur, une machine ou une usine. Les nouvelles formes d'organisation sociale résultent de conflits persistants et de processus de convergence entre divers groupes. Ce qui ressort *in fine* ne peut par principe jamais être le résultat d'*un seul* plan, mais seulement la conséquence de nombreux plans, contradictoires ou convergents, qui se modifient les uns les autres au fil de leur confrontation. Parce qu'un tel processus se déroule de manière extrêmement complexe, non linéaire et chaotique, il est par principe impossible de prédire quelles directions vont prendre les changements qui nous attendent. Mais une chose est sûre : dans le chaos qui se dessine de nos jours, nous avons toutes et tous un rôle à jouer. Ce qui adviendra finalement sera, comme l'a expliqué le théoricien du système-monde Immanuel Wallerstein, le résultat d'un enchaînement infini de décisions individuelles qu'un nombre immense d'êtres humains vont prendre dans une infinité de situations[3]. Même si un sentiment d'impuissance et de résignation s'empare bien souvent de celles et ceux qui se confrontent à la toute-puissance apparente d'un système destructeur, tout ce que chacun pense et fait (ou ne pense pas et ne fait pas) compte néanmoins pour les bifurcations à venir.

Les grands changements de système ne résultent ni d'une transition lente et graduelle d'un mode d'organisation à un autre, ni d'*une* rupture volontariste sur le modèle de la révolution d'Octobre en Russie. Ils se font par un processus combinant la lente modification des rapports de force à de brusques crises. Lors de moments particulièrement critiques comme les faillites étatiques, les crises bancaires, les guerres ou les pandémies, le système peut basculer en tous sens. La direction qu'il prendra dépend à chaque fois d'un si grand nombre de facteurs qu'on ne peut tous les embrasser du regard : comment les divers groupes humains sont organisés, quelles idées circulent, quels sont les récits et les groupes qui gagnent en *visibilité*, quels groupes ont la possibilité de mobiliser la violence ou d'empêcher son emploi. Tout ce qui aura été fait, dit et pensé jusqu'à ces moments de basculement contribuera à créer la situation dont sortira un monde nouveau. Et l'on ne peut jamais prédire ce qui, dans ces moments, fera pencher la balance dans un sens ou dans l'autre. Personne ne pouvait savoir à l'avance qu'en 1955, le refus de l'activiste Rosa Parks de céder sa place à un Blanc dans un autobus du sud des États-Unis donnerait une impulsion décisive au mouvement afro-américain des droits civiques. Ou qu'une adolescente souffrant du syndrome d'Asperger, avec sa pancarte en carton devant le Parlement suédois, allait lancer un mouvement mondial pour le climat. Les situations politiques dans lesquelles les petites actions d'une Rosa Parks et d'une Greta Thunberg ont pu avoir d'aussi grandes répercussions sont quant à elles la résultante d'une infinité d'actes infimes qui n'apparaissent jamais dans nos livres d'histoire, en dépit du fait que le changement social ne serait absolument pas possible sans eux.

Le passage d'un système historique à un autre ne se décide pas à un unique moment de crise. Il prend la forme de séries de basculements en cascade où chaque bifurcation au point A aura des conséquences pour les embranchements suivants aux points B et C. Savoir si, en fin de compte, ce seront des nouveaux systèmes autoritaires qui parviendront à s'imposer ou bien des structures d'auto-organisation démocratiques, et si la Terre finira par être dévastée en grande partie ou bien restera encore plus ou moins habitable, cela dépend notamment de la manière dont les populations se préparent à ces ruptures systémiques et de la vitalité de leur capacité d'organisation. Ce qui signifie qu'il s'agit dès maintenant, pendant que la mégamachine fonctionne encore, de commencer à en sortir.

Un tel point de vue contredit tout autant l'impuissance que l'on ressent face à un système apparemment inamovible que l'idée d'un changement de système qu'une élite révolutionnaire pourrait programmer. Si tout ce que nous faisons et ne faisons pas compte sur la durée, chacun participe au processus d'ensemble, qu'il le veuille ou non. Il n'y a pas de spectateurs extérieurs. Personne ne peut savoir les effets que ses actions et ses idées auront à long terme.

Limiter les souffrances et bâtir l'avenir

Un tel processus de transformation présente deux faces qui se complètent et se recoupent : d'un côté, la résistance déterminée aux forces destructrices de la mégamachine qui, même déclinante, cherche à s'approprier les ultimes ressources. De ce point de vue, il s'agit de minimiser autant que possible les souffrances au sein de ce système moribond. D'un autre côté, il s'agit de construire de nouvelles structures sociales et économiques qui permettent de vivre et de produire chaque jour un petit peu plus en dehors de la logique de la machine, afin de lui substituer finalement de nouvelles institutions et de nouvelles règles.

Ensemble, les deux mouvements peuvent faire évoluer les rapports sociaux de telle sorte que le système bascule, lors de situations de crise où il devient instable, dans telle direction plutôt que dans telle autre. Dans cette perspective, il n'y a aucun sens à jouer la stratégie défensive contre les luttes offensives, la réforme graduelle contre la rupture révolutionnaire, le développement décentralisé des alternatives contre le démantèlement des grandes structures, comme cela a si souvent été le cas dans l'histoire des mouvements d'émancipation et comme on continue de le faire aujourd'hui. Car tout cela fait partie d'*un* seul et vaste processus. Ce qui est alors décisif, c'est que les divers acteurs qui se battent à leur niveau respectif pour un monde plus juste et plus durable reconnaissent qu'ils travaillent tous ensemble à une même mosaïque collective ; c'est aussi qu'ils apprennent à collaborer activement sur les questions et dans les phases stratégiquement importantes. Si chacun et chacune déclare que seule son utopie et seule sa stratégie préférées sont justes et tente de les imposer aux autres, cela aboutit à la fragmentation et à la destruction de la créativité collective – et fait ainsi le jeu des acteurs qui travaillent au rétablissement de structures autoritaires, que ce soit sous la forme du nationalisme, du fondamentalisme religieux ou du fascisme.

Résister, c'est plus que défendre

Sur toute la planète, il y a chaque jour des milliers de luttes contre des projets miniers, des forages pétroliers, des pipelines, des grands barrages, des autoroutes, des centrales nucléaires, des usines chimiques, la fracturation hydraulique, la spoliation des terres, la privatisation, la casse sociale, les expulsions, la militarisation et le pouvoir des banques. Ces luttes défensives sont tout aussi importantes que la construction d'alternatives ; car sans elles, même les meilleures initiatives venant d'en bas seront finalement laminées par l'insatiable mégamachine ou par le déchaînement chaotique de la violence.

Les luttes de résistance sont plus que défensives. Elles brisent les murs de l'esseulement et rassemblent les êtres humains atomisés. Quand des centaines de milliers de gens se mettent en grève en France contre une réforme des retraites qui réduira leurs pensions, ou quand des *Native Americans* bloquent avec des activistes et des écologistes un pipeline pétrolier aux États-Unis, ces combats permettent à leurs protagonistes de dépasser les barrières liées à l'éducation, à l'appartenance de classe et à la culture d'origine. Résister ensemble renforce les liens de solidarité, la confiance en soi et la prise sur le monde : les spectateurs impuissants et esseulés d'un panorama mondial de crises se transforment en concitoyens combatifs qui s'organisent et osent contrecarrer le pouvoir. Les luttes défensives servent souvent de points de départ à la construction d'alternatives, comme par exemple le mouvement zapatiste qui a commencé par un soulèvement contre l'Accord de libre-échange nord-américain (ALENA) et a construit au cours des vingt-cinq années suivantes, malgré une répression massive, des structures d'autoadministration remarquables. On pourrait en dire de même du territoire du Rojava (dans le nord de la Syrie) où la résistance kurde contre les régimes répressifs de la Turquie et de la Syrie s'est transformée en une nouvelle forme d'auto-organisation. Un planisphère de tous ces foyers de résistance, grands et petits, montre que le système apparemment invincible est depuis longtemps criblé de trous et de lézardes dans lesquels d'autres formes de vie et d'organisation matérielle se sont nichées[4]. Partout dans le monde, les humains cherchent de nouvelles manières de vivre ensemble et de travailler au-delà de la logique destructrice de la concurrence mondiale et de la croissance sans fin.

La révolution sans plan directeur ?

On entend souvent dire qu'il n'y aurait pas d'alternative crédible au système existant. Pourtant, ces innombrables mouvements et initiatives prouvent le contraire. Les humains sont tout à fait capables de prendre eux-mêmes, en tant que communautés, leur vie en main s'ils n'en sont pas empêchés par la violence structurelle et physique d'acteurs économiques, d'États ou de réseaux criminels – et en partie également par leur propre conditionnement. En termes d'alternatives (au pluriel), comme nous allons le voir dans ce chapitre, nous avons tout ce qu'il nous faut, que ce soit dans le domaine de la production des biens, de l'approvisionnement en énergie, du transport, de la technologie, de l'agriculture et de l'alimentation, de l'argent ou de la santé.

Ce qu'il n'y a effectivement pas, c'est un plan directeur pour construire *un* nouveau système qui remplacerait le précédent. Non seulement un tel plan n'existe pas, mais il n'y a plus grand monde pour penser qu'il en faille un. Ce scepticisme ne doit pas être confondu avec un épuisement des énergies utopiques. Beaucoup de gens pensent que l'utopie consiste justement dans la vision d'un monde qui ressemble plus à un bocage entremêlant les biotopes les plus divers qu'à un jardin à la française comme le parc du château de Versailles[5]. À la place d'un plan général s'esquisse un patchwork d'initiatives très différentes qui sont adaptées aux conditions locales et culturelles. Sortir de la mégamachine, c'est aussi prendre congé de la pensée universaliste qui – depuis la mission chrétienne jusqu'à l'idée de communisme mondial – a élevé la prétention à détenir et diffuser *la* vérité (voir le chapitre cinq). L'absence de plan directeur de ce type n'est pas un défaut, mais témoigne que des leçons ont été tirées des désastres passés. Ce qui pourrait prendre un jour la relève de notre mégamachine dévastatrice, ce n'est pas forcément *un* système, mais plutôt une pluralité de formes d'organisation sociale très variables en fonction des régions.

La quête d'un récit commun

Pourtant, un tel pluralisme peut aussi constituer un point faible aux conséquences fatales s'il empêchait la convergence des luttes à certains moments stratégiques, quand des ruptures systémiques se dessinent, afin d'occuper le terrain politique. Car les grandes transformations structurelles qu'il faut engager compte tenu des crises planétaires qui se multiplient ne peuvent être obtenues par une simple addition d'alternatives de niche : elles exigent de la coordination politique et des forces concentrées. De ce fait, il est décisif que les différents acteurs construisent des réseaux capables d'intervenir efficacement sur la scène publique et qu'ils élaborent un récit commun auquel tous puissent se référer.

Un récit est bien plus flexible, perméable et ouvert qu'un modèle de société bien élaboré. Alors qu'il est pratiquement impossible de s'accorder à l'avance avec des millions de personnes sur un projet de société commun et que l'on se divise facilement sur des questions de détail, les récits peuvent avoir un effet intégrateur. En articulant un certain nombre de valeurs fondamentales, ils posent un cadre souple dans lequel des propositions concrètes très différentes peuvent se retrouver. Ils permettent ainsi à divers acteurs d'avoir le sentiment de faire partie d'un projet commun et de pouvoir agir ensemble à certains moments, sans pour autant avoir à se soumettre au programme d'un parti.

Les éléments d'un nouveau récit émancipateur se sont dégagés de plus en plus clairement au cours des dernières décennies, même s'ils semblent entre-temps sombrer dans le chaos général du monde. En son cœur, il y a la construction d'un nouvel ordre économique :

- qui soit au service du bien commun et non du profit ;
- qui substitue la répartition juste à la croissance sans fin ;
- qui soit en mesure de coopérer avec les systèmes vivants sur Terre au lieu de les détruire ;
- qui promeuve la solidarité transfrontalière plutôt que la concurrence mondiale ;
- qui garantisse les mêmes droits à toutes et à tous sans considération de genre, d'origine ou de couleur de peau ;
- qui remplace les structures autoritaires par l'auto-organisation et l'approfondissement de la démocratie.

Si l'on tient ensemble tous ces aspects, alors se dessinent les contours d'une transformation profonde et générale de la société qui s'attaquerait aux racines communes des crises sociale et écologique.

Désenchaîner l'imaginaire

Sortir de la mégamachine commence dans nos têtes. Dès notre plus jeune âge, nous sommes conditionnés à entrer en concurrence avec les autres ; nous sommes notés, évalués et classés selon des catégories prédéfinies ; nous devons sans cesse nous mettre en valeur pour dénicher une place dans le monde ; notre représentation de la vie se réduit à gagner plus de points que les autres dans le concours pour le prestige et les revenus. Dans ce jeu, la valorisation de l'un se fait toujours au détriment d'un autre. Voilà pourquoi la mégamachine crée une pénurie artificielle non seulement de biens et d'argent, mais aussi d'affection et d'attention. Les stars attirent la vue de millions de gens sur elles tandis que nous n'adressons même pas un regard à notre voisin de palier, alors qu'il est peut-être une personne bien plus intéressante qu'elles. Nous sommes assis dans des cellules bien cloisonnées et regardons tous vers le haut. Sortir de la mégamachine commence par libérer notre regard et notre attention des œillères que leur imposent ces cellules, déchirer les murs qui nous séparent les uns des autres, éteindre les écrans de télé, voir qui est à côté de nous et cesser de lorgner vers le haut.

George Tooker : *Paysage avec personnages* (*Landscape with Figures*, détail, 1966).

Si nous y parvenons, nous pouvons alors commencer à imaginer une société qui repose sur la coopération plutôt que sur la concurrence ; qui ne crée pas le manque pour la majorité et la profusion pour une minorité, mais donne tout ce qu'il faut à tous ; qui ne doive pas compenser le vide affectif par un nombre de biens en croissance permanente ; et dans laquelle tout le monde puisse s'épanouir et enrichir ses liens aux autres, au lieu de faire tourner les moulins de l'accumulation.

La mégamachine n'a que l'apparence d'une machine. Plus on pénètre dans son fonctionnement, plus on voit qu'elle est faite d'êtres humains déguisés en rouages ; qu'à tous les niveaux, les « contraintes objectives » servent seulement de masques aux décisions humaines. Sortir de la machine signifie démissionner peu à peu de sa fonction de rouage et savoir démasquer, derrière le rideau de fumée des contraintes objectives, les décisions humaines susceptibles d'être infléchies. Car la machine ne fonctionne qu'aussi longtemps que nous l'alimentons. Comme Gandhi l'a reconnu à juste titre, aucun Empire britannique, aussi puissant soit-il, n'aurait pu contrôler toute l'Inde si les Indiens n'avaient pas collaboré d'une manière ou d'une autre à leur propre sujétion.

Sortir de l'accumulation du capital

Au cours des dernières décennies, les politiciens, les entrepreneurs ainsi que les représentants de nombreuses ONG ont beaucoup parlé, dans le débat sur les crises mondiales, de « responsabilité des entreprises » et d'« économie verte », de « gagnant-gagnant » et de stratégies de « développement durable » censées faire converger les intérêts du business, la protection de l'environnement et la justice sociale. Mais ces discussions négligeaient superbement le fait que, dans la salle des débats, il y avait un gigantesque éléphant que tout le monde essayait d'ignorer. Même les gens bien intentionnés ont refoulé de toutes leurs forces une évidence massive : c'est avant tout le principe de l'accumulation sans fin du capital, de la multiplication de l'argent au nom de la multiplication de l'argent, qui fait que notre système économique conduit la planète droit dans le mur. La raison d'un tel aveuglement est simple : faire sortir l'éléphant de la salle semblait une tâche trop colossale pour être réaliste, le bilan amer du socialisme réel était trop démotivant et l'idéologie néolibérale qui s'était imposée depuis les années 1980 était bien trop dominante pour ne serait-ce qu'évoquer l'idée de sortir du capitalisme. Mais plus il devient clair que tourner autour du pot n'avance à rien, que nous avons besoin d'une transformation qui aille bien plus loin que la simple pose de « garde-fous » pour l'économie, plus l'éléphant qu'on croyait presque oublié revient au centre de l'attention. De plus en plus de gens commencent à comprendre qu'il n'y aura pas de véritable virage socio-écologique si nous ne commençons pas par sortir de la logique de l'accumulation.

Aucune société n'a jamais été totalement régie par la logique capitaliste. Il y avait et il y a encore partout des secteurs d'activité plus ou moins importants qui sont structurés par la solidarité et la recherche du bien commun : la famille, le voisinage, les associations d'intérêt général, les services publics de santé et de distribution d'eau, etc. Une grande partie des laissés-pour-compte de l'économie mondiale ne peut en réalité survivre que grâce aux réseaux de solidarité[6]. Sortir de l'accumulation du capital signifie en premier lieu défendre ces secteurs, les étendre, les réinventer et les fédérer[7].

Couper les vivres aux multinationales

Tous les scénarios pour sortir de la mégamachine doivent tôt ou tard se confronter au pouvoir des grandes sociétés anonymes, qui constituent le moteur de l'économie capitaliste. À l'heure qu'il est, les 500 plus grands groupes au monde contrôlent au bas mot 40 % du produit mondial brut. Ils dominent une part considérable des processus de décision politique, de la production de savoir et des médias, et la tendance est à la hausse. En dépit de leur pouvoir évident, ces géants ont néanmoins un talon d'Achille, souvent négligé :

la plupart d'entre eux ne pourraient tout simplement pas exister sans l'aide des États. La « concurrence libre et non faussée » que les économistes ne cessent d'invoquer ne s'est jamais appliquée à eux, bien au contraire : leur pouvoir et leur richesse reposent en grande partie sur leur entrelacement avec la puissance publique.

Depuis leur apparition au début des Temps modernes, les grandes entreprises et les États modernes sont inextricablement liés et se sont développés en évoluant main dans la main (voir le chapitre six). Aujourd'hui encore, ils sont étroitement intriqués : les secteurs stratégiques comme le charbon, le pétrole, l'industrie automobile ou l'industrie agroalimentaire sont protégés et largement subventionnés par presque tous les gouvernements, que ce soit *via* des aides directes, des avantages fiscaux ou des privilèges commerciaux. D'après l'Agence internationale de l'énergie, rien que le secteur du pétrole, du gaz naturel et du charbon est subventionné chaque année dans le monde à la hauteur de 300 milliards de dollars US[8]. Sur la base de calculs différents qui tiennent aussi compte des dégâts environnementaux que le secteur provoque mais dont il est exonéré, le FMI en arrive au chiffre stupéfiant de cinq *billions* de dollars par an[9]. Auquel s'ajoutent les dépenses militaires pour assurer la sécurité des pipelines et des autres voies de transport. Avec nos impôts, nous finançons donc à coups de billions les organisations qui nous conduisent au chaos climatique.

Les gigantesques subsides accordés à l'industrie pétrolière soutiennent aussi massivement un secteur automobile mondial en crise. Si le véritable coût du pétrole était répercuté sur le prix à la pompe, se déplacer en voiture deviendrait hors de prix pour la plupart des gens et cette branche s'effondrerait. À cela s'ajoute, rien qu'en Allemagne, plus d'une dizaine de milliards de subventions par an déguisées sous forme de primes à la casse, d'exonérations fiscales pour les voitures de fonction, etc.

Bien qu'il soit responsable de la part des émissions de gaz à effet de serre qui augmente le plus vite, le transport aérien est lui aussi massivement soutenu. Ce sont avant tout les contribuables qui financent les infrastructures nécessaires, en particulier la construction d'aéroports. Le kérosène n'est pas taxé, les vols internationaux sont exonérés de TVA et le trafic aérien est largement épargné par les négociations sur le climat à l'ONU[10]. Les compagnies en difficulté financière comme Alitalia, Air France et Lufthansa sont sauvées de la faillite par des milliards d'euros de crédits publics ; les avionneurs Airbus et Boeing reçoivent, de manière directe ou non, des aides financières publiques qui se comptent en milliards. Sans toutes ces subventions, il serait impensable que l'avion soit en Europe moins cher que le train.

Rien que par l'Union européenne, l'agriculture industrielle pourtant tellement nocive pour le climat est subventionnée chaque année à une hauteur de 50 milliards d'euros.

Les aides bénéficient surtout aux grandes entreprises capitalistes tandis que les petits paysans doivent se battre pour survivre et que l'agriculture biologique reste un marché de niche.

Pratiquement tous les grands groupes profitent de paradis fiscaux qui ont été créés par les États et que ces derniers défendent bec et ongles – malgré toutes les promesses contraires. Dans l'Union européenne, l'argent public perdu en raison de l'évasion fiscale et de l'économie souterraine s'élève selon certaines estimations à 1 000 milliards d'euros par an. À moyen terme, récupérer cet argent permettrait de solder toutes les dettes publiques des États de la zone euro[11].

Cette liste d'exemples – que l'on pourrait poursuivre pendant des pages – montre que le « libre marché » n'est qu'un mythe qui sert à masquer le fait que les grands groupes apparemment tout-puissants ne peuvent vivre que sous perfusion d'argent public[12]. Un tel constat a un potentiel éminemment explosif. Car dans les démocraties, ce sont les parlements élus par les citoyens qui décident, du moins en théorie, de la manière d'utiliser le trésor public. Et les citoyens pourraient en principe décider que ces billions d'euros ne servent plus à financer les branches les plus destructrices de l'économie mondiale, mais plutôt la transformation socio-écologique. Voilà qui pourrait constituer l'un des leviers les plus puissants pour transformer la société en profondeur.

La décroissance du complexe métallurgico-fossile

Le secteur des mines et des énergies fossiles est – avec les industries qui en dépendent (la chimie, l'automobile, l'aviation, l'armement, l'atome, le ciment, etc.) – de loin le plus destructeur au monde. Quelle que soit la forme que prendra une transformation socio-écologique, elle ne pourra être effective qu'à condition que ce secteur décroisse radicalement dans son ensemble et que certaines de ses branches soient même complètement mises à l'arrêt. Comme la métallurgie et les énergies fossiles ont constitué pendant des siècles et forment encore de nos jours l'épine dorsale de la mégamachine, il ne faut pas s'étonner que leur démantèlement suscite des résistances énormes. Mais il y a aussi des signes d'espoir : le succès du mouvement antinucléaire allemand, parvenu au terme de décennies de luttes à obtenir une sortie de l'atome, montre que même des structures aussi puissantes que le lobby nucléaire sont vulnérables. Dans le mouvement mondial pour le climat, des millions de personnes de toutes générations participent désormais à des manifestations, des grèves scolaires et diverses formes de désobéissance civile.

Le blocage sur place de la déprédation des ressources joue de ce point de vue un rôle décisif. Car pour réduire rapidement les émissions, la méthode la plus efficace est de faire en sorte que les carburants fossiles restent sous terre.

En Équateur, au Nigeria, aux États-Unis, en Australie, au Canada, en France et en Allemagne, partout des citoyens s'opposent à la destruction de leur pays par la multiplication des mines à ciel ouvert, des puits de pétrole et des forages gaziers. En Allemagne, des milliers d'activistes ont plusieurs fois bloqué des mines à ciel ouvert de lignite, entre autres en Rhénanie où le groupe RWE exploite la plus grande source européenne de CO_2. L'occupation d'une forêt pendant des années est finalement parvenue à empêcher l'agrandissement de l'une des plus grandes mines de charbon au monde[13]. De même, les infrastructures liées au transport sont de plus en plus attaquées, parfois avec succès. En France, le grand projet d'aéroport à Notre-Dame-des-Landes a par exemple finalement été abandonné au terme de décennies de luttes.

À l'autre bout de la chaîne extractiviste, c'est-à-dire du côté de ceux qui la financent, le mouvement mondial pour le « désinvestissement » met la pression sur les investisseurs institutionnels comme les fonds de pension, les universités, les Églises, les compagnies d'assurances ainsi que les communes pour qu'ils cessent de mettre leurs capitaux à disposition de la filière des énergies fossiles. De New York et San Francisco à Berlin en passant par Oslo et Copenhague, de nombreuses villes ont déjà décidé de se retirer du financement des industries fossiles, de même que les universités Stanford et de Californie. Le succès de cette campagne ne consiste pas seulement dans le désinvestissement lui-même, mais aussi dans les discussions que cette démarche suscite au sein des universités, des Églises et des cercles politiques[14].

Reconvertir les infrastructures

Exercer une pression publique en faveur du désinvestissement ne constitue toutefois qu'un premier pas. Le suivant consiste à forger un cadre juridique qui coupe la manne financière aux secteurs destructeurs. Des caisses de retraite jusqu'à la Banque centrale européenne, il faut des règles contraignantes pour canaliser les flux monétaires vers la reconversion socio-écologique au lieu de les orienter vers la dévastation du monde. Car le passage à une société post-carbone exige des investissements massifs pour reconvertir toutes les infrastructures, de l'approvisionnement énergétique au logement en passant par le transport.

Cette reconversion ne consiste pas seulement à basculer aussi vite que possible vers les énergies renouvelables mais aussi à mettre au point une autre logique économique. Pour avoir une chance d'éviter un violent choc climatique, il ne faut pas seulement d'autres *formes* d'énergie, mais aussi une diminution massive de la consommation totale. Le système automobile le montre bien. La fabrication de voitures électriques dégage bien plus de CO_2 que la production d'automobiles conventionnelles, avant tout en raison des énormes batteries nécessaires[15]. À cela s'ajoute une très importante consommation d'eau douce, qui commence à se faire rare dans de nombreuses régions. Le projet de Tesla de construire sa nouvelle *Gigafactory* près de Berlin menace ainsi de siphonner les nappes phréatiques d'une région qui manque déjà d'eau. Si l'on remplaçait la flotte mondiale d'environ un milliard de véhicules personnels par des voitures électriques, cela augmenterait donc d'abord la charge écologique au lieu de la diminuer. En plus, comme le développement des énergies renouvelables prendra du temps, les engins électriques devront rouler longtemps grâce à du courant qui sera largement d'origine fossile. Par ailleurs, la construction d'éoliennes et de panneaux solaires engloutit elle-même des ressources considérables et émet des gaz à effet de serre. Voilà pourquoi, au lieu d'un simple changement de technologie, il faut une modification profonde de tous les rapports de production, des infrastructures et des formes de la vie sociale. Cela pourrait, si l'on s'y prend intelligemment, signifier pour la plupart des gens une amélioration de leur qualité de vie, même en cas de réduction drastique de la consommation de ressources.

Le système des transports est encore un bon exemple. Depuis des décennies, des concepts ont été mis au point dans le détail pour remplacer la circulation en voitures individuelles par des réseaux de transports publics, des pistes cyclables et des voies piétonnes[16]. Au lieu d'embouteiller les villes de demain avec des SUV électriques, nous pourrions reconquérir ainsi l'espace public urbain et les enfants pourraient à nouveau jouer dehors sans crainte. Pour ce faire, raccourcir les distances entre le travail, le domicile, l'école et les services élémentaires jouera aussi un rôle déterminant. L'initiative « Redémarrer la Suisse » a par exemple développé un modèle remarquable de reconversion écologique et sociale des villes. L'idée centrale est de constituer des « voisinages » de 500 personnes environ dans lesquels la vie et le travail se font à proximité, ce qui minimise les transports. Un lien étroit à l'agriculture régionale ainsi qu'à des ateliers de réparation sur place veille en plus à une réduction massive de l'empreinte écologique[17].

Pour parvenir à une véritable transformation socio-écologique, une autre question décisive est de savoir comment seront produites les énergies renouvelables : de manière centralisée par ces mêmes multinationales qui ont précipité la planète dans le désastre climatique, ou de manière décentralisée par des coopératives citoyennes et des services municipaux. Tandis que les grands groupes soumis à la pression de la rentabilité visent à vendre le plus possible de courant et à maintenir en marche la machine à accumuler, des services municipaux et des coopératives intelligemment conçus peuvent obéir à une logique de satisfaction des besoins. La remunicipalisation des centrales électriques et la création de coopératives citoyennes misant sur les énergies renouvelables locales sont depuis longtemps, en Allemagne, un modèle de réussite qui a inspiré beaucoup d'autres pays[18].

Le salut par un *Green New Deal* ?

Sous le nom de « nouvelle donne verte » sont discutées depuis quelque temps diverses propositions préconisant d'investir massivement dans une reconversion écologique de l'économie. Dans ce débat, il faut garder en tête que ces propositions sont conçues pour l'essentiel comme immanentes au système, à l'instar du *New Deal* aux États-Unis dans les années 1930. Il est malgré tout important de discuter ces propositions de manière à la fois critique et constructive, car elles peuvent au moins freiner l'effondrement écologique et accroître fortement les chances d'une reconversion radicale de l'économie à long terme.

Les propositions de *Green New deal* jusqu'ici les plus progressistes viennent de Yanis Varoufakis et Bill McKibben en ce qui concerne l'Union européenne, et d'Alexandria Ocasio-Cortez et Bernie Sanders en ce qui concerne les États-Unis. Par leur ampleur et par le type d'investissements promus, les deux programmes se distinguent fondamentalement du prétendu « pacte vert » que la Commission européenne veut sceller en 2020[19]. Alors que cette dernière ne parle que de 100 milliards d'euros par an, dont la moitié proviendrait du capital privé, les autres plans évoquent des investissements *publics* d'une hauteur de près d'un *billion* d'euros par an, soit vingt fois plus. Ces projets plus ambitieux ont pour objectif principal que la justice sociale progresse en même temps que la conversion écologique ; par contre, le programme de l'UE se présente explicitement comme un paquet de mesures pour relancer la croissance de l'économie, et il n'accorde pratiquement aucune place à la question de la justice sociale. Pour pouvoir apprécier à leur juste valeur ces programmes, il est crucial d'entrer dans les détails : s'agit-il seulement de changer de technologie et de développer de nouveaux marchés vecteurs de croissance, ou bien d'une reconversion en profondeur qui ferait reculer la quête de profit privé au bénéfice du bien commun ?

Se préparer à la prochaine crise financière

Le système financier compte parmi les secteurs du monde les plus massivement subventionnés et en même temps les plus ravageurs. Dans sa forme actuelle, il constitue un danger public non seulement à chaque fois qu'il se retrouve au bord du gouffre, mais aussi quand il fonctionne apparemment sans friction. Car il draine jour après jour les flux financiers mondiaux vers les multinationales qui sont justement les premières responsables des crises globales : les géants du pétrole ou du charbon, les rois de la spéculation immobilière, les groupes agro-industriels ou les fabricants d'armes. C'est pourquoi une réforme profonde du système financier est également cruciale dans la perspective d'un tournant écologique. Le mouvement pour le désinvestissement a certes commencé à mettre le système financier sous pression, mais ses succès sont plutôt symboliques. En revanche, une crise financière pourrait à l'avenir changer profondément la donne.

Aucune grande banque, que ce soit en France, en Allemagne, aux États-Unis ou en Grande-Bretagne, n'existerait sans les injections d'argent public qui, depuis 2009, se comptent en billions d'euros[20]. Les grands établissements financiers profitent non seulement de manière directe des milliards que les États ont investis pour les sauver ainsi que des crédits à taux zéro que les banques centrales leur ont accordés, mais aussi d'une garantie d'immortalité (*too big to fail*) qui leur procure des avantages compétitifs colossaux[21].

En cas de nouvelle crise financière mondiale, il ne faudra pas sauver les banques ou, en tout cas, ne pas le faire à tout prix. Il y a sans doute de bonnes raisons de tenter d'enrayer un krach complet du système, pour éviter des conséquences comme en 1929. Mais cela ne signifie pas qu'il faille continuer à alimenter le système des banques zombies. On dispose d'ores et déjà des moyens juridiques de mettre en morceaux les grandes banques défaillantes, afin de garantir d'un côté les dépôts existentiellement importants comme les retraites et, d'un autre côté, de mettre d'autres créanciers en faillite bien méritée[22]. Ce qui restera alors des banques pourra prendre d'autres formes juridiques qui soient au service du bien commun et non du profit privé[23]. De tels établissements financiers pourraient par exemple mettre de l'argent à disposition pour passer à l'agriculture biologique et aux énergies renouvelables produites de manière décentralisée. L'octroi de crédits serait soumis à des critères sociaux et écologiques stricts. Si les citoyens ont complètement laissé passer l'occasion d'une telle reconversion durant la crise de 2008, il pourrait en aller autrement lors du prochain krach : les peuples ne sont plus prêts à financer de nouveaux plans de sauvetage – et les gouvernements se retrouveront sous une pression considérable.

Dès lors, la question cruciale est de se préparer à une telle éventualité afin de pouvoir intervenir rapidement avec des propositions solides et une coalition bien organisée, prête à riposter. Si les mouvements sociaux et écologiques ne sont pas prêts, alors les forces néolibérales ou même fascistes risquent fort de profiter de la crise pour faire avancer leurs projets. Une société qui, depuis des décennies, est composée de téléspectateurs passifs ne saura que faire en cas de vacance soudaine du pouvoir, si ce n'est le remettre aux mains du premier démagogue venu. Des citoyens politiquement éveillés et bien organisés ont en revanche une chance réelle d'utiliser les crises systémiques comme points de départ pour une conversion de la société qui nous fasse sortir de la logique destructrice de l'accumulation.

La question de la propriété

Au cœur du débat sur un ordre économique alternatif se trouve la question de la propriété. Quand les gens luttent contre la privatisation des régies d'eau et d'électricité, des transports publics, des hôpitaux et des universités, quand ils squattent des maisons pour protester contre l'accaparement de leurs villes par les spéculateurs immobiliers, ils enrayent en même temps la machine à accumuler en la privant de ce dont elle se nourrit. Parfois, ils obtiennent des succès encourageants : à Paris, Berlin, Naples, Budapest, Buenos Aires et dans de nombreuses autres villes, les citoyens ont obtenu la remunicipalisation de la gestion de l'eau[24]. En Bolivie et en Uruguay, l'interdiction de privatiser les biens publics a même été inscrite dans la Constitution.

Dans le monde entier, il y a chaque jour des milliers de luttes, grandes et petites, contre les diverses formes d'« accumulation par dépossession » : du Pérou jusqu'à Madagascar, la résistance s'organise dans des dizaines de pays pour s'opposer au *land grabbing*, l'accaparement d'immenses fonds de terre par les groupes transnationaux[25]. Les villes aussi sont le théâtre de conflits toujours plus intenses pour savoir qui possède et contrôle les espaces de vie urbaine : les investisseurs privés ou les habitants eux-mêmes. Les loyers qui montent en flèche dans de nombreuses agglomérations suscitent une protestation permanente. Des fonds d'investissement immobilier d'envergure mondiale comme Brookfield, Blackstone ou Cerberus – dans la mythologie grecque, c'était le nom du chien qui gardait la porte des enfers – possèdent des centaines de milliers de logements. Dans maintes grandes villes, les habitants doivent désormais consacrer la moitié de leurs revenus, et même plus, à payer leurs loyers ; en fin de compte, ils triment comme des serfs pour assurer le retour sur investissement des fonds immobiliers. En plus, c'est ainsi que les circuits économiques locaux sont privés de ressources considérables qui filent dans les paradis fiscaux des Bermudes et des îles Caïmans, où les fonds ont établi leurs sièges sociaux.

Pour cesser de faire tourner comme des hamsters la roue du travail salarié et de l'accumulation, il est par conséquent de première importance de soustraire le logement à la logique du profit et de le remettre aux mains des habitants eux-mêmes. Quand on y parvient, on dégage sur la durée des quantités énormes d'énergie humaine et de temps libre susceptibles d'être consacrées à d'autres tâches qu'à nourrir les cerbères de ce monde. Pour aller dans ce sens, il est possible de créer des coopératives d'habitat qui sortent à long terme l'immobilier du marché. Afin de réunir l'argent nécessaire, on développe un peu partout des modèles de financement solidaire, par exemple celui proposé par le Mietshäusersyndikat, un réseau allemand de lieux autogérés[26]. Mais la fondation de coopératives d'habitants restera une goutte d'eau dans l'océan tant que les villes appartiendront en grande partie à des fonds immobiliers et à d'autres propriétaires privés qui fixent les prix. Voilà pourquoi des Berlinois militent en faveur d'un référendum pour exproprier les grandes sociétés immobilières et faire passer quelques 200 000 appartements en propriété publique[27]. La Constitution allemande permet expressément aux articles 14 et 15 les expropriations et les socialisations dans l'intérêt du bien commun. Le droit français aussi admet en principe la socialisation d'entreprises quand celle-ci se fait au service de « l'utilité publique » – un concept susceptible d'interprétations larges. Au lieu de racheter quelques immeubles au prix très exagéré du marché, le secteur public pourrait soustraire ainsi de grandes parties des villes aux griffes des marchés financiers.

La ligne de front des luttes liées aux droits de propriété traverse aussi le monde du savoir et même celui des gènes. Quand des mouvements s'opposent au génie génétique, au brevetage des semences, à la biopiraterie ou à des traités internationaux pour protéger les « droits de propriété intellectuelle » (par exemple l'Accord commercial anti-contrefaçon), la question qui est finalement posée est de savoir si l'on accorde aux entreprises privées un pouvoir total de disposition sur le vivant et la vie culturelle.

Lutter contre la violence structurelle des dettes

Les dettes sont depuis cinq mille ans un moyen décisif d'« accumulation par dépossession ». Dès qu'il tombe dans des difficultés financières, le débiteur perd souvent sa terre, ses biens et sa liberté au bénéfice de son créancier (voir le chapitre un). Cette violence structurelle a été et reste l'une des raisons cruciales de la concentration de la propriété et du pouvoir dans un petit nombre de mains. Comme l'économie capitaliste mondiale est prise dans une crise structurelle depuis les années 1970, la dette est devenue une méthode importante pour continuer à accumuler, et ce de deux manières. D'une part, l'endettement croissant des États et des ménages privés assure un flot durable d'intérêts aux détenteurs de capitaux[28]. D'autre part, les dettes offrent un moyen de s'approprier les biens hypothéqués par les États et les citoyens. Que ce soit en Grèce, en Irlande ou en Espagne, en Slovénie ou en Pologne, au Mexique, en Égypte ou en Thaïlande, la dette publique a été utilisée et continue à être employée comme levier pour contraindre les États à brader les biens publics aux investisseurs privés (voir le chapitre dix)[29]. L'expulsion de plus de dix millions de citoyens américains hors de leurs maisons depuis la crise financière de 2008 est un autre exemple de cette forme moderne d'accumulation primitive[30]. L'endettement favorise en outre le conformisme social et la docilité. Des frais de scolarité élevés forcent ainsi les étudiants à s'endetter massivement et à accepter après leurs études des emplois même aux pires conditions, afin d'assurer le remboursement de leurs dettes.

Pour sortir du piège de l'endettement, il y a en principe deux voies. La solution directe consiste à refuser totalement ou partiellement de rembourser. L'Équateur a pris cette voie en 2007 quand le gouvernement a mis en place une commission pour examiner les dettes à l'égard de l'étranger, laquelle en est venue à la conclusion que 70 % d'entre elles étaient

« illégitimes ». Les créanciers ont été obligés de se contenter en moyenne de 30 cents pour un dollar[31].

La seconde solution consiste à faire appel aux grandes fortunes – qui en fin de compte ne sont que le revers des montagnes de dettes – pour rembourser les créances, que ce soit par des impôts ou par des prélèvements. Bien entendu, les riches s'y opposent de toutes leurs forces, mais la pression monte sur les gouvernements[32]. C'est exactement à ce moyen évident que l'administration Roosevelt – sous la pression massive du mouvement ouvrier – a recouru dans les années 1930, en augmentant pour les riches les impôts sur le revenu jusqu'à 79 % et les droits de succession jusqu'à 77 %. Roosevelt est même allé jusqu'à réquisitionner en 1933 l'or amassé dans le pays pour financer son programme social. Les riches ont dû accepter d'ouvrir leur coffre-fort aux inspecteurs du fisc pour qu'ils en prennent les lingots d'or[33].

Le rôle des marchés

Le système économique qui domine actuellement crée, comme l'explique l'économiste britannique Tim Jackson, « des structures qui encouragent les investissements pervers » : il récompense ceux qui exploitent les humains et la nature sans le moindre scrupule et parviennent ainsi à externaliser les coûts de leurs activités ; et il entrave les investissements écologiquement et socialement sensés parce qu'ils rapportent peu ou pas de profits privés[34]. Toute une série d'initiatives s'attaquent à ce problème en tâchant de faire évoluer le cadre juridique de l'activité des entreprises. Par exemple, il y a le projet d'« économie citoyenne » qui, parti d'Autriche, a trouvé des relais partout dans le monde. L'idée consiste à inverser le cadre juridique des entreprises afin de récompenser non la concurrence pour le profit, mais la coopération dans la recherche du bien commun. À la place d'un simple bilan financier, toutes les entreprises doivent dans ce modèle présenter un « bilan citoyen » qui analyse les conséquences sociales et écologiques des activités de l'entreprise en tenant compte de toute la chaîne de création de valeur. Celui qui s'en tire bien paie moins d'impôts, obtient des meilleurs taux de crédit et est prioritaire sur les marchés publics. Les entreprises socialement et écologiquement destructrices paient de leur côté bien plus d'impôts, n'obtiennent pas de crédits ou seulement très chers, et ne bénéficient pas des commandes publiques[35]. Cela permettrait de remettre tout notre système absurde de subventions les pieds sur terre. Les secteurs destructeurs ne seraient à terme plus viables.

L'économie citoyenne prévoit en outre que les entreprises passent peu à peu, au-delà d'une certaine taille, aux mains des employés. Les cadres dirigeants sont élus et prennent les décisions avec un conseil dans lequel sont représentés les intérêts de tous les humains et de tous les écosystèmes au monde concernés par les activités de l'entreprise. À cela s'ajoute l'introduction d'un revenu maximal au niveau national, afin que les différences de revenus n'excèdent pas

1 pour 10. Pour permettre ces interventions radicales dans la propriété et l'échelle des revenus, il faut prendre des mesures complémentaires sur le plan de la politique commerciale et monétaire. Le contrôle des flux de capitaux, courant jusque dans les années 1970, devrait être réintroduit pour prévenir leurs fuites.

Les divers scénarios pour sortir de la logique du profit et de l'accumulation reflètent des conceptions très différentes du rôle qui doit revenir au marché et à l'argent. Alors qu'il s'agit pour les uns de les dépasser à terme complètement, d'autres misent plutôt sur le fait de donner aux marchés et aux moyens de paiement un autre rôle que celui qu'ils avaient joué jusqu'à présent. En dépit de cette divergence, un dénominateur commun se dégage tendanciellement : il ne faut pas abandonner à la logique du marché le soin d'assurer ce qui nous est nécessaire pour vivre. En ce qui concerne l'habitat, l'alimentation, l'approvisionnement en eau, l'énergie, la santé, la formation, la culture, la communication et la mobilité, il s'agit de mettre au point des formes de production et de répartition solidaires, que ce soit au sein de coopératives, de « communs[36] », de réseaux régionaux ou d'institutions publiques. Dans ce contexte, il y a aussi toute une série de propositions pour continuer à développer et faire évoluer les systèmes publics de sécurité sociale. Notamment, il y a une large discussion sur les diverses versions possibles du revenu inconditionnel d'existence[37].

La question de la croissance

Imaginons un instant que les principes d'une économie basée sur le bien commun soient mis en œuvre de manière conséquente dans un pays industriel comme la France ou l'Allemagne. Il en résulterait inévitablement que des secteurs économiques vastes et puissants déclineraient. S'il n'y avait plus ni subventions ni crédits bon marché pour financer la déprédation écologique d'entreprises comme Total, Bayer/Monsanto, Renault, Engie, BASF et Air France, si ces entreprises n'obtenaient plus de contrats publics en raison de leur bilan social et écologique désastreux, si ce qu'il en restait après leur démantèlement était transformé en coopératives, la plupart des grands groupes perdraient ce qui constitue la base de leur business et une part considérable de ce que nous appelons, dans une perspective étroite, « économie » s'effondrerait par la même occasion.

Mais la disparition de ces multinationales ne signifierait-elle pas la fin du monde, la chute dans une désindustrialisation cauchemardesque telle qu'on peut déjà la voir à l'œuvre à Détroit, dans maintes régions d'Allemagne de l'Est et dans certaines zones des Hauts-de-France ? Pas nécessairement. Car un tel bouleversement, qui se présente d'abord sous la forme d'un effondrement, pourrait en réalité susciter une puissante renaissance économique, à condition d'être mis en œuvre intelligemment[38]. Laisser tomber les subventions accordées aux multinationales et imposer de manière appropriée les grandes fortunes et les hauts revenus dégagerait des ressources publiques considérables pour soutenir les activités orientées vers le bien commun. La décroissance des secteurs destructeurs permettrait que d'autres branches prennent leur essor, par exemple l'agriculture paysanne et biologique, la production décentralisée d'énergie, les artisanats presque disparus et les ateliers de réparation, les centres de formation, les théâtres et les orchestres, le tourisme local doux et les transports publics – ainsi que des ateliers de production à visée écologique qui soient aux mains des employés. Pour les villes comme pour les régions rurales, cela signifierait un immense renouveau. Les centres-villes qui dépérissent sous la domination des grands groupes pourraient redevenir des espaces vivants émaillés d'innombrables petits commerces. Cela aurait aussi pour avantage que la vitalité économique des communes ne soit pas ponctionnée par des actionnaires extérieurs. Car lorsque j'achète aujourd'hui un café chez Starbucks, une bonne partie de l'argent dépensé est prélevée par les actionnaires, c'est-à-dire retirée du circuit économique local et absorbée par les marchés financiers transnationaux. Si en revanche je prends mon café dans un petit bistrot de quartier, mon argent reste plutôt dans le circuit économique local (et dans le circuit interrégional qui relie les producteurs de café à ses amateurs en Europe).

Le tournant agricole

Le dépérissement des cultures paysannes dans les campagnes – où quelques gros exploitants cultivent des centaines d'hectares, faisant disparaître tous les paysans à la ronde – prendrait lui aussi fin si l'agrobusiness industriel n'était plus subventionné, mais remplacé par une agriculture paysanne et biologique. Ce qui permettrait aussi que beaucoup plus de gens tirent de quoi vivre des activités agricoles.

Le revers d'une telle reconversion est bien entendu que la productivité du travail agricole baisserait nettement, c'est-à-dire la quantité de denrées alimentaires produite par unité de temps de travail. Un gros exploitant qui cultive des centaines, voire des milliers, d'hectares en faisant un usage massif d'intrants chimiques et d'engrais fossiles obtient évidemment – au moins à court terme – des rendements par tête beaucoup plus élevés que les fermes biologiques, qu'elles soient familiales ou collectives. Toutefois, le Conseil mondial de l'agriculture mis en place par la Banque mondiale et l'ONU en arrive dans son rapport général de 2008 à la conclusion sans équivoque que le changement climatique, la dégradation des sols et les famines ne laissent pas le choix : l'agriculture doit opérer un virage à 180 degrés[39]. Au lieu de tout faire pour accroître à court terme la productivité du travail, il s'agit de remettre au centre de nos considérations les bénéfices écologiques, sanitaires et sociaux à long terme des activités agricoles. Cela ne signifie pas revenir à un monde préindustriel, mais utiliser des méthodes de production qui préservent les sols, les eaux, le climat et les communautés humaines. Le rapport sur l'agriculture mondiale préconise un changement de direction vers une agriculture paysanne et écologique qui permettrait de bien nourrir l'humanité, et surtout de la nourrir durablement, même si le nombre d'habitants sur Terre continuait de croître. Ce qui signifierait que dans un pays comme la France, au lieu qu'il n'y ait que 2,5 % de la population qui travaille dans l'agriculture, il y en ait par exemple 15 % (autant que dans les années 1950) qui en contrepartie produirait des denrées alimentaires bien plus saines et préserveraient la planète. Tandis que la productivité du travail diminuerait, celle des surfaces (c'est-à-dire les rendements par hectare) pourrait même, quant à elle, être doublée par une agriculture écologique intelligente, comme le montre une étude d'Olivier de Schütter, rapporteur spécial pour le droit à l'alimentation aux Nations unies. Avec diverses méthodes agroécologiques comme la permaculture, qui renonce complètement aux engrais d'origine fossile, aux pesticides et aux tracteurs, les rendements par unité de surface pourraient même être dans certaines régions du monde multipliés par trois ou quatre par rapport à l'agriculture industrielle[40].

Sortir de la roue du hamster

Dans d'autres branches d'activité, ce n'est pas forcément la productivité du travail qui baisserait, mais le volume de production. Par exemple dans le secteur des transports. Si des entreprises passées en propriété collective se mettaient à fabriquer, à la place des voitures, des tramways, des trains et des bus, alors la production connaîtrait sans doute un certain boom pendant la période de transition ; mais à long terme, il faudrait moins de véhicules et moins de travail pour satisfaire le même besoin, celui de mobilité. Il en irait de même dans d'autres branches : si l'on construisait les ordinateurs et les téléphones de telle sorte qu'ils durent des décennies, qu'ils soient facilement réparables et que l'on puisse aisément en changer certains composants, on pourrait alors couvrir durablement le même besoin, celui de communiquer, avec seulement une fraction des dépenses actuelles en main-d'œuvre et en matériaux. En principe, cette nouvelle devrait susciter des cris de joie. Car le sens et le but de toute économie raisonnable ne devraient-ils pas être d'atteindre une certaine utilité avec le moins de dépense possible ? Ne pourrait-on pas se réjouir du temps libre ainsi dégagé, afin de l'utiliser pour les bonnes choses de la vie comme l'amitié, la culture et l'amour ?

Ce qu'il y a de déconcertant dans l'économie sous sa forme actuelle, c'est qu'elle transforme cette bonne nouvelle en chant de cygne. Car si nous avons besoin de moins de travail et de moins de biens, le PIB chute, c'est-à-dire la performance de l'économie mesurée en valeur monétaire. Dans les conditions présentes, ce serait une catastrophe pour les peuples comme pour les gouvernements. Tant que le principe suprême de l'économie est la valorisation sans fin de l'argent, une stagnation voire une réduction du PIB signifie que les détenteurs de capitaux n'investissent plus, que des millions de gens tombent au chômage et que les États courent à la faillite.

Dans un système économique basé sur des rapports de propriété, des formes juridiques et un cadre politique orientés vers le bien commun, ce ne serait toutefois pas forcément un problème insoluble. Car dans ce cas, les investissements ne dépendent pas des perspectives de profit, mais de l'utilité sociale. S'il fallait moins produire afin de permettre une vie bonne pour tous, les capacités ainsi libérées pourraient être transposées en réduction du temps de travail. Il faudrait alors une redistribution massive des revenus afin que tout le monde puisse vivre décemment même avec des emplois à temps partiel. Des pays comme la France ou l'Allemagne pourraient facilement, avec la moitié de leur volume de production actuel, accorder une vie bonne à toutes et à tous. On le comprend du seul fait que la plupart des gens dans les années 1970, alors que le PIB était (abstraction faite de l'inflation) moitié moindre qu'aujourd'hui, vivaient assez bien – et ce même dans les conditions capitalistes d'une répartition très inégalitaire des richesses. Si ce qui était produit était réparti de manière plus juste, même le niveau de vie des couches jusque-là les moins privilégiées s'améliorerait. Le secteur du logement permet d'identifier facilement le rôle décisif que jouent ici les rapports de propriété. Si les personnes ne dépensaient à l'avenir, dans des coopératives d'habitat libérées du profit, qu'un quart de leurs revenus au lieu de la moitié pour payer leurs loyers, alors ils auraient avec 75 % de leurs revenus d'aujourd'hui exactement le même niveau de vie qu'avant.

Produire moins et répartir plus justement ce qu'on a produit accroîtrait une forme de confort qui n'apparaît absolument pas dans le bilan général de l'économie nationale : l'abondance de temps[41]. Sortir du rôle de hamster faisant tourner la roue de la mégamachine à l'infini, cela signifie alors faire reculer la dominance du travail salarié et trouver de nouveaux équilibres entre le travail lucratif, les activités de soin, l'épanouissement personnel et l'engagement dans la société[42]. Cela ouvrirait de nouveaux espaces pour faire avancer l'égalité entre les sexes, la participation démocratique (qui, comme on le sait, est chronophage) et la pratique d'activités culturelles, au lieu de leur simple consommation.

Sortir par en bas : les voies nouvelles de l'auto-organisation

Le moteur de la mégamachine consiste à transformer de l'argent en plus d'argent, indépendamment du sens ou de l'absurdité des activités en question. Sortir de cette logique suppose de réintroduire la question du sens dans le domaine économique. Au lieu de nous demander : « comment relancer l'économie ? » ou « comment créer des emplois ? », la perspective s'inverse : pourquoi fabriquer toutes ces choses ? De quoi avons-nous vraiment besoin ? Comment pouvons-nous et voulons-nous le produire et le répartir ? À quoi peut-on renoncer ? Comment délibérer et décider collectivement de ces questions ?

Les fondateurs de la Cooperativa Integral Catalana se sont posé les mêmes questions et ont cherché à y répondre par la pratique. La coopérative est un réseau de plus de 5 000 collaborateurs. Son objectif est de produire de manière autonome le plus possible de ce dont ils ont besoin pour vivre. À la différence de ce qui se fait dans les coopératives traditionnelles, le pari consiste à ne pas se contenter d'organiser de manière collaborative tel ou tel aspect de la vie quotidienne, comme le logement ou la consommation, mais d'édifier un système économique et social complet. Pourtant, la coopérative n'est pas conçue comme une commune dans laquelle tout le monde vit et travaille ensemble, mais comme un réseau qui s'étend géographiquement sur toute la Catalogne et entretient aussi de nombreux liens avec le reste du monde, par exemple pour le développement de logiciels. Afin de faciliter les échanges entre les membres et le reste du réseau, la coopérative a créé sa propre « monnaie sociale » : l'eco. En outre, elle met en place des réseaux pour assurer la santé, la formation, le transport et le logement. Le but de tous ces efforts n'est pas de se retirer dans un isolement autarcique, mais de transformer la société.

L'attrait de cette initiative tient aussi à ce qu'elle permet de passer avec souplesse du travail salarié en dehors de la coopérative au travail collaboratif en son sein. C'est ainsi que le réseau peut grandir et apprendre petit à petit – sans la charge écrasante de devoir immédiatement assurer la subsistance complète de tous ses membres[43].

Au Brésil, les initiatives de ce genre sont encore plus avancées. Le réseau de « l'économie solidaire » relie plus de 20 000 initiatives impliquant plus d'1,6 million de personnes et dégageant un chiffre d'affaires d'environ quatre milliards d'euros. Il compte entre autres une centaine de banques communautaires qui éditent leurs propres monnaies. La trame de ce réseau est faite de collectifs et d'ateliers autogérés, sans chefs ni employés, qui se sont constitués pour organiser la production, l'échange et la consommation des biens sur la base de principes solidaires et écologiques. Les pionniers de cette « économie de la libération » rêvent que de telles structures puissent un jour transformer tout le système économique[44].

La résurrection des communes

Le « mouvement des villes en transition » lancé par Rob Hopkins en 2006 dans la petite ville anglaise de Totnes est aussi une tentative d'auto-organisation par en bas. Depuis, il a fait florès dans le monde entier. L'idée est la suivante : compte tenu du pic pétrolier, du changement climatique et des crises financières, trouver des voies qui libèrent les communes de la dépendance envers les énergies fossiles et les chaînes mondiales de création de valeur. Dans la perspective de la transition, les crises actuelles ne représentent pas seulement des menaces, mais aussi des chances : elles fournissent l'occasion d'engager des transformations économiques, sociales et culturelles qui insufflent une nouvelle vie aux communautés locales. Dans les villes en transition, les habitants peuvent partager les uns avec les autres leur savoir et leur créativité qui sinon restent en friche, que ce soit pour passer aux énergies renouvelables à l'échelle municipale, cultiver des jardins partagés ou construire des systèmes d'échanges locaux (SEL) à l'aide de monnaies régionales[45].

Une autre initiative semblable est le mouvement des « Incroyables comestibles » qui a fait évoluer la vie quotidienne dans plus d'un millier de communes du monde entier en promouvant la culture de plantes comestibles dans les jardins privés et les espaces verts publics. En invitant les habitants à transformer ensemble leur lieu de vie, elle est souvent parvenue à faire tomber les murs invisibles qui les séparaient. Et cela peut contribuer à rassembler les conditions pour qu'ils s'engagent ensemble dans une transformation de plus grande portée[46].

Toutes ces initiatives ont un principe central en commun : viser la *résilience*, c'est-à-dire la capacité de résistance. En écologie, la résilience désigne la capacité des systèmes vivants à assurer leurs fonctions vitales même si les conditions environnementales changent, et même en cas de choc soudain. Transposé à des communautés, cela signifie par exemple produire le plus possible à l'échelle régionale, afin de pouvoir amortir une éventuelle rupture des chaînes d'approvisionnement suprarégionales ; mais cela signifie aussi construire les relations de solidarité sociale qui permettent à une communauté de surmonter les crises sans exploser. Pour cela, un facteur décisif est la diversité : les monocultures (au sens large) manquent de résilience, comme le montre l'histoire de l'exploitation forestière (voir le chapitre huit) ou l'effondrement de villes industrielles comme Détroit. Par contre, une grande diversité de formes de vie et de structures économiques accroît le potentiel de résistance des systèmes sociaux – comme c'est aussi le cas pour les écosystèmes. Compte tenu des ruptures systémiques qui s'annoncent, cette capacité de résistance est d'une importance décisive pour réussir une véritable transformation socio-écologique[47].

À LA RECHERCHE D'UNE VRAIE DÉMOCRATIE

Les systèmes représentatifs du genre de celui que les « Pères fondateurs » des États-Unis d'Amérique avaient jadis imaginé sont de plus en plus souvent considérés aujourd'hui comme des entraves à un changement socio-écologique profond. Cela tient à des raisons diverses : d'une part, la crise du système mondial fait ressortir les déficits constitutifs d'un modèle qui est focalisé sur des objectifs à court terme comme les élections, et qui a été dès le début conçu pour écarter du débat toute remise en cause réelle du système (voir le chapitre neuf). D'autre part, la grande régression néolibérale des dernières décennies a sapé un grand nombre des acquis démocratiques qui avaient été obtenus de haute lutte[48]. Aux États-Unis, le système politique a ainsi été largement vidé de son sens par la corruption légalisée des représentants[49]. En Europe, des institutions non élues et influencées par les lobbies industriels comme la Commission européenne et l'« Eurogroupe » fixent une part considérable de l'agenda politique ; les programmes d'austérité qu'ils ont prescrits de manière autoritaire sont en bonne voie de détruire le projet d'intégration européenne[50].

La perte de crédibilité de la démocratie représentative se manifeste sous deux formes. D'une part, des courants antidémocratiques qui misent sur des solutions autoritaires ont un peu partout le vent en poupe ; l'essor de nouveaux mouvements et partis d'extrême droite presque partout dans le monde en est une bonne illustration, le triomphe des fondamentalismes religieux une autre. Même les appels à une dictature verte ou à un gouvernement technocratique mondial se font plus insistants[51]. Mais d'un autre côté, des mouvements émancipateurs se sont mis dans le monde entier à la recherche de nouvelles formes de démocratie permettant de surmonter les filtres que constituent la représentation, l'argent, les dettes ainsi que la manipulation de l'opinion publique ; on peut citer en exemple le mouvement des paysans sans terre en Amérique latine, celui des Indignés en Espagne, le « printemps africain », les nombreux mouvements indiens influencés par Gandhi et maintes initiatives suscitées par Occupy Wall Street aux États-Unis[52]. Ils ont tous en commun de ne plus voir dans la démocratie représentative le but ultime à atteindre, mais une étape intermédiaire sur la voie de l'autodétermination et de l'auto-organisation.

Aller au-delà de la démocratie représentative ne signifie toutefois pas y renoncer. Les droits conquis en plus de deux cents ans de lutte dans le cadre du système représentatif – si lacunaires et insuffisants soient-ils sans doute – sont un rempart décisif contre les forces qui attendent leur heure pour faire reculer la roue de l'histoire. Par conséquent, il s'agit de défendre le parlementarisme contre les forces autoritaires et le « coup d'État des multinationales » et, dans le même mouvement, de partir de la base pour édifier de nouvelles structures permettant de surmonter les limites de la démocratie représentative. Cette double stratégie est d'autant plus importante que la démocratisation par en bas n'en est qu'à ses débuts et demande beaucoup de temps. La démocratie directe et le principe du consensus sont déjà mis en œuvre avec succès dans de nombreuses structures locales, depuis les crèches parentales jusqu'aux coopératives de salariés. Mais comment ces principes pourront être transposés à de plus grandes formes d'organisation, c'est une question qui reste largement ouverte.

Certes, toute une série de théoriciens ont proposé des réponses à cette question, mais en définitive, seule la pratique permettra de la résoudre[53]. Il n'est de ce fait pas inutile de jeter un regard sur le passé. Le système représentatif est loin d'être le seul à avoir été expérimenté au cours de l'histoire. Lors de la Commune de Paris, au début de la révolution russe, pendant la révolution allemande de 1918-1919, durant la République espagnole, lors du Printemps de Prague en 1968 et au Chili avant le putsch de 1973, les travailleurs se sont organisés en conseils. Aucune de ces démocraties des conseils n'a échoué parce qu'elle n'aurait pas fonctionné ; bien au contraire, c'est justement parce qu'elles fonctionnaient que les élites ont recouru à la violence militaire pour les anéantir.

Le principe des conseils veut que les gens s'organisent eux-mêmes sur une base locale – par exemple selon leurs lieux de travail ou leur université, ou bien selon le pâté de maisons ou le quartier où ils habitent – et prennent ensemble les décisions qui les concernent. Quand il faut prendre des résolutions à un niveau supérieur, par exemple au niveau de toute une ville, les assemblées locales envoient des délégués. À la différence des représentants, ils sont liés à un mandat déterminé et révocables à tout moment. L'un des avantages d'une organisation de ce type est de dépasser radicalement la frontière artificielle tirée entre les sphères économique et politique : partout où des êtres humains font ou utilisent quelque chose ensemble, ils prennent aussi ensemble les décisions afférentes[54].

Les modèles historiques inspirent aujourd'hui encore de nombreuses initiatives. Les habitants de la province du Rojava dans le nord de la Syrie, à prépondérance kurde, ont depuis 2013 construit en pleine guerre civile des structures administratives autonomes qui reposent sur des conseils de village, de canton et de région[55]. Le passage à la démocratie économique a joué un rôle déterminant dans ce processus : les activités économiques de la région ont été réorganisées sous forme de coopératives de producteurs dans lesquelles les personnes impliquées peuvent déterminer les modalités et le contenu de leurs activités[56]. Toutefois, cette tentative remarquable d'auto-organisation est gravement menacée par les attaques répétées de l'armée turque.

La situation des Kurdes de Syrie illustre exemplairement l'ambivalence d'un effondrement des structures étatiques centralisées. La perte de contrôle du gouvernement syrien a certes ouvert des espaces de liberté qui ont d'abord rendu possible l'autogestion kurde, mais d'un autre côté, elle a aussi ouvert la porte aux seigneurs de la guerre et aux fanatiques religieux. Parce qu'ils se refusent à abandonner le contrôle autoritaire qu'ils exercent sur les habitants et les territoires, les États centralisés sont souvent l'un des plus grands obstacles pour une véritable démocratisation ; mais d'un autre côté, ils peuvent se révéler indispensables pour empêcher l'irruption de la violence chaotique. Voilà pourquoi il est crucial, quand on s'engage sur le chemin de l'extension et de l'approfondissement de la démocratie, de faire les deux choses en même temps : édifier des structures décentralisées par en bas *et* transformer les structures étatiques centralisées, afin qu'elles laissent la démocratie se déployer.

Surmonter l'apartheid global

Le système-monde moderne a créé au fil des siècles un système d'États-nations qui divise la planète en deux sphères : d'un côté, les pays précocement industrialisés qui se sont approprié les richesses du globe et contrôlent jusqu'à ce jour les chaînes de création de valeur ; de l'autre, le Sud global qui fournit des matières premières et de la main-d'œuvre à bas prix. Moins les conditions de vie y sont supportables en raison des guerres, de l'exploitation et du chaos climatique, plus ses habitants prennent la route pour tenter de rejoindre les régions du monde où l'on peut encore habiter plus ou moins dignement. Le Nord global réagit à ces mouvements de population en se barricadant d'une façon impitoyable, au point d'avoir créé un système d'apartheid global. Lieu de naissance, passeport et couleur de peau déterminent qui peut se déplacer dans le monde et où il a le droit d'aller. Les citoyens des États industriels peuvent facilement voyager à bon marché dans presque tous les pays ; soit ils n'ont pas besoin de visa, soit ils l'obtiennent facilement. En revanche, la plupart des ressortissants de pays comme le Mali, le Congo, l'Irak ou l'Afghanistan ne pourront jamais obtenir le droit de poser le pied dans l'Union européenne ou aux États-Unis, et sont de ce fait obligés de risquer leur vie au cours d'odyssées qui leur font traverser les déserts, les mers, les barrages de police et les réseaux de passeurs, tandis que de joyeux vacanciers passent au-dessus de leur tête dans des avions *low cost* en direction des plages ensoleillées du Sud. Celui qui arrive malgré tout aux frontières extérieures des pays riches bute alors sur les gardes-frontières surarmés de l'agence Frontex et de l'US Border Patrol. Du fait de la militarisation croissante des principaux accès à l'Union européenne, les demandeurs d'asile sont refoulés sur des voies de plus en plus dangereuses, ce qui fait que des dizaines de milliers de réfugiés sont déjà morts noyés en Méditerranée. Afin que les migrants n'atteignent même plus les frontières de l'Union, cette dernière soutient fortement la création, dans des pays comme la Libye, le Tchad et la Turquie, de camps où les réfugiés sont enfermés dans des conditions inhumaines. Et c'est ainsi que les États qui ne cessent de se réclamer des glorieuses « valeurs occidentales » orchestrent la création d'un nouvel archipel du goulag.

Les migrations de ces centaines de milliers de gens qui prennent la route pour briser cet apartheid global peuvent être conçues comme des « mouvements » dans tous les sens du terme : ces déplacements physiques sont en même temps un mouvement social en faveur de l'égalité des droits à l'échelle mondiale. Les soutenir suppose entre autres de s'engager en faveur du droit des réfugiés à immigrer en sécurité vers le Nord et à y séjourner durablement. Dans une perspective plus large, il s'agit de faire pleinement reconnaître par le droit international le statut de réfugié climatique, comme l'exige par exemple la Environmental Justice Foundation[57]. Les pays riches ont le devoir d'accueillir les personnes qu'ils ont privées, par le biais du chaos climatique qu'ils ont provoqué, de leurs moyens de subsistance[58].

La majorité des politiciens et des décideurs économiques d'Europe de l'Ouest prétendent défendre un « ordre international libre ». Mais ce que la notion de liberté signifie ici de fait, c'est la liberté de circulation du capital dans le monde. Voilà ce que montre l'ardeur avec laquelle les avocats de « l'ordre libéral » se sont engagés depuis des décennies pour abolir tout contrôle des flux de capitaux et, en même temps, pour renforcer constamment les frontières entre les pays riches et les régions pauvres du monde. Le cynisme structurel de cet ordre se manifeste dans le fait que l'on accorde plus de droits à l'argent qu'aux êtres humains. Un ordre juste et durable suppose au contraire d'accorder aux êtres humains la liberté de circulation et de poser des bornes aux mouvements de capitaux.

La démilitarisation de la société

Le développement du système-monde moderne au cours des cinq derniers siècles a été lié à une militarisation sans précédent qui, dès le début, a également servi à juguler les mouvements égalitaires. Aujourd'hui, les dépenses militaires mondiales atteignent chaque année plus de 1,8 billion de dollars US (ce qui correspond au PIB total du Brésil), soit 70 % de plus qu'en 1998[59]. La police s'arme, elle aussi : de nouvelles technologies de contrôle des foules comme les drones, les canons à son et les armes à ondes millimétriques sont en développement et, pour certaines, déjà en usage[60]. De nombreux pays comme la France ont créé dans les vingt dernières années des unités de *robocops* qui font penser à des escadrons militaires[61]. Comme l'a montré une étude du Réseau international des organisations de défense des libertés civiles, les violences policières contre les manifestants pacifiques se multiplient de manière préoccupante partout dans le monde[62]. Des dizaines de « gilets jaunes » ont été éborgnés à coups de LBD par la police française. La transposition des principales mesures de l'état d'urgence, censées par définition être temporaires, dans le droit commun sous la présidence d'Emmanuel Macron en 2017 n'est qu'un exemple de ces législations draconiennes qui suspendent en partie la séparation des pouvoirs et donnent carte blanche à la police.

Toute perspective de transformation sociale doit se confronter à la réalité de ce monde hérissé de baïonnettes ; car même les meilleures initiatives peuvent être en un clin d'œil écrasées par les chars ou étouffées dans les gaz lacrymogènes – comme les manifestants en ont fait l'amère expérience ces dernières années, d'Istanbul à Paris et du Caire à New York. L'écrasement particulièrement brutal du mouvement Occupy à New York et dans d'autres villes états-uniennes à l'automne 2011 a été coordonné de manière centralisée, comme le prouvent des fuites de documents internes du FBI, par cette agence gouvernementale et le ministère de l'Intérieur en étroite collaboration avec les banques de Wall Street[63]. Les ministères, les services secrets et les polices locales se sont comportés de fait comme les bras armés des intérêts privés. Ce cas montre que les mouvements, dès qu'ils dépassent un certain seuil et commencent à écorner le système, peuvent être confrontés très rapidement à une violence paramilitaire massive, même dans des États formellement démocratiques.

Sur le plan physique, les activistes et les mouvements sociaux n'ont la plupart du temps pas grand-chose à opposer. C'est pourquoi leur meilleure arme reste de délégitimer publiquement la violence – ce qui présuppose tout d'abord de la rendre visible. Dans les années 1960 et au début des années 1970, les images troublantes de la guerre du Vietnam et des violences policières contre les étudiants avaient contribué de manière décisive à délégitimer les gouvernements et limiter le recours à la violence. La grande régression dans les médias (voir le chapitre dix) a certes depuis conduit à ce que les journalistes cèdent de moins en moins à leur penchant de « prendre parti pour les droits de l'homme plutôt que pour l'autorité et les institutions[64] » ; mais en même temps, un univers médiatique parallèle difficilement contrôlable est apparu avec Internet. Dans cette situation embrouillée, les médias alternatifs comme l'émission américaine d'actualités et d'analyse *Democracy Now !* et les organisations comme Wikileaks, qui enquêtent sur le pouvoir et ses abus, jouent un rôle déterminant. En mettant en lumière la violence, ils contraignent les gouvernements à faire des concessions et procurent ainsi aux mouvements d'émancipation un peu d'espace pour respirer. Cet espace est d'autant plus important que les systèmes de surveillance modernes ont entretemps mis en place « tous les ressorts d'un État totalitaire prêt à l'emploi », comme l'a dit le fondateur de Wikileaks Julian Assange[65].

Le rôle des mouvements pour la paix

La paix ou du moins l'absence de guerre est sans doute la condition la plus importante pour que des transformations du type de celles décrites dans ce chapitre aient des chances de voir le jour et de se développer. C'est pourquoi les mouvements pour la paix jouent un rôle clé. L'une des questions décisives pour l'avenir est de savoir si les États-Unis vont accepter ou non de renoncer de manière relativement pacifique à leur rôle hégémonique global, devenu intenable au XXIe siècle. Aussi longtemps que le système-monde a existé, le déclin d'une puissance hégémonique et l'essor d'une nouvelle se sont toujours soldés par de longues guerres dévastatrices. En temps de crise, les guerres sont en outre souvent utilisées comme l'occasion propice de justifier le pilotage autoritaire de la mégamachine et d'étouffer les conflits internes (voir le chapitre neuf). Mais les déflagrations militaires peuvent être évitées. Les chances d'y parvenir pourraient même être meilleures aujourd'hui que lors de phases historiques antérieures.

Cela tient entre autres au fait que, alors que la mégamachine commence à s'effondrer, on ne voit se dégager à l'horizon aucune superpuissance qui puisse reprendre le rôle des États-Unis, mais plutôt quelque chose comme un monde multipolaire[66]. Le centre de gravité de l'économie mondiale se déplace à vue d'œil vers la Chine qui sera sous peu la plus grande puissance économique. Mais à la différence des États occidentaux jadis, la Chine ne mise pas sur la conquête et la domination militaires, mais surtout sur le commerce, comme elle l'a déjà fait à d'autres époques[67]. Les « nouvelles routes de la soie » – le plus grand projet d'infrastructure de l'histoire, censé relier la Chine avec l'Europe et l'ouest de l'Asie – servent notamment à sortir de l'ornière menant à une confrontation militaire avec les États-Unis en mer de Chine méridionale. Des éléments sont donc en place pour que s'instaure un nouvel ordre mondial, multipolaire et pacifique. À cela s'ajoute le fait qu'aux États-Unis les voix exigeant une baisse des colossales dépenses militaires se multiplient. Renoncer au rôle de superpuissance pourrait apporter d'immenses avantages à la population des États-Unis, car cela libérerait les moyens financiers pour une reconversion socio-écologique. Dans un tel contexte, les mouvements pacifistes aux États-Unis ont une importance cruciale. Ce qui s'impose de toute urgence, c'est surtout de démanteler les arsenaux nucléaires qui représentent une grave menace pour notre survie. En 2017, 122 des 193 pays membres des Nations unies ont voté un Traité sur l'interdiction des armes nucléaires. Toutefois, les puissances atomiques n'ont pas participé aux négociations et presque tous les membres de l'OTAN ont, sur instruction du Pentagone, boycotté la démarche onusienne[68].

Renoncer à l'idée de dominer la nature

La naissance et l'expansion de la mégamachine ont dès le début été étroitement liées à l'idée que l'homme domine la nature (voir le chapitre sept). Comme un souverain sur ses sujets ou un Dieu tout-puissant sur ses créatures, l'*Homo faber* moderne dispose du monde et le reconfigure selon ses désirs. Renforcée par les technologies miraculeuses du complexe métallurgico-fossile, l'idée fallacieuse s'est établie au cours des derniers siècles que nous pourrions manipuler le vivant et le soumettre à nos fins de la même manière que les métaux et les hydrocarbures. Les exemples montrant qu'une telle conception repose sur des erreurs funestes sont légion, depuis la « révolution verte », le génie génétique et l'énergie atomique jusqu'à l'idée que nous pourrions piloter le système climatique ultracomplexe de la Terre grâce à la « géo-ingénierie[69] ».

Compte tenu du bilan dévastateur du gigantisme technologique et de la pensée linéaire, des tentatives importantes ont été faites depuis les années 1970 pour formuler une nouvelle approche de la technique qui mise sur la coopération avec la nature plutôt que sur son contrôle et sa domination. Ces conceptions visent à une pluralité de solutions décentralisées, à petite et moyenne échelle, qui sont adaptées à leurs conditions locales respectives (*appropriate technology*[70]).

La technique n'est pas seulement une question de rapport entre l'humain et la nature, elle configure aussi les relations interhumaines et les structures sociales. Le philosophe Ivan Illich a forgé le concept d'outil « convivial » pour désigner les techniques qui permettent une vie sociale autonome et économe en ressources, et nous libèrent ainsi des structures aliénantes et destructrices du gigantisme technologique[71]. Mais une discussion sur la question de savoir quelle technique nous voulons, et à quelle fin, ne peut avoir de sens qu'une fois que nous aurons congédié l'idéologie voulant que l'augmentation de la productivité et de l'efficacité soit le seul critère dont il faille tenir compte dans le développement et l'usage des techniques. Les robots infirmiers peuvent bien accroître la productivité dans le domaine du soin mais, dans une perspective sociale, ils ne représentent sûrement pas un progrès. Se libérer de la dictature de l'efficience suppose toutefois de substituer à la concurrence des structures économiques coopératives. Car dans les conditions de la rivalité sur les marchés, ce sont tendanciellement toujours les technologies orientées unilatéralement vers la productivité à court terme qui vont s'imposer. Voilà pourquoi la coopération entre les humains et la coopération avec la nature sont les deux faces de la même médaille.

L'art de coopérer avec des systèmes vivants complexes

Un bon exemple de double collaboration de ce genre est le système d'irrigation que les riziculteurs de l'île indonésienne de Bali utilisent depuis plus de mille ans et qui garantit une répartition de l'eau extrêmement efficiente, socialement juste et écologiquement soutenable[72]. Son fonctionnement ne repose ni sur la planification centrale, ni sur le mécanisme du marché, mais sur une forme décentralisée d'auto-organisation dans laquelle la sphère humaine et les cycles écologiques sont étroitement entrelacés. Tous les paysans qui dépendent d'une même source pour irriguer sont réunis dans un *subak*, terme qu'on pourrait traduire par « eaux reliées ». Les *subak* sont organisés de manière radicalement démocratique, les hiérarchies liées aux castes ou à la richesse sont suspendues. Le calendrier des fêtes célébrées dans les temples des *subak* sert à coordonner les périodes d'inondation et d'assèchement des champs. Le rythme d'irrigation qui en découle favorise la stabilisation d'un écosystème local très complexe et garantit en même temps une répartition juste.

Dans les années 1970, un groupe d'ingénieurs suisses commandités par le gouvernement indonésien arriva à Bali pour convaincre les riziculteurs que leur système était inefficace et irrationnel parce qu'ils gaspillaient leur temps en rituels et discussions absurdes et laissaient trop longtemps les champs en jachère. Ils proposèrent que les paysans plantent à l'avenir le riz aussi souvent et aussi rapidement que possible, indépendamment du calendrier religieux, et utilisent en outre des pesticides, des engrais de synthèse et des variétés à haut rendement afin de maximiser leurs récoltes. Il en a résulté un désastre : les récoltes ont été en grande partie dévorées par des ravageurs, la fertilité de la terre a diminué et le chaos s'est répandu. Le gouvernement a finalement été contraint de revenir au système des *subak*.

L'exemple montre le rôle décisif que jouent les pratiques culturelles pour régler les rapports humains à la nature d'une manière favorable à la vie. Ce que les ingénieurs suisses écartaient comme du « bla-bla religieux » ou un « tralala irrationnel » s'est en fin de compte avéré être un élément indispensable au bon fonctionnement d'un système autorégulateur complexe. C'est exactement ce qu'exprime le concept balinais du *Tri Hita Karana* qui est au fondement du système des *subak* et vient d'entrer au patrimoine mondial de l'Unesco : un équilibre des flux entre les écosystèmes et les besoins humains, tant matériels que spirituels[73].

Dans cette perspective, la question de la technique nous mène bien au-delà de questions purement techniques. Il s'agit de « reculturer » nos pratiques économiques et nos institutions sociales qui, au cours des derniers siècles, ont été coupées de leurs dimensions culturelles. Penser toute la vie sociale comme culture (au lieu de réduire ce terme au petit domaine des soirées musicales ou théâtrales) signifie redécouvrir le travail comme une activité culturelle qui ne produit pas seulement des choses, mais crée aussi des liens et du sens ; cela signifie aussi comprendre la formation comme quelque chose qui vise l'épanouissement complet de la personnalité – et non la réduction de l'être humain à un rouage fonctionnant sans frottement au sein de la machine économique. Il n'y a en fait aucun domaine de notre vie qui n'ait besoin d'être reculturé d'urgence. La valeur des autres mondes que nous pouvons peut-être créer ne tiendra pas seulement à la question de savoir s'ils seront écologiquement soutenables et socialement justes, mais aussi aux fêtes et aux chants auxquels ils donneront lieu.

POSTFACE

L'ombre de l'hydre : les pandémies et les limites de l'expansion

Alors que je retravaillais ce livre pour les versions françaises et anglaises, la pandémie de Covid-19 se propageait sur Terre. De nombreux gouvernements y ont réagi en prenant des mesures drastiques : une limitation massive des libertés fondamentales, le confinement des citoyens et une mise à l'arrêt de pans entiers de l'économie. Une dizaine d'années seulement après le krach financier de 2008-2009, la crise du coronavirus a de nouveau violemment ébranlé l'économie globale avec une récession qui pourrait même se révéler plus grave que la crise économique mondiale de 1929. Pour le moment, personne ne peut prédire quelles en seront les conséquences politiques à long terme. Bien que ces deux crises aient des causes très différentes, elles ont pourtant en commun de mettre en lumière la vulnérabilité et l'instabilité croissante de l'ordre mondial actuel.

Les pandémies et la crise de la biosphère

Un aspect de cette question n'a pas encore suscité l'attention qu'il mérite : le lien entre les pandémies et la destruction de la biosphère, qui progresse à toute vitesse. Depuis les années 1970, des agents pathogènes nouveaux et parfois mortels ont fait irruption de plus en plus souvent et se sont rapidement propagés dans le monde grâce à la circulation mondialisée des biens et des personnes : le VIH, les virus Ebola et Zika, les pathogènes provoquant les grippes aviaires et porcines ainsi que divers types de coronavirus, parmi lesquels le virus du SRAS et le SARS-CoV-2, responsable du Covid-19. Au moins 60 % de ces nouvelles maladies proviennent des bêtes et, parmi ces zoonoses, deux tiers viennent d'animaux sauvages et un tiers de l'élevage intensif[1].

Dès le début de la sédentarisation et surtout l'émergence des premières civilisations urbaines il y a cinq mille ans, l'élevage a fait à l'humanité une série de cadeaux empoisonnés : la rougeole et la tuberculose viennent des vaches, la coqueluche des porcs et la grippe des canards. Les vaccins et les antibiotiques ont pu endiguer une partie de ces maladies au cours du XXe siècle. Mais avec la diffusion de l'agriculture industrielle et le parcage de milliards d'animaux domestiques dans des espaces extrêmement réduits, nous avons créé une pépinière de maladies qui, de plus en plus, échappent à tout contrôle. Tenter de les maîtriser par le recours excessif aux antibiotiques ne conduit à long terme qu'à la propagation de pathogènes multirésistants contre lesquels nous n'avons aucun remède. Quant aux virus – contre lesquels les antibiotiques ne sont de toute façon d'aucun secours –, l'industrialisation de l'agriculture leur donne l'occasion non seulement de muter très rapidement, mais aussi de parvenir jusqu'au corps humain et de s'y adapter. Le virus de la grippe aviaire H5N1 a par exemple contaminé de manière isolée des êtres humains en atteignant un taux de létalité moyen d'environ 60 % – incomparablement plus grave que le SARS-CoV-2 qui est à l'origine de la panique de 2020. De nombreux épidémiologistes estiment que, tôt ou tard, de tels germes vont muter et devenir bien plus contagieux qu'ils ne l'étaient.

Plus encore que des animaux domestiques, les épidémies modernes proviennent des animaux sauvages. Cela tient surtout à ce que leurs habitats sont de plus en plus détruits, notamment par le déboisement des forêts. Le virus Ebola vient ainsi des chauves-souris et a fait son apparition en 2017 avant tout dans des régions d'Afrique où la déforestation avait progressé de manière particulièrement rapide. Les animaux privés de leurs habitats se mettent par la suite à vivre toujours plus près des implantations humaines, leurs excrétions entrent dans notre chaîne alimentaire. Il en est allé de même dès la fin du XIXe siècle quand les colonisateurs belges ont fait défricher les forêts du Congo pour mettre en place des plantations de caoutchouc et construire des réseaux ferroviaires afin de transporter le cuivre depuis les mines vers les ports. Les macaques expulsés de leur milieu naturel se sont alors introduits dans les agglomérations humaines où ils ont propagé un certain lentivirus, qui s'est peu à peu adapté au corps humain. Aujourd'hui, nous le connaissons sous le nom du virus de l'immunodéficience humaine (VIH)[2].

De ce point de vue, les pandémies se révèlent résulter du projet de domination coloniale moderne. La tentative de soumettre la nature au contrôle humain et la planète entière aux objectifs de l'accumulation sans fin engendre des réactions imprévues qui se répercutent sur le système et peuvent même finir par le faire chanceler. Les pandémies sont un bon exemple de la myopie de la pensée linéaire qui repose sur l'idée erronée qu'on puisse contrôler le monde vivant par le moyen de chaînes linéaires de cause à effet – c'est-à-dire en exerçant sur lui un pouvoir d'après le modèle du commandement et de l'obéissance (voir le chapitre un). Or, les systèmes naturels ne peuvent être pilotés et contrôlés comme des machines. Ils réagissent comme l'hydre dans le mythe d'Hercule : pour chaque tête coupée, il en repousse deux autres. Tout ce qui vit repose sur des boucles de rétroaction qui ne sont pas linéaires et dans lesquelles chaque effet est à son tour la cause d'innombrables autres impacts, la plupart du temps imprévisibles. Les pionniers de l'industrie du bois ont dû en faire l'amère expérience dès le XVIIIe siècle : dans l'ignorance complète des boucles de rétroaction complexes qui font la trame de l'écologie forestière, ils ont certes réussi temporairement à maximiser le rendement des forêts en les transformant en monocultures, mais ont été confrontés quelque temps plus tard à un effondrement de ces écosystèmes (voir le chapitre sept). De manière similaire, la civilisation industrielle prise comme un tout déclenche au XXIe siècle de plus en plus de réactions écologiques en chaîne qui, en fin de compte, font chuter les rendements, tout d'abord de manière temporaire comme lors la crise du coronavirus, mais finalement, si le rythme des crises continue à s'emballer, de manière durable. C'est le destin typique des civilisations en voie d'effondrement.

Dans un tel contexte, le concept de « limites écologiques » induit en erreur puisqu'il suggère que l'on va tôt ou tard buter sur un plafond qui limite la croissance, comme une plante qui pousserait dans notre salon. Mais les « limites de la croissance » auxquelles nous avons affaire sont d'un tout autre type. Elles évoquent plutôt un dragon qui dort profondément et qui se fait agacer par des gens autour de lui. Jusqu'à un certain seuil, les nuisances ne vont pas le déranger et il ne va rien se passer, si ce n'est que le monstre va peut-être grommeler ou remuer dans son sommeil. Mais dès qu'on dépasse le point de basculement et que le dragon se réveille, il n'est plus possible de revenir en arrière.

Ne suscitant qu'une attention marginale de la part du grand public, nombre de ces seuils sont en train d'être dépassés et mettent en branle des bouleversements de long terme qui sont autrement plus graves que la pandémie du Covid-19. La désintégration de l'inlandsis Ouest-Antarctique, qui va provoquer à lui seul une montée du niveau de la mer de sept mètres à long terme, risque d'être déjà irréversible. La forêt tropicale d'Amazonie s'approche de son effondrement à cause de la déforestation, des incendies et du réchauffement climatique ; ce qui constitue un des plus importants puits de CO_2 de la planète peut donc se transformer très vite en une gigantesque source d'émissions. Dans les régions polaires nordiques, le permafrost fond en libérant un gaz à effet de serre extrêmement puissant : le méthane. Passé un certain seuil, ce processus s'autoalimente et peut conduire à une accélération du dérèglement climatique qui rendrait la Terre largement inhabitable.

L'irrationalité structurelle du système

La crise du coronavirus a révélé une schizophrénie fondamentale de notre civilisation : tandis que tous les moyens ou presque sont bons pour endiguer le Covid-19 – même une paralysie temporaire de l'économie –, les gouvernements n'ont en quarante ans presque rien fait pour désamorcer la crise climatique. Ils ne sont parvenus ni à des objectifs de réduction contraignants qui soient même de loin compatibles avec l'objectif de limiter le réchauffement à deux degrés, ni à un programme de transformation rapide des infrastructures et de l'économie. Et ce bien qu'il y ait un très large consensus scientifique sur le fait que le progrès du chaos climatique est bien plus dangereux, et de loin, que le coronavirus. Les systèmes politiques réagissent aux crises de court terme en paniquant et en prenant des mesures *ad hoc*, tandis que les ruptures de long terme sont de fait ignorées – si l'on fait abstraction de certaines belles paroles. De ce point de vue, la « société du savoir et de la connaissance » dont on parle tant se révèle une chimère : car c'est précisément là où le pronostic scientifique est de la plus haute importance pour la survie de l'humanité, à savoir dans la question climatique, qu'il reste politiquement lettre morte. Mais comment en est-on arrivé à un comportement aussi schizophrène et absurde ?

La première réponse, assez courante, est relativement évidente : alors que notre système politique est orienté vers le court terme, l'effondrement de la biosphère est un problème de long terme. Quand un tiers du Bangladesh sera submergé dans quelques décennies, quand la chaleur excessive aura rendu inhabitables de larges pans du Moyen-Orient et de l'Afrique et quand même les forêts européennes se dessécheront, presque tous les politiciens qui dirigent aujourd'hui le monde ne seront plus en fonction depuis longtemps, et la plupart seront déjà morts.

La seconde réponse, moins commune, tient au racisme structurel du système : les victimes du chaos climatique sont avant tout les populations les plus pauvres de la planète, notamment dans le Sud global. Le coronavirus ne s'est en revanche pas arrêté devant les barrières de classe et de nationalité. Certes, il a partout touché plus violemment les pauvres ; pourtant, les couches supérieures des pays industrialisés ont été menacées de même. Tandis que des milliers de caméras transmettaient en flux continu les images filmées dans les services de soins intensifs dédiés aux patients souffrant du Covid-19, diffusant ainsi un sentiment de fin du monde, presque personne ne se souciait des millions d'habitants du delta du Mékong dont les récoltes sont d'ores et déjà détruites par la salinisation des eaux.

Les raisons pour lesquelles nous réagissons de manière tellement différente à la pandémie du Covid-19 et à la crise climatique plongent toutefois leurs racines bien plus profondément dans les structures économiques, politiques et idéologiques qui constituent l'armature de la mégamachine. L'impératif suprême de ce système est l'accumulation sans fin de capital. C'est sur ce principe que reposent les institutions économiques les plus puissantes de la planète : les grandes sociétés de capitaux qui contrôlent à peu près la moitié de l'économie mondiale. Elles ne peuvent exister qu'en expansion, en générant toujours plus d'argent, car c'est leur seule finalité. Certes, la mise à l'arrêt de l'économie durant la crise du coronavirus a aussi affecté le bilan de ces multinationales, mais il est très vite apparu clairement que les États les renfloueraient à coups de milliards d'aides publiques, comme ils l'avaient déjà fait lors de presque toutes les crises précédentes. Ce n'est ni nouveau, ni surprenant puisque le système-monde moderne n'a jamais reposé sur des marchés libres, mais toujours sur l'entrelacement étroit de l'État et du capital (voir le chapitre six). La crise du coronavirus a même massivement fait le jeu de certaines multinationales comme Amazon, en balayant la concurrence du marché. Les petites et moyennes entreprises qui emploient de loin la plus grande partie des salariés dans le monde sont touchées de manière incomparablement plus dure par les mesures sanitaires et, en cas de faillite, elles ne seront pour la plupart pas sauvées. Il en résulte ce que les économistes appellent par euphémisme un « assainissement du marché » : les structures monopolistiques ou oligopolistiques renforcent leur emprise. Les géants du numérique, comme Google et Microsoft, ont par ailleurs profité de la crise du coronavirus pour accélérer encore l'informatisation de tous les domaines de la vie et accroître ainsi considérablement non seulement les possibilités de surveillance, mais aussi leurs profits[3].

Cet arrière-plan explique pourquoi, malgré quelques protestations éparses, la résistance des lobbies économiques à la mise à l'arrêt de l'économie a été si mesurée, et pourquoi les États ont pu agir de manière aussi massive. La contraction économique générale n'était que temporaire, les pertes ont été compensées de manière plus que généreuse et les structures fondamentales de la mégamachine en sortent non seulement conservées, mais aussi en partie renforcées.

Il en va tout autrement avec la crise des systèmes écologiques qui assurent la vie sur Terre. Car elle nous force, si nous la prenons au sérieux, à remettre en question les fondements de notre système économique : l'expansion et l'accumulation sans fin. Le *business model* et même la raison d'être des acteurs économiques les plus puissants de la planète seraient inévitablement au cœur du débat si l'on devait engager une transformation écologique sérieuse. Cela est également vrai en ce qui concerne les causes profondes des pandémies : pour empêcher à l'avenir leur apparition et leur propagation, il faudrait mettre un terme à l'expansion économique et à la destruction des milieux naturels qu'elle entraîne. Mais cela supposerait de mettre en cause les fondements de l'ordre capitaliste. Il n'est donc pas étonnant que tous les leviers aient été actionnés, durant les dernières décennies, afin d'empêcher que ces questions soient mises à l'ordre du jour. Dans une logique d'autoconservation du système à court terme, c'est certes rationnel. Mais à long terme, cela ne fait qu'accélérer la fuite en avant vers l'effondrement global.

L'aggravation des inégalités mondiales

La crise du coronavirus a renforcé les inégalités sociales préexistantes, tant à l'intérieur des États, qu'entre pays riches et pauvres. Tandis que les plans de sauvetage généreux ont mis les multinationales à l'abri et que les couches supérieures, grâce à leur matelas financier, n'ont pas été existentiellement menacées par la mise à l'arrêt de l'économie, des millions de gens pauvres, que ce soit en Inde ou dans le sud de l'Europe, ont vu leur subsistance mise en cause. D'autant plus que les systèmes de santé détruits à force de coupes budgétaires et de privatisations étaient à peine encore en mesure, dans nombre de pays, d'assurer les soins de base pour la population. Pourtant, le SARS-CoV-2 n'est même pas un virus particulièrement dangereux, comparé par exemple au H5N1.

Pour les migrants, la fermeture des frontières à la circulation des personnes a signifié une nouvelle aggravation de leur condition déjà misérable. Sur l'île grecque de Lesbos, 20 000 réfugiés ont dû végéter dans le camp de Moria, prévu pour 3 000 personnes maximum. Les autres États de l'UE n'ont même pas daigné accueillir quelques milliers d'entre eux. La situation des réfugiés montre clairement comment les gouvernements mettent peu à peu en place un système d'apartheid global afin de dissuader les victimes du chaos climatique, de la guerre et de la paupérisation d'essayer de trouver refuge dans les parties du monde où il est encore possible de vivre dignement[4]. Les États-Unis et l'Union européenne ne sont pas les seuls espaces à se barricader vers le sud en recourant massivement à la violence militaire. L'Inde a déjà installé une clôture de quatre mètres de haut tout le long de sa frontière avec le Bangladesh – au prétexte d'endiguer le trafic de drogue. Mais à long terme, il s'agit d'empêcher l'immigration des Bangladais qui vont perdre leurs terres à cause de l'élévation du niveau de la mer.

Ce régime d'apartheid global, qui interdit aux victimes du système l'accès aux pays riches et enferme dans des camps celles qui s'y essaient quand même, traumatise et génère du désespoir, de la colère et finalement de la haine. Pour survivre, de plus en plus de personnes déracinées se jettent dans les bras des mafias et d'autres organisations armées. La violence qui en résulte déstabilise des régions entières et précipite le système encore plus vite dans le chaos.

La crise du coronavirus comme modèle de gouvernance autoritaire ?

Plus les fractures sociales, économiques et écologiques rendent le système chaotique, plus se pose urgemment la question de savoir comment contrôler encore la mégamachine en des temps si troublés. Le dilemme auquel les élites économiques et politiques étaient confrontées dès le début du XXe siècle (voir le chapitre neuf) réapparaît au XXIe siècle sous une forme encore plus aiguë. L'option du contrôle autoritaire entre à nouveau, comme jadis, dans le champ des possibles. La crise du coronavirus et la suppression de la vie sociale pourraient en effet être un avant-goût de la manière dont les gouvernements vont tenter à l'avenir de piloter un système de plus en plus fragile : par un régime de crise qui suspend la démocratie, d'abord de manière provisoire et un beau jour de manière durable. Pour retirer aux citoyens les droits démocratiques obtenus de haute lutte, il faut une légitimité forte ; et la meilleure justification, à cette fin, reste la lutte contre un ennemi extérieur surpuissant dont il faut se prémunir par tous les moyens. C'est à cela qu'a servi la « guerre contre le terrorisme » depuis 2001. Bien que les accidents de voiture et les agents pathogènes hospitaliers multirésistants fassent mille fois plus de morts par an dans l'Union européenne que les attentats, quelques politiciens et journalistes sont parvenus à faire du terrorisme – en particulier quand il est attribué aux « islamistes » – la grande menace pour la civilisation[5]. Nous sommes régulièrement exhortés à défendre « nos valeurs occidentales » par tous les moyens, y compris la guerre et la restriction de nos libertés civiles. C'est ainsi qu'il a été possible de généraliser la surveillance, d'augmenter les budgets militaires et de militariser la police – et également de détricoter les droits des réfugiés. En outre, la peur du terrorisme a été éminemment utile pour détourner l'attention des dangers bien plus menaçants qui n'émanent pas d'un Orient fantasmé comme barbare, mais du cœur de la civilisation occidentale : l'effondrement de la biosphère et la menace croissante d'une guerre nucléaire.

De ce point de vue, la crise du coronavirus et l'état d'urgence biopolitique qu'elle a occasionnée ont pris, pour un certain temps, la relève de la guerre contre le terrorisme qui avait déjà perdu une partie de sa force de persuasion, comme motif pour légitimer les mesures autoritaires. Dans les deux cas, la rhétorique se ressemble de manière stupéfiante : les chefs d'État comme Emmanuel Macron, Pedro Sánchez (Espagne), Giuseppe Conte (Italie) et Donald Trump ont décrété la « guerre au virus ». « L'ennemi, comme l'a dit le président français, est là, invisible, insaisissable, qui progresse. Et cela requiert notre mobilisation générale. Nous sommes en guerre[6]. » Le schéma est bien connu : la nation doit faire bloc face à un ennemi perfide qui veut l'anéantir et, dans ce but, elle doit remiser les conflits intérieurs, les libertés civiles et plus largement toutes les autres questions.

Il ne s'agit pas de remettre en cause la nécessité pour les États de prendre des mesures face à une pandémie comme celle du coronavirus. Mais au-delà des stratégies mises en places pour éviter les infections, il est manifeste que la crise a été utilisée par de nombreux gouvernements pour renforcer la tendance, déjà évidente, vers des structures autoritaires. Les mesures de 2020 ont montré, de manière indubitable, que l'État pouvait en un clin d'œil retirer aux citoyens leurs droits démocratiques.

Pour certains, c'était comme si une fenêtre s'était subitement ouverte et avait un moment laissé entrer le vent glacial d'une dictature en puissance. Même si nous réussissons à refermer cette fenêtre, nous savons désormais ce que pourrait signifier que nos libertés soient suspendues du jour au lendemain (une expérience que les populations de nombreux pays du Sud global ont pu faire maintes fois). Les ennemis mortels à combattre, les catastrophes justifiant tout changeront sans doute. Mais la mise à l'arrêt de la vie sociale a déjà été expérimentée, avec assignation à résidence, interdiction des rassemblements et des manifestations, surveillance totale, contrôle des relations personnelles et dénonciation des réfractaires.

La fin de la vérité et l'instabilité du pouvoir idéologique

Alors que les démocraties représentatives deviennent manifestement de plus en plus instables dans maintes régions du monde, il n'y a aucune raison de penser que les structures autoritaires qui se substituent en partie à elles puissent être fondamentalement plus stables sur la durée. La variabilité des légitimations de l'état d'exception leur donne forcément une certaine volatilité. À force de déclarer la guerre au terrorisme, puis à un virus, puis de nouveau aux migrants, les ficelles finissent par s'user ; à force de changer d'ennemi, les gens sont désorientés et se lassent. D'autant que, pour la plupart, ils ne peuvent associer à la lutte contre tous ces ennemis la perspective d'améliorer leurs propres conditions d'existence, bien au contraire : ils s'enfoncent dans la spirale de la régression sociale. De cette manière, on ne voit pas comment atteindre une stabilité politique sur le long terme.

À cela s'ajoute le caractère de plus en plus friable du pouvoir idéologique. Beaucoup de gouvernements autoritaires arrivés au pouvoir depuis 2010 s'appuient, pour assurer leur domination, sur la diffusion délibérée de *fake news*, tant par les réseaux sociaux que par les grandes chaînes de télévision et les journaux qui suivent leur ligne politique. Certes, mentir n'était jamais quelque chose d'exceptionnel pour les gouvernements, cela fait partie des moyens politiques ordinaires, même dans des pays relativement démocratiques ; et c'est le rôle d'un public vigilant et d'une presse critique que de mettre au jour ces mensonges. Les dictatures, quant à elles, ont appuyé leur pouvoir depuis toujours sur la propagande. Mais ce qu'il y a de nouveau dans la situation actuelle, c'est que le concept de vérité est lui-même en train de chanceler, pour plusieurs raisons : d'une part, à cause d'une perte de crédibilité massive des médias établis et, d'autre part, du fait des attaques systématiques contre les sciences, en particulier celles du climat, venant de certains gouvernements et des lobbies qui se trouvent derrière eux.

Durant toute l'histoire du système-monde moderne, le pouvoir et les sciences ont entretenu une relation ambivalente. D'un côté, les détenteurs de capitaux et les dirigeants politiques avaient besoin des chercheurs pour développer de nouvelles technologies permettant de poursuivre leur expansion économique et militaire ; c'est pour cette raison qu'ils ont massivement financé un certain type de recherche. La naissance des sciences modernes au XVIIe siècle est incompréhensible en dehors de ce contexte (voir le chapitre sept). Mais d'un autre côté, les sciences mettaient aussi en évidence des vérités extrêmement dérangeantes, comme le fait que la combustion de carburant fossile détraque le climat, que le déboisement des forêts déclenche des pandémies ou que l'utilisation des pesticides provoque le cancer. Face à ces connaissances gênantes, la stratégie employée jusque-là a été avant tout de les ignorer aussi longtemps que possible. Quand cela n'était plus possible, on a recruté des savants comme conseillers ou organisé chaque année, comme dans le cas des conférences sur le climat, de grandes réunions scientifiques qui donnaient l'impression que quelque chose allait être fait – juste pour pouvoir ensuite reprendre le *business as usual*. De cette manière, les sciences étaient formellement reconnues – tandis que sur le plan politique, elles étaient de fait ignorées.

Maintenir cette façade intacte était et reste, pour une raison précise, très important pour la stabilité du système-monde moderne : car la mégamachine est idéologiquement fondée sur la prétention qu'elle serait le système le plus rationnel de l'histoire humaine, à tous les égards supérieur aux autres. Mais s'il devient notoire que cette civilisation prétendument si rationnelle reste parfaitement sourde aux informations les plus importantes, parce que décisives pour notre survie, alors les maîtres de ce système se trouvent face à un sérieux dilemme : soit ils attaquent frontalement les sciences, nient les connaissances qu'elles produisent et abandonnent ainsi le mythe de la rationalité qui constitue l'un des fondements de cette civilisation ; soit ils réagissent de manière appropriée aux données scientifiques et engagent sur-le-champ une transformation sociale et écologique profonde de la société.

Comme la seconde option semble, dans la logique du système, trop effrayante, voire inimaginable, la seule issue consiste à sacrifier la prétention à la rationalité. Et c'est exactement ce que font instinctivement les leaders politiques de la nouvelle droite comme Jair Bolsonaro et Donald Trump. Le succès de leurs attaques contre les autorités scientifiques se nourrit du sentiment diffus que, depuis longtemps, l'« establishment » trompe systématiquement la majorité des citoyens. Cette impression ne peut pas être balayée d'un revers de la main : les économistes néolibéraux n'ont-ils pas diffusé pendant des années, avec leur pseudo-science, des pronostics erronés et de fausses promesses, livrant ainsi la société à un véritable pillage ? Un bon nombre des politiciens et des médias qui se plaignent aujourd'hui des *fake news* n'ont-ils pas eux-mêmes justifié des guerres offensives (par exemple contre l'Irak) à l'aide de *fake news* ? L'humanité ne se retrouve-t-elle pas embarquée dans une série de crises économiques et écologiques incessantes par un establishment autosatisfait ?

Le désarroi profond et la colère que ces expériences engendrent dans de larges pans de la population peuvent être facilement détournés vers un bouc émissaire. S'en prendre à la science, comme le fait la nouvelle droite, est une tactique politiquement très habile, car elle fait ainsi d'une pierre deux coups : elle peut d'une part détourner des questions systémiques et d'autre part lever les obstacles qui s'opposent à l'expansion de la mégamachine. C'est pour cela que cette perspective est si attirante pour les puissants groupes d'intérêts économiques.

Toutefois, cette stratégie implique en même temps d'ôter tout fondement à l'idée de vérité. Avec la façade de la rationalité s'effondre aussi toute possibilité de confiance durable en un ordre stable. L'histoire nous enseigne qu'une certaine stabilité idéologique, un cadre de référence qui est largement accepté et n'est pas remis en question, est indispensable au fonctionnement durable des systèmes sociaux. D'où peut bien venir cette stabilité quand de plus en plus de gens ont la sensation que l'ordre du monde s'effrite et qu'il n'y a plus aucun critère de vérité ?

Les chances de transformation sociale

En période de crise, les sociétés se retrouvent soudainement face à des bifurcations inattendues qui peuvent les engager dans des voies différentes. Dans la conjoncture actuelle, il aurait été tout à fait possible de ne pas canaliser les colossaux plans de sauvetage vers les branches destructrices comme les industries aéronautique et automobile, mais vers des secteurs soutenables comme les transports publics et la santé publique. Mais de tels projets de reconversion doivent être portés par des mouvements sociaux puissants susceptibles d'intervenir rapidement et de manière coordonnée dans le processus de décision politique. Or, ces mouvements sont dans la plupart des pays bien trop clivés et affaiblis par des décennies de néolibéralisme pour y parvenir.

Avec le temps, les choses peuvent néanmoins changer. Les crises peuvent mettre en branle des processus d'apprentissage de long terme. Et l'on peut en effet tirer de la crise du coronavirus quelques leçons importantes. Premièrement, la crise a montré que les États, quand ils le veulent, sont tout à fait capables d'agir et peuvent très vite prendre des décisions d'envergure pour la société, y compris engager des interventions massives dans l'économie et même dans les structures de la propriété.

Pendant des décennies, on a rétorqué à celles et ceux qui exigeaient des mesures effectives en faveur du climat que l'on ne pouvait pas, ou ne devait pas, intervenir dans le « libre jeu du marché ». Interdire l'usage de l'avion pour faire de courts trajets ? Impossible ! Prohiber les SUV dans les centres-villes ? N'y songez pas ! Sortir d'ici 2030 des énergies fossiles ? Cela nuirait à l'emploi ! Réduire la consommation de viande ? Dictature verte ! Rediriger l'industrie automobile vers la construction de moyens de transport publics ? Communisme ! Investir de l'argent public dans un programme de transformation sociale et écologique ? Trop cher !

Mais face au virus, tout est devenu brusquement possible. Par exemple, le trafic aérien a été tout simplement suspendu par décret. L'argent qu'il était apparemment impossible de rassembler pour une transformation sociale et écologique s'est mis tout à coup à couler à flots. La brusque augmentation de la dette publique qui en résulte inexorablement ne pose soudainement plus de problème, tandis qu'auparavant le dogme de l'austérité semblait intouchable. Le mythe de l'État faible et impuissant s'est définitivement effondré ; l'une des missions les plus urgentes de la société civile est de convertir cette prise de conscience en action politique et de mettre au point un programme de transformation en profondeur (voir le chapitre onze).

La deuxième leçon que l'on peut tirer de la crise du coronavirus porte sur la manière de nous y prendre en cas de contraction de l'économie. Les pandémies, les crises financières et surtout l'effondrement des écosystèmes essentiels à la vie vont inévitablement contraindre, à long terme, les économies des pays riches à décroître. Dans cette perspective, l'expérience actuelle est riche d'enseignements : comment les institutions doivent-elles être transformées, comment la richesse, les revenus et le travail doivent-ils être répartis pour offrir à toutes et tous une vie décente en situation de stagnation ou de déclin économique ? Que faut-il faire pour développer la résilience et faire en sorte que l'approvisionnement en biens et services de première nécessité ne dépende plus des chaînes globales de valorisation du capital ? L'enchaînement rapide des krachs économiques depuis 2008 (crise financière, « crise de l'euro » et crise du coronavirus) et l'aggravation des catastrophes écologiques font que de plus en plus de gens ont clairement compris la nécessité de poser ces questions et de les mettre à l'épreuve de la pratique. Jusqu'à présent, la plupart des Occidentaux pouvaient contempler à la télévision, confortablement installés dans leur canapé, le chaos se déployer dans le vaste monde. Ce n'est plus possible désormais : le chaos fait irruption dans notre quotidien.

REMERCIEMENTS

Je tiens à remercier tout particulièrement Andrea Vetter, Manfred Froh-Hanin ainsi que Matthias Schmelzer pour leurs importantes suggestions et leurs conseils bibliographiques, ainsi que pour leur relecture critique de mon manuscrit et les nombreuses discussions que j'ai eues avec eux. Manfred Froh-Hanin m'a aussi énormément aidé à mettre au point les versions allemandes, anglaises et françaises de ce livre. Je remercie également le traducteur Aurélien Berlan pour sa précision, sa patience et pour ses importantes remarques de fond, ainsi que l'équipe du Seuil et notamment Christophe Bonneuil qui dirige la collection « Anthropocène ».

En outre, ce livre a été profondément influencé par les œuvres d'un certain nombre d'auteurs et par les entretiens que j'ai pu avoir avec eux : Immanuel Wallerstein, Silvia Federici, Noam Chomsky, Pat Mooney, Vandana Shiva, Wolfgang Sachs et Ugo Bardi. Les travaux de Gregory Bateson,

Mike Davis, David Graeber, Michel Foucault, Naomi Klein, Carolyn Merchant, Lewis Mumford, Ilya Prigogine, James C. Scott et Howard Zinn en ont de même considérablement enrichi le contenu.

BIBLIOGRAPHIE CHOISIE

Chapitre 1 : Pouvoir

Guillermo Algaze, *Ancient Mesopotamia at the Dawn of Civilization*, Chicago et Londres, The University of Chicago Press, 2008.

Karen Armstrong, *La Naissance de la sagesse. 900-200 avant Jésus-Christ : Bouddha, Confucius, Socrate et les prophètes d'Israël*, trad. M.-P. d'Iribarne-Jaâwane, Paris, Seuil, 2009.

Johan Galtung, « Violence, Peace and Peace Research », *Journal of Peace Research*, 6/3, 1969.

Yvon Garlan, *Les Esclaves en Grèce ancienne*, Paris, La Découverte, 1995.

L'Épopée de Gilgamesh, trad. R. Tournay et A. Shaffer, Paris, Cerf, 1998.

Michael Hudson (dir.), *Privatization in the Ancient Near East and Classical World*, Cambridge (MA), CDL Press, 1996.

Samuel N. Kramer, *L'Histoire commence à Sumer*, trad. J. Hesse *et al.*, Paris, Flammarion, 1994.

Michael Mann, *The Sources of Social Power, vol. 1 : A History of Power from the Beginning to AD 1760*, Cambridge, Cambridge University Press, 1986.

Marshall Sahlins, *Âge de pierre, âge d'abondance. L'économie des sociétés primitives*, Paris, Gallimard, 1976 [1972].

James C. Scott, *Homo Domesticus. Une histoire profonde des premiers États*, trad. M. Saint-Upéry, Paris, La Découverte, 2019.

Leften Stavros Stavianos, *A Global History. From Prehistory to the Present*, Upper Saddle River (NJ), Prentice-Hall, 1994.

Max Weber, *Économie et société*, 2 vol., trad. J. Chavy *et al.*, Paris, Plon, « Pocket », 1995.

–, *La Domination*, trad. I. Kalinowski, Paris, la Découverte, 2015.

–, *Histoire économique. Esquisse d'une histoire universelle de l'économie et de la société*, trad. C. Bouchindhomme, Paris, Gallimard, 1991.

David Wengrow, *What Makes Civilization ? The Ancient Near East and the Future of the West*, Oxford et New York, Oxford University Press, 2010.

Chapitre 2 : Métal

Ugo Bardi, *Le Grand Pillage. Comment nous épuisons les ressources de la planète. Un rapport adressé au Club de Rome*, trad. A. Verkaeren, Paris, Institut Veblen et Les Petits Matins, 2015.

Anna Bednik, *Extractivisme. Exploitation industrielle de la nature, logiques, conséquences*, Neuvy-en-Champagne, Le Passager clandestin, 2016.

Mircea Eliade, *Forgerons et alchimistes*, Paris, Flammarion, 2018 [1956].

J. Donald Hughes, « Environmental Impacts of the Roman Economy and Social Structure », *in* Alf Hornburg, J. R. McNeill et Joan Martinez-Alier (dir.), *Rethinking Environmental History. World-System History and Global Environmental Change*, Lanham (MD), AltaMira Press, 2007.

Theodore A. Wertime, « The Furnace versus the Goat. The Pyrotechnologic Industries and Mediterranean Deforestation in Antiquity », *Journal of Field Archaeology*, 10/4, 1983.

Chapitre 3 : Marché

Christian Delacampagne, *Une Histoire de l'esclavage. De l'Antiquité à nos jours*, Paris, Librairie générale française, 2002.

David Graeber, *Dette. 5 000 ans d'histoire*, trad. F. et P. Chemla, Paris, Les liens qui libèrent, 2013 [2011].

Geoffrey Ingham, *The Nature of Money. New Directions in Political Economy*, Cambridge, Polity Press, 2004.

Keith Roberts, *The Origins of Business, Money, and Markets*, New York, Columbia Business School Publications, 2011.

Erica Schoenberger, « The Origins of Market Economy », *Comparative Studies in Society and History*, 50/3, 2008.

Richard Seaford, *Money and the Early Greek Mind*, Cambridge, Cambridge University Press, 2004.

Adam Smith, *Recherches sur la nature et les causes de la richesse des nations*, vol. 1, trad. G. Garnier et A. Blanqui, Paris, Flammarion, 1991 [1776].

Max Weber, *Économie et société dans l'Antiquité*, précédé de *Les Causes sociales du déclin de la civilisation antique*, trad. C. Colliot-Thélène et F. Laroche, Paris, La Découverte.

Chapitre 4 : Impuissance

John D. Crossan, *The Historical Jesus. The Life of a Mediterranean Jewish Peasant*, San Francisco, Harper, 1993.

– *Who Killed Jesus ? Exposing the Roots of Anti-Semitism in the Gospel Story of the Death of Jesus*, San Francisco, Harper and Row, 1995.

Judith Herman, *Trauma and Recovery. The Aftermath of Violence : From Domestic Abuse to Political Terror*, New York, Basic Books, 1992.

Richard A. Horsley, *Jesus and Empire. The Kingdom of God and the New World Disorder*, Minneapolis, Fortress Press, 2003.

Flavius Josèphe, *Œuvres complètes*, trad. J. Weill, Clermont-Ferrand, Éditions Paleo, 2014.

Apocalypse de Jean (dans la traduction œcuménique de la Bible, Paris et Pierrefitte, Éditions du Cerf et la Société biblique française, 2010).

Bernd U. Schipper et Georg Plasger (dir.), *Apokalyptik und kein Ende ?*, Göttingen, Vandenhoeck und Ruprecht, 2007.

Chapitre 5 : Mission

John Dominic Crossan et Jonathan L. Reed, *In Search of Paul. How Jesus's Apostle Opposed Rome's Empire with God's Kingdom*, San Francisco, Harper, 2004.

Hyam Maccoby, *Paul et l'invention du christianisme*, trad. J. Gerber et J.-L. Allouche, Paris, Lieu commun, 1987.

Lettres de Paul, notamment l'Épître aux Galates, la première épître aux Corinthiens et l'épître aux Romains (dans la traduction œcuménique de la Bible, Paris et Pierrefitte, Éditions du Cerf et la Société biblique française, 2010).

Immanuel Wallerstein, *L'Universalisme européen. De la colonisation au droit d'ingérence*, Paris, Démopolis, 2008.

Chapitre 6 : Monstres

Georgius Agricola, *De Re Metallica*, trad. A. France-Lanord, Thionville, Klopp, 1992 [1556].

Giovanni Arrighi, *The Long Twentieth Century. Money, Power and the Origins of Our Times*, Londres et New York, Verso, 2010.

Francis Bacon, *La Nouvelle Atlantide*, trad. M. Le Dœuff et M. Llasera, Paris, Flammarion, 1995.

Murray Bookchin, *The Third Revolution. Popular Movements in the Revolutionary Era*, vol. 1, Londres, Bloomsbury Academic, 1996.

Fernand Braudel, *Civilisation matérielle, économie et capitalisme, XVe-XVIIIe siècle*, 3 tomes, Paris, Armand Collin, 1979.

–, *La Dynamique du capitalisme*, Paris, Arthaud, 1985.

Bartolomé de las Casas, *Très brève relation de la destruction des Indes*, trad. F. Gonzalez Batlle, Paris, La Découverte, 1996 [1552].

Richard Cowen, *Exploiting the Earth*, chapitres VIII et X (http://mygeologypage.ucdavis.edu/cowen//~GEL115/).

Jean Delumeau, *La Peur en Occident (XIVe-XVIIIe siècles). Une cité assiégée*, Paris, Fayard, 1978.

Silvia Federici, *Caliban et la Sorcière. Femmes, corps et accumulation primitive*, Genève/Paris/Marseille, Entremonde et Senonevero, 2014 [2004].

Eduardo Galeano, *Les Veines ouvertes de l'Amérique latine*, Paris, France Loisirs, 1982.

André Gunder Frank et Barry K. Gills, *The World System. Five Hundred Years or Five Thousand ?*, Londres, Routledge, 1996.

Jürgen Kocka, *Histoire du capitalisme*, trad. I. Kalinowski, Genève, Markus Haller, 2017 [2013].

Wolfgang König (dir.), *Propyläen Technikgeschichte, vol. 2. Metalle und Macht*, Berlin, Propyläen, 1997.

Robert Kurz, « Vater Staat und Mutter Krieg. Die Geburt des Geldes », *Blätter für deutsche und internationale Politik*, 9, 2012.

Roberto S. Lopez, *La Révolution commerciale dans l'Europe médiévale*, trad. J.-P. Delumeau, Paris, Aubier Montaigne, 1974.

Michael Mann, *The Sources of Social Power, vol. 2 : The Rise of Classes and Nation-States, 1760-1914*, Cambridge, Cambridge University Press, 1993.

Karl Marx, « L'accumulation primitive », in *Le Capital*, livre I, huitième section, trad. J. Roy, Paris, Éditions sociales, 1976 [1867], p. 517-566.

Jason W. Moore, « Silver, Ecology, and the Origins of the Modern World, 1450-1640 », in Alf Hornburg, J. R. McNeill et Joan Martinez-Alier (dir.), *Rethinking Environmental History. World-System History and Global Environmental Change*, Lanham (MD), AltaMira Press, 2007, p. 123-137.

Lewis Mumford, *Le Mythe de la machine, vol. 1. Technique et développement humain*, trad. G. Cingal et A. Gouilleux, Paris, Éd. de l'Encyclopédie des nuisances, 2019 [1967].

David E. Stannard, *American Holocaust. The Conquest of the New World*, Oxford et New York, Oxford University Press, 1992.

–, « Uniqueness as Denial : The Politics of Genocide Scholarship », *in* Alan S. Rosenbaum (dir.), *Is the Holocaust unique ? Perspectives on Comparative Genocide*, Boulder (CO), Westview Press, 1995.

Janice E. Thomson, *Mercenaries, Pirates and Sovereigns*, Princeton, Princeton University Press, 1996.

Immanuel Wallerstein, *Le Système du monde du* XV*e* *siècle à nos jours, vol. 1. Capitalisme et économie-monde 1450-1640*, Paris, Flammarion, 1980 [1974].

–, *Comprendre le monde. Introduction à l'analyse des systèmes-monde*, trad. C. Horsey, Paris, La Découverte, 2009.

Howard Zinn, *Une histoire populaire des États-Unis d'Amérique. De 1492 à nos jours*, trad. F. Cotton, Marseille et Montréal, Agone et Lux, 2002 [1980].

Chapitre 7 : Machine

Marc Augé, *Non-lieux. Introduction à une anthropologie de la surmodernité*, Paris, Seuil, 1992.

Gregory Bateson, *La Nature et la pensée. Esprit et nature : une unité nécessaire*, trad. A. Cordoën *et al.*, Paris, Seuil, 1984.

Jean-Pierre Berlan, *La Planète des clones. Les agronomes contre l'agriculture paysanne*, Saint-Michel-de-Vax, La Lenteur, 2019.

René Descartes, *L'Homme*, Paris, Flammarion, 2018 [1664].

Michel Foucault, *Surveiller et punir. Naissance de la prison*, Paris, Gallimard, 1975.

Jürgen Habermas, *La Technique et la science comme « idéologie »*, trad. J.-R. Ladmiral, Paris, Gallimard, 1973 [1968].

Groupe Krisis (Robert Kurz, Ernst Lohoff, Norbert Trenkle), *Manifeste contre le travail*, trad. O. Galtier *et al.*, Paris, L. Scheer, 2002.

Karl Marx, « La division du travail et la manufacture », *Le Capital*, livre I, chap. XII, trad. J. Roy, Paris, Éditions sociales, 1976 [1867], p. 246-266.

Carolyn Merchant, *The Death of Nature. Women, Ecology, and the Scientific Revolution*, New York, Harper and Row, 1989 [1980].

Sidney W. Mintz, *La Douceur et le Pouvoir. La place du sucre dans l'histoire moderne*, trad. R. Ghani, Bruxelles, Éditions de l'Université de Bruxelles, 2014.

Ilya Prigogine et Isabelle Stengers, *Order Out of Chaos. Man's New Dialogue with Nature*, New York, Bantam Books, 1984.

–, *La Nouvelle Alliance. Métamorphose de la science*, Paris, Gallimard, 1979.

Marcus Rediker, *À bord du négrier. Une histoire atlantique de la traite*, trad. A. Blanchard, Paris, Le Grand Livre du mois, 2013.

James C. Scott, *Seeing Like a State. How Certain Schemes to Improve the Human Condition Have Failed*, New Haven, Yale University Press, 1998.

Immanuel Wallerstein, *Le Système du monde du XVe siècle à nos jours, vol. 2. Le Mercantilisme et la consolidation de l'économie-monde européenne 1600-1750*, trad. C. Markovits, Paris, Flammarion, 1984.

Chapitre 8 : Moloch

Benedict Anderson, *L'Imaginaire national. Réflexions sur l'origine et l'essor du nationalisme*, trad. P.-E. Dauzat, Paris, La Découverte, 2002 [1983].

Giovanni Arrighi, *Adam Smith à Pékin. Les promesses de la voie chinoise*, trad. N. Vieillescazes, Paris, Max Milo, 2009.

Christophe Bonneuil et Jean-Baptiste Fressoz, *L'Événement Anthropocène. La Terre, l'histoire et nous*, Paris, Seuil, 2016 [2013].

Micha Brumlik et Irmtrud Wojak, *Völkermord und Kriegsverbrechen in der ersten Hälfte des 20. Jahrhunderts*, Francfort-sur-le-Main, Campus-Verlag, 2004.

Mike Davis, *Génocides tropicaux. Catastrophes naturelles et famines coloniales (1780-1900). Aux origines du sous-développement*, Paris, La Découverte, 2003.

Eric Hobsbawm, *Nations et nationalisme depuis 1780. Programme, mythe, réalité*, trad. D. Peters, Paris, Gallimard, 1992.

Karl Kraus, *Les Derniers Jours de l'humanité*, trad. J.-L. Besson et H. Christophe, Marseille, Agone, 2005 [1919].

Olivier Le Cour Grandmaison, *Coloniser, exterminer. Sur la guerre et l'État colonial*, Paris, Fayard, 2005.

Norman Lewis, *The Missionaries. God against the Indians*, New York, Secker and Warburg, 1988.

Rosa Luxemburg, *L'Accumulation du capital*, trad. M. Ollivier et I. Petit, Paris, Maspero, 1976 [1913].

Karl Polanyi, *La Grande Transformation. Aux origines politiques et économiques de notre temps*, trad. C. Malamoud, Paris, Gallimard, 1983 [1944].

David Renton, David Seddon et Leo Zeilig, *Congo. Plunder and Resistance*, Londres et New York, Zed Books, 2007.

Edward Palmer Thompson, *La Formation de la classe ouvrière anglaise*, trad. G. Dauvé *et al.*, Paris, Gallimard/Seuil, 1988 [1963].

Flora Tristan, *Promenades dans Londres ou L'aristocratie et les prolétaires anglais*, Paris, La Découverte, 2003.

Mark Twain, *Le Soliloque du roi Léopold. Satire*, trad. J.-P. Orban, Bruxelles, J. Antoine, 1987 [1905].

Immanuel Wallerstein, *Le Capitalisme historique*, trad. P. Steiner et C. Tutin, Paris, La Découverte, 1996.

–, *The Modern World-System III. The Second Great Expansion of the Capitalist World-Economy, 1730-1840's*, San Diego, Academic Press, 1989.

Chapitre 9 : Masques

Zygmunt Bauman, *Modernité et Holocauste*, trad. P. Guivarch, Paris, Éd. Complexe, 2008 [2001].

Edward Bernays, *Propaganda. Comment manipuler l'opinion en démocratie*, trad. O. Bonis, Paris, La Découverte, « Zones », 2007 [1928].

Noam Chomsky et Edward S. Herman, *La Fabrique de l'opinion publique. La politique économique des médias américains*, trad. G. Ducornet, Paris, Le Serpent à plumes, 2003 [1988].

Chantal de Crisenoy, *Lénine face aux moujiks*, Saint-Michel-de-Vax, La Lenteur, 2017.

Stuart Ewen, *PR ! A Social History of Spin*, New York, Basic Books, 1987.

Jürgen Habermas, *L'Espace public. Archéologie de la publicité comme dimension constitutive de la société bourgeoise*, Paris, Payot, 1997.

Sebastian Haffner, *Allemagne 1918. Une révolution trahie*, trad. R. Bouyssou, Paris, Éd. Complexe, 2001 [1968].

Walter Lippmann, *Public Opinion*, New York, Macmillan, 1965 [1922].

James Madison, *Federalist Paper*, n° 10, 1787 (traduction française in Alexander Hamilton, John Jay et James Madison, *Le Fédéraliste*, trad. A. Amiel, Paris, Classiques Garnier, 2012).

Timothy Mitchell, *Carbon Democracy. Le pouvoir politique à l'ère du pétrole*, trad. C. Jaquet, Paris, La Découverte, 2013.

George Orwell, *Hommage à la Catalogne (1936-1937)*, trad. Y. Davet, Paris, 10/18, 2000 [1938].

– « La liberté de la presse », avant-propos censuré de *La Ferme des animaux* (1943), in *Essais, articles, lettres, vol. III (1943-1945)*, trad. A. Krief et J. Semprun, Paris, Ivréa et Encyclopédie des nuisances, 1998.

Jürgen Osterhammel, *La Transformation du monde. Une histoire globale du* XIX*e siècle*, trad. H. Van Besien, Paris, Nouveau monde éditions, 2017 [2009].

Immanuel Wallerstein, *The Modern World-System IV. Centrist Liberalism Triumphant, 1789-1914*, Berkeley, University of California Press, 2011.

Jean Ziegler, *L'Empire de la honte*, Paris, Fayard, 2005.

Chapitre 10 : Métamorphoses

Jean-Marc Royer, *Le Monde comme projet Manhattan. Des laboratoires du nucléaire à la guerre généralisée au vivant*, Lyon, Le Passager clandestin, 2017.

Ugo Bardi, *The Limits to Growth Revisited*, New York, Springer, 2011.

Maude Barlow et Tony Clarke, *L'Or bleu. L'eau, le grand enjeu du XXIe siècle*, trad. P. Noyart, Paris, Hachette littératures, 2007.

Charles Bowden, *Murder City. Ciudad Juárez and the Global Economy's New Killing Fields*, New York, Nation Books, 2011.

Michel J. Crozier, Samuel Huntington et Joji Watanuki, *The Crisis of Democracy. Report on the Governability of Democracies to the Trilateral Commission*, New York, New York University Press, 1975.

Jared Diamond, *Effondrement. Comment les sociétés décident de leur disparition ou de leur survie*, trad. A. Botz et J.-L. Fidel, Paris, Gallimard, 2006.

Arturo Escobar, *Encountering Development. The Making and Unmaking of the Third World*, Princeton, Princeton University Press, 1995.

Frantz Fanon, *Les Damnés de la terre*, Paris, La Découverte, 2002 [1961].

Serge Halimi, *Le Grand Bond en arrière. Comment l'ordre libéral s'est imposé au monde*, Marseille, Agone, 2012 [2004].

Michael Hardt et Antonio Negri, *Multitude. Guerre et démocratie à l'âge de l'Empire*, trad. N. Guilhot, Paris, La Découverte, 2004.

David Harvey, *Brève histoire du néolibéralisme*, trad. A. Burlaud *et al.*, Paris, Les Prairies ordinaires, 2014 [2005].

Chris Hedges et Joe Sacco, *Jours de destruction, jours de révolte*, trad. S. Van den Dries et S. Dacheville, Paris, Futuropolis, 2012.

Ivan Illich, *Énergie et équité*, trad. L. Giard, Paris, Seuil, 1975.

Adam Jones (dir), *Genocide, War Crimes & the West : History and Complicity*, Londres, 2004.

–, *Genocide. A Comprehensive Introduction*, Oxford, Routledge, 2010.

Naomi Klein, *La Stratégie du choc. La montée d'un capitalisme du désastre*, trad. L. Saint-Martin et P. Gagné, Arles, Actes Sud, 2008.

Donella Meadows, Dennis Meadows et Jørgen Randers, *Limits to Growth. The 30-Year Update*, White River Junction (VT), Chelsea Green, 2004.

Alice Miller, *C'est pour ton bien. Racines de la violence dans l'éducation de l'enfant*, trad. J. Étoré, Paris, Aubier, 1985.

David R. Montgomery, *Dirt. The Erosion of Civilizations*, Berkeley, University of California Press, 2007.

Vijay Prashad, *Les Nations obscures. Une histoire populaire du tiers-monde*, trad. M. Champagne, Montréal (Québec), Écosociété, 2009.

Joachim Radkau, *Nature and Power. A Global History of the Environment*, Cambridge (MA), Cambridge University Press, 2008.

Majid Rahnema, *Quand la misère chasse la pauvreté*, Paris et Arles, Fayard et Actes Sud, 2003.

Gilbert Rist, *Le Développement. Histoire d'une croyance occidentale*, Paris, Presses de Sciences-Po, 2013.

Arundhati Roy, *The End of Imagination*, Chicago, Haymarket Books, 2016.

Wolfgang Sachs (dir.), *The Development Dictionary. A Guide to Knowledge as Power*, Londres, Zed Books, 1992.

Wolfgang Sachs et Gustavo Esteva, *Des ruines du développement*, Paris, Le Serpent à plumes, 1996.

Edward W. Said, *L'Orientalisme. L'Orient créé par l'Occident*, trad. C. Malamoud, Paris, Seuil, 1997 [1968].

Tilman Santarius *et al.* (dir.), *Rethinking Climate and Energy Policies. New Perspectives on the Rebound Phenomenon*, New York, Springer, 2016.

Giles Slade, *Made to Break. Technology and Obsolescence in America*, Cambridge (MA), Harvard University Press, 2007.

Immanuel Wallerstein *et al.*, *Le capitalisme a-t-il un avenir ?*, trad. M. Saint-Upéry, Paris, La Découverte, 2014.

Leo Zeilig, *Lumumba. Africa's Lost Leader*, Londres, Haus Publishing, 2015.

Chapitre 11 : Possibilités

Murray Bookchin, *Pour un municipalisme libertaire*, Lyon, Atelier de création libertaire, 2003.

Benoît Borrits, *Au-delà de la propriété. Pour une économie des communs*, Paris, La Découverte, 2018.

Colin Crouch, *Post-démocratie*, trad. Y. Coleman, Bienne (Suisse) et Paris, Diaphanes, 2013.

Giacomo D'Alisa *et al.*, *Décroissance. Vocabulaire pour une nouvelle ère*, trad. S. Bréan *et al.*, Neuvy-en-Champagne, Le Passager clandestin, 2015.

Pierre Dardot et Christian Laval, *Communs. Essais sur la révolution au XXI*e *siècle*, Paris, La Découverte, 2015.

Christian Felber, *L'Économie citoyenne. Un mouvement a vu le jour*, trad. A. Mannoni, Arles, Actes Sud, 2011.

J. K. Gibson-Graham, *Take Back the Economy. An Ethical Guide for Transforming Our Communities*, Minneapolis, 2013.

André Gorz, *Écologica*, Paris, Galilée, 2007.

John Holloway, *Crack Capitalism : 33 thèses contre le capital*, trad. J. Chatroussat, Paris, Libertalia, 2012.

Rob Hopkins, *Manuel de transition. De la dépendance au pétrole à la résilience locale*, trad. M. Durand *et al.*, Montréal, Écosociété, 2010.

Ivan Illich, *La Convivialité*, Paris, Seuil, 1973.

Naomi Klein, *Tout peut changer. Capitalisme et changement climatique*, trad. G. Boulanger et N. Calvé, Arles et Montréal, Actes Sud et Lux, 2015.

Stephen Lansing, *Perfect Order. Recognizing Complexity in Bali*, Princeton, University of Princeton Press, 2006.

Joan Martinez-Alier, *L'Écologisme des pauvres. Une étude des conflits environnementaux dans le monde*, trad. A. Verkaeren, Paris, Institut Veblen et Les Petits Matins, 2014.

Elinor Ostrom, *La Gouvernance des biens communs. Pour une nouvelle approche des ressources naturelles*, Bruxelles et Paris, De Boeck, 2010.

P.M., *Voisinages & Communs*, Paris, L'Éclat, 2016.

Saskia Sassen, *Expulsions. Brutalité et complexité dans l'économie globale*, trad. P. Guglielmina, Paris, Gallimard, 2016.

Ernst F. Schumacher, *Small is beautiful. Une société à la mesure de l'homme*, trad. D. Day *et al.*, Paris, Seuil, 1978 [1973].

Vandana Shiva et Maria Mies, *Écoféminisme*, trad. E. Rubinstein *et al.*, Paris, L'Harmattan, 1998.

Joseph Tainter, *L'Effondrement des sociétés complexes*, trad. J.-F. Goulon, Paris, Le Retour aux sources, 2013 [1988].

Eric Olin Wright, *Utopies réelles*, trad. V. Farnea et J. A. Peschanski, Paris, La Découverte, 2017.

CHRONOLOGIES

Chronologie A : les quatre tyrannies (chapitres 1 à 5)

Vers 9000 av. J.-C. Premières sociétés sédentaires en Anatolie, Syrie et Palestine

7400-6000 av. J.-C. Agglomération de Çatal Höyük en Anatolie

3500-3000 av. J.-C. Début de l'âge du bronze ; apparition de la hiérarchie dans les cités-États de Sumer

Vers 3200 av. J.-C. Naissance de l'écriture comme technique logistique à Sumer et en Égypte

Vers 3100 av. J.-C. Premières dynasties royales en Égypte

2800-1800 av. J.-C. Développement d'une civilisation urbaine sur les rives de l'Indus

Vers 2700 av. J.-C. Règne de Gilgamesh sur Uruk (l'épopée qui porte son nom est rédigée à partir de 2300 av. J.-C.)

2334-2200 av. J.-C. Empire akkadien, premier territoire administré de manière centralisée avec une armée permanente

2200-1500 av. J.-C. Début de l'âge du bronze sur les rives du fleuve Jaune en Chine ; premières dynasties

Vers 1200 av. J.-C. Naissance de la métallurgie du fer en Anatolie

911-609 av. J.-C. Royaume néo-assyrien, basé sur la métallurgie du fer, du golfe Persique à l'Égypte

VIIIe siècle av. J.-C. Apparition des premiers prophètes bibliques (Amos, Michée, Isaïe notamment)

Vers 650 av. J.-C. Frappe des premières monnaies en Lydie et en Grèce, et peu après en Inde et en Chine

Entre 563 et 400 av. J.-C. Vie de Siddhartha Gautama (Bouddha)

500-148 av. J.-C. Apogée du complexe monétaro-militaire grec en Méditerranée orientale et en Asie Mineure

164 av. J.-C.-90 apr. J.-C. Diffusion de la pensée apocalyptique dans l'espace méditerranéen oriental

146 av. J.-C.-235 apr. J.-C. Apogée du complexe monétaro-militaire romain, de la Palestine à la mer du Nord

6 av. J.-C.-31 apr. J.-C. Vie de Jésus de Nazareth

46-57 Voyages missionnaires de Paul

66-73 Guerres judéo-romaines, destruction de Jérusalem par les troupes impériales

Vers 70-100 Rédaction des quatre Évangiles du Nouveau Testament

235-284 Crise et effondrement partiel de l'Empire romain

380 Le christianisme devient la religion officielle de l'Empire romain

Ve siècle Écroulement final du complexe monétaro-militaire romain d'Occident ; la monnaie, l'esclavage et les grandes armées disparaissent en grande partie d'Europe

570-632 Vie de Mahomet

632-1258 Expansion et apogée du califat islamique, qui va de l'Espagne à l'Indus en passant par l'Afrique du Nord

716-755 Voyages missionnaires de Boniface à travers la Frise, la Hesse, la Thuringe et la Bavière

772-804 Christianisation par le fer des « Saxons » entre le Rhin et l'Elbe

1147 Croisade contre les Wendes entre l'Elbe et l'Oder ; christianisation forcée

1234-1283 Guerre de l'ordre Teutonique contre les Borusses ; évangélisation par le fer

Chronologie B : formation de la mégamachine globale (chapitre 6)

1099 Première croisade, cofinancée par les marchands génois ; massacre de Jérusalem

1168 Découverte de gisements d'argent à Freiberg, en Saxe ; renaissance du système monétaire

À partir du XIIe siècle Les impôts en argent se substituent peu à peu aux redevances en nature

XIIe-XIIIe siècles Mouvements de pauvreté ; l'Église lance l'Inquisition

1204 Croisade contre Constantinople financée par Venise ; sac de la ville

1260 Selon les prédictions de Joachim de Flore, fin du monde tel qu'on le connaissait

Vers 1300 Premières armes à feu en Europe

1320-1321 Début du « Petit Âge glaciaire » et de la Grande Famine en Europe

1337-1453 Guerre de Cent Ans avec recours aux mercenaires ; expansion de l'économie monétaire

Vers 1340 Invention de la comptabilité en partie double à Venise et à Gênes

1348-1349 Une grande épidémie de peste dévaste l'Europe à partir de Venise et de Gênes

1358 Les paysans insurgés mettent le feu à des centaines de châteaux en France (« Grande Jacquerie »)

1378 Les ouvriers du textile prennent le pouvoir à Florence (« révolte des Ciompi »)

1379-1382 Les insurgés prennent la ville de Gand et occupent une grande partie des Flandres

1381 Les paysans insurgés prennent la tour de Londres (« Peasants' Revolt »)

1407 Fondation de l'Office de Saint-Georges à Gênes (*Banco di San Giorgio*)

1410-1439 Les hussites s'emparent de larges pans de la Bohême et de la Silésie ; croisade contre les hussites

À partir de 1450 L'apparition de l'artillerie lourde entraîne une course à l'armement en Europe

1450-1550 Boom de l'industrie des mines et de l'armement en Europe

1453 Prise de Constantinople par les Ottomans ; les Européens se lancent en quête d'une route maritime vers l'Asie par l'Ouest

À partir de 1492 Conquête des Amériques, financée par les banques de Gênes, d'Augsbourg et d'Anvers, et génocide d'une grande partie des peuples autochtones

1495-1560 Ascension des Fugger au rang de premiers banquiers et entrepreneurs miniers du monde

XVIe siècle Apogée du mouvement de privatisation des communaux en Angleterre (*enclosures*)

1500-1700 Effondrement des salaires réels en Europe ; appauvrissement d'une grande partie de la population

1525 Écrasement du mouvement des paysans allemands, avec l'aide de Fugger et de Luther

1532 D'après les prédictions de Luther, fin du monde

1532 Le premier Code civil allemand légalise la torture et les supplices

1532-1535 Les anabaptistes prennent le pouvoir à Münster, puis sont écrasés

1545 Découverte des mines d'argent de Potosí en Bolivie ; s'ensuit une forte inflation en Europe

1550-1650 Apogée de la chasse aux sorcières en Europe

1590-1607 Réforme militaire dans les Provinces-Unies (Pays-Bas) : première armée permanente moderne

1602 Fondation de la Compagnie néerlandaises des Indes orientales

1612 Fondation de la première bourse des valeurs à Amsterdam, centre de l'économie mondiale

1618-1648 Guerre de Trente Ans ; l'armée privée de Wallenstein est la plus grande entreprise mondiale

1620 Début de la colonisation et du génocide en Amérique du Nord, sous la responsabilité de sociétés anonymes comme la Virginia Company

1621 Génocide perpétré par la Compagnie néerlandaise des Indes orientales sur les habitants de l'île de Banda (Indonésie)

Chronologie C : consolidation, expansion et crise (chapitres 7 à 9)

1600-1800 Construction de grandes armées permanentes et d'institutions disciplinaires en Europe

1623 Galileo Galilei : « Le livre de l'univers est écrit dans la langue mathématique. »

1627 Publication de la *Nova Atlantis* de Francis Bacon : vision technocratique de la société

1632 René Descartes rédige son *Traité de l'homme* : conception mécaniste de la vie

1650-1800 La traite des esclaves par le biais de sociétés anonymes atteint son apogée ; intégration des Caraïbes, de l'Amérique du Nord et de l'Afrique de l'Ouest dans l'économie mondiale

1651 Publication du *Léviathan* de Thomas Hobbes : la « guerre de tous contre tous »

1670 La Compagnie anglaise des Indes orientales obtient le droit de faire la guerre et de frapper monnaie

1687 Publication des *Principia Mathematica* d'Isaac Newton : lois déterministes du mouvement

1712 Première machine à vapeur dans une mine de charbon du nord de l'Angleterre

1760-1840 La première phase de la Révolution industrielle commence en Angleterre

1776 *La Richesse des nations* d'Adam Smith fonde l'économie politique classique

1776-1787 Indépendance et Constitution des États-Unis ; environ 15 % de la population a le droit de vote

1789-1799 Révolution française ; la Constitution accordant le droit de vote à tous n'entre pas en vigueur

1791-1804 Révolution à Haïti ; abolition du « Code noir » et indépendance

1803-1814 Guerres napoléoniennes ; environ 5 millions de morts

1803-1842 La London Missionary Society fait régner la terreur à Tahiti

1804-1847 Génocide des Tasmaniens par la puissance coloniale anglaise

1809-1822 Décolonisation de grandes parties de l'Amérique latine

1815-1914 La Grande-Bretagne est en position de puissance hégémonique globale

1834 Nouvelle loi sur les pauvres (*New Poor Law*) en Angleterre : dérégulation totale du marché du travail ; explosion de la misère et des bidonvilles

1834-1880 Point culminant du libéralisme économique classique (« Laissez-faire »)

1839-1842/1856-1860 Guerres de l'opium ; la Chine est intégrée par la Grande-Bretagne à l'économie mondiale

1840-1918 Deuxième phase de l'industrialisation : boom du complexe métallurgique (charbon/acier/chemins de fer)

1848-1849 « Printemps des peuples » : mouvements révolutionnaires dans toute l'Europe

1851 Fondation de Reuters, la première agence de presse du monde, à la Bourse de Londres

1858 Révolte anticoloniale en Inde ; la Couronne britannique reprend en main propre l'administration de la colonie, jusque-là gérée par la Compagnie britannique des Indes orientales

1871 Commune de Paris, écrasée par la Troisième République avec le soutien des troupes allemandes

1876-1878/1896-1902 Famines catastrophiques en Inde, en Chine, en Afrique de l'Est et au Brésil en raison du phénomène climatique *El Niño* et de l'intégration forcée au marché mondial

1879-1914 Incorporation violente de l'Afrique dans le marché mondial (« ruée vers l'Afrique ») ; guerre anglo-zouloue en 1879 ; génocide au Congo en 1888-1908 ; guerres d'extermination contre les Ndébélé en Afrique du Sud britannique en 1893-1897 ; massacre des Héréro et des Nama dans « l'Afrique du Sud-Ouest allemande » en 1904 ; guerre d'extermination en « Afrique de l'Est allemande » (guerre Maji-Maji) en 1905

À partir de 1880 Électrification de l'Europe, de l'Amérique du Nord et du Japon

1881-1934 Interventions militaires des États-Unis en Amérique latine (« guerre des Bananes »), qui établissent leur hégémonie dans la région

1885 Invention de la mitrailleuse

1886 Invention du moteur à explosion

1889-1914 Vague de grèves massives en Europe et aux États-Unis (en particulier de la part des mineurs, des cheminots et des dockers)

1900 « Révolte des Boxers » en Chine ; ce mouvement anticolonial est écrasé par les armées occidentales, le Japon et la Russie

1900-1914 À côté du charbon, le pétrole devient le principal carburant de la mégamachine en expansion

1900-1914 Course à l'armement en Europe

1903-1940 apogée de l'empire médiatique d'Alfred et Harold Harmsworth en Grande-Bretagne

1914-1918 Première Guerre mondiale, qui fait 10 millions de morts

1917 Révolution d'Octobre en Russie, suivie de quatre années de guerre civile

1918-1920 Premières élections au suffrage universel incluant les femmes en Allemagne, en Grande-Bretagne et aux États-Unis

1918-1919 Révolution de Novembre en Allemagne, écrasée par le gouvernement social-démocratique et les corps francs

1919-1921 Mouvements révolutionnaires en Italie, réprimés par les fascistes

1919-1937 Apogée de l'empire médiatique du consortium allemand de Hugenberg

1920-1951 Apogée de l'empire médiatique de William Hearst aux États-Unis

1922 Benito Mussolini est nommé chef du gouvernement italien

1922 Publication de *Public Opinion* de Walter Lippmann : théorie de la « démocratie dirigée »

1922-1975 Régimes fascistes en Europe, qui se maintiennent jusqu'en 1974 au Portugal et jusqu'en 1975 en Espagne

1926-1945 « Fascisme Tennō » au Japon

1927-1953 dictature de Staline en Union soviétique ; les camps du « goulag » font des millions de morts

1928 Parution de *Propaganda* d'Edward Bernays : naissance des *Public Relations* modernes

1929-1933 Crise économique mondiale ; New York remplace Londres en tant que première place financière

1933 Avec l'aide financière de l'industrie et des banques allemandes, les nazis gagnent les élections

1933-1938 *New Deal* aux États-Unis : plan massif de relance économique par l'État

1936-1939 Guerre civile en Espagne ; écrasement de la république et de la révolution sociale

1939-1945 Seconde Guerre mondiale et génocide des Juifs, des Manouches et des Roms en Europe ; 65 millions de morts environ

Chronologie D : boom et limites de la mégamachine (chapitres 10 et 11)

1945 Bombardements nucléaires de Hiroshima et de Nagasaki ; début de l'hégémonie des États-Unis

1945-1973 Trente Glorieuses : boom économique le plus fort de l'histoire du système-monde moderne

1945-1976 Décolonisation de l'Asie du Sud-Est, de l'Inde (1947), de la Chine (1948) et de l'Afrique

1946-1954 Guerre française contre le mouvement d'indépendance en « Indochine »

1949 Premier essai nucléaire réussi de l'Union soviétique ; début de la course aux armements atomiques

1949 Discours d'investiture du président des États-Unis Truman qui divise le monde en pays « développés » et « sous-développés »

1950-1953 Guerre de Corée ; 5 millions de morts coréens et chinois, 40 000 du côté des États-Unis

1953-aujourd'hui Série de putsch militaires et d'actes d'ingérence concoctés par les services secrets occidentaux (en Iran en 1953, au Guatemala en 1954, au Congo en 1960, au Brésil en 1964, en Indonésie en 1965, au Honduras en 1972, au Chili en 1973, en Argentine en 1976, à Haïti en 1991, etc.)

1954-1962 Guerre d'Algérie ; au moins 300 000 Algériens meurent dans la lutte pour l'indépendance

1955-1965 Apogée du mouvement des non-alignés

1955-1968 mouvement afro-américain des droits civiques aux États-Unis

1955-1975 Guerre du Vietnam (« seconde guerre d'Indochine »), qui fait 3 à 4 millions de victimes vietnamiennes, cambodgiennes et laotiennes

1965-1975 « Révolution mondiale de 1968 » ; mouvement contre la guerre du Vietnam

1969-1970 Fondation de Greenpeace contre les essais nucléaires ; essor du mouvement écologiste moderne

1969-1985 « Stratégie de la tension » : attentats terroristes de l'organisation Gladio en Italie

1972 Publication du rapport Meadows au Club de Rome : *The Limits to Growth*

1973 La première crise pétrolière entraîne une récession mondiale et la fin du système monétaire international de Bretton-Woods

1973 La grande régression néolibérale commence avec le coup d'État militaire au Chili

1977 L'État britannique est presque en faillite ; début des programmes d'ajustement structurel du FMI

1981-aujourd'hui Empire médiatique de Rupert Murdoch (*The Times, Fox, News Corp*, etc.)

1982 Début d'une grande crise bancaire aux États-Unis (*savings and loan crisis*)

1982 Crise mexicaine ; premier programme de privatisation sous l'égide du FMI ; début de la crise de la dette dans le Sud global

1984-1985 Début de la libéralisation/privatisation de la radio et de la télévision en Allemagne et en France

1989 Écrasement du mouvement chinois d'opposition à la répression et à la dérégulation de l'économie

1989-1995 Effondrement de l'Union soviétique et thérapie néolibérale de choc en Europe de l'Est

1994 Accord de libre-échange nord-américain ; début du soulèvement zapatiste au Mexique

1997-2000 Série de crises financières en Asie (1997-1998), en Russie (1998-1999) et en Argentine (2000), et explosion de la bulle Internet en 2000

1999 Contestation massive de l'Organisation mondiale du commerce ; naissance du mouvement altermondialiste

1999-2016 La gauche arrive au pouvoir en Amérique latine ; la région s'émancipe du FMI et des États-Unis

2001 Premier Forum social mondial à Porto Alegre (Brésil)

2001 Attentats à New York et Washington ; l'Occident se lance dans la « guerre contre le terrorisme »

2003 La guerre menée par les États-Unis en Irak (dite « troisième guerre du Golfe ») conduit à l'effondrement du pays

2007-2009 Crise financière mondiale ; depuis 2009, crise de la dette dans la zone euro ; thérapie néolibérale de choc dans le sud de l'Europe

2010-2011 Printemps arabe et africain : tentatives révolutionnaires de renverser les régimes autoritaires

2011-2012 Occupy Wall Street ; contestation massive des programmes d'austérité dans le sud de l'Europe

2013 Beijing pose les bases du projet de la « nouvelle route de la soie »

Depuis 2014 La droite nationaliste et néofasciste arrive au pouvoir dans toute une série de pays (en Inde en 2014, en Pologne en 2015, aux États-Unis en 2016, aux Philippines en 2016, au Brésil en 2018, en Grande-Bretagne en 2019, etc.)

2014-2019 20 000 personnes noyées en Méditerranée en tentant de pénétrer dans la « forteresse Europe »

2019 Dans le monde entier, des millions de gens participent aux grèves scolaires pour le climat lancées par le mouvement Fridays for Future

2020 Crise mondiale en réaction à la pandemie de Covid-19 (« Coronavirus ») ; état d'urgence biopolitique, *shutdown* d'une grande partie de l'économie ayant pour conséquence une récession grave ; restrictions massives des libertés civiles

NOTES

Introduction

1. Oxfam, « Reward Work, not Weath », Oxfam Briefing Paper, janvier 2018 (www.oxfam.org/en/research/reward-work-not-wealth) ; Crédit Suisse, « Global Wealth Report 2018 », Zurich, 2014, p. 11 (www.credit-suisse.com/corporate/en/research/research-institute/global-wealth-report.html).

2. *Die Zeit*, 15 août 2012 (il s'agit d'un sondage réalisé par TNIS-Emnid pour la fondation Bertelsmann, Gütersloh, 2010).

3. Dans un sondage de 2013, seulement 20 % des Français estimaient que le capitalisme est un système qui « fonctionne plutôt bien » (voir www.politis.fr/articles/2013/02/sondage-les-francais-sceptiques-sur-le-systeme-capitaliste-21014/).

4. Dans une enquête de Harvard de 2017, 51 % des citoyens étasuniens de 19 à 29 ans exprimaient leur hostilité à l'économie capitaliste, 10 % de plus que l'année précédente (Bloomberg, 6 novembre 2017).

5. Voir les études du Rodale Institute : « Regenerative Organic Agriculture and Climate Change », Kutztown (Pennsylvanie), 2014, http://rodaleinstitute.org/assets/WhitePaper.pdf ; voir également l'entretien avec Vandana Shiva de *Democracy Now !*, le 8 juillet 2010.

6. Le Centre for Alternative Technology d'Angleterre a par exemple calculé qu'il serait possible, rien qu'avec les technologies existantes, donc sans innovation, qu'un pays industriel comme la Grande-Bretagne n'émette plus de CO_2 d'ici 2030. Voir Alice Hooker-Stroud (dir.), *Zero Carbon Britain : Rethinking the Future*, Machynlleth (pays de Galles), CAT Publications, 2013.

7. Sur l'inégalité immanente au système, voir Thomas Piketty, *Le Capital au XXI*[e] *siècle*, Paris, Seuil, 2013. Sur l'histoire de l'universalisme occidental, voir

Immanuel Wallerstein, *L'Universalisme européen. De la colonisation au droit d'ingérence*, Paris, Démopolis, 2008.

8. Lewis Mumford emploie aussi le concept de mégamachine pour les sociétés hiérarchiques comme l'Égypte ancienne ou l'Empire romain (voir *Le Mythe de la machine*, 2 tomes, Paris, Fayard, 1973 et 1974 [1967 et 1970] – nouvelle traduction en cours aux Éditions de l'Encyclopédie des nuisances, premier tome paru en 2019). Dans ce livre, je n'emploie quant à moi ce terme que pour le système-monde moderne.

9. André Gorz, *Écologica*, Paris, Galilée, 2007, p. 109.

Première partie
Les quatres tyrannies

Chapitre 1 : Pouvoir

1. Sur l'économie des sociétés de chasseurs-cueilleurs et la transition vers l'agriculture, voir Marshall Sahlins, *Âge de pierre, âge d'abondance. L'économie des sociétés primitives*, Paris, Gallimard, 1976 [1972].

2. Michael Mann, *The Sources of Social Power*, vol. 1, Cambridge, Cambridge University Press, 1986, p. 41.

3. Voir le livret de l'exposition du Badisches Landesmuseum Karlsruhe (éd.), *Vor 12.000 Jahren in Anatolien. Die ältesten Monumente der Menschheit*, Darmstadt, Wissenschaftliche Buchgesellschaft, 2007.

4. James C. Scott, *Homo Domesticus. Une histoire profonde des premiers États*, trad. M. Saint-Upéry, Paris, La Découverte, 2019, p. 72-73.

5. Sur les rives de l'Indus également, la culture Harappa est aussi passée à l'âge du bronze ; toutefois, la question de savoir si, et dans quelles proportions, il y avait déjà des couches sociales et des formes autoritaires de gouvernement fait l'objet de débat entre les chercheurs. En tout cas, la métallurgie a joué un bien moindre rôle qu'en Mésopotamie. Voir Brett Hoffmann et Heather Miller, « Production and Consumption of Copper-base Metals in the Indus Civilization », *Journal of World Prehistory*, 22, 2009, p. 237-264.

6. Voir David Wengrow, *What Makes Civilization ? The Ancient Near East and the Future of the West*, Oxford et New York, Oxford University Press, 2010, p. 81-85.

7. James C. Scott, *Homo Domesticus*, *op. cit.*

8. *L'Épopée de Gilgamesh*, trad. R. Tournay et A. Shaffer, Paris, Cerf, 1998, tablette 1, p. 48-49.

9. Voir Michael Mann, *The Sources of Social Power*, vol. 1, *op. cit.*, p. 63-64.

10. « Puissance (*Macht*) signifie toute chance d'imposer, au sein d'une relation sociale, sa volonté propre, y compris contre ce qui lui résiste [...]. On appellera domination (*Herrschaft*) la chance de trouver pour un commandement déterminé des personnes données qui lui obéissent ». Max Weber, *Concepts fondamentaux de la sociologie*, trad. J.-P. Grossein, Paris, Gallimard, 2016 [1922], p. 159.

11. Thomas Hobbes, *Léviathan*, trad. F. Tricaud, Paris, Dalloz, 1999 [1651], chap. XVII, p. 177.

12. Michael Mann, *The Sources of Social Power*, vol. 1, *op. cit.*, p. 48. La thèse que la violence augmente avec le processus de formation des États a été contredite, notamment, par le chercheur en psychologie évolutionniste Steven Pinker dans son livre populaire *La Part d'ange en nous. Histoire de la violence et de son déclin*, Paris, Les Arènes, 2017 [2011], qui s'appuie sur les œuvres de Lawrence H. Keeley et Azar Gat. Cependant, des anthropologues, des statisticiens et des historiens éminents ont montré que l'argumentation de Pinker, Keeley et Gat repose sur des « cas triés sur le volet de mortalités élevées qui, clairement, ne sont pas représentatifs de l'histoire en général ». Voir Richard Brian Ferguson, « Pinker's List : Exaggerating Prehistoric War Mortality », *in* Douglas P. Fry (dir.), *War, Peace, and Human Nature. The Convergence of Evolutionary and Cultural Views*, New York, Oxford University Press, 2013, p. 112-131. Les statisticiens Nassim Talib et Pasquale Cirillo ont pu prouver que la thèse de Pinker d'un recul de la violence au cours du processus de civilisation était intenable et qu'elle reposait sur une méthodologie défectueuse. Voir Nassim Taleb et Pasquale Cirillo, « The Decline of Violent Conflicts : What Do The Data Really Say ? », *in* Nobel Foundation Symposium 161, « Causes of Peace, Forthcoming », NYU Tandon Research Paper n° 2876315, Stockholm, 2016, p. 1-26. Les éditeurs d'un recueil de textes que des historiens ont consacrés aux thèses de Pinker en arrivent à la conclusion suivante : « La thèse de Pinker est [...] sérieusement, sinon totalement erronée. Les mêmes problèmes reviennent constamment : le manque de rigueur dans la méthodologie historique, l'usage non critique de sources douteuses, la tendance à exagérer la violence du passé afin de faire ressortir par contraste la paix présumée de l'ère moderne ; [...] et sa conception du monde extraordinairement occidentalo-centrique, pour ne pas dire progressiste. » Marc S. Micale et Philip Dwyer, « History, Violence and Steven Pinker », *Historical Reflections*, 44/1, 2018, p. 1-5.

13. David Graeber, *Dette. 5 000 ans d'histoire*, trad. F. et P. Chemla, Paris, Les liens qui libèrent (Babel), 2013 [2011], p. 246 ; Richard E. Mitchell, « Ager Publicus. Public Property and Private Wealth during the Roman Republic », *in* Michael Hudson (dir.), *Privatization in the Ancient Near East and Classical World*, Cambrigde (MA), CDL Press, 1996, p. 253-276.

14. James C. Scott, *Homo Domesticus*, *op. cit.*, p. 136-137.

15. Voir Johan Galtung, « Violence, Peace and Peace Research », *Journal of Peace Research*, 6/3, 1969, p. 167-191.

16. Voir Leften Stavros Stavrianos, *A Global History. From Prehistory to the Present*, Upper Saddle River (New Jersey), Prentice-Hall, 1994, p. 9-15.

17. Notre concept moderne de propriété est composé de toute une série de droits de disposition que l'on n'a pas dès les débuts de l'histoire regroupés dans le même bouquet : le droit d'user de la chose (en latin, *usus*) et/ou des produits qu'elle rapporte (*usus fructus*), le droit de la transformer, y compris de l'endommager ou de la détruire (*abusus*), le droit d'exclure les autres de son usage, de céder la propriété de la chose en question et de la mettre en gage. Voir également *infra* le chapitre trois.

18. Dietz-Otto Edzard, « Private Land Ownership and its Relation to "God" and the "State" in Sumer and Akkad », *in* Michael Hudson (dir.), *Privatization in the Ancient Near East and Classical World*, *op. cit.*, p. 111.

19. Le Center for the Study of Institutional Diversity cofondé par Elinor Ostrom a établi une liste d'études de cas qui documentent diverses manières de prendre en charge les biens communs (*commons*) : Elinor Ostrom, *La Gouvernance des biens communs. Pour une nouvelle approche des ressources naturelles*, Bruxelles et Paris, De Boeck, 2010.

20. On sait peu de choses sur la manière précise dont on en est arrivé là. Peut-être les familles des premiers rois (*lugal*) étaient-elles au cœur du processus de privatisation. Dietz-Otto Edzard, « Private Land Ownership and its Relation to "God" and the "State" in Sumer and Akkad », art. cité, p. 110.

21. Pline l'Ancien, *Histoire naturelle*, livre XVIII, chap. VII, trad. H. Le Bonniec et A. Le Boeuffle, Paris, Les Belles Lettres, 1972, p. 69. La province Africa correspond à la Tunisie et à des parties de la Libye d'aujourd'hui.

22. David Graeber, *Dette...*, *op. cit.*, p. 98-99.

23. Robert K. Englund, « Texts From the Late Uruk Period », *in* Pascal Attinger et Markus Wafler (dir.), *Mesopotamien. Späturuk-Zeit und Frühdynastische Zeit*, Göttingen, Vandenhoeck und Ruprecht, 1998, p. 176-181.

24. Guillermo Algaze, *Ancient Mesopotamia at the Dawn of Civilization*, Chicago et Londres, University of Chicago Press, 2008, p. 129.

25. La première remise de dette connue et attestée remonte à l'an 2 400 av. J.-C., sous le règne d'Enmetena, roi de Lagash. David Graeber, *Dette...*, *op. cit.*, p. 265.

26. L'alliance avec Dieu dont se réclament Moïse et les prophètes de l'Ancien Testament stipulait que la terre n'appartient à personne d'autre qu'à Dieu lui-même, qui l'a donnée en usage aux Israélites à parts égales – donc que l'accumulation privée de propriétés foncières était en dernière instance contraire à la Loi.

27. Claude Lévi-Strauss, *Tristes tropiques*, Paris, Plon, 1993 [1955], p. 344.

28. David Wengrow, *What Makes Civilization ?, op. cit.*, p. 82.

29. Samuel N. Kramer, *L'Histoire commence à Sumer*, trad. J. Hesse *et al.*, Paris, Flammarion, 1994, p. 9-15 et 23-26.

30. L'historien Flavius Josèphe (37-100 apr. J.-C.) rapporte par exemple qu'au début de la guerre judéo-romaine en l'an 66 apr. J.-C., l'une des premières actions des insurgés fut d'anéantir les registres de dette : « Ils portèrent le feu aux Archives : car ils avaient hâte de faire disparaître les reconnaissances de dettes et d'empêcher le recouvrement des créances, cela afin de s'acquérir les faveurs de la masse des débiteurs devenus leurs obligés, et de dresser en toute sûreté les pauvres contre les riches. » Flavius Josèphe, *La Guerre des Juifs*, livre II, chap. XVII, § 6, trad. P. Savinel, Paris, Minuit, 1977, p. 275.

31. Voir Ina Wunn, *Die Religionen in vorgeschichtlicher Zeit*, Stuttgart, Kohlhammer, 2005. La « déesse des dolmens » est un menhir datant du néolithique moyen, à la tête très stylisée, qui est conservé au Musée régional de la préhistoire de Halle-sur-Saale, en Allemagne [NdT].

32. Citations tirées de Samuel N. Kramer, *L'Histoire commence à Sumer, op. cit.*, p. 121.

33. L'auteur joue sur le terme allemand *Schuld* qui signifie au singulier la « culpabilité » liée à la faute et, au pluriel, les « dettes » [NdT].

34. Michael Mann, *The Sources of Social Power*, vol. 1, *op. cit.*, p. 158.

35. Gregory Bateson, *La Nature et la pensée. Esprit et nature : une unité nécessaire*, trad. A. Cordoën *et al.*, Paris, Seuil, 1984, p. 108.

36. Elias Canetti, *Masse et puissance*, trad. R. Rovini, Paris, Gallimard, 1966 [1960].

Chapitre 2 : Métal

1. Hésiode, *Les Travaux et les Jours*, trad. P. Mazon, Paris, Les Belles Lettres, 2002, vers 143-153.

2. Guillermo Algaze, *The Uruk World System*, Chicago et Londres, The University of Chicago Press, 2005.

3. Clemens D. Reichel, « Excavations at Hamoukar, Syria », University of Chicago Oriental Institute Fall 2011 News and Notes, n° 211, Chicago, 2007, p. 1-9.

4. Jérémie 50,17 (toutes les citations bibliques sont tirées de la traduction œcuménique : *La Bible*, Paris et Pierrefitte, Éditions du Cerf et la Société biblique française, 2010). Jérémie fait allusion à la chute du royaume israélite de Samarie (au nord du royaume de Juda) en 722 av. J.-C., à la suite de quoi dix des douze tribus d'Israël ont quitté la scène de l'histoire.

5. Keith Roberts, *The Origins of Business, Money, and Markets*, New York, Columbia Business School Publications, 2011, p. 217.

6. R. F. Tylecote, *A History of Metallurgy*, Midland (MI), The Institutes of Materials, 1992, p. 62.

7. Theodore A. Wertime, « The Furnace versus the Goat. The Pyrotechnologic Industries and Mediterranean Deforestation in Antiquity », *Journal of Field Archaeology*, 10/4, 1983, p. 452.

8. À ce propos, voir aussi J. Donald Hughes, « Environmental Impacts of the Roman Economy and Social Structure », *in* Alf Hornburg, J. R. McNeill et Joan Martinez-Alier (dir.), *Rethinking Environmental History. World-System History and Global Environmental Change*, Lanham (MD), AltaMira Press, 2007, p. 37.

9. Fouilles archéologiques de l'université de Francfort-sur-le-Main. Voir également *Der Tagesspiegel*, 19 septembre 2012.

10. Ugo Bardi, *Le Grand Pillage. Comment nous épuisons les ressources de la planète. Un rapport adressé au Club de Rome*, trad. A. Verkaeren, Paris, Institut Veblen et Les Petits Matins, 2015, p. 199.

11. Pline l'Ancien, *Histoire naturelle*, *op. cit.*, livre XXXIII, chapitre XXI, § 70.

12. Le documentaire de Denis Delestrac (France/Canada, 2013) *Le Sable. Enquête sur une disparition* examine en détail ce processus.

13. Ce chiffre se rapporte seulement à la période allant de 1950 à 1990. Voir Bogumil Terminski, *Mining-Induced Displacement and Resettlement. Social Problem and Human Rights Issue (A Global Perspective)*, Universität Warschau, 2012 (papers.ssrn.com/sol3/papers.cfm?abstract_id=2028490).

14. Propos de Vandana Shiva dans son interview sur Kontext TV, le 11 juillet 2011 (www.kontext-tv.de/en/node/2438).

15. Chris Hedges et Joe Sacco, *Jours de destruction, jours de révolte*, trad. S. Van den Dries et S. Dacheville, Paris, Futuropolis, 2012, p. 173 (traduction modifiée).

16. Ugo Bardi, *Der geplünderte Planet*, Oekom Verlag, Munich, 2013, p. 13 (ce chiffre n'apparaît pas dans la traduction française du livre : Ugo Bardi, *Le Grand Pillage*, *op. cit.*)

17. En 2018, il s'agissait de Royal Dutch Shell, Sinopec, China National Petroleum, ExxonMobil, BP et Saudi Aramco.

18. Mircea Eliade, *Forgerons et alchimistes*, Paris, Flammarion, 2018 [1956], p. 250. Eliade écrit que le gros de l'héritage alchimique se trouve avant tout « dans les systèmes de l'économie politique capitaliste, libérale et marxiste, dans les théologies sécularisées du matérialisme, du positivisme, du progrès infini, partout enfin où éclate la foi dans les possibilités illimitées de l'*Homo faber* ».

19. C'est la production anglaise de fer qui a fait pour la première fois, au XVIIIe siècle, un usage systématique du charbon fossile. Ce qui a donné à l'industrie militaire britannique une avance décisive sur celle de l'Espagne. Voir Ugo Bardi, *Le Grand Pillage*, *op. cit.*, p. 189.

20. Voir Pat Mooney, *Next Bang. Wie das riskante Spiel mit Megatechnologien unsere Existenz bedroht*, Munich, Oekom, 2010, p. 111-112.

21. Apocalypse 21,5.

Chapitre 3 : Marché

1. Voir Adam Smith, *Recherches sur la nature et les causes de la richesse des nations*, vol. 1, trad. G. Garnier et A. Blanqui, Paris, Flammarion, 1991 [1776], p. 81-84.

2. « C'est bien simple : aucun exemple d'économie de troc n'a jamais été décrit, sans parler d'en faire émerger la monnaie ; toute la recherche ethnographique existante suggère qu'il n'y en a jamais eu. » Caroline Humphrey, citée par David Graeber, *Dette…*, *op. cit.*, p. 40.

3. *Ibid.*, p. 40-45.

4. Michael Mann, *The Sources of Social Power*, vol. 1, *op. cit.*, p. 194.

5. Erica Schoenberger, « The Origins of Market Economy », *Comparative Studies in Society and History*, 50/3, 2008, p. 668.

6. Voir Geoffrey Ingham, *The Nature of Money. New Directions in Political Economy*, Cambridge, Polity Press, 2004.

7. En Lydie, ce ne sont pas les États qui ont les premiers frappé monnaie, mais de riches familles. Les premières pièces portaient le sceau de ces familles qui les ont utilisées pour renforcer les liens avec leurs clients et partant leur pouvoir politique. La monnaie n'est donc pas née du troc, comme le prétend la théorie classique, mais tout d'abord de motifs politiques. Dans le grand commerce et dans les économies locales, les pièces de monnaie ont longtemps joué un rôle minime.

8. Keith Roberts, *The Origins of Business, Money, and Markets*, *op. cit.*, p. 66.

9. Erica Schoenberger, « The Origins of Market Economy », art. cité, p. 670.

10. *Ibid.*, p. 675 ; voir aussi Richard Duncan-Jones, *Money and Government in the Roman Empire*, Cambridge, Cambridge University Press, 1994.

11. Erica Schoenberger, « The Origins of Market Economy », art. cité, p. 672.

12. À Athènes et à Rome, cela concernait avant tout ceux qui n'étaient pas citoyens de plein droit (la majeure partie de la population) ainsi que les habitants des provinces soumises.

13. Michael Mann, *The Sources of Social Power*, vol. 1, *op. cit.*, p. 138.

14. Erica Schoenberger, « The Origins of Market Economy », art. cité, p. 671.

15. Siegfried Lauffer, *Die Bergwerkssklaven von Laureion*, Wiesbaden, F. Steiner, 1979, p. 25.

16. *Ibid.*, p. 51.

17. David Graeber, *Dette…*, *op. cit.*, p. 280.

18. Matthieu 20,1-16.

19. Keith Roberts, *The Origins of Business, Money, and Markets, op. cit.*, p. 185.

20. Diodore de Sicile, *Histoire universelle*, livre V, chap. XXV, trad. Terrasson, Paris, Debure, 1777, p. 253.

21. *Ibid.*, p. 253-254 (traduction modifiée).

22. Voir David Graeber, *Dette…*, *op. cit.*, p. 278-283.

23. Keith Roberts, *The Origins of Business, Money, and Markets, op. cit.*, p. 245-249.

24. « Les certificats d'investissements (actions), appelés *particulae*, étaient négociés sur le forum qui fut peut-être la première bourse du monde. » Keith Roberts, *The Origins of Business, Money, and Markets, op. cit.*, p. 204.

25. Luc 2,1-20. À propos des résistances à la collecte des impôts, voir Flavius Josèphe, *La Guerre des Juifs*, livre II, chap. VIII, § 1, *op. cit.*, ainsi que Richard A. Horsley, *Jesus and Empire. The Kingdom of God and the New World Disorder*, Minneapolis, Fortress Press, 2003, p. 41.

26. Dans le cadre de ce chapitre, je n'ai pas pu aller plus loin dans l'analyse des relations entre acteurs marchands et acteurs étatiques qui sont évidemment, aussi bien dans le monde antique qu'aujourd'hui, beaucoup plus complexes que le tableau que je viens d'ébaucher. L'opposition de l'empire mondial et du marché mondial vise à décrire un changement de centre de gravité au sein de ces relations. Voir à ce propos Immanuel Wallerstein, *Comprendre le monde. Introduction à l'analyse des systèmes-monde*, trad. C. Horsey, Paris, La Découverte, 2009.

27. Max Weber, *L'Éthique protestante et l'esprit du capitalisme. Suivi d'autres essais*, trad. J.-P. Grossein, Paris, Gallimard, 2003 [1904-1905], p. 47.

28. « La loi romaine accordait aux sociétés publicaines la vie perpétuelle et les habilitait à être propriétaires, à passer contrat et embaucher des employés ; elle distribuait les droits de propriété dans une perspective managériale, créant de nouvelles entités, les corporations, dont les pouvoirs dépassaient ceux des individus et des associations » Keith Roberts, *The Origins of Business, Money, and Markets, op. cit.*, p. 204.

29. Voir David Graeber, *Dette…*, *op. cit.*, ainsi que Richard E. Mitchell, « Ager Publicus. Public Property and Private Wealth during the Roman Republic », art. cité, p. 253-276.

30. *Ibid.*, p. 206.

31. Le servage médiéval se distingue de l'esclavage sur au moins un point essentiel : le serf ne pouvait être *vendu*. À vrai dire, il y avait encore par endroits des esclaves au sens strict, notamment en Espagne. Voir Christian Delacampagne, *Une Histoire de l'esclavage. De l'Antiquité à nos jours*, Paris, Librairie générale française, 2002, p. 101 et 111.

32. Les conditions juridiques divergent considérablement en fonction des pays. Dans les pays anglo-saxons comme la Grande-Bretagne ou les États-Unis d'Amérique, le propriétaire foncier a effectivement un droit de disposition total sur sa parcelle, et ce jusqu'à une profondeur infinie – c'est-à-dire, en théorie, jusqu'au centre de la Terre. Toutefois, l'État possède en partie des droits d'appropriation (des droits d'achat) pour les matières premières stratégiques telles que le pétrole et le charbon. En Allemagne par contre, le propriétaire foncier n'a des droits de propriété que sur les ressources minérales dites *grundeigen* comme le sable, le granit et les cailloux, et non sur les richesses du sous-sol classées comme *bergfrei* (les énergies fossiles et la plupart des métaux, que l'on ne peut exploiter sans obtenir une concession de l'État). C'est pourquoi le propriétaire d'une parcelle peut être en Allemagne exproprié de force s'il faut extraire des matières premières sous son terrain – ce qui s'est par exemple fait à grande échelle, jusqu'à aujourd'hui, pour ouvrir des mines de lignite à ciel ouvert.

33. Le premier brevet sur un être vivant a été déposé en 1988 aux États-Unis sur ce qu'on a appelé l'« oncosouris ». Dans le matériel génétique de cette souris, dont l'appellation est un nom de marque déposé par la firme DuPont, les chercheurs de l'université Harvard ont inséré un gène provoquant le cancer. L'Office européen des brevets a définitivement reconnu ce brevet en 2004 – ce qui en principe ouvre la voie pour le dépôt de brevets européens sur le vivant.

Chapitre 4 : Impuissance

1. Dans les études historiques des quarante dernières années, des efforts intenses ont été faits pour corriger ce biais. L'histoire du quotidien, l'histoire des mentalités, l'historiographie féministe ainsi que l'histoire économique et sociale y ont largement contribué. Un bon exemple d'une telle approche « par en bas » est le livre de Howard Zinn *Une histoire populaire des États-Unis d'Amérique*. Pourtant, ces études ont encore du mal à pénétrer dans la conscience quotidienne et la sphère politique.

2. Jean Delumeau, *La Peur en Occident (XIVe-XVIIIe siècles). Une cité assiégée*, Paris, Fayard, 1978.

3. Les historiens John D. Crossan et Richard Horsley expliquent que le nom du démon, « Légion », ne signifie pas seulement de manière métaphorique une multitude d'esprits, mais constitue vraisemblablement une allusion directe aux agissements des armées romaines. Voir par exemple Richard Horsley, *Jesus and Empire, op. cit.*, p. 107.

4. Flavius Josèphe, *Histoire ancienne des Juifs*, livre XVII, chap. XII, § 10, trad. A. d'Andilly, Paris, Lidis, 1968-1973, p. 550.

5. Tacite, *La Vie de Julius Agricola*, chap. XXX, citation extraite des *Œuvres complètes*, trad. C. Salles, Paris, Laffont, 2014, p. 71 (traduction modifiée).

6. Dans le poème « Curriculum Vitae » de la poétesse autrichienne Ingeborg Bachmann, on trouve le néologisme *Machttraumspur*, littéralement la « trace que laisse le rêve de pouvoir ». Cette expression joue sur la proximité phonique entre *Machttraum*, le « rêve de pouvoir », et *Alptraum*, le « cauchemar » [NdT].

7. Judith Herman, *Trauma and Recovery. The Aftermath of Violence : From Domestic Abuse to Political Terror*, New York, Basic Books, 1992, p. 20.

8. *Ibid.*, p. 51.

9. Angela Kühner, *Kollektive Traumata*, Berghof Report Nr. 9, Berlin, 2002, p. 34.

10. *Ibid.*, p. 36.

11. Francis Fukuyama, *La Fin de l'histoire et le dernier homme*, Paris, Flammarion, 1992. Sur la persistance de la pensée apocalyptique dans la civilisation occidentale, voir l'aperçu remarquable proposé par Walter Sparn, « Chiliastische Hoffnungen und apokalyptische Ängste. Das abendländlische Erbe im neuen Jahrtausend », *in* Bernd U. Schipper et Georg Plasger (dir.), *Apokalyptik und kein Ende ?*, Göttingen, Vandenhoeck und Ruprecht, 2007.

12. Daniel 3,1-97. Sur la signification du livre de Daniel, voir aussi Klaus Koch, « Daniel und Henoch – Apokalyptik im antiken Judentum », *in* Bernd U. Schipper et Georg Plasger (dir.), *Apokalyptik und kein Ende ?, op. cit.*

13. L'auteur de l'Apocalypse n'est pas, comme le veut l'ancienne tradition ecclésiastique, Jean l'apôtre, le « disciple que Jésus aimait ». Ce n'est pas non plus le rédacteur de l'Évangile selon Jean.

14. Tacite, *Les Annales*, livre XV, chap. LXIV, citées d'après les *Œuvres complètes*, *op. cit.*, p. 773.

15. Le style de l'Apocalypse johannique suggère que l'auteur vient de Palestine. Et la ville d'Éphèse où vivait Jean avant son exil dans l'île de Patmos fut un lieu de refuge pour une grande partie des Juifs qui quittèrent la Judée après la catastrophe de l'an 70.

16. Voir Walter Sparn, « Chiliastische Hoffnungen und apokalyptische Ängste. Das abendländische Erbe im neuen Jahrtausend », *in* Bernd U. Schipper et Georg Plasger (dir.), *Apokalyptik und kein Ende ?, op. cit.*, p. 211.

17. À ce propos, voir aussi ce que Walter Benjamin écrit sur l'« ange de l'histoire » : « Du paradis souffle une tempête qui s'est prise dans ses ailes, si violemment que l'ange ne peut plus les refermer. Cette tempête le pousse irrésistiblement vers l'avenir auquel il tourne le dos, tandis que le monceau de ruines devant lui s'élève jusqu'au ciel. Cette tempête est ce que nous appelons le progrès. » Citation extraite des thèses « Sur le concept d'histoire », dans *Œuvres III*, trad. M. de Gandillac *et al.*, Paris, Gallimard, 2000, p. 434.

18. John D. Crossan, *Who Killed Jesus ? Exposing the Roots of Anti-Semitism in the Gospel Story of the Death of Jesus*, San Francisco, Harper and Row, 1995, chap. V.

19. Le projet scientifique le plus ambitieux mis en œuvre jusqu'ici pour reconstruire les pratiques et les idées du mouvement de Jésus est le « séminaire Jésus » de l'Institut Westar (États-Unis) dans lequel plus de deux cents chercheurs de tout horizon sont impliqués depuis 1985. Les conclusions sont rassemblées dans les livres suivants : Robert W. Funk, *The Five Gospels. What Did Jesus Really Say ?*, San Francisco, Harper, 1996 ; Robert W. Funk, *The Acts of Jesus. What Did Jesus Really Do ?*, San Francisco, Harper, 1998. Une excellente synthèse a été réalisée par John D. Crossan, *The Historical Jesus. The Life of a Mediterranean Jewish Peasant*, San Francisco, Harper, 1993.

20. Flavius Josèphe, *La Guerre des Juifs*, livre II, chap. XIII, § 4, *op. cit.*, p. 254. L'idée que Jésus ait lui-même revendiqué le titre de messie est discutable. Dans les premières sources sur le mouvement de Jésus, la source Q et l'Évangile de Thomas, il n'y a aucune référence au titre de messie.

21. Voir Richard A. Horsley et John S. Hanson, *Bandits, Prophets, and Messiahs. Popular Movements in the Time of Jesus*, Harrisburg, Trinity Press, 1999.

22. Sur ce point, voir la discussion détaillée de John D. Crossan, *Who Killed Jesus ?, op. cit.*, chap. VI.

23. Cette idée est développée par Richard A. Horsley, *Jesus and Empire, op. cit.*, et John D. Crossan, *The Historical Jesus, op. cit.*

24. Dans les Évangiles, les passages apocalyptiques sont en règle générale tardifs. Dans les sources les plus anciennes qui datent d'avant la destruction de Jérusalem, comme la source Q dont se sont servis Matthieu et Luc, et les passages eux aussi très anciens de l'évangile apocryphe de Thomas, Jésus ne tient pas de discours apocalyptique. Voir Robert W. Funk, *The Five Gospels, op. cit.*

25. Voir les passages indépendants l'un de l'autre Luc 17,21 (« Le règne de Dieu est parmi vous ») et le Logion 113 dans l'évangile selon Thomas : « Mais le Royaume du Père s'étend sur la terre, et les hommes ne le voient pas. »

26. Richard Horsley, *Jesus and Empire, op. cit.*, p. 108.

27. À ce propos, voir Karen L. King, *The Gospel of Mary of Magdala. Jesus and the First Woman Apostle*, Santa Rosa, Polebridge Press, 2003, et Elaine H. Pagels, *Adam, Ève et le serpent*, trad. M. Miech Chatenay, Paris, Flammarion, 1989, ainsi que la série sur le réseau de télévisions publiques étasunien PBS *From Jesus to Christ* (www.pbs.org/wgbh/pages/frontline/shows/religion/first/women.html).

Chapitre 5 : Mission

1. La Société du Mont-Pèlerin a été fondée en 1947 à l'initiative de Friedrich von Hayek. Cette association d'économistes est rapidement devenue l'un des plus importants *think tanks* œuvrant à la diffusion des idées néolibérales. Sur la London Missionary Society, voir *supra* le chapitre huit.

2. Le bouddhisme semble à première vue constituer une exception. Dès le IIIe siècle avant Jésus-Christ, le souverain indien Ashoka envoya des émissaires tous azimuts pour diffuser le message du Bouddha. Cette « mission » se distingue cependant sur des points essentiels de celle, plus tardive, du christianisme. Premièrement, elle excluait toute forme de violence. Le message des émissaires indiens reposait, tout comme leurs pratiques, sur l'idée de non-violence radicale dont se réclamait Ashoka, plein de repentance après des années de guerres impériales sanguinaires. Deuxièmement – et c'est une explication plus profonde du non-recours à la violence –, le bouddhisme n'élève pas de prétention à la vérité absolue ni ne divise l'humanité en deux groupes, les croyants d'un côté et les mécréants de l'autre. La conversion forcée était ainsi privée de tout fondement idéologique.

3. Voir Mary Boyce, *A History of Zoroastrianism*, vol. 1, Leyde/New York/Cologne, E. J. Brill, 1996.

4. L'Église se réclame depuis toujours de la prétendue Grande Mission, un ordre que le Ressuscité aurait donné à ses apôtres de partir évangéliser les nations. Mais la plus ancienne source « Allez par le monde entier, proclamez l'Évangile à toutes les créatures. Celui qui croira et sera baptisé sera sauvé, celui qui ne croira pas sera condamné » (Mc 16,15-16) – est un ajout ultérieur à l'Évangile de Marc. Les passages correspondants chez Matthieu (Mt 28,16-20), Luc et Jean sont relativement tardifs. Dans les sources les plus anciennes : Q, Marc (la seconde conclusion mise à part) et l'Évangile selon Thomas, ils sont complètement absents.

5. Épître aux Galates 1,13.

6. Bien que les épîtres de Paul soient les tout premiers textes chrétiens conservés, ils ne nous apprennent presque rien sur la vie de Jésus et le contenu de son mouvement.

7. Voir à ce propos Hyam Maccoby, *Paul et l'invention du christianisme*, trad. J. Gerber et J.-L. Allouche, Paris, Lieu commun, 1987. Le mythe, central dans la théologie paulinienne, du dieu qui meurt et ressuscite se retrouve par exemple dans les cultes de Mithra, Attis et Osiris qui étaient très populaires dans l'Empire romain à l'époque de Paul. L'ascendance divine du Christ – en tant que relation physique de parenté – est une idée d'origine grecque. Elle est tout aussi

étrangère à la pensée juive dont Jésus et ses disciples étaient imprégnés que l'idée d'un péché originel devant être expié par un sacrifice humain.

8. John Dominic Crossan et Jonathan L. Reed, *In Search of Paul. How Jesus's Apostle Opposed Rome's Empire with God's Kingdom*, San Francisco, Harper, 2004. Crossan explique aussi que les propos souvent cités de Paul contre l'égalité des femmes et des esclaves se trouvent dans les lettres que Paul n'a pas rédigées lui-même, dites « deutéro-pauliniennes », et dans des ajouts ultérieurs aux lettres authentiques. On considère que les épîtres aux Éphésiens, aux Colossiens, la deuxième lettre aux Thessaloniciens ainsi que les épîtres à Tite et à Philémon n'ont pas été rédigées par Paul (*ibid.*, p. 105).

9. Voir également Wolfgang Sachs (dir.), *The Development Dictionary. A Guide to Knowledge as Power*, Londres, Zed Books, 1992, p. XVIII.

10. Cité par Johannes Fried, *Les Fruits de l'Apocalypse. Origines de la pensée scientifique moderne au Moyen Âge*, trad. D. Modigliani, Paris, Éd. de la Maison des sciences de l'homme, 2004, p. 21.

11. Première épître aux Corinthiens 1,23.

12. Deuxième épître aux Corinthiens 10,10 : « Une fois présent, il est faible et sa parole est nulle. »

13. Cité par Immanuel Wallerstein, *L'Universalisme européen*, *op. cit.*, p. 14-15.

14. Reinhold Rau (dir.), *Briefe des Bonifatius. Willibalds Leben des Bonifatius*, Darmstadt, Wissenschaftliche Buchgesellschaft, 1968, p. 493-495.

15. En 772, Charlemagne fit abattre l'Arbre du Monde (*Irminsul*) des Saxons, qui vivaient alors entre le nord du Rhin et l'Elbe. Cette « énorme colonne » (voilà ce que signifie littéralement ce nom) représentait l'axe du monde et reliait la terre au ciel. Cette profanation et cette humiliation entraînèrent une révolte ouverte. Charlemagne riposta par une guerre qui devait durer trente-deux ans. Rien que dans le « massacre de Verden », il fit passer par les armes 4 500 hommes, selon une source de l'époque. La même année, il édicta une loi qui punissait de mort la résistance au baptême. Voilà ce qu'on peut lire dans le capitulaire *De partibus Saxoniae* : « Tout Saxon non baptisé qui cherchera à se dissimuler parmi ses compatriotes et refusera de se faire donner le baptême, voulant demeurer païen, sera désormais mis à mort. »

16. Rudyard Kipling, *Le Fardeau de l'homme blanc*, poème publié en anglais en 1899 (« The White Man's Burden »).

17. Voir Immanuel Wallerstein, *Le Capitalisme historique*, trad. P. Steiner et C. Tutin, Paris, La Découverte, 1996, p. 82 : « La croyance en l'universalisme a constitué la pierre angulaire de l'édifice idéologique sur lequel s'est appuyé le capitalisme historique. »

Deuxième partie
La mégamachine

Chapitre 6 : Monstre

1. Il s'agit d'un rêve que Léonard de Vinci a consigné dans son journal intime. Citation empruntée à Lewis Mumford, *Le Mythe de la machine, vol. 1. Technique et développement humain*, trad. G. Cingal et A. Gouilleux, Paris, Éd. de l'Encyclopédie des nuisances, 2019 [1967], p. 377.

2. Rien que sur un territoire relativement petit comme celui de l'archevêché de Trèves, 368 femmes ont été brûlées entre 1587 et 1593. Voir Jean Delumeau, *La Peur en Occident, op. cit.*, p. 351.

3. Voir à ce propos le premier Code civil allemand, la *Constitutio Criminalis Carolina* (1532), que l'on appelle également *Lex Carolina*, « La Caroline » ou « Code criminel de l'empereur Charles Quint ».

4. Pour autoriser le recours à la torture, la *Constitutio Criminalis Carolina* exigeait des motifs de suspicion et des témoins très sérieux. Mais en pratique, surtout dans les procès de sorcières, ces exigences restaient la plupart du temps lettre morte au prétexte que l'on était confronté à un *crimen exceptum* (un crime exceptionnel) ou à un *crimen atrocissimum* (un crime terrible), ce qui suspendait les règles usuelles.

5. Jean Delumeau, *La Peur en Occident, op. cit.*, p. 202, 210-211 et 237-242. Sans surprise, c'est précisément dans les régions et aux époques où le complexe militaro-monétaire était en voie d'expansion que les représentations apocalyptiques se sont multipliées : le « triomphe de la mort » dans l'Italie du Nord au XIVe siècle, *L'Apocalypse* de Dürer à Nuremberg en 1511 (ville influencée de manière décisive par les entrepreneurs miniers et les banquiers augsbourgeois qu'étaient les Fugger et les Welser) et les ténébreuses visions de Bosch dans les Flandres une décennie plus tard.

6. Jean Delumeau, *La Peur en Occident, op. cit.*, p. 210 et 215.

7. On parle de subsistance quand les communautés produisent pour leurs propres besoins ; les communaux sont des biens communs qui sont utilisés de manière communautaire par diverses personnes selon des règles sur lesquelles elles se sont elles-mêmes mises d'accord (voir le chapitre 11).

8. Richard Cowen, *Exploiting the Earth*, chap. VII (publication en cours, source consultée sur le site : http://mygeologypage.ucdavis.edu/cowen//~GEL115/).

9. Voir Silvia Federici, *Caliban et la Sorcière. Femmes, corps et accumulation primitive*, Genève/Paris/Marseille, Entremonde et Senonevero, 2014 [2004], p. 47-50.

10. James C. Scott, *Seeing Like a State. How Certain Schemes to Improve the Human Condition Have Failed*, New Haven et Londres, Yale University Press, 1998, p. 25-29.

11. Il s'agit du *colonus* de la fin de l'Empire romain : un paysan qui était « adscrit fiscalement » et donc « attaché » à ses terres, dont il ne pouvait partir [NdT].

12. Voir Lynn T. White, *Les Racines historiques de notre crise écologique*, Paris, PUF, 2019 [1967].

13. Joachim de Flore divisait l'histoire en trois époques : l'âge du Père (l'époque de « l'Ancien Testament »), celui du Fils (l'Église de son temps) et celui du Saint-Esprit. Ce troisième âge était censé être proche et faire renaître la Jérusalem céleste sur terre. On reviendrait alors au dépouillement originel de l'Église primitive. Toutefois, Joachim n'imaginait pas pour autant une société de gens égaux en droit, mais une hiérarchie rigide qui s'inspirait des structures monastiques bénédictines.

14. Jean Delumeau, *La Peur en Occident*, *op. cit.*, p. 114.

15. *Ibid.*, p. 108.

16. Silvia Federici, *Caliban et la Sorcière*, *op. cit.*, p. 94. Federici cite un contemporain qui défend le point de vue de la noblesse : « Les paysans sont trop riches [...] et ne savent pas ce que veut dire obéissance, ils ne tiennent aucun compte de la loi, ils voudraient qu'il n'y eût pas de nobles. »

17. En français, le terme « jacquerie » vient de la manière dont les nobles se moquaient des paysans en les appelant tous « Jacques Bonhomme ».

18. Voir aussi Murray Bookchin, *The Third Revolution. Popular Movements in the Revolutionary Era*, vol. 1, Londres, Bloomsbury Academic, 1996, p. 23-37.

19. Voir Silvia Federici, *Caliban et la Sorcière*, *op. cit.*, p. 36 : « Le capitalisme fut la réplique des seigneurs féodaux, des marchands patriciens, des évêques et des papes, à un conflit social pluriséculaire, qui finit par ébranler leur pouvoir [...]. Le capitalisme fut la contre-révolution qui réduisit à néant les possibilités ouvertes par la lutte antiféodale. »

20. Amalfi et Pise étaient aussi des républiques maritimes puissantes, mais elles finirent par s'effacer alors que Venise et Gênes devinrent hégémoniques dans l'espace méditerranéen.

21. Voir Janet Abu-Lughod, « Discontinuities and Persistence », *in* André Gunder Frank et Barry K. Gills, *The World System. Five Hundred Years or Five Thousand ?*, Londres, Routledge, 1996, p. 247-277.

22. Pour pallier la faiblesse militaire de l'Empire byzantin, Venise lui a offert la protection de sa flotte de guerre en échange de privilèges commerciaux – lesquels permettaient à la république maritime de renforcer encore sa puissance économique et militaire. C'était l'un des piliers essentiels du modèle économique vénitien.

23. Lewis Mumford, *Le Mythe de la machine, tome II. Le Pentagone de la puissance*, trad. L. Dilé, Paris, Fayard, 1974, p. 199. Dante a immortalisé l'Arsenal dans le vingt et unième chant de l'*Inferno*.

24. Frederic Chapin Lane, *Venise. Une république maritime*, trad. Y. Bourdoiseau et M. Ymonet, Paris, Flammarion, 1985 [1973], p. 449.

25. Voir Roberto S. Lopez, *La Révolution commerciale dans l'Europe médiévale*, trad. J.-P. Delumeau, Paris, Aubier Montaigne, 1974, p. 101-102.

26. Jürgen Kocka écrit dans son *Histoire du capitalisme* (trad. I. Kalinowski, Genève, Markus Haller, 2017 [2013], p. 43) : « Au cours des deux derniers siècles du premier millénaire, les prémisses de la constitution d'une bourgeoisie capitaliste marchande purent être observées dans certaines parties de l'Arabie plus nettement que partout ailleurs dans le monde à cette époque. Cependant, les capitalistes marchands demeuraient à l'écart du pouvoir politique exercé par les élites traditionnelles, la noblesse des grands propriétaires et des chefs militaires. La bourgeoisie qui se constitua alors pour un temps ne possédait pas de pouvoir. »

27. Dès la « répétition générale » de la première croisade en l'an 1087, Gênes avait participé, avec Pise et Amalfi, au sac de Mahdia, la capitale musulmane de la région que les Romains avaient appelée « Africa » (en arabe : Ifriqiya) dans la Tunisie actuelle. C'est ainsi que Gênes assura sa suprématie maritime en Méditerranée occidentale, ce qui lui ouvrit la voie pour se lancer plus tard dans la première croisade. Le butin servit en grande partie à construire la cathédrale de Pise.

28. Guillaume de Tyr, *Histoire des croisades*, tome III, Paris, Brière, 1824, p. 454-456 (texte disponible sur le site https://gallica.bnf.fr/ark:/12148/bpt6k94609j/f481.image).

29. Le contrat intitulé *Partitio terrarum imperii Romaniae* prévoyait que trois huitièmes de l'Empire byzantin reviendraient à Venise, trois huitièmes aux autres participants à la croisade et le quart restant à l'Empire latin de Constantinople créé à cette occasion.

30. Voir Immanuel Wallerstein, *Comprendre le monde, op. cit.*, p. 46-47 (traduction modifiée) : « Le marché parfaitement libre constitue une idéologie, un mythe qui exerce une influence certes contraignante, mais il n'est jamais une réalité quotidienne. Si le marché parfaitement libre n'est pas une réalité quotidienne, c'est notamment parce que, s'il existait, il rendrait impossible l'accumulation illimitée de capital. [...] Dans un marché parfait, il serait toujours possible pour l'acheteur de négocier à la baisse le prix d'un produit de sorte que le profit du vendeur devienne infime (disons un centime). Un niveau de profit aussi faible rendrait le jeu du capitalisme absolument sans intérêt pour les producteurs. » Voir aussi Fernand Braudel, *Les Jeux de l'échange. Civilisation matérielle, économie et capitalisme, XVe-XVIIIe siècle*, tome II, Paris, Armand Colin, 1979, p. 196-197. Dans la vie économique au sens large, Braudel distingue trois « étages » : la subsistance, le marché et le capitalisme, considérant ainsi que ce dernier s'oppose au marché.

31. Dans *The Long Twentieth Century. Money, Power and the Origins of Our Times* (Londres et New York, Verso, 2010), Giovanni Arrighi décrit en détail l'imbrication de l'État et du capital dans la naissance du système-monde moderne. Le premier cycle d'accumulation systémique fut marqué par l'association des banques génoises avec les puissances militaires espagnole et portugaise, qui constituaient ensemble un système de domination « amphibie ». (À vrai dire, le titre du livre d'Arrighi, *Le Long XX*[e] *Siècle* induit en erreur vu qu'il porte sur une période allant du XIIIe au XXe siècle.)

32. Janice E. Thomson, *Mercenaries, Pirates, and Sovereigns*, Princeton, Princeton University Press, 1996, p. 27.

33. Voir Georges Duby, *L'Économie rurale et la vie des campagnes dans l'Occident médiéval (France, Angleterre, Empire, IX*[e]*-XV*[e] *siècles). Essai de synthèse et perspectives de recherches*, vol. 2, Paris, Flammarion, 1977 [1962], p. 95-132. Voir aussi Erica Schoenberger, « The Origins of Market Economy », art. cité : « Comme à Rome, la monétisation du système fiscal impose la marchandisation. Le surplus doit dès lors être vendu pour obtenir les liquidités exigées par l'État. Cependant, dans le cas de Rome, les obligations qui incombent à l'État concernent principalement la conquête et la surveillance territoriales. Les nécessités de la guerre continuent donc à jouer un rôle déterminant dans ce processus. »

34. Erica Schoenberger, « The Origins of Market Economy », art. cité, p. 681.

35. Immanuel Wallerstein, *Le Système du monde du XV*[e] *siècle à nos jours, vol. 1. Capitalisme et économie-monde 1450-1640*, Paris, Flammarion, 1980 [1974], p. 25. Voir aussi Giovanni Arrighi, *The Long Twentieth Century*, *op. cit.*, p. 109.

36. Immanuel Wallerstein cite l'historien Michael Postan qui a qualifié de « gangstérisme » la manière dont la noblesse anglaise a réagi à la baisse de ses revenus. Immanuel Wallerstein, *Capitalisme et économie-monde 1450-1640*, *op. cit.*, p. 47.

37. Ces chiffres reposent sur les indications du banquier et chroniqueur contemporain Giovanni Villani. L'historien Edwin S. Hunt les a néanmoins remis en question (« A New Look at the Dealings of the Bardi and Peruzzi with Edward III », *The Journal of Economic History*, 50/1, 1990, p. 149-162). Mais même si les sommes étaient moindres, elles n'en représenteraient pas moins une contribution essentielle sans laquelle la guerre de Cent Ans n'aurait peut-être jamais pu avoir lieu.

38. Voir Emmanuel Le Roy Ladurie (dir.), « Les masses profondes : la paysannerie », in *Histoire économique et sociale de la France*, vol. 2, Paris, PUF, 1977.

39. Janice E. Thomson, *Mercenaries, Pirates, and Sovereigns*, *op. cit.*, p. 28.

40. Fernand Braudel qualifie aussi l'époque allant de 1350 à 1454 de « guerre de Cent Ans italienne ». Jakob Burkhardt décrit la Renaissance italienne comme une « guerre de tous contre tous » (Giovanni Arrighi, *The Long Twentieth Century*, *op. cit.*, p. 92).

41. Henry Naeve *et al.*, *Private Militärunternehmen. Geschichte, Verfassungsmäßigkeit, internationale Regulierung und aktuelle Rechtsfragen*, Hambourg, NBS, 2013, p. 30.

42. Janice E. Thomson, *Mercenaries, Pirates, and Sovereigns*, *op. cit.*, p. 27-28.

43. Hans Christian Huf, *Mit Gottes Segen in die Hölle. Der Dreißigjährige Krieg*, Berlin, Econ, 2003, p. 31.

44. Voir Robert Rebitsch, *Wallenstein. Biographie eines Machtmenschen*, Vienne, Böhlau, 2010, p. 132.

45. Citation empruntée à Ulrich Zimmermann, *Mittelalterlicher Bergbau auf Eisen, Blei und Silber*, Institut für Ur- und Frühgeschichte der Universität Freiburg (disponible sur le site : www2.ufg.uni-freiburg.de/d/publ/zimm1.html).

46. Cette mine a également constitué le fondement du pouvoir du duc de Saxe Otton, entré ensuite dans l'histoire en devenant empereur sous le nom d'« Otton le Grand » et en fondant la dynastie ottonienne. Voir Richard Cowen, *Exploiting the Earth*, *op. cit.*, chap. VII.

47. À nouveau, cette mine a posé les bases du pouvoir d'« Othon le Riche » qui a fondé la dynastie des rois de Saxe ultérieurs. Voir Richard Cowen, *Exploiting the Earth*, *op. cit.*, chap. VII.

48. Les différentes étapes de la ruée vers l'argent en Europe centrale, en particulier en Saxe et en Bohême, sont connues en allemand sous le nom de *Berggeschrey* (« la clameur minière »).

49. Wolfgang König (dir.), *Propyläen Technikgeschichte, vol. 2. Metalle und Macht*, Berlin, Propyläen, 1997, p. 221.

50. Voir Jürgen Kocka, *Histoire du capitalisme*, *op. cit.*, p. 84-85.

51. Eduardo Galeano, *Les Veines ouvertes de l'Amérique latine*, Paris, France Loisirs, 1982, p. 28-29.

52. Egon Friedell, *Kulturgeschichte der Neuzeit*, vol. 1, Munich, DTV, 1991, p. 240-241.

53. Neslihan Asutay-Effenberger et Ulrich Rehm (dir), *Sultan Mehmet II. Eroberer Konstantinopels – Patron der Künste*, Vienne, Böhlau, 2009, p. 211-219.

54. Richard Cowen, *Exploiting the Earth*, *op. cit.*, chap. X.

55. L'introduction des armes à feu a rendu obsolètes les vieilles places fortes : elles pouvaient être détruites par les bombes en une journée et devaient donc être remplacées par des constructions beaucoup plus coûteuses. Rien que pour construire l'enceinte de sept kilomètres d'Anvers, conçue pour pouvoir résister aux canons, il a fallu des milliers de travailleurs et un million de guldens – par rapport à notre pouvoir d'achat actuel, cette somme représente environ soixante millions d'euros. À côté de l'armée et de la métallurgie, les chantiers de fortification constituaient les *hot spots* de l'économie monétaire et marchande en expansion. Voir

Robert Kurz, « Vater Staat und Mutter Krieg. Die Geburt des Geldes », *Blätter für deutsche und internationale Politik*, 9, 2012, p. 106.

56. Voir Jason W. Moore, « Silver, Ecology, and the Origins of the Modern World, 1450-1640 », *in* Alf Hornburg, J. R. McNeill et Joan Martinez-Alier (dir.), *Rethinking Environmental History. World-System History and Global Environmental Change*, Lanham (MD), AltaMira Press, 2007, p. 123-137.

57. *Ibid.*, p. 103.

58. Voir Jürgen Kocka, *Histoire du capitalisme, op. cit.*, p. 56-57 et 71. La concurrence entre États belliqueux a été, selon Kocka, l'une des forces motrices décisives du développement capitaliste européen ; inversement, l'accumulation à marche forcée du capital a constitué une condition préalable pour la formation d'États territoriaux puissants.

59. Richard Cowen, *Exploiting the Earth, op. cit.*, chap. X.

60. Georgius Agricola, *De Re Metallica*, trad. A. France-Lanord, Thionville, Klopp, 1992 [1556], p. 5.

61. *Ibid.*, p. 9.

62. *Ibid.*, p. 10.

63. En vieil anglais, le terme *Weald* désignait à l'origine la forêt dense, mais aujourd'hui, le dictionnaire indique comme signification *open field* : effectivement, tout le sud-est de l'Angleterre est largement déboisé.

64. À bien des égards, le système suédois ressemblait aux systèmes grec et romain de l'Antiquité : l'exploitation minière permettait de produire des armes et de l'argent pour mettre sur pied une grande armée grâce à laquelle on pouvait faire des prisonniers de guerre que l'on faisait travailler en tant qu'esclaves dans les mines, ce qui permettait derechef de fabriquer de nouvelles armes et de faire plus de prisonniers de guerre.

65. À sa fondation, l'Office de Saint-Georges était l'association des créanciers de la république génoise. Par la suite, il a exercé un large contrôle sur les finances publiques et a été en la matière « plus efficace que toute autre institution jusqu'à la fondation de la Banque d'Angleterre », née elle aussi comme une association de créanciers à peine trois cents ans plus tard (Giovanni Arrighi, *The Long Twentieth Century, op. cit.*, p. 93, 102 et 104).

66. Voir Mark Häberlein, *Die Fugger. Geschichte einer Augsburger Familie (1367-1650)*, Stuttgart, Kohlhammer, 2006, p. 47. Les Fugger dominaient autant le commerce slovaque et hongrois du cuivre que celui des Alpes qui, additionnés, constituaient 80 % du marché européen total.

67. À Almadén en Espagne, Fugger disposait en outre de mines de mercure qui, de loin, étaient les plus grandes de l'époque. Comme le mercure était surtout utilisé dans la production de l'argent, il contrôlait ainsi un autre pan de la chaîne de création de valeur.

68. Voir aussi Giovanni Arrighi, *The Long Twentieth Century, op. cit.*, p. 125.

69. Les banquiers d'Augsbourg Fugger et Welser ont fourni, en association avec des banquiers génois, 70 % de tous les crédits accordés à la Couronne espagnole entre 1521 et 1555. Mark Häberlein, *Die Fugger, op. cit.*, p. 77.

70. Howard Zinn, *Une histoire populaire des États-Unis d'Amérique. De 1492 à nos jours*, trad. F. Cotton, Marseille et Montréal, Agone et Lux, 2002 [1980], p. 5.

71. *Ibid.*, p. 9.

72. Voir David E. Stannard, *American Holocaust. The Conquest of the New World*, Oxford et New York, Oxford University Press, 1992, et David E. Stannard, « Uniqueness as Denial : The Politics of Genocide Scholarship », *in* Alan S. Rosenbaum (dir.), *Is the Holocaust unique ? Perspectives on Comparative Genocide*, Philadelphie, Westview Press, 2009, p. 295-340.

73. Bartolomé de las Casas, *Très brève relation de la destruction des Indes*, trad. F. Gonzalez Batlle, Paris, La Découverte, 1996 [1552], p. 50.

74. *Ibid.*, p. 55.

75. Voir David Graeber, *Dette..., op. cit.*, p. 386-387, ainsi que Jürgen Kocka, *Histoire du capitalisme, op. cit.*, p. 65.

76. Silvia Federici, *Caliban et la Sorcière, op. cit.*, p. 227-228.

77. Eduardo Galeano, *Les Veines ouvertes de l'Amérique latine, op. cit.*, p. 31.

78. Pour se faire une idée de Potosí, voir l'abondante documentation réunie par Alice Creischer *et al.*, *Das Potosí-Prinzip. Bildproduktion in der globalen Ökonomie*, catalogue d'exposition, Cologne, Walther König, 2010.

79. *Ibid.*, p. 39-40.

80. *Ibid.*, p. 39.

81. Silvia Federici, *Caliban et la Sorcière, op. cit.*, p. 54-56.

82. Le salaire réel des charpentiers anglais a été réduit de 70 % entre 1450 et 1650. Voir Immanuel Wallerstein, *Capitalisme et économie-monde 1450-1640, op. cit.*, p. 76, et Silvia Federici, *Caliban et la Sorcière, op. cit.*, p. 152-157.

83. Dans certaines régions, les sorcières ont été qualifiées d'« hérétiques » (Silvia Federici, *Caliban et la Sorcière, op. cit.*, p. 326).

84. Jean Delumeau, *La Peur en Occident, op. cit.*, p. 208-211 et 237-242.

85. *Ibid.*, p. 210-216.

86. Voir la *Constitutio Criminalis Carolina* ou « Code criminel de l'empereur Charles Quint ».

87. Karl Marx, *Le Capital*, livre I, chap. XXVIII, trad. J. Roy, Paris, Éditions sociales, 1976 [1867], p. 534-535.

88. Littéralement : mouvement des « souliers à lacet », symbole des gens du peuple par opposition aux bottes des nobles. Il s'agit d'une série de révoltes paysannes de 1493 à 1525 en Alsace, en Allemagne du Sud et en Suisse [NdT].

89. Martin Luther, *Contre les hordes criminelles et pillardes de paysans* (1525), *in* Martin Luther, *Œuvres II*, trad. M. Arnold *et al.*, Paris, Gallimard, « Bibliothèque de la Pléiade », 2017, p. 218 et 222.

90. Dans son Épître aux Romains (Rm 13,1-2), Paul écrit : « Que tout homme soit soumis aux autorités qui exercent le pouvoir, car il n'y a d'autorité que par Dieu et celles qui existent sont établies par lui. Ainsi, celui qui s'oppose à l'autorité se rebelle contre l'ordre voulu par Dieu, et les rebelles attireront la condamnation sur eux-mêmes. »

91. Martin Luther, *Les soldats peuvent-ils accéder au salut ?* (1526), *in* Martin Luther, *Œuvres II, op. cit.*, p. 274. Dans le même texte, on peut lire aussi : « Qu'elle est donc désespérée et maudite, la populace que personne n'est capable de gouverner aussi bien que les tyrans ! Ceux-ci sont le gourdin que l'on attache au cou du chien. S'il existait une meilleure manière de la gouverner, Dieu aurait placé au-dessus d'elle une autre autorité que le glaive et les tyrans. [...] C'est pourquoi je conseille à quiconque veut se conduire avec bonne conscience et agir droitement en ce domaine de s'accommoder de l'autorité temporelle et de ne pas s'attaquer à elle » (*ibid.*, p. 281-282) et « Il vaut mieux que les tyrans commettent mille injustices à l'encontre de la populace que de voir cette dernière commettre une seule injustice à l'encontre des tyrans » (*ibid.*, p. 276).

92. Confession d'Augsbourg, article 16 (traduction tirée de Martin Luther, *Le Petit Catéchisme*, Paris, Église luthérienne libre, 1937, disponible sur le site : https://www.museeprotestant.org/notice/la-confession-daugsbourg-1530/). Ce document fut rédigé sous la direction de Philippe Melanchthon. On considère cet homme comme le fondateur du lycée allemand (le *Gymnasium*) ; il a exercé une influence considérable sur le développement du système scolaire et universitaire.

93. Citation extraite de Thomas Seifert, *Die Täufer zu Münster*, Münster, Agenda Verlag, 1993, p. 42.

94. Voir Jürgen Kocka, *Histoire du capitalisme, op. cit.*, p. 53.

95. Roberto S. Lopez, *La Révolution commerciale dans l'Europe médiévale, op. cit.*, p. 132.

96. *Ibid.*, p. 152.

97. Dans une *societas* ou une *compagnia*, tous les associés sont responsables de toutes les pertes éventuelles. Dans une *commenda*, la durée de vie de la société est limitée à un voyage de commerce. Voir *ibid.*, p. 109-112.

98. Auparavant, il y avait déjà eu des bourses en Italie et ailleurs, mais il ne s'agissait pas d'institutions permanentes. La Bourse d'Amsterdam fut la première bourse des valeurs à avoir une activité durable et le volume de ses transactions dépassait de loin celui des précédentes formes de bourse. Voir aussi Giovanni Arrighi, *The Long Twentieth Century, op. cit.*, p. 142.

99. La constitution des entreprises en personnes juridiques distinctes des ménages des actionnaires est un phénomène exclusivement européen, inconnu des civilisations marchandes qu'il y a eu en Chine et dans la péninsule Arabique. À ce propos, voir Jürgen Kocka, *Histoire du capitalisme, op. cit.*, p. 48-49. Le concept de « désencastrement » de l'économie hors de la société a été forgé par l'historien de l'économie Karl Polanyi, mais il ne voyait ce processus commencer qu'à l'aube du XIXe siècle. Voir Karl Polanyi, *La Grande Transformation. Aux origines politiques et économiques de notre temps*, Paris, Gallimard, 1983 [1944]. Pour une critique de la périodisation de Polanyi, voir Robert Kurz, « Vater Staat und Mutter Krieg. Die Geburt des Geldes », art. cité.

100. Daron Acemoğlu et James A. Robinson, *Prospérité, puissance et pauvreté. Pourquoi certains pays réussissent mieux que d'autres*, trad. P. Hersant, Genève, Éditions Markus Haller, 2015, p. 314-315.

101. Rappelons la célèbre formule de l'Évangile selon Matthieu (Mt 19,24) : « Il est plus facile à un chameau de passer par un trou d'aiguille qu'à un riche d'entrer dans le Royaume de Dieu. »

102. L'expression *The City upon a Hill* (la Cité sur la colline) a été forgée en l'an 1630 par John Winthrop dans son prêche *A Model of Christian Charity.* Il s'agit d'une citation tirée de l'Évangile selon Matthieu (Mt 5,14 : « Une ville située sur une hauteur ne peut être cachée »). À l'époque, ses connotations apocalyptiques sautaient aux yeux. Winthrop fut l'un des premiers gouverneurs de la Massachusetts Bay Colony. Les chefs d'État américains eux aussi, par exemple John F. Kennedy et Ronald Reagan, aiment faire référence à la « Cité sur la colline » pour souligner la mission qui incombe aux États-Unis sur le plan de l'histoire mondiale.

103. Howard Zinn, *Une histoire populaire des États-Unis d'Amérique, op. cit.*, p. 21.

104. Parmi ces sociétés anonymes, il y avait par exemple la Virginia Company de Londres, la Plymouth Company et la Massachusetts Bay Company.

105. Dans le premier livre du *Capital*, Marx avait déjà noté que l'endettement étatique a joué un rôle important dans la naissance du capitalisme. Voir aussi Giovanni Arrighi, *The Long Twentieth Century, op. cit.*, p. 13-14.

106. Voir aussi Immanuel Wallerstein, *Capitalisme et économie-monde 1450-1640, op. cit.* Wallerstein distingue deux types de systèmes-monde : celui des empires mondiaux et l'économie-monde moderne (*world economy*). Son critère premier pour les distinguer consiste à savoir si, en cas de conflit, c'est la logique de l'accumulation du capital qui prime ou non dans les processus de décision.

107. La violence de cette guerre ne fut pas moindre que le sadisme de la *Conquista,* comme le rapporte un témoin oculaire de la prise de Heidelberg : pendant trois jours, il y eut là « massacres, pillage et torture par tous les moyens

possibles : arrachage des pouces, garrots, passage à tabac, supplices, ongles vrillés, coups dans les parties intimes, pendaisons et brûlures aux pieds » (Hans Christian Huf, *Mit Gottes Segen in die Hölle, op. cit.*, p. 248). Lors du sac de Magdebourg, au moins 20 000 personnes furent tuées en une journée. Un survivant rapporte que les cadavres furent en outre mis en pièces et que les femmes assassinées eurent la tête et la poitrine coupées (*ibid.*, p. 153).

108. *Ibid.*, p. 103.

Chapitre 7 : Machine

1. Certes, on considère souvent le XVIIe siècle et le début du XVIIIe siècle en Europe, en raison d'une croissance économique en berne et de guerres incessantes, comme une période de crise ; de fait, cette phase a provoqué pour la majorité de la population une augmentation massive de l'exploitation et de la misère. Toutefois, ce n'était pas le résultat d'une crise du système, mais une conséquence de sa consolidation. Voir Immanuel Wallerstein, *Le Système du monde du XVe siècle à nos jours, vol. 2. Le Mercantilisme et la consolidation de l'économie-monde européenne 1600-1750*, trad. C. Markovits, Paris, Flammarion, 1984, p. 39-40.

2. Voir Immanuel Wallerstein, *Le Capitalisme historique, op. cit.*

3. Par « scientisme », on entend une idéologie qui affirme que toutes les questions sensées peuvent être résolues par les méthodes des sciences de la nature. À ce propos, lire Jürgen Habermas, *La Technique et la science comme « idéologie »*, trad. J.-R. Ladmiral, Paris, Gallimard, 1973, et Karl Popper, *Misère de l'historicisme*, trad. H. Rousseau, Paris, Plon, 1956.

4. Giovanni Fontana, *Bellicorum instrumentorum liber* (disponible sur Internet à l'adresse suivante : http://bibliodyssey.blogspot.de/2010/01/bellicorum-instrumentorum-liber.html).

5. Voir Immanuel Wallerstein, *L'Universalisme européen, op. cit.*, p. 79.

6. Voir le chapitre 1.

7. Le conseil d'administration de cette société par actions était composé de 50 membres qui représentaient environ 650 investisseurs. Wesley Frank Craven, *The Virginia Company of London, 1606-1624*, Williamsburg, Virginia 350th Anniversary Celebration Corporation, 1957, p. 19.

8. Francis Bacon, *The Wisdom of the Ancients*, chap. XVII, 1609.

9. Citations empruntées à Carolyn Merchant, *The Death of Nature. Women, Ecology, and the Scientific Revolution*, New York, Harper and Row, 1989 [1980], p. 171.

10. Francis Bacon, *De Dignitate et Augmentis Scientiarum*, cité par Carolyn Merchant, « The Scientific Revolution and *The Death of Nature* », *Isis*, 97, 2006, p. 529.

11. Robert Boyle, *The Works of the Honourable Robert Boyle*, Whitefish (MT), Kessinger Publishing, 2003, p. 740.

12. Cette célèbre citation est tirée du livre que Galilée a publié en 1623 sous le titre *Il Saggiatore* (*L'Essayeur*, trad. C. Chauviré, Paris, Les Belles Lettres, 1979, p. 141).

13. Cette expression remonte au « père du behaviorisme » John B. Watson dans son livre de 1961 *Behaviorism* (*Le Behaviorisme*, trad. S. Deflandre, Paris, Centre d'étude et de promotion de la lecture, 1972). On peut saisir l'influence de l'école de Watson jusqu'à aujourd'hui au fait que Burrhus Skinner, le célèbre chercheur qui a poursuivi le travail de Watson, a été élu en 2002 psychologue le plus important du XXe siècle par l'American Psychological Association.

14. Ilya Prigogine et Isabelle Stengers, *Order Out of Chaos. Man's New Dialogue with Nature*, New York, Bantam Books, 1984, p. 32.

15. René Descartes, *Traité de l'homme*, 1664.

16. « C'est Dieu qui a établi ces lois en la nature, ainsi qu'un roi établit des lois en son royaume », explique Descartes à Mersenne dans sa lettre du 15 avril 1630. René Descartes, *Correspondance*, vol. 1, in *Œuvres complètes VIII*, Paris, Gallimard, 2013, p. 73.

17. Nombre de philosophes de la Renaissance comme Tommaso Campanella, Agrippa de Nettesheim et Giordano Bruno invoquaient le concept platonicien d'« âme du monde ». Voir Carolyn Merchant, *The Death of Nature*, *op. cit.*

18. Cité par Carolyn Merchant, *The Death of Nature*, *op. cit.*, p. 286.

19. Sur l'auto-organisation et les processus non linéaires, voir les travaux d'Ilya Prigogine et d'Isabelle Stengers, *Order Out of Chaos*, *op. cit.*, ainsi que *La Nouvelle Alliance. Métamorphose de la science*, Paris, Gallimard, 1979. Prigogine et Stengers y étudient les processus non linéaires dans la nature vivante et inanimée.

20. Michael Mann a compilé les montants des dépenses militaires des États européens entre le XVIe siècle et 1815. Si l'on tient compte des dépenses militaires directes et du remboursement des dettes, elles aussi presque exclusivement liées à la guerre, la défense représente dans pratiquement tous les pays, qu'il s'agisse de l'Angleterre, de la France, de la Russie ou de la Prusse, 80 à 90 % du budget de l'État – une proportion valable même en période de paix. L'énorme augmentation du budget de l'État depuis le XVIIe siècle tient presque exclusivement au développement de l'armée. Mann écrit : « Jusqu'ici, les fonctions de l'État [...] sont avant tout militaires. Les autres missions qu'il remplit se déduisent largement de ses activités guerrières. » Michael Mann, *The Sources of Social Power*, vol. 1, *op. cit.*, p. 486-490. Pour la période postérieure à 1760, voir *The Sources of Social Power, vol. 2 : The Rise of Classes and Nation-States, 1760-1914*, Cambridge, Cambridge University Press, 1993, p. 371-375.

21. Voir Immanuel Wallerstein, *Capitalisme et économie-monde 1450-1640, op. cit.*, p. 191.

22. Jürgen Kocka, *Histoire du capitalisme, op. cit.*, p. 38.

23. Max Weber avait déjà souligné, dans son *Histoire économique* que la dure concurrence entre les cités-États d'Europe et plus tard entre les États territoriaux pour attirer les flux de capitaux a été la principale cause de l'essor du capitalisme en Europe. Voir Max Weber, *Histoire économique. Esquisse d'une histoire universelle de l'économie et de la société*, trad. C. Bouchindhomme, Paris, Gallimard, 1991 [1923]. Voir aussi Giovanni Arrighi, *The Long Twentieth Century, op. cit.*, p. 12-13.

24. L'industrie forestière allemande a été ensuite prise comme modèle pour restructurer la filière du bois en Angleterre, en France, aux États-Unis et dans bien d'autres pays.

25. James C. Scott, *Seeing Like a State. How Certain Schemes to Improve the Human Condition Have Failed*, New Haven, Yale University Press, 1998, p. 15 (traduction à paraître aux éditions La Découverte en 2020).

26. *Ibid.*, p. 20.

27. *Ibid.*, p. 56.

28. *Ibid.*, p. 60-61.

29. *Ibid.*, p. 63.

30. L'anthropologue français Marc Augé qualifie de « non-lieux » ces endroits dont l'histoire, les relations et les identités ont été effacées. Voir Marc Augé, *Non-Lieux. Introduction à une anthropologie de la surmodernité*, Paris, Seuil, 1992.

31. L'inspirateur de la réforme est l'« humaniste » Juste Lipse (1547-1606).

32. Michel Foucault, *Surveiller et punir. Naissance de la prison*, Paris, Gallimard, 1975, p. 195.

33. *Ibid.*, p. 176.

34. *Ibid.*, p. 196.

35. Citation empruntée à Lewis Mumford, *Le Mythe de la machine, tome II. Le Pentagone de la puissance*, trad. L. Dilé, Paris, Fayard, 1974, p. 136.

36. Voir Ken Robinson, *Out of Our Minds. Learning to be Creative*, Hoboken, Capstone, 2011, et Manfred Spitzer, *Lernen. Gehirnforschung und die Schule des Lebens*, Heidelberg, Spektrum Akademischer Verlag, 2002.

37. Christian Delacampagne, *Une histoire de l'esclavage, op. cit.*, p. 181-182. Voir aussi Marcus Rediker, *À bord du négrier. Une histoire atlantique de la traite*, trad. A. Blanchard, Paris, Le Grand Livre du mois, 2013.

38. Christian Delacampagne, *Une histoire de l'esclavage, op. cit.*, p. 175.

39. Louis Sala-Molins, *Le Code Noir ou le calvaire de Canaan*, Paris, PUF, 2007, p. VIII.

40. *Code Noir*, § 44.

41. *Ibid.*, § 38.

42. Voir Sidney W. Mintz, *La Douceur et le Pouvoir. La place du sucre dans l'histoire moderne*, trad. R. Ghani, Bruxelles, Éditions de l'Université de Bruxelles, 2014 [1985].

43. Jürgen Kocka, *Histoire du capitalisme*, *op. cit.*, p. 87.

44. Voir Karl Marx, « La division du travail et la manufacture », *Le Capital*, livre I, *op. cit.*, p. 246-266.

45. Voir Robert Kurz, « Die Diktatur der abstrakten Zeit. Arbeit als Verhaltensstörung der Moderne », *in* Robert Kurz, Ernst Lohoff et Norbert Trenkle (dir.), *Feierabend ! Elf Attacken gegen die Arbeit*, Hambourg, Konkret Literatur Verlag, 1999.

Chapitre 8 : Moloch

1. Anthony D. Barnosky *et al.*, « Has the Earth's Sixth Mass Extinction Already Arrived ? », *Nature*, 471, 2011, p. 51-57.

2. À ce propos, lire la discussion de Christophe Bonneuil et Jean-Baptiste Fressoz dans la nouvelle édition de *L'Événement Anthropocène. La Terre, l'histoire et nous*, Paris, Seuil, 2016, notamment p. 247-280.

3. La première machine à vapeur – l'éolipyle – a été décrite par Héron d'Alexandrie au Ier siècle av. J.-C., mais elle n'a pas trouvé d'application pratique.

4. Werner Sombart, *Der moderne Kapitalismus*, vol. 2, Munich et Leipzig, Duncker und Humblot, 1928, p. 1137-1151. L'importance réelle du goulet d'étranglement que constituait le bois avant le début de la Révolution industrielle fait toujours l'objet de débats académiques (voir par exemple Joachim Radkau et Ingrid Schäfer, *Holz. Ein Naturstoff in der Technikgeschichte*, Hambourg, Reinbek, 1987). Mais ce qui importe pour nous, ce n'est pas du tout de savoir s'il y avait une pénurie *absolue* de bois ou s'il s'agissait plutôt de raréfactions temporaires et locales. La seule chose qui compte est qu'en raison de la forte mise à contribution des forêts pour l'industrie de l'armement, la construction navale et le bâtiment, les prix du bois et du charbon de bois augmentaient par endroits sensiblement. Vu la pression de la concurrence entre les producteurs de fer comme l'Angleterre et la Suède, ces hausses de prix ont joué un rôle considérable dans la recherche de sources d'énergie alternatives. À ce propos, voir aussi *supra* le chapitre 2 de ce livre.

5. En astronomie, une nova est une explosion thermonucléaire dans un système stellaire binaire au sein duquel la matière et l'énergie passent d'une étoile à l'autre.

6. Wolfgang König (dir.), *Propyläen Technikgeschichte, vol. 3. Mechanisierung und Maschinisierung*, Berlin, Propyläen, 1997, p. 25.

7. Jusqu'à aujourd'hui, la croissance marchande et la consommation d'énergie sont dans le monde entier étroitement couplées l'une à l'autre. Un découplage *relatif* est certes possible, mais seulement de manière limitée. Dans l'Europe des Quinze par exemple, les flux de matières et d'énergie stagnent à un haut niveau depuis le milieu des années 1970, tandis que le PIB augmente lentement. Voir le rapport du Wuppertal Institut für Klima, Umwelt, Energie, « Zukunftsfähiges Deutschland in einer globalisierten Welt », Francfort-sur-le-Main, Fischer, 2008, p. 101. Voir aussi le chapitre V, intitulé « Le mythe du découplage », dans l'essai de Tim Jackson, *Prospérité sans croissance. La transition vers une économie durable*, Bruxelles, Etopia et De Boeck Université, 2010, p. 77-94. Pour une discussion détaillée de la question du découplage, voir également *infra* le chapitre 10 de ce livre.

8. Karl Polanyi, *La Grande Transformation. Aux origines politiques et économiques de notre temps*, trad. C. Malamoud, Paris, Gallimard, 1983 [1944], p. 111 (traduction modifiée).

9. La « prolétarisation » et le déracinement qui y est lié butaient cependant aussi sur certaines limites : en effet, il fallait l'institution de la famille pour assurer la reproduction de la force de travail. Wallerstein remarque que le ménage « semi-prolétarisé » a été la norme du capitalisme historique et l'est resté jusqu'à aujourd'hui, parce qu'il offre les meilleures conditions pour exploiter la force de travail : l'ouvrier qui vit dans un foyer où une partie du nécessaire est assurée par des activités de subsistance (réalisées avant tout par des femmes) accepte tendanciellement de travailler pour un salaire qui, à lui seul, ne suffirait pas pour vivre. Voir Immanuel Wallerstein, *Le Capitalisme historique*, *op. cit.*, p. 26-27.

10. Silvia Federici, *Caliban et la Sorcière*, *op. cit.*, p. 243.

11. Joseph Townsend, *A Dissertation on the Poor Laws* [1786], cité par Karl Polanyi, *La Grande Transformation*, *op. cit.*, p. 158 (traduction modifiée). L'un des plus influents partisans de l'abolition de l'assistance publique aux pauvres a été, à côté de Joseph Townsend, l'économiste Thomas Malthus pour qui tous les êtres vivants étaient pris dans une lutte perpétuelle pour la survie. Les idées de Malthus devaient plus tard jouer un rôle crucial dans l'élaboration par Darwin des concepts de « lutte pour l'existence » (*struggle for life*) et de « survie du plus apte » (*survival of the fittest*).

12. Friedrich Engels, *La Situation de la classe laborieuse en Angleterre*, trad. G. Badia et J. Frederic, Paris, Éditions sociales, 1975 [1844/1887], p. 76.

13. Flora Tristan, *Promenades dans Londres ou L'aristocratie et les prolétaires anglais*, Paris, La Découverte, 2003, p. 132-133.

14. À ce propos, voir l'étude classique de Edward P. Thompson, *La Formation de la classe ouvrière anglaise*, trad. G. Dauvé *et al.*, Paris, Gallimard/Seuil, 1988 [1963].

15. Citation tirée de Noam Chomsky, *Pour une éducation humaniste*, trad. M. Dennehy, Paris, L'Herne, 2010, p. 47.

16. À propos des luddites, voir Edward P. Thompson, *La Formation de la classe ouvrière anglaise*, *op. cit.*, p. 488-499.

17. Benedict Anderson, *L'Imaginaire national. Réflexions sur l'origine et l'essor du nationalisme*, trad. P.-E. Dauzat, Paris, La Découverte, 2002 [1983].

18. Eric Hobsbawm, *Nations et nationalisme depuis 1780. Programme, mythe, réalité*, trad. D. Peters, Paris, Gallimard, 1992, p. 44-45. Le concept de *Volksgemeinschaft*, littéralement la communauté du peuple, a été surinvesti par les nazis, rendant impossible de s'y référer positivement en Allemagne depuis 1945 [NdT].

19. Voir Heinrich Heine, *Ludwig Börne suivi de Ludwig Markus*, trad. M. Espagne, Paris, Cerf, 1993.

20. Immanuel Wallerstein, *The Modern World-System IV. Centrist Liberalism Triumphant, 1789-1914*, Berkeley, University of California Press, 2011, p. 144.

21. Eric Hobsbawm, *Nations et nationalismes depuis 1780*, *op. cit.*, p. 142.

22. *Ibid.*, p. 216-217.

23. Cette déclaration a été signée par plus de 3 000 professeurs issus de 53 établissements d'enseignement supérieur. Elle se poursuit ainsi : « Nous croyons fermement que le sort de la culture de l'Europe entière dépend de la victoire que remportera le "militarisme" allemand. » Citation extraite de Wikisource : http://de.wikisource.org/wiki/Erkl%C3%A4rung_der_Hochschullehrer_des_Deutschen_Reiches, consulté le 23 avril 2020.

24. Wallerstein cite à ce sujet Gareth Jones (*Languages of Class*, Cambridge, Cambridge University Press, 1983) : « L'une des caractéristiques les plus frappantes des mouvements de 1790 à 1850 était leur représentation claire et concrète de ce qu'est l'État. Il était vu comme une machine de chair et de sang, comme un appareil de contrainte, d'exploitation et de corruption. » Voir Immanuel Wallerstein, *The Modern World-System IV*, *op. cit.*, p. 203.

25. Voir également à ce sujet Rosa Luxemburg, *L'Accumulation du capital*, trad. M. Ollivier et I. Petit, Paris, Maspero, 1976 [1913].

26. Voir Immanuel Wallerstein, *The Modern World-System III. The Second Great Expansion of the Capitalist World-Economy, 1730-1840's*, San Diego, Academic Press, 1989, p. 127-189 (Wallerstein y inclut, outre les régions que je viens de nommer, également la Russie).

27. Cité par Norman Lewis, *The Missionaries. God against the Indians*, New York, Secker and Warburg, 1988, chap. I.

28. Norbert Elias, *La Civilisation des mœurs*, trad. P. Kamnitzer, Paris, Calmann-Lévy, 1973 [1939], p. 107.

29. Épigraphe inscrite sur le mémorial de Livingstone, non loin des chutes Victoria.

30. Cecil Rhodes, *Confession of Faith*, 1877 (texte disponible en ligne à l'adresse suivante : https://pages.uoregon.edu/kimball/Rhodes-Confession.htm).

31. Immanuel Kant, *Géographie*, trad. M. Cohen-Halimi *et al.*, Paris, Aubier, 1999 [1802], livre II, section 1, § 4, p. 223. Voir aussi Arnold Farr, « Wie Weißsein sichtbar wird. Aufklärungsrassismus und die Struktur eines rassifizierten Bewusstseins », *in* Maureen Maisha Eggers, Grada Kilomba, Peggy Piesche et Susan Arndt (dir.), *Mythen, Masken und Subjekte. Kritische Weißseinsforschung in Deutschland*, Münster, Unrast, 2005.

32. En France, la Société d'anthropologie de Paris et son fondateur Paul Broca ont joué un rôle moteur dans le développement, pour des raisons racistes, de la craniométrie (la mesure de la taille des crânes). L'intellectuel haïtien Anténor Formin a été en 1885 le premier Noir à intégrer la société et il a ensuite démonté les thèses racistes. C'est aussi cette année-là que paraît son livre *De l'égalité des races humaines* (Paris, Librairie Cotillon, 1885). À propos de l'histoire du racisme prétendument scientifique, voir Stephen Jay Gould, *La Malmesure de l'homme. L'intelligence sous la toise des savants*, trad. J. Chabert, Paris, Ramsay, 1983.

33. L'historien américain Ben Kiernan estime à 825 000 le nombre d'Algériens morts, pour la plupart des civils, entre 1830 et 1875 au cours de la guerre de conquête française, soit un quart de la population du pays. Voir Ben Kiernan, *Blood and Soil. A World History of Genocide and Extermination from Sparta to Darfur*, New Haven, Yale University Press, 2007, ainsi qu'Olivier Le Cour Grandmaison, *Coloniser, exterminer. Sur la guerre et l'État colonial*, Paris, Fayard, 2005.

34. Le génocide perpétré de 1904 à 1907 sur les peuples Héréro et Nama en Namibie actuelle a coûté la vie à 80 000 personnes. Voir Medardus Brehl, « Der Völkermord an den Héréro 1904 und seine zeitgenössische Legitimation », *in* Micha Brumlik et Irmtrud Wojak, *Völkermord und Kriegsverbrechen in der ersten Hälfte des 20. Jahrhunderts*, Francfort-sur-le-Main, Campus-Verlag, 2004, p. 77-98. À peu près à la même époque, les « troupes de protection » allemandes ont mené une guerre d'extermination en Afrique de l'Est contre la population locale, connue sous le nom de « guerre Maji-Maji ». Les Allemands ont répondu au soulèvement contre le travail forcé et l'oppression fiscale par une politique de la terre brûlée. Ils incendiaient les villages et les champs pour affamer la population ; une grande partie du pays fut dévastée. Durant cette « guerre », seuls 15 Européens sont morts, contre au moins 75 000 Africains. À ce propos, voir le recueil synthétique de Felicitas Becker et Jigal Beez (dir.), *Der Maji-Maji-Krieg in Deutsch-Ostafrika 1905-1907*, Berlin, Links, 2005.

35. Voir David Renton, David Seddon et Leo Zeilig, *Congo. Plunder and Resistance*, Londres et New York, Zed Books, 2007, chap. I ; Adam Hochschild,

Les Fantômes du roi Léopold II. Un holocauste oublié, trad. M.-C. Elsen et F. Straschitz, Paris, Belfond, 1998.

36. Mark Twain, *Le Soliloque du roi Léopold. Satire*, trad. J.-P. Orban, Bruxelles, J. Antoine, 1987 [1905].

37. Immanuel Wallerstein, *The Modern World-System III*, *op. cit.*, p. 157-160.

38. Mike Davis, *Génocides tropicaux. Catastrophes naturelles et famines coloniales (1780-1900). Aux origines du sous-développement*, Paris, La Découverte, 2003, p. 13.

39. *Ibid.*, p. 41.

40. *Ibid.*, p. 36 et 56.

41. *Ibid.*, p. 41 et 59.

42. *Ibid.*, p. 49.

43. *Ibid.*, p. 48-49.

44. Voir Jean Ziegler, *L'Empire de la honte*, Paris, Fayard, 2005, p. 117-148.

45. Mike Davis, *Génocides tropicaux*, *op. cit.*, p. 18.

46. Giovanni Arrighi, *Adam Smith à Pékin. Les promesses de la voie chinoise*, trad. N. Vieillescazes, Paris, Max Milo, 2009.

47. Julia Lovell, *La Guerre de l'opium 1839-1842*, trad. S. Roques, Paris, Buchet-Chastel, 2017.

48. United Nations Office on Drugs and Crime, « World Drug Report 2011 ».

49. Alfred W. McCoy, *La Politique de l'héroïne. L'implication de la CIA dans le trafic de drogues*, trad. J. Schmitt et R. Langer, Paris, Éd. du Lézard, 1999.

50. Hong affirmait être le frère cadet de Jésus-Christ. Voir Jürgen Osterhammel, *La Transformation du monde. Une histoire globale du XIXe siècle*, trad. H. Van Besien, Paris, Nouveau monde éditions, 2017, p. 748.

51. L'expression a été forgée en Angleterre et se rapporte au fait que les insurgés se battaient à mains nues. De leur côté, ils se qualifiaient de *Yihetuan*, ce qui signifie à peu près « mouvement de l'union de la justice et de la concorde ».

52. Minqi Li, *China and the 21st Century Crisis*, Londres, Pluto Press, 2016, p. 16. En lien avec les grands groupes qui rentabilisaient leurs capitaux en vendant, désormais légalement, de l'opium à Shanghai, les services secrets britanniques et français ont édifié de puissantes organisations mafieuses : la bande Rouge et la bande Verte. Elles se sont ensuite également révélées utiles pour combattre les communistes – et intensifier ainsi une guerre civile qui ne devait prendre fin qu'après la Seconde Guerre mondiale.

53. Malheureusement, même le livre jusqu'ici le plus fouillé sur cette séquence historique (celui déjà cité de Julia Lovell, *La Guerre de l'opium*) tend à atténuer les conséquences dévastatrices qu'ont eues les interventions occidentales en Chine. Lovell défend la thèse selon laquelle l'historiographie chinoise, afin de construire un mythe national, a exagéré leur rôle dans l'effondrement de l'Empire. S'il est exact que certains intellectuels et politiciens chinois utilisent l'histoire des

invasions occidentales pour détourner l'attention des facteurs de crise internes, il n'en est pas moins évident que Lovell, en rejetant dans le champ du mythe l'une des guerres coloniales qui ont eu l'impact le plus lourd dans l'histoire, s'inscrit dans le sillage de la longue tradition occidentale de minimisation des crimes coloniaux.

54. Comme la recherche historique récente l'a montré, l'« enthousiasme guerrier » d'août 1914, si souvent évoqué, est en grande partie un mythe construit après 1918 par des partisans de la guerre et par les sociaux-démocrates sommés de se justifier. Tandis que certains bourgeois – parmi lesquels on compte des personnalités comme Thomas Mann et Max Planck – ont effectivement exulté, les travailleurs étaient majoritairement réservés, voire hostiles, des dizaines de milliers ont même participé à des manifestations contre la guerre. Voir Wolfgang Kruse, « Die Kriegsbegeisterung im Deutschen Reich », *in* Marcel van der Linden et Gottfried Mergner (dir.), *Kriegsbegeisterung und mentale Kriegsvorbereitung*, Berlin, Duncker und Humblot, 1991, p. 73-87 ; Tillmann Bendikowski, *Sommer 1914. Zwischen Begeisterung und Angst – wie Deutsche den Kriegsbeginn erlebten*, Munich, Bertelsmann, 2014.

55. La parenté de la chimie avec la métallurgie remonte à l'époque de l'alchimie : toutes deux sont apparues comme des méthodes de domination et de transformation de la matière, afin de la mettre au service des objectifs poursuivis par la mégamachine.

56. Karl Kraus, *Les Derniers Jours de l'humanité*, trad. J.-L. Besson et H. Christophe, Marseille, Agone, 2005, p. 7.

Chapitre 9 : Masques

1. *Weißbuch. Vorgelegt dem Reichstage in der 3. Session der 9. Legislatur-Periode (Livre blanc présenté à la chambre des députés durant la troisième session de la neuvième législature)*, Berlin, Vierzehnter Teil, 1895, p. 175.

2. L'un des rares politiciens à avoir clairement reconnu que l'école et le monde du travail sont organisés de manière non démocratique est le Premier ministre suédois Olof Palme. En 1968, il écrivait : « Si l'on veut changer et démocratiser la société, l'école est sans doute l'un de nos instruments privilégiés. Toutefois, nous ne devons pas placer trop d'espoirs dans la démocratisation de la salle de classe si nous ne sommes pas en même temps prêts à rendre la démocratie effective sur les postes de travail en dehors de l'école. » Cité par Thomas Meyer, *Praxis der Sozialen Demokratie*, Wiesbaden, Springer, 2006, p. 65.

3. Wallerstein écrit à ce propos : « Le spectre qui hantait les notables était celui de la démocratie. La distinction entre l'État libéral et la démocratie était, selon les mots de Max Beloff, "la plus importante distinction politique du XIXe siècle". À cette époque, le terme démocratie signifiait prendre au sérieux la

souveraineté populaire. Les notables n'étaient pas et n'ont jamais été prêts à le faire. [...] Leur problème consistait donc à construire une structure qui puisse sembler populaire sans l'être en fait, mais obtienne pourtant le soutien d'une part significative du "peuple". » Immanuel Wallerstein, *The Modern World-System IV*, *op. cit.*, p. 22-23. Hobsbawm voit les choses de la même manière : « La démocratie et le libéralisme semblaient plus être des adversaires que des alliés. » Cité par Immanuel Wallerstein, *ibid.*, p. 77.

4. Howard Zinn, *Une histoire populaire des États-Unis d'Amérique*, *op. cit.*, p. 110.

5. James Madison, *Federalist Paper*, n° 10, 1787 (traduction française : Alexander Hamilton, John Jay et James Madison, *Le Fédéraliste*, trad. A. Amiel, Paris, Classiques Garnier, 2012, p. 136-137).

6. Cité par Richard Hofstadter, *Bâtisseurs d'une tradition*, trad. D. Wandby, Paris, Seghers, 1966 [1948], p. 30 (trad. mod.).

7. Christian Wernicke, « Macht und Millionen », *Süddeutsche Zeitung*, 27 janvier 2012. Voir également « The Net Worth of the American Presidents : Washington to Obama » (consulté le 17 mai 2019 sur le site https://247wallst.com).

8. On trouve la version complète du « Manifeste des Enragés » sur Wikisource (https://fr.wikisource.org/wiki/Manifeste_des_Enragés).

9. Maximilien de Robespierre, discours à la Convention du 24 avril 1793 sur la propriété, suivi du projet complet de déclaration des droits de l'homme et du citoyen (réédité récemment dans le recueil de textes de Robespierre, *Pour le bonheur et pour la liberté. Discours*, Paris, La Fabrique, 2000, p. 230).

10. La France a réduit le montant de la dette haïtienne à 90 millions de francs en 1838 (somme qui tenait compte des versements déjà effectués) ; en 1883, Haïti s'acquittait de sa dernière tranche, mais ce remboursement formel n'a été atteint qu'au prix de la reprise de la dette par des banques parisiennes privées. Sur l'histoire de la dette haïtienne, lire Jan Rogozinski, *A Brief History of the Caribbean. From the Arawaks and Carib to the Present*, New York, Facts On File, 1999.

11. Immanuel Wallerstein, *The Modern World-System IV*, *op. cit.*, p. 145.

12. *Ibid.*, p. 7.

13. Ute Gerhard, *Frauenbewegung und Feminismus. Eine Geschichte seit 1789*, Munich, C. H. Beck, 2012, p. 27.

14. En France, la révolution de 1848 a pu certes obtenir de haute lutte le droit de vote universel pour les hommes, mais deux ans plus tard seulement, il a été à nouveau massivement restreint. Pendant la Troisième République (1871-1940), les femmes n'y avaient toujours pas accès.

15. Jürgen Habermas, *L'Espace public. Archéologie de la publicité comme dimension constitutive de la société bourgeoise*, Paris, Payot, 1997.

16. Cité par Edward S. Herman et Noam Chomsky, ***La Fabrique de l'opinion publique. La politique économique des médias américains***, trad. G. Ducornet, Paris, Le Serpent à plumes, 2003 [1988], p. 3.

17. *Ibid.*, p. 4.

18. Le *Times* de Londres était le seul journal à entretenir un réseau international de correspondants, tous les autres étaient dépendants de Reuters. Voir Jürgen Osterhammel, *La Transformation du monde, op. cit.*, p. 67.

19. Cité par Adrian Bingham, « Monitoring the Popular Press : An Historical Perspective », *History and Policy*, 2 mai 2005 (article disponible sur le site www.historyandpolicy.org).

20. L'achat des studios d'Universum Film AG a surtout été financé par la Deutsche Bank. Le président du conseil de surveillance de la Commerzbank, Heinrich Witthoefft, était membre de l'« Association des industriels pour la promotion des forces de reconstruction spirituelle » (Wirtschaftsvereinigung zur Förderung der geistigen Wideraufbaukräfte), société qui était à la tête du groupe de Hugenberg.

21. *Ultima ratio regum* signifie « le dernier recours des rois ». Nombre de souverains, dont Frédéric II de Prusse et Louis XIV, faisaient inscrire cette formule sur leurs canons.

22. Timothy Mitchell, *Carbon Democracy. Le pouvoir politique à l'ère du pétrole*, trad. C. Jaquet, Paris, La Découverte, 2013, p. 40.

23. *Ibid.*, p. 33-43.

24. James C. Scott, *Seeing Like a State, op. cit.*, p. 159.

25. *Ibid.*, p. 161.

26. Eric Hobsbawm, *Nations et nationalisme depuis 1780, op. cit.*, p. 244.

27. James C. Scott, *Seeing Like a State, op. cit.*, p. 100.

28. *Ibid.*, p. 163.

29. Michael Albert définit cette couche qui représente 20 % de la population comme la « classe des coordinateurs ». Voir Michael Albert, *Parecon. Life After Capitalism*, New York, Verso, 2004.

30. Vladimir Ilitch Lénine, « La catastrophe imminente et les moyens de la conjurer » [1917], *Œuvres complètes*, Moscou, Éditions du Progrès, 1976, vol. 25 (texte disponible sur le site www.marxists.org).

31. Devant le port russe de Mourmansk, dans le Grand Nord, les anciens sous-marins nucléaires soviétiques se délabrent à même le sol ; pendant des décennies, la région de Semipalatinsk au Kazakhstan a servi de zone d'essai pour les armes nucléaires de l'armée Rouge.

32. Walter Lippmann, *Public Opinion*, New York, Macmillan, 1965 [1922], p. 158 (texte disponible sur le site www.gutenberg.org/ebooks/6456).

33. Edward Bernays, *Propaganda. Comment manipuler l'opinion en démocratie*, trad. O. Bonis, Paris, La Découverte, « Zones », 2007 [1928], p. 31 et 33.

34. Sur Edward Bernays et l'histoire des *Public Relations*, lire Stuart Ewen, *PR ! A Social History of Spin*, New York, Basic Books, 1987, ainsi que la série télévisée de la BBC *The Century of the Self* d'Adam Curtis (Angleterre, 2002).

35. Voir à ce propos Gregory Bateson, *Vers une écologie de l'esprit*, vol. 2, trad. F. Drosso et L. Lot, Paris, Seuil, 1980 [1972], p. 236-245.

36. George Orwell, « La liberté de la presse », publié en français dans *Essais, articles, lettres, vol. III (1943-1945)*, trad. A. Krief et J. Semprun, Paris, Ivréa et Encyclopédie des nuisances, 1998, p. 511.

37. Voir Edward S. Herman et Noam Chomsky, *La Fabrique de l'opinion publique, op. cit.* Le « modèle de propagande » développé par Herman et Chomsky pour saisir la manière dont fonctionnent les médias de masse dans les démocraties modernes décrit une série de filtres économiques et idéologiques qui veillent à ce que certaines informations soient largement diffusées et d'autres non. Outre les filtres constitués par la propriété des médias, par leurs sources d'information et par leur dépendance envers les annonceurs, il y a également ce que Herman et Chomsky appellent la *Flak* (« tir de barrage ») : la crainte qu'ont les journalistes de devenir la cible de puissants groupes d'intérêt, que ce soit sous la forme de procès ou de campagnes visant à les discréditer, ou encore d'interventions directes auprès du directeur de la rédaction. Le conformisme est une stratégie (consciente ou inconsciente) pour éviter ce tir de barrage.

38. Un excellent exposé de ces événements chez Sebastian Haffner, *Allemagne 1918. Une révolution trahie*, trad. R. Bouyssou, Paris, Éd. Complexe, 2001 [1968].

39. Voir Gerhard Feldbauer, *Wie Italien unter die Räuber fiel. Und wie die Linke nur schwer mit ihnen fertig wurde*, Cologne, PapyRossa, 2012.

40. « *If I had been an Italian, I am sure I would have been entirely with you from the beginning to the end of your victorious struggle against the bestial appetites and passions of Leninism. The Fascist Movement has rendered service to the whole world. Italy has shown that there is a way of fighting the subversive forces.* » Cité par Martin Gilbert, *Winston S. Churchill, Volume 5 : The Prophet of Truth, 1922-1939*, Hillsdale, Hillsdale College Press, 2009, p. 226.

41. « *I have always said that if Great Britain were defeated in war I hoped we should find a Hitler to lead us back to our rightful position among the nations.* » Winston Churchill, *The London Times*, 7 novembre 1938.

42. George Orwell, *Hommage à la Catalogne (1936-1937)*, trad. Y. Davet, Paris, 10/18, 2000 [1938], p. 15.

43. Anthony Beevor, *La Guerre d'Espagne*, trad. J.-F. Sené, Paris, Calmann-Lévy, 2006, p. 205. Les propos cités sont ceux de José Maria Doussinague, un secrétaire d'État auprès du ministère des Affaires étrangères.

44. En Italie, Giovanni Agnelli (Fiat), Guido Donegani (Banca Italiana Commerciale) et le fabricant de pneus Alberto Pirelli ont par exemple soutenu les fascistes. Voir Gerhard Feldbauer, *Wie Italien unter die Räuber fiel, op. cit.*

45. La « pétition des industriels » a notamment été signée par l'ancien (et futur) président de la banque centrale du Reich Hjalmar Schacht, par Fritz Thyssen ainsi que par des représentants haut placés de la Commerzbank, d'AEG, de Wintershall et de Merck.

46. Ont accepté l'invitation le futur *Wehrwirtschaftsführer* (industriel producteur d'armements essentiels) Günther Quandt (AFA/Varta, fondateur de l'empire Quandt-Klatten qui possède la moitié de BMW), Fritz von Opel, Gustav Krupp von Bohlen et Halbach, Friedrich Flick, Hugo Stinnes junior (représentant du Reichsverband der Deutschen Industrie, principal groupement des industriels allemands sous la République de Weimar) ainsi que des représentants haut placés de l'IG Farben et des sociétés anonymes Allianz, Siemens et Hoesch. Cette rencontre a été un succès éclatant pour le NSDAP : environ deux millions de marks ont été versés sur son compte, provenant notamment d'AEG, Telefunken, Osram, IG Farben et du *Bergbauverein* (association des exploitants de mines). Goebbels a par la suite noté dans son journal intime : « Nous avons levé pour les élections une belle somme d'argent qui nous a libérés d'un seul coup de tout souci financier. J'avertis aussitôt l'appareil de propagande et une heure plus tard, les rotatives tournent déjà. Maintenant, nous allons accélérer à plein régime. Si aucune panne inhabituelle ne vient entraver notre route, alors nous avons d'ores et déjà gagné sur toute la ligne. » Elke Fröhlich, *Die Tagebücher von Joseph Goebbels*, partie 1, vol. 2, Munich, K. G. Saur, 1987, p. 380.

47. Par exemple, le « cercle des amis de Himmler » comptait parmi ses membres Karl Blessing (Unilever, président de la banque centrale allemande de 1958 à 1969), Rudolf Binge (Siemens-Halske), Friedrich Flick (Mitteldeutsche Stahlwerke), Karl Ritter von Halt (Deutsche Bank), Richard Kaselowsky (Dr. Oetker), Karl Lindemann (Dresdner Bank), Friedrich Reinhart (Commerzbank), Hellmut Röhnert (Rheinmetall-Borsig), Heinrich Bütefisch (IG Farben). AEG, Thyssen, AFA (Varta) et Osram avaient déjà offert de l'argent au NSDAP en février-mars 1933, de même que Kurt Schmitt, membre du directoire d'Allianz AG (comme l'a documenté le procès de l'IG Farben). Heinrich Mohn (Bertelsmann) était « membre cotisant des SS ». Franz Josef Popp, directeur général de BMW, était depuis 1933 membre du NSDAP, de même que Ferdinand Porsche et Günther Quandt, tous deux décorés du titre honorifique de *Wehrwirtschaftsführer*. Sur le rôle joué par Daimler-Benz, lire l'enquête approfondie de Karl-Heinz Roth *et al., Das Daimler-Benz-Buch. Ein Rüstungskonzern im « Tausendjährigen Reich »*, Nördlingen, Franz Greno, 1987.

48. Note du secrétaire d'État Pünder à propos du financement du NSDAP, datée du 16 avril 1932, dans les dossiers de la chancellerie (voir www.bundesarchiv.de/aktenreichskanzlei/1919-1933/1021/bru/bru3p/kap1_1/para2_208.html).

49. Annie Lacroix-Riz, « Louis Renault et "la fabrication de chars pour la Wehrmacht" », *Le Grand Soir*, 12 mars 2011.

50. Les origines de l'antijudaïsme et de l'antisémitisme remontent jusqu'à l'Évangile de Matthieu qui rejette la culpabilité pour l'exécution de Jésus sur le peuple juif – alors qu'historiquement, les responsables sont les Romains. Dans 27,25, le peuple juif demande la mort de Jésus à Ponce Pilate, qui cède à la foule tout en disant « se laver les mains » de ce crime. Voir John D. Crossan, *Who Killed Jesus ?, op. cit.*

51. À ce propos, voir également Zygmunt Bauman, *Modernité et Holocauste*, trad. P. Guivarch, Paris, Éd. Complexe, 2008.

Chapitre 10 : Métamorphoses

1. Lewis Mumford, « The Premonitions of Leonardo da Vinci », *New York Book Review*, 29 décembre 1966.

2. Arms Control Association, « The Nuclear Testing Tally » (http://www.armscontrol.org/factsheets/nucleartesttally).

3. Joachim Radkau, *Nature and Power. A Global History of the Environment*, Cambridge (MA), Cambridge University Press, 2008, p. 258.

4. Pendant la lutte de l'Algérie pour son indépendance, environ deux millions d'Algériens ont été emprisonnés de force par les troupes d'occupation françaises qui en ont torturé un nombre incalculable (voir Martin Evans, *Algeria. France's Undeclared War*, New York, Oxford University Press, 2012, p. 249-255). La pratique consistant à « faire disparaître » les opposants politiques, à les torturer et à les assassiner en secret a été ensuite connue sous le nom de « doctrine française de guerre contre-révolutionnaire », et a été prise comme modèle par un grand nombre de dictatures sud-américaines. (Sur la pratique de la torture, voir Pierre Vidal-Naquet, *Les Crimes de l'armée française. Algérie 1954-1962*, Paris, La Découverte, 2001, et Frantz Fanon, *Les Damnés de la terre*, Paris, La Découverte, 2002 [1961].) Depuis l'an 2000, des officiers français ont reconnu publiquement avoir pratiqué la torture et les exécutions de masse (voir l'interview du général Paul Aussaresses dans le journal *Le Monde* du 13 septembre 2000).

5. Adam Jones, *Genocide. A Comprehensive Introduction*, Oxford, Routledge, 2010, p. 46.

6. Le général Curtis LeMay, chef du Strategic Air Command durant la guerre de Corée, a avoué que « pendant une période de trois ans ou presque, nous avons tué 20 % de la population ». Dean Rusk, partisan de la guerre et futur

ministre des Affaires étrangères, a ajouté : « Nous avons largué en Corée du Nord des bombes sur tout ce qui bougeait, ainsi que sur la moindre construction en pierre. » Quand les États-Unis n'ont plus eu de villes à bombarder parce qu'ils les avaient déjà toutes rayées de la carte, ils se sont mis à faire sauter les digues et à inonder ainsi les champs – ce qui a provoqué des famines massives. Voir Blaine Harden, « The U.S. war crime North Korea won't forget », *Washington Post*, 24 mars 2015.

7. Sur les effets de l'agriculture industrielle, voir le livre de la biologiste Rachel Carson *Silent Spring* qui, à sa sortie en 1962, a fait date en donnant une impulsion décisive à l'apparition du mouvement écologiste étasunien (*Printemps silencieux*, Paris, Le Livre de poche, 1968). Carson attirait l'attention sur le fait que l'usage à grande échelle de « biocides » comme le DDT était en train de détruire une grande partie du monde végétal et animal.

8. Anthony D. Barnosky *et al.*, « Has the Earth's Sixth Mass Extinction Already Arrived ? », *Nature*, 471, 3 mars 2011, p. 51-57.

9. World Resources Institute.

10. Hannah Arendt, *Besuch in Deutschland*, Berlin, Rotbuch Verlag, 1993 [1950].

11. *Ibid.*, p. 48-50 et p. 217.

12. Le premier ordinateur purement électronique, l'ENIAC, a été commandé en 1942 par l'armée américaine. Il servait à mettre au point les tableaux de calcul balistique. Le Harvard Mark I développé par IBM a été mis en marche en 1944 et a entre autres servi dans le cadre du projet Manhattan. Pendant ce temps, Konrad Zuse construisait en Allemagne les premiers ordinateurs européens : le Z3 et le Z4. Le transistor bipolaire a été développé pour être utilisé dans les radars.

13. Organisation mondiale de la santé, « Global Status Report on Road Safety », Genève, OMS, 2013.

14. Illich écrit : « De ses seize heures de veille chaque jour, [l'Américain moyen] en donne quatre à sa voiture, qu'il l'utilise ou qu'il gagne les moyens de le faire. [...] Dans un pays dépourvu d'industrie de la circulation, les gens atteignent la même vitesse, mais ils vont où ils veulent à pied, en y consacrant non plus 28 %, mais seulement 3 à 8 % du budget-temps social. » Ivan Illich, *Énergie et équité*, trad. L. Giard, Paris, Seuil, 1975, p. 27.

15. En 1950, les entreprises ont été reconnues coupables de « conspiration criminelle » devant les tribunaux, mais elles s'en sont tirées avec une amende ridicule de 5 000 dollars. Voir Stephen B. Goddard, *Getting There. The Epic Struggle Between Road and Rail in the American Century*, Chicago, University of Chicago Press, 1996.

16. Voir Wolfgang Sachs, *Die Liebe zum Automobil. Ein Rückblick in die Geschichte unserer Wünsche*, Reinbek, Rowohlt, 1984.

17. Sur « l'obsolescence programmée », voir le documentaire *Prêt à jeter* de Cosima Dannoritzer (France/Espagne, 2010) ainsi que Giles Slade, *Made to Break. Technology and Obsolescence in America*, Cambridge (MA), Harvard University Press, 2007.

18. Citation extraite de la série de documentaires de la BBC *The Century of the Self* d'Adam Curtis (Grande-Bretagne, 2002).

19. Joseph A. Schumpeter, *Business Cycles. A Theoretical, Historical, and Statistical Analysis of the Capitalist Process*, New York et Londres, McGraw-Hill, 1939, p. 484.

20. Robert F. Kennedy, « Remarks at the University of Kansas », discours du 18 mars 1968. Texte disponible sur le site de la John F. Kennedy Library (www.jfklibrary.org/Research/Research-Aids/Ready-Reference/RFK-Speeches/Remarks-of-Robert-F-Kennedy-at-the-University-of-Kansas-March-18-1968.aspx).

21. Matthias Schmelzer, *The Hegemony of Growth. The OECD and the Making of the Economic Growth Paradigm*, Cambridge, Cambridge University Press, 2017.

22. Gene Sharp, *Gandhi Wields the Weapon of Moral Power. Three Case Histories*, avec une préface d'Albert Einstein, Ahmedabad, Navajivan Publishing House, 1960, p. 110.

23. Harry S. Truman, discours d'investiture du 20 janvier 1949 disponible sur le site : https://avalon.law.yale.edu/20th_century/truman.asp. Voir aussi Arturo Escobar, *Encountering Development. The Making and Unmaking of the Third World*, Princeton, Princeton University Press, 1995, p. 3-4.

24. Jan L. Sadie, « The Social Anthropology of Economic Underdevelopment », *The Economic Journal*, 70, 1961.

25. Sur l'histoire et la critique de l'idéologie du développement, voir Arturo Escobar, *Encountering Development*, *op. cit.* ; Majid Rahnema (dir.), *The Post-Development Reader*, Dhaka, Dhaka University Press, 1997 ; Wolfgang Sachs et Gustavo Esteva, *Des ruines du développement*, Paris, Le Serpent à plumes, 1996, ainsi que Gilbert Rist, *Le Développement. Histoire d'une croyance occidentale*, Paris, Presses de Sciences-Po, 2013 (4e édition).

26. Arundhati Roy, « The Greater Common Good », dans son livre *The End of Imagination*, Chicago, Haymarket Books, 2016, p. 107-150.

27. Voir Yang Jisheng, *Stèles. La Grande Famine en Chine, 1958-1961*, trad. L. Vincenolles et S. Gentil, Paris, Seuil, 2012.

28. Pour une analyse différenciée (même si elle est parfois apologétique) de la Révolution culturelle, qui n'aborde pas seulement ses éléments destructeurs mais aussi ses aspects constructifs, voir Mobo Gao, *The Battle for China's Past. Mao and the Cultural Revolution*, Londres, Pluto Press, 2008.

29. La formule anglaise « *double bind* » désigne selon Gregory Bateson une situation de communication dans laquelle un « émetteur » transmet des

injonctions qui se contredisent l'une l'autre, ce qui soumet le « récepteur » à un dilemme existentiel : s'il satisfait la première exigence, il ne peut remplir la seconde et vice versa – de sorte qu'il sera puni dans tous les cas.

30. En 2009, le président des États-Unis Barak Obama a reconnu officiellement que la CIA avait participé au putsch de 1953 ; à l'occasion de l'ouverture des archives correspondantes en 2013, la CIA a concédé elle aussi y avoir pris part, après l'avoir nié pendant soixante ans. Voir Malcolm Bryne, « CIA Admits It Was Behind Iran's Coup », *Foreign Policy*, 18 mars 2013.

31. Naomi Klein, *La Stratégie du choc. La montée d'un capitalisme du désastre*, trad. L. Saint-Martin et P. Gagné, Arles, Actes Sud, 2008.

32. En 1999, la *Comisión para el Esclarecimiento Histórico* a établi dans son rapport final sur la guerre civile guatémaltèque que 93 % des 200 000 victimes doivent être mis au compte du gouvernement militaire.

33. Après l'élection de Lumumba, la première chose que les Belges ont faite a été d'occuper la région minière de Katanga avec une troupe de mercenaires et d'y proclamer un État indépendant. Lumumba a demandé une aide militaire à l'ONU et aux États-Unis, qui lui a été refusée ; sur ce, il s'est adressé à l'Union soviétique qui a finalement envoyé des conseillers militaires et des armes. Voilà ce qui a amené le gouvernement américain à collaborer avec les services secrets belges pour assassiner le Premier ministre. Voir Leo Zeilig, *Lumumba. Africa's Lost Leader*, Londres, Haus Publishing, 2015 ; David Renton, David Seddon et Leo Zeilig, *Congo. Plunder and Resistance, op. cit.* ; ainsi que le documentaire *Mord im Kolonialstil* de Thomas Giefer (Allemagne, 2000).

34. On trouve les documents officiels du Département d'État américain sur le site : http://history.state.gov/historicaldocuments/frus1964-68v23. En 1975, le greffier de la Maison Blanche, Robert Johnson, rapportait dans un entretien avec l'Intelligence Committee du Sénat des États-Unis qu'Eisenhower avait donné oralement l'ordre d'assassiner Lumumba (*The Guardian*, 10 août 2000, www.theguardian.com/world/2000/aug/10/martinkettle).

35. Naomi Klein, *La Stratégie du choc, op. cit.*, p. 87.

36. À ce propos, voir le documentaire *The Act of Killing* de Joshua Oppenheimer (Danemark/Norvège/Grande-Bretagne, 2012).

37. Vijay Prashad, *Les Nations obscures. Une histoire populaire du tiers-monde*, trad. M. Champagne, Montréal (Québec), Écosociété, 2009, p. 199.

38. Naomi Klein, *La Stratégie du choc, op. cit.*, p. 90-91.

39. *Time Magazine*, 16 février 1970.

40. Brian Glick, *War at Home. Covert Action Against U.S. Activists and What We Can Do About It*, Boston, South End Press, 1989.

41. Voir Dario Azzellini, « Bomben für das System – Die "Strategie der Spannung" », in *Genua. Italien, Geschichte, Perspektiven*, Berlin, Assoziation A, 2002,

ainsi que le documentaire de la ZDF *Stay behind. Die Schattenkrieger der NATO* d'Ulrich Stoll (Allemagne, 2014).

42. Gunther Latsch, « Die dunkle Seite des Westens », *Der Spiegel*, 11 avril 2005.

43. *Official Journal of the European Communities*, n° C 324, 24 décembre 1990, p. 202.

44. Si les sondages montraient qu'en 1966, 41 % de la population étasunienne exprimait encore son « entière confiance » dans le gouvernement, il n'y en avait plus que 19 % en 1973. Au cours de cette même période, la confiance dans les grandes entreprises a chuté de 55 à 29 %, la confiance dans l'armée de 62 à 27 %. En revanche, la confiance dans les médias est passée de 25 à 41 %. Pratiquement deux tiers des jeunes estimaient que les partis politiques devaient être réformés de fond en comble et même abolis. Lire Michel J. Crozier, Samuel Huntington et Joji Watanuki, *The Crisis of Democracy. Report on the Governability of Democracies to the Trilateral Commission*, New York, New York University Press, 1975, p. 83.

45. Intitulé en anglais *The Limits to Growth*, le titre du rapport Meadows est désormais traduit de manière moins équivoque *Les Limites à la croissance*.

46. Donella Meadows, Dennis Meadows et Jørgen Randers, *Limits to Growth. The 30-Year Update*, White River Junction (VT), Chelsea Green, 2004 ; Ugo Bardi, *The Limits to Growth Revisited*, New York, Springer, 2011.

47. Les représentations déterministes et mécanistes de la nature avaient déjà été ébranlées par la physique quantique dans les années 1920 ; mais ce n'est que dans les années 1970 que ces idées ont suscité de l'intérêt dans des cercles plus larges.

48. Les *Lebensreformbewegungen* désignent la « première alternative » telle qu'elle a vu le jour à la fin du XIXe siècle, notamment dans l'espace culturel germanophone où le rejet de la modernité industrielle a été particulièrement fort. Toute une série d'associations et d'idées visant à changer certains aspects de la vie quotidienne apparaissent alors : médecines douces ou naturelles, nudisme, végétarisme, projets de villes-jardins et de monnaies alternatives, protection du patrimoine naturel et culturel, coopératives d'habitation et de consommation, agriculture biologique, mouvements de jeunesse et communautés libertaires à la campagne, etc. [NdT].

49. À propos de la « pédagogie noire », voir Katharina Rutschky, *Schwarze Pädagogik. Quellen zur Naturgeschichte der bürgerlichen Erziehung*, Berlin, Ullstein, 1977, ainsi qu'Alice Miller, *C'est pour ton bien. Racines de la violence dans l'éducation de l'enfant*, trad. J. Étoré, Paris, Aubier, 1985.

50. Michel J. Crozier, Samuel Huntington et Joji Watanuki, *The Crisis of Democracy*, *op. cit.*, p. 98.

51. *Ibid.*, p. 12.

52. *Ibid.*, p. 114.

53. *Ibid.*, p. 7.

54. *Ibid.*, p. 181.

55. Huntington était proche du Parti démocrate et a été membre du Conseil de sécurité nationale lors de la présidence de Jimmy Carter (1977-1981). Une bonne part des membres de l'administration Carter provenait de la Commission trilatérale. Son travail ne reflétait donc en aucun cas les positions de l'extrême droite, mais celles du *mainstream* « libéral ».

56. Voir Serge Halimi, *Le Grand Bond en arrière. Comment l'ordre libéral s'est imposé au monde*, Marseille, Agone, 2012 [2004].

57. Dans les années 1920, le millième le plus riche de la population des États-Unis et d'Europe possédait environ 8 % du PIB, et au milieu des années 1970, ce n'était plus que 2 %. La part de la richesse nationale aux mains des super-riches était également passée de 50 à seulement 20 % environ. La réaction néolibérale est parvenue à restaurer les proportions d'avant-guerre dès la fin des années 1980. Voir David Harvey, *Brève histoire du néolibéralisme*, trad. A. Burlaud *et al.*, Paris, Les Prairies ordinaires, 2014, p. 38.

58. *New York Times*, 31 décembre 2006.

59. David Harvey, *Brève histoire du néolibéralisme*, *op. cit.*, chap. II.

60. Voir Immanuel Wallerstein, « La crise structurelle du capitalisme : pourquoi les capitalistes risquent de ne plus y trouver leur compte », *in* Immanuel Wallerstein *et al.*, *Le capitalisme a-t-il un avenir ?*, trad. M. Saint-Upéry, Paris, La Découverte, 2014, p. 19-38.

61. Timothy Curry et Linn Shibut, « The Cost of the Savings and Loan Crisis », *FDIC Banking Review*, 13 février 2000.

62. Allende avait été élu sur la base d'un programme qui prévoyait la nationalisation des mines et d'autres infrastructures centrales qui, bien souvent, étaient aux mains de firmes américaines comme ITT. Comme un rapport du Sénat des États-Unis le révèle, cette firme a immédiatement proposé un plan en dix-huit points au président Nixon, qui lui conseillait de « se rapprocher de sources de confiance au sein de l'armée chilienne, [...] d'attiser leur mécontentement vis-à-vis d'Allende et, ce faisant, de les convaincre de la nécessité de le renverser ». Naomi Klein, *La Stratégie du choc*, *op. cit.*, p. 86 (trad. mod.).

63. Sur la transformation néolibérale de l'enseignement supérieur, voir Henry A. Giroux, *Neoliberalism's War against Higher Education*, Chicago, Haymarket, 2014.

64. Naomi Klein, *La Stratégie du choc*, *op. cit.*, p. 279.

65. Voir aussi David Harvey, *Brève histoire du néolibéralisme*, *op. cit.*, p. 173-215.

66. *Ibid.*, p. 177-194.

67. *Ibid.*, p. 24-25 ; Naomi Klein, *La Stratégie du choc*, *op. cit.*, p. 391-409.

68. Vijay Prashad, *Les Nations obscures*, *op. cit.*, p. 343.

69. Pour 540 milliards de dollars américains prêtés, les soixante pays les plus pauvres de la planète ont payé, de 1970 à 2000, 530 milliards de dollars d'intérêts et de remboursement. Malgré tout, la somme totale due en raison de ces créances se monte encore à 523 milliards de dollars – une véritable « alchimie » rendue possible par les outils financiers, comme Vijay Prashad (*ibid.*) le remarque.

70. David Harvey, *Brève histoire du néolibéralisme, op. cit.*, p. 46.

71. Les produits alimentaires et les denrées de luxe sur le marché mondial valaient en l'an 2000 le sixième de ce qu'ils coûtaient en 1975, quand leur prix avait atteint leur point culminant. Voir le site de la Bundeszentrale für politische Bildung : www.bpb.de/nachschlagen/zahlen-und-fakten/globalisierung/52664/rohstoffpreise, consulté le 28 avril 2020. Cette tendance s'est inversée depuis le début du nouveau millénaire.

72. David Harvey, *Brève histoire du néolibéralisme, op. cit.*, p. 150.

73. Charles Bowden, *Murder City. Ciudad Juárez and the Global Economy's New Killing Fields*, New York, Nation Books, 2011.

74. Samuel Huntington, « The Clash of Civilizations », *Foreign Affairs*, été 1993 ; sur le rôle de Huntington, voir Michael Hardt et Antonio Negri, *Multitude. Guerre et démocratie à l'âge de l'Empire*, trad. N. Guilhot, Paris, La Découverte, 2004, p. 52-54.

75. Voir Edward W. Said, *L'Orientalisme. L'Orient créé par l'Occident*, trad. C. Malamoud, Paris, Seuil, 1997 [1968], et Immanuel Wallerstein, *L'Universalisme européen, op. cit.*, chap. II.

76. Voir Randall Collins, « Emploi et classes moyennes : la fin des échappatoires », *in* Immanuel Wallerstein *et al.*, *Le capitalisme a-t-il un avenir ?, op. cit.*, p. 61-116, ainsi qu'André Gorz, *Écologica, op. cit.*, p. 26.

77. Hans-Peter Martin et Harald Schumann, *The Global Trap. Globalization and the Assault on Prosperity and Democracy*, Londres, Zed Books, 1997, p. 14. À l'échelle du monde, seul un quart de la population laborieuse dispose aujourd'hui de ce que nous appellerions un travail stable, c'est-à-dire un emploi durable – et la tendance est à la baisse. Dans la plupart des pays africains, seuls 20 % des personnes capables de travailler ont un emploi salarié (voir le rapport de l'Organisation internationale du travail, « World Employment Social Outlook 2015. The Changing Nature of Jobs », Genève, OIT, p. 13).

78. Voir l'interview faite par Kontext TV de l'ancienne ministre malienne des cultes Aminata Traoré : « Der Fall Mali: Wie 30 Jahre Neoliberalismus den Boden für den Krieg bereiteten », *in* David Goeßmann et Fabian Scheidler (dir.), *Der Kampf um globale Gerechtigkeit*, Vienne, Promedia Verlag, 2019, p. 165-172. La vidéo est disponible à l'adresse suivante : www.kontext-tv.de/en/node/2551.

79. Voir Jeremy Scahill, *Blackwater. L'ascension de l'armée privée la plus puissante du monde*, trad. C. Baker et A. David, Arles, Actes Sud, 2008 ; Peter

W. Singer, *Corporate Warriors. The Rise of the Privatized Military Industry*, Ithaca (NY), Cornell University Press, 2004.

80. *Der Standard*, 13 septembre 2003.

81. Voir Ugo Bardi, *Le Grand Pillage, op. cit.*

82. Tilman Santarius *et al.* (dir.), *Rethinking Climate and Energy Policies. New Perspectives on the Rebound Phenomenon*, New York, Springer, 2016.

83. Voir Joan Martinez-Alier, *Ecological Economics. Energy, Environment and Society*, Oxford, Blackwell, 1987.

84. Voir Jared Diamond, *Effondrement. Comment les sociétés décident de leur disparition ou de leur survie*, trad. A. Botz et J.-L. Fidel, Paris, Gallimard, 2006.

85. *The Guardian*, 6 novembre 2018.

86. David R. Montgomery, *Dirt. The Erosion of Civilizations*, Berkeley, University of California Press, 2007, p. 236.

87. Sur la crise globale de l'eau, lire Maude Barlow et Tony Clarke, *L'Or bleu. L'eau, le grand enjeu du XXIe siècle*, trad. P. Noyart, Paris, Hachette littératures, 2007.

88. *Die Zeit*, 23 avril 2014, sur la base du rapport annuel du ministère chinois de l'environnement.

89. *Cf.* le professeur Stefan Rahmstorf (Potsdam Institute for Climate Impact Research) dans une interview de Fabian Scheidler pour Kontext TV, le 14 juin 2018 (www.kontext-tv.de/de/node/2894). Voir aussi David Goeßmann et Fabian Scheidler (dir.), *Der Kampf um globale Gerechtigkeit, op. cit.*, p. 15-20.

90. Graham Turner, *Is Global Collapse Imminent ? An Updated Comparison of The Limits to Growth with Historical Data*, University of Melbourne, Research Paper n° 4, août 2014 ; Lloyd's, « Emerging Risk Report 2015 : Food System Shock – The Insurance Impacts of Acute Disruption to Global Food Supply », Londres, 2015.

Chapitre 11 : Possibilités

1. Dans la théorie du chaos, l'« effet papillon » désigne le fait que de petits changements peuvent, dans des systèmes non linéaires complexes, entraîner des effets démesurément grands. Voir Edward N. Lorenz, *The Essence of Chaos*, Seattle, University of Washington Press, 1993.

2. Voir Joseph Tainter, *L'Effondrement des sociétés complexes*, trad. J.-F. Goulon, Paris, Le Retour aux sources, 2013 [1988].

3. Interview d'Immanuel Wallerstein sur Kontext TV, 29 juin 2011 (www.kontext-tv.de/en/broadcasts/immanuel-wallerstein-limits-capitalism).

4. Voir John Holloway, *Crack Capitalism : 33 thèses contre le capital*, trad. J. Chatroussat, Paris, Libertalia, 2012.

5. Au lieu de parler d'utopies à propos des modèles alternatifs adaptés localement, je préfère utiliser le terme « topies ». Voir Fabian Scheidler, *Chaos. Das neue Zeitalter der Revolutionen*, Vienne, Promedia Verlag, 2017, p. 98-100. Le terme utopie a été construit par Thomas More au XVIe siècle à partir de la négation du mot grec *topos*, qui signifie « lieu ». Une utopie est donc ce qui n'a *pas de lieu*, ce qui n'existe nulle part. En effet, les utopies politiques modernes apparues au XVIe siècle par *La Cité du soleil* de Campanella et le modèle de communisme autoritaire de Thomas More se caractérisent par le fait qu'elles cherchent à soumettre de force la réalité à un plan abstrait, sans lien avec les lieux et les humains réellement existants, et finissent ainsi bien souvent par lui faire violence. Voir à ce propos Richard Saage, *Politische Utopien der Neuzeit*, Darmstadt, Wissenschaftliche Buchgesellschaft, 1991.

6. Voir à ce propos J. K. Gibson-Graham, *The End of Capitalism (As We Knew It). A Feminist Critique of Political Economy*, Oxford, Blackwell, 1996, ainsi que, du même collectif, le livre suivant intitulé *A Postcapitalist Politics*, Minneapolis, University of Minnesota Press, 2006.

7. À ce propos, voir le concept de « transformation interstitielle » dans Eric Olin Wright, *Utopies réelles*, trad. V. Farnea et J. A. Peschanski, Paris, La Découverte, 2017.

8. www.worldenergyoutlook.org/resources/energysubsidies/.

9. Voir le document de travail du FMI : « Global Fossil Fuel Subsidies Remain Large : An Update Based on Country-Level Estimates », mai 2019 (disponible à l'adresse suivante : www.imf.org/en/Publications/WP/Issues/2019/05/02/Global-Fossil-Fuel-Subsidies-Remain-Large-An-Update-Based-on-Country-Level-Estimates-46509).

10. Dans l'accord de Paris de 2015, le trafic aérien n'est même plus évoqué, alors que c'était encore le cas dans l'accord de Copenhague (2009).

11. Sven Giegold (député européen allemand des Verts) lors d'une interview de Kontext TV le 19 juillet 2016 (www.kontext-tv.de/de/node/2797). Voir aussi Richard Murphy, « Closing the European Tax Gap. A Report for Group of the Progressive Alliance of Socialists & Democrats in the European Parliament », 2019 (téléchargeable à l'adresse suivante : www.socialistsanddemocrats.eu/sites/default/files/2019-06/120229_richard_murphy_eu_tax_gap_en.pdf).

12. Pour une vue d'ensemble plus complète des subventions accordées aux grands groupes, voir le chapitre « tribut » de mon livre *Chaos. Das neue Zeitalter der Revolutionen, op. cit.* Une version légèrement différente de ce chapitre est disponible en ligne sur mon site (www.megamaschine.org/blog/2018/04/11/die-moderne-tributoekonomie-und-die-illusion-der-freien-maerkte/).

13. Les occupations qui ont eu lieu en Allemagne pour bloquer l'exploitation du lignite ont notamment été organisées par le réseau international *Ende Gelände* (voir le site www.ende-gelaende.org/en/).

14. Naomi Klein, *Tout peut changer. Capitalisme et changement climatique*, trad. G. Boulanger et N. Calvé, Arles et Montréal, Actes Sud et Lux, 2015, p. 517-560.

15. Voir Winfried Wolff, *Mit dem Elektroauto in die Sackgasse. Warum E-Mobilität den Klimawandel beschleunigt*, Vienne, Promedia Verlag, 2019.

16. Sur le thème de l'avenir de la mobilité, voir l'étude du Wuppertal Institut für Klima, Umwelt, Energie, *Zukunftsfähiges Deutschland in einer globalisierten Welt*, Francfort-sur-le-Main, Fischer, 2008, p. 586-597 ; Harald Welzer et Stephan Rammler, *Der Futurzwei Zukunftsalmanach 2013*, Francfort-sur-le-Main, Fischer, 2012, p. 305-350.

17. Voir Hans Widmer (dir.), *Die andere Stadt*, Zurich, Paranoia City Verlag, 2017, ainsi que P.M., *Voisinages & Communs*, Paris, L'Éclat, 2016 et *Redémarrer la Suisse*, La Chaux-de-Fonds, Torticolis et Frères, 2012 ; voir également la brochure en ligne « Une proposition » sur le site www.newalliance.earth.

18. Naomi Klein, *Tout peut changer*, *op. cit.*, p. 159-162.

19. À propos du *Green New Deal* proposé par Varoufakis et McKibben pour l'Europe, voir www.gndforeurope.com ; sur la version défendue devant le Congrès des États-Unis par Alexandria Ocasio-Cortez : ocasio-cortez.house.gov/gnd. Le *Green New Deal Group* a également ébauché un scénario pour la Grande-Bretagne (voir le site greennewdealgroup.org). Le « pacte vert » de la Commission européenne est en ligne sur le site de l'institution (https://ec.europa.eu/info/strategy/priorities-2019-2024/european-green-deal_fr).

20. Rien qu'aux États-Unis, on estime qu'en 2009 le sauvetage des banques a coûté 500 milliards de dollars au total (c'est-à-dire en tenant compte de tous les prêts remboursés et de toutes les cautions non versées). Voir Deborah Lucas, « Measuring the Cost of Bailouts », *MIT / Annual Review of Financial Economics*, 2018. En ce qui concerne l'UE, il ne faut pas seulement tenir compte du sauvetage direct des banques en 2009, mais aussi des coûts du prétendu « sauvetage de la Grèce », 300 milliards d'euros qui en réalité n'ont jamais aidé le moindre Grec, mais ont filé à 100 % dans les caisses des grandes banques européennes en difficulté.

21. Sur les subventions accordées aux grandes banques, voir le rapport de la New Economics Foundation, « Quid Pro Quo. Redressing the Privileges of the Banking Industry », Londres, 2011. Rien que pour les grandes banques britanniques, la NEF en arrive à un total de 46 milliards de livres de subventions *par an*.

22. En 2012, le vice-gouverneur de la Banque d'Angleterre Paul Tucker et le président de l'agence fédérale américaine d'assurance des dépôts bancaires (FDIC) Martin Gruenberg ont par exemple présenté leurs idées sur la manière dont on pourrait démanteler les grandes banques insolvables. Voir le documentaire *Quand l'Europe sauve les banques, qui paye ?* de Harald Schumann (Allemagne, 2013).

23. En 2010, Philipp Hersel et Axel Troost ont proposé au Bundestag, au nom du groupe parlementaire Die Linke, un projet de socialisation des banques

allemandes sur la base des deux piliers que sont les « caisses d'épargne de droit public » et des « coopératives bancaires » : « Den Bankensektor neu ordnen und mit der Vergesellschaftung beginnen » (disponible sur le site www.axel-troost.de).

24. Le site www.remunicipalisation.org donne un bon aperçu sur la remunicipalisation de la gestion de l'eau dans le monde entier.

25. Des initiatives de résistance victorieuses à l'accaparement des terres sont documentées dans le rapport de l'organisation internationale GRAIN : Joan Martinez-Alier *et al.*, « The Many Faces of Land Grabbing », EJOLT Report No. 10, 2014 (disponible sur le site grain.org).

26. Voir le site du Mietshäuser Syndikat : www.syndikat.org/en/.

27. À propos de cette lutte pour la socialisation de l'immobilier à Berlin, voir www.dwenteignen.de.

28. Par exemple, le Japon consacre désormais plus de la moitié de ses recettes fiscales pour assurer le service de sa dette (*Neue Zürcher Zeitung*, 29 janvier 2013).

29. En Europe, le cas de la Grèce illustre de manière éclatante la violence structurelle liée à la dette. En menaçant ouvertement de laisser sombrer le système bancaire et avec lui toute l'économie du pays, les créanciers ont mis le gouvernement de gauche qui venait d'être élu en 2015 dans une impasse : il n'avait le choix qu'entre l'effondrement immédiat et une liquidation totale des biens du pays. Comme cela avait déjà eu lieu dans de nombreux pays d'Afrique, d'Amérique latine et d'Asie au cours des années 1980 et 1990, la dette a été utilisée par les créanciers pour exclure toute perspective d'autodétermination politique et supprimer les droits sociaux chèrement acquis.

30. Laura Gottesdiener, « The Great Eviction. The Landscape of Wall Street's Creative Destruction », *The Nation*, 1er août 2013. Voir aussi Saskia Sassen, *Expulsions. Brutalité et complexité dans l'économie globale*, trad. P. Guglielmina, Paris, Gallimard, 2016.

31. Voir l'interview du 4 novembre 2011 avec le ministre équatorien des Affaires étrangères Ricardo Patiño sur Kontext TV (www.kontext-tv.de/node/2429). La commission du gouvernement a classé une partie des dettes comme « illégitimes » parce qu'elles avaient été contractées par un gouvernement militaire qui n'avait pas de légitimité démocratique, parce qu'elles étaient assorties de clauses extrêmement défavorables et parce que l'argent n'a pas été utilisé au bénéfice des citoyens. L'Argentine avait dès 2004 opté pour une démarche similaire à celle de l'Équateur ; toutefois, des « fonds charognards » ont ensuite racheté à vil prix la dette du pays et passent désormais par les tribunaux pour tenter d'en recouvrir le montant complet.

32. Même le FMI et la Commission européenne évoquent l'idée de faire des prélèvements sur la fortune. Voir le IMF Fiscal Monitor, *Taxing Times*, octobre 2013, p. 49. Une troisième méthode pour réduire les dettes publiques consisterait

à recourir à une inflation maîtrisée, mais jusqu'à présent il y a peu de monde pour la défendre.

33. Ce décret du président Franklin D. Roosevelt est l'*Executive order 6102* du 5 avril 1933.

34. Voir l'interview de Tim Jackson sur Kontext TV (www.kontext-tv.de/en/node/2358) ainsi que son livre *Prospérité sans croissance, op. cit.*

35. Christian Felber, *L'Économie citoyenne. Un mouvement a vu le jour*, trad. A. Mannoni, Arles, Actes Sud, 2011 [le titre original allemand est *Die Gemeinwohl-Ökonomie*, ce qui signifie littéralement « l'économie du bien commun » ou « l'économie orientée vers le bien commun », dans un sens qui n'a rien à voir avec *L'Économie du bien commun* défendue par le Prix Nobel français d'économie Jean Tirole dans son livre éponyme (NdT)]. Pour modifier les structures de propriété et les procédures de décision des entreprises, « l'économie citoyenne » propose aussi un autre moyen : les bénéfices des entreprises peuvent seulement être réinvestis de manière à promouvoir le bien commun ou redistribués aux employés, mais pas à des actionnaires.

36. Sur la notion de communs, voir Silke Helfrich *et al.*, *The Wealth of the Commons. A World Beyond Market & State*, Amherst (MA), Leveller Press, 2013, ainsi que Pierre Dardot et Christian Laval, *Communs. Essais sur la révolution au XXIe siècle*, Paris, La Découverte, 2015.

37. Le mouvement français pour la décroissance a fait une proposition intéressante de revenu de base *infrastructurel*, qui serait versé en partie sous la forme de services communaux gratuits et permettrait aux personnes de coopérer au sein de structures autogérées : Vincent Liegey *et al.*, *Un projet de décroissance. Manifeste pour une dotation inconditionnelle d'autonomie*, Paris, Écosociété, 2013.

38. Sur la question de la décroissance et l'idée de société post-croissance, voir Matthias Schmelzer et Andrea Vetter, *Degrowth/Postwachstum zur Einführung*, Hambourg, Junius Verlag, 2019, et Giacomo D'Alisa *et al.*, *Décroissance. Vocabulaire pour une nouvelle ère*, trad. S. Bréan *et al.*, Neuvy-en-Champagne, Le Passager clandestin, 2015.

39. Évaluation internationale des connaissances, des sciences et des technologies agricoles pour le développement (EICSTAD)/International Assessment of Agricultural Knowledge, Science and Technology for Development (rapport disponible en anglais sur le site www.globalagriculture.org et en français sur le site www.alimenterre.org).

40. Olivier de Schütter, « Agroecology and the Right to Food », rapport présenté lors de la seizième session du Conseil des droits de l'homme des Nations unies [A/HRC/16/49], le 8 mars 2011 (rapport disponible à l'adresse suivante : www.srfood.org/en/report-agroecology-and-the-right-to-food).

41. Voir Hartmut Rosa *et al.*, *Zeitwohlstand*, édité par l'association Konzeptwerk Neue Ökonomie, Munich, oekom-Verlag, 2014.

42. C'est surtout la recherche féministe qui a apporté des contributions importantes dans ce domaine, comme la « perspective quatre-en-un » de la sociologue hambourgeoise Frigga Haug. Voir Frigga Haug, *Die Vier-in-Einem-Perspektive. Politik von Frauen für eine neue Linke*, Hambourg, Argument, 2008.

43. Site web de la coopérative intégrale : http://cooperativa.cat. Voir aussi l'interview d'Ariadna Serra sur Kontext TV (www.kontext-tv.de/node/2687). En Espagne, les coopératives ont une longue histoire derrière elles. La plus grande coopérative au monde, celle de Mondragón avec ses quelque 80 000 membres, se trouve au Pays basque. Pour une discussion (en partie critique) de cette expérience, voir J. K. Gibson-Graham, *Postcapitalist Politics*, *op. cit.*, p. 101-126, ainsi que Benoît Borrits, *Au-delà de la propriété. Pour une économie des communs*, Paris, La Découverte, 2018.

44. Voir l'interview d'Euclides Mance du réseau brésilien Solidarius sur Kontext TV (www.kontext-tv.de/node/2687).

45. Rob Hopkins, *Manuel de transition. De la dépendance au pétrole à la résilience locale*, trad. M. Durand *et al.*, Montréal, Écosociété, 2010.

46. Pam Warhurst et Joanna Dobson, *Les Incroyables Comestibles. Plantez des légumes, faites éclore une révolution*, trad. A. Prat-Giral, Arles et Paris, Actes Sud et Colibris, 2015 (voir aussi le site www.incredibleedible.org.uk).

47. Rob Hopkins, *Manuel de transition*, *op. cit.*, p. 60-72. Le mouvement pour la transition repose entre autres sur des concepts qui viennent de la permaculture. Pour une bonne introduction à cette démarche agricole alternative, voir Rosemary Morrow, *Manuel d'apprentissage pas à pas de la permaculture. Une feuille de route pour une société durable au XXIe siècle*, Marsac, Éditions Imagine un colibri, 2015 [2006].

48. Voir Colin Crouch, *Post-démocratie*, trad. Y. Coleman, Bienne (Suisse) et Paris, Diaphanes, 2013.

49. La Cour suprême des États-Unis a tellement assoupli, dans ses différents jugements, les limitations que particuliers et entreprises devaient respecter en matière de financement des partis que celles-ci peuvent de fait acheter des représentants du Congrès et même des élections entières. Voir le *New York Times*, 2 avril 2014, ainsi que le commentaire que Noam Chomsky propose de l'arrêt « Citizens United v. Federal Election Commission » dans *In These Times*, 21 janvier 2010. L'organisation Oil Change International enquête sur les quantités d'argent dépensées par les industries du pétrole, du gaz et du charbon pour financer les campagnes électorales et documente leurs effets sur le comportement des représentants lors des votes (voir le site dirtyenergymoney.org).

50. Au cours de la crise grecque, ces institutions ont ouvertement mis en place avec l'appui du FMI une dictature des créanciers et ravalé la Grèce au rang de protectorat néocolonial dont le gouvernement et le Parlement n'avaient plus qu'un seul rôle : exécuter les directives de Berlin, Bruxelles, Francfort et Washington. Voir l'interview de Yanis Varoufakis sur Kontext TV le 15 février 2016 (www.kontext-tv.de/en/node/2768).

51. Voir David Shearman et Joseph Wayne Smith, *The Climate Change Challenge and the Failure of Democracy*, Santa Barbara, Prager, 2007 ; James Lovelock, connu pour avoir contribué à la formulation de l'hypothèse Gaïa, estimait dans une interview que pour sauver le climat, il faudrait éventuellement « geler la démocratie un certain temps » (*The Guardian*, 29 mars 2010).

52. Sur l'Inde, voir Aseem Shrivastava et Ashish Kothari, *Churning the Earth. The Making of Global India*, New Delhi, Penguin Books India, 2012, ainsi que Vandana Shiva, *Earth Democracy. Justice, Sustainability, and Peace*, Boston, South End Press, 2005. Sur le « printemps africain » (qui a été complètement occulté dans les médias occidentaux par le « Printemps arabe »), voir les interviews d'Aziz Fall et de Firoze Manji sur Kontext TV (www.kontext-tv.de/en/node/2549).

53. En matière de propositions théoriques pour remodeler la démocratie, voir par exemple David Van Reybrouck, *Against Elections. The Case for Democracy*, Londres, Bodley Head, 2016, ainsi que Takis Fotopoulos, *Vers une démocratie générale. Une démocratie directe, économique, écologique et sociale*, Paris, Seuil, 2002 [1997].

54. Sur l'actualité du modèle conseilliste, voir Michael Albert, *Parecon, op. cit.*

55. Sur le Rojava, voir aussi Fabian Scheidler, « Rojava or The Art of Transition in a Collapsing Civilization », in *Building Free Life. Dialogues with Öcalan*, avec les contributions de David Graeber, Antonio Negri, John Holloway et de bien d'autres, Oakland, PM Press, 2020.

56. Autant le dirigeant kurde en prison Abdullah Öcalan que les Kurdes du nord de la Syrie se réclament conceptuellement des travaux de Murray Bookchin. Voir par exemple Janet Biehl et Murray Bookchin, *The Politics of Social Ecology : Libertarian Municipalism*, Montréal, Blake Rose Books, 1997, ainsi que Murray Bookchin, *The Next Revolution. Popular Assemblies and the Promise of Direct Democracy*, Londres et New York, Verso, 2015. En français, on peut lire entre autres traductions sa brochure *Pour un municipalisme libertaire*, Lyon, Atelier de création libertaire, 2003.

57. Environmental Justice Foundation, *No Place Like Home. Where Next for Climate Refugees ?*, Londres, EJF, 2009.

58. À vrai dire, on ne devrait pas rouvrir le dossier de la convention de Genève sur les réfugiés : comme un grand nombre d'États n'attendent que l'occasion de s'en retirer, cela mettrait probablement en branle un processus de sabordage des droits des réfugiés. Mais dans le cadre de la convention-cadre des Nations unies sur les changements climatiques, il serait concevable d'établir formellement des obligations pour les principaux responsables, c'est-à-dire les pays industriels, en termes d'accueil des réfugiés climatiques.

59. Ce taux d'augmentation ne tient pas compte de l'inflation ; les chiffres sont tirés du rapport annuel 2019 du Stockholm International Peace Research Institute (www.sipri.org/yearbook/2019).

60. Sur les armes à ondes millimétriques, voir le documentaire de la ZDF *Planet der Waffen (La planète des armes)* dans l'émission « Abenteuer Forschung » du 8 novembre 2011. Les « canons à son » ont déjà été employés pour expulser les camps du mouvement Occupy à Oakland et New York (voir Adam Martin, « Occupy Oakland's Tent City is Gone », *The Wire*, 25 octobre 2011).

61. Sur la militarisation croissante de la police aux États-Unis, voir Radley Balko, *The Rise of the Warrior Cop. The Militarization of America's Police Forces*, New York, PublicAffairs, 2013.

62. Voir le rapport de 2013 de l'International Network of Civil Liberties Organizations : *Take Back the Streets. Repression and Criminalization of Protest around the World* (qui peut être téléchargé à l'adresse suivante : www.aclu.org/sites/default/files/assets/global_protest_suppression_report_inclo.pdf).

63. *The Guardian*, 29 décembre 2012. Les documents ont été mis en ligne par l'organisation Partnership for Civil Justice Fund (www.justiceonline.org/commentary/fbi-files-ows.html).

64. Michel J. Crozier, Samuel Huntington et Joji Watanuki, *The Crisis of Democracy*, *op. cit.*, p. 99.

65. *The Guardian*, 7 décembre 2012.

66. Immanuel Wallerstein, « La crise structurelle du capitalisme : pourquoi les capitalistes risquent de ne plus y trouver leur compte », *in* Immanuel Wallerstein *et al.*, *Le capitalisme a-t-il un avenir ?*, *op. cit.*, p. 54.

67. Voir Giovanni Arrighi, *Adam Smith à Pékin*, *op. cit.* ; Fabian Scheidler, *Chaos*, *op. cit.*

68. Le 17 octobre 2016, le représentant permanent des États-Unis d'Amérique à l'OTAN a envoyé un message à tous les États membres de l'OTAN pour les inciter à ne pas prendre part aux négociations de l'ONU sur le traité d'interdiction des armes nucléaires. Le document peut être téléchargé à l'adresse suivante : www.icanw.org/wp-content/uploads/2016/10/NATO_OCT2016.pdf. Pour plus d'informations sur ce traité et son processus de ratification, voir le site de l'organisation ICAN, qui a obtenu le prix Nobel de la paix en 2017 : https://www.icanw.org/the_treaty.

69. Sur l'impact de la « révolution verte » et des organismes génétiquement modifiés dans l'agriculture, voir l'étude (commandée par les Verts allemands) de Christoph Then et Runa Boeddinghaus, *Industrielle Landwirtschaft in der Sackgasse*, Studie im Auftrag der Grünen/Europäische Freie Allianz, Wiesbaden, Martin Häusling, 2014. Sur la géo-ingénierie, voir Naomi Klein, *Tout peut changer*, *op. cit.*, p. 397-448 ; Pat Mooney, *Next Bang !*, *op. cit.*, p. 145-159 ; ainsi que Clive Hamilton, *Les Apprentis Sorciers du climat*, trad. C. Le Roy, Paris, Seuil, 2013.

70. Voir Ernst F. Schumacher, *Small is Beautiful. Economics as if People Mattered. 25 Years Later*, Vancouver, 1999 (l'édition originale de 1973 est disponible en français sous le titre *Small is beautiful. Une société à la mesure de l'homme*,

trad. D. Day *et al.*, Paris, Seuil, 1978). Voir également Philippe Bihouix, *L'Âge des low tech. Vers une civilisation techniquement soutenable*, Paris, Seuil, 2014.

71. Ivan Illich, *La Convivialité*, Paris, Seuil, 1973.

72. Stephen Lansing, *Perfect Order. Recognizing Complexity in Bali*, Princeton, University of Princeton Press, 2006, ainsi que *Priests and Programmers. Technologies of Power in the Engineered Landscape of Bali*, Princeton, University of Princeton Press, 1991.

73. Voir le site du patrimoine mondial de l'Unesco : whc.unesco.org/en/list/1194.

Postface

1. Voir Sonia Shah, « Contre les pandémies, l'écologie », *Le Monde diplomatique*, mars 2020. Voir également Sonia Shah, *Pandemic : Tracking Contagion, from Cholera to Ebola and Beyond*, Farrar, Straus & Giroux, 2016.

2. *Ibid.*

3. Voir Naomi Klein, « Screen New Deal. Under Cover of Mass Death, Andrew Cuomo Calls in the Billionaires to Build a High-Tech Dystopia », *The Intercept*, 8 mai 2020. Sur les dangers d'une informatisation totale des activités sociales au prétexte de la lutte contre la pandémie, voir aussi l'appel du groupe Écran total, « Ne laissons pas s'installer le monde sans contact. Appel au boycott de l'application stop-COVID 19 », publié le 27 avril 2020 sur le site de la revue *Terrestres* (www.terrestres.org).

4. Sur le concept d'« apartheid global », voir Fabian Scheidler, *Chaos. Das neue Zeitalter der Revolutionen*, Vienne, Promedia Verlag, 2017, p. 39-48.

5. Durant les deux premières décennies du XXIe siècle, le nombre de personnes qui ont été tuées par des attentats terroristes en Europe de l'Ouest a clairement diminué par rapport aux années 1980. Si les chiffres oscillaient alors entre 150 et 400 morts par an, ils sont en général sous la barre des 20 victimes par an depuis l'an 2000. (Lenz Jacobsen, « Terror in Zahlen », *Zeit Online*, 23 juin 2016 ; Statista, « Victims of Terror Attacks in Western Europe », 2 décembre 2015). Les trois années les plus sanglantes (2004, 2015 et 2016) ont chacune coûté la vie à moins de deux cent personnes. En 2017, le terrorisme a fait 142 morts en Europe de l'Ouest, dont 62 liés à des attentats « islamistes ». En 2018, ce nombre est tombé à 13 (selon les données du Parlement européen : www.europarl.europa.eu/news/en/headlines/security/20180703STO07125/terrorism-in-the-eu-terror-attacks-deaths-and-arrests). D'après une étude du Centre européen pour la prévention et le contrôle des maladies, le nombre des victimes annuelles des germes hospitaliers multirésistants se monte en revanche à 33 000 ; et environ 25 000 citoyens européens meurent chaque année sur les routes.

6. Emmanuel Macron, adresse aux Français, 16 mars 2020.

TABLE DES ILLUSTRATIONS ET CRÉDITS

P. 29 : Le maître d'Uruk face à des prisonniers enchaînés : image imprimée à partir d'un sceau circulaire provenant d'Uruk (Warka) en Irak et datant d'entre 3300 et 3000 av. J.-C., Vorderasiatisches Museum Berlin. Photo de l'auteur.

P. 57 : À gauche, représentation de l'épée Excalibur. Domaine public.
À droite, obus d'artillerie XM932 Excalibur, image tirée du site www.globalsecurity.org.

P. 63 : À gauche, Sandro Botticelli, *L'Enfer* (illustration de *La Divine Comédie* de Dante, vers 1485), Bibliothèque du Vatican. Domaine public.
À droite, mine d'Udachnaya en Russie en 2004, photo d'Alexander Stapanov. Creative Commons (CC BY-SA 3.0).

P. 67 : À gauche, Wagner, l'assistant du Dr Faust, face à un homoncule, eau-forte, XIXe siècle. Domaine public.
À droite, photomontage d'un bébé-éprouvette tiré du site www.imagepoint.biz.

P. 80 : À gauche, esclaves dans les mines de Laurion en Grèce au Ve siècle av. J.-C. Domaine public.
À droite, pièces lydiennes du VIe siècle av. J.-C. © Andreas Pangerl, www.romancoins.info.

P. 104 : À gauche, représentation de la nouvelle Jérusalem, eau-forte, XVIIe siècle. Photo de Philipp Medhurst, Creative Commons (CC BY-SA 3.0).
À droite, Le Corbusier, plan du nouveau Paris (« Plan voisin »), 1925. Photo : SiefkinDR, CC-BY-SA-4.0.

P. 112 : À gauche, homme d'affaires à Houston, au Texas. Photomontage de l'auteur.
À droite, ouvrier dans une mine de soufre à Java en Indonésie. Photo de Jean-Marie Hullot. Creative Commons (CC BY-SA 2.0).

P. 131 : À gauche, missionnaires chez les Igbos (Nigeria) au XIXe siècle. Domaine public.
À droite, soldats américains en mission à Haïti (2010). Photo de Fred Baker pour l'US Army. Domaine public.

P. 139 : À gauche, Hans Memling, *Le Jugement dernier* (1470), Musée national de Danzig. Domaine public.
Au centre et à droite, Jérôme Bosch, *Le Jardin des délices*, panneau de *L'Enfer* (1500), musée du Prado, Madrid. Domaine public.

P. 169 : À gauche, chevaliers en armure (XVIe siècle), Metropolitan Museum of Art, New York. Photo de Kowloneese. Creative Commons (CC BY-SA).
À droite, Cyborg. Photomontage de l'auteur.

P. 195 : À gauche, exécution d'un anabaptiste à Münster, dessin à l'encre de Georg Berger. Domaine public.
À droite, peine de mort par le supplice de la roue (vers 1630), dessin de Jacques Callot (1592-1635), *Les Misères et les malheurs de la guerre (n° 14)*. Domaine public.

P. 216 : À gauche, robot de combat construit d'après les dessins de Léonard de Vinci. Photo d'Erik Möller. Domaine public.
À droite, des Marines de l'armée américaine. Photo de l'US Army. Domaine public.

P. 245 : À gauche, plan de la ville de Bruges datant du XIVe siècle. Domaine public.
À droite, plan de la ville de Karlsruhe (XVIIe siècle). Domaine public.

P. 255 : Lithographie de H. Lecomte, 1818. Domaine public.

P. 298 : À gauche, tableau de Richard C. Woodville Jr. représentant la bataille de Shangani (le 25 octobre 1893) au cours de la première guerre ndébélé. Domaine public.
À droite, pavillon de l'électricité à l'Exposition universelle à Chicago (1893). Domaine public.

P. 305 : À gauche, la Bourse de Londres en 1873, British Library. Domaine public.
À droite, victimes de la famine en 1877, dans la province de Madras (Inde). Domaine public.

P. 342 : À gauche, les soldats de la Garde nationale arrivent en 1914 à Ludlow pour réprimer la grève. Domaine public.
À droite, mineurs en grève à Ludlow (Colorado), en 1914, Denver Public Library. Domaine public.

P. 357 : À gauche, Friedrich Ebert et Gustav Noske en 1919. Domaine public.
À droite, corps francs en Bavière (1919). Domaine public.

P. 369 : À gauche, opératrice au centre de production d'uranium enrichi à Oak Ridge, dans le Tennessee, où se situait le cœur de la production nucléaire militaire des États-Unis entre 1943 et 1945. Les opératrices ne savaient pas à quoi elles travaillaient. Photo d'Ed Westcott, American Museum of Science and Energy. Domaine public.
Au centre, fresque murale à la sortie du centre de production d'uranium enrichi à Oak Ridge, dans le Tennessee. Photo de James E. Westcott, American Museum of Science and Energy. Domaine public.
À droite, explosion de la bombe atomique à Nagasaki le 9 août 1945, prise depuis le bombardier B-29 de Charles Levy. Domaine public.

P. 386 : À gauche, le barrage de Sardar Sarovar dans le Gujarat (Inde) en 2006. Photo de Vijayakumarblathur. Creative Commons (CC BY_SA 4.0).
À droite, l'activiste Medha Patkar proteste avec des habitants contre l'inondation d'un village à la suite de la construction du barrage. International Rivers Network.

P. 453 : George Tooker, *Paysage avec personnages* (*Landscape with Figures*), détail, 1965-1966. © Estate of George Tooker. Courtesy DC Moore Gallery, New York.

TABLE

Introduction 7

Les mythes de la modernité, 10. - La mégamachine, 13. - Les limites du système, 15. - Structure du livre, 19.

Première partie.
LES QUATRE TYRANNIES

1. Pouvoir - Les quatre tyrannies et les racines de la domination 25

Les trois tyrannies, 30. - Le pouvoir physique, 33. - La violence structurelle, 37. - Le pouvoir idéologique, 44. - L'invention du Dieu-souverain, 47. - La quatrième tyrannie, 51.

2. Métal - Les mines, l'armement et le pouvoir sur la nature 55

L'origine du complexe militaro-industriel, 57. - La matrice des catastrophes environnementales, 61. - Se prendre pour Dieu : la métallurgie et le pouvoir sur la création, 65.

3. Marché - Le pouvoir économique, l'argent et la propriété 69

Les marchés comme masques, 71. - Le mythe des marchés, 73. - La guerre comme berceau du marché, 75. - Les mines de Laurion, 79. - L'empire romain de l'argent, 83. - Les premières sociétés par actions, 84. - La propriété comme pouvoir de disposition total, 87.

4. Impuissance - Le traumatisme du pouvoir et l'émergence de la pensée apocalyptique 95

Qu'est-ce qu'un traumatisme ?, 99. - La naissance de la pensée apocalyptique, 102. - L'apocalypse comme réponse au traumatisme du pouvoir, 105. - La destruction du ciel et de la terre, 108. - La Jérusalem céleste et l'étang de soufre, 110. - Le présent brisé, 113. - Une protestation contre la fin du monde : le mouvement de Jésus, 115.

5. Mission - Les origines de l'universalisme occidental 121

La grande inversion, 123. - Mission et pouvoir, 126. - L'anéantissement de l'autre, 128.

Deuxième partie.
LA MÉGAMACHINE

6. Monstres - La réorganisation du pouvoir et la naissance du système-monde moderne (1348-1648) 135

L'époque de la peur, 137. - La grande crise, 144. - La naissance du monstre, 148. - L'arsenal de Venise, 149. - La renaissance de la guerre, 156. - La résurrection du complexe métallurgique, 164. - Le rôle des banques, 174. - Le déchaînement du monstre, 177. - L'écrasement des mouvements égalitaires, 186. - L'invention de la société par actions, 196. - Puissance et impuissance dans le système-monde moderne, 206.

7. Machine - Les sciences mécanistes, les appareils d'État et l'homme-machine (1600-1800) 211

Le monde comme machine, 214. - Le rôle des sciences, 217. - *La Nouvelle Atlantide*, 219. – La redéfinition de la réalité, 223. - La lutte contre l'opacité du monde, 233. - L'urbanisme comme stratégie contre-insurrectionnelle, 243. - Le regard du pouvoir, 246. - L'homme-machine, 248. - L'école comme institution disciplinaire, 253. - L'invention du travail, 258.

8. Moloch - Charbon, marché total et guerre totale (1712-1918) 267

La troisième révolution du complexe métallurgique, 268. - Le marché total, 277. - L'invention de la nation, 285. - La grande expansion, 290. - « Civilisation » : le nouveau projet missionnaire, 292. - La dévastation de l'Afrique, 296. - L'Inde : l'invention du Tiers Monde, 300. - La destruction de la Chine par les puissances coloniales, 306. - Vers la guerre totale, 312.

9. Masques - Le contrôle de la mégamachine et la lutte pour la démocratie (1787-1945) 317

États-Unis 1787 : le filtre de la représentation, 324. - France 1789 : le filtre de l'argent, 327. - Haïti 1804 : le filtre de la dette, 330. - Le filtre du droit de vote et de la citoyenneté, 331. - Le filtre de l'« opinion publique », 333. - Comment garder le contrôle du système ?, 339. Russie 1917, 343. - La « démocratie dirigée », 348. - La révolution allemande de 1918-1919, 355. - L'option fasciste, 357.

10. Métamorphoses - Le boom de l'après-guerre, la contre-culture et les limites du système (1945-...) 367

Les Trente Glorieuses, 371. - Les mouvements pour l'indépendance dans le Sud global, 381. - Le « développement » comme colonisation intérieure, 383. – La révolution mondiale de 1968, 393. - La grande régression, 406. - Le pouvoir des dettes, 416. – Les limites du système, 423. - Le retour du nationalisme et du fascisme, 430. - Les limites ultimes de la biosphère, 431.

11. Possibilités - Sortir de la mégamachine 441

Chaos et changement de système, 443. - Sortir de l'accumulation du capital, 455. - La décroissance du complexe métallurgico-fossile, 460. - La question de la propriété, 468. - La question de la croissance, 476. - Le tournant agricole, 478. - Sortir par en bas : les voies nouvelles de l'auto-organisation, 483. - À la recherche d'une vraie démocratie, 487. - Surmonter l'apartheid global, 491. - La démilitarisation de la société, 494. - Renoncer à l'idée de dominer la nature, 498.

Postface - L'ombre de l'hydre : les pandémies et les limites de l'expansion 503

Les pandémies et la crise de la biosphère, 504. - L'irrationalité structurelle du système, 508. - L'aggravation des inégalités mondiales, 512. - La crise du coronavirus comme modèle de gouvernance autoritaire ?, 514. - La fin de la vérité et l'instabilité du pouvoir idéologique, 517. - Les chances de transformation sociale, 521

Remerciements 525

Bibliographie choisie 527

Chronologies 543

Notes 557

Table des illustrations et crédits 609

DANS LA MÊME COLLECTION

L'Événement Anthropocène
La Terre, l'histoire et nous
Christophe Bonneuil, Jean-Baptiste Fressoz, 2013

Les Apprentis sorciers du climat
Raisons et déraisons de la géo-ingénierie
Clive Hamilton, 2013

Toxique planète
Le scandale invisible des maladies chroniques
André Cicolella, 2013

Nous sommes des révolutionnaires malgré nous
Textes pionniers de l'écologie politique
Bernard Charbonneau, Jacques Ellul, 2014

L'Âge des low tech
Vers une civilisation techniquement soutenable
Philippe Bihouix, 2014
Prix de la Fondation de l'écologie politique 2014

La Terre vue d'en haut
L'invention de l'environnement global
Sebastian Vincent Grevsmühl, 2014

Ils changent le monde !
1 001 initiatives de transition écologique
Rob Hopkins, 2014

Nature en crise
Penser la biodiversité
Vincent Devictor, 2015

Comment tout peut s'effondrer
Petit manuel de collapsologie à l'usage des générations présentes
Pablo Servigne, Raphaël Stevens, 2015

Crime climatique Stop !
L'appel de la société civile
Collectif, 2015

Sortons de l'âge des fossiles
Manifeste pour la transition
Maxime Combes, 2015

La Part inconstructible de la Terre
Critique du géo-constructivisme
Frédéric Neyrat, 2016

La Grande Adaptation
Climat, capitalisme et catastrophe
Romain Felli, 2016

Comment les économistes réchauffent la planète
Antonin Pottier, 2016

Un nouveau droit pour la Terre
Pour en finir avec l'écocide
Valérie Cabanes, 2016

Une écosophie pour la vie
Introduction à l'écologie profonde
Arne Næss, 2017

Homo detritus
Critique de la société du déchet
Baptiste Monsaingeon, 2017

Géopolique d'une planète déréglée
Le choc de l'Anthropocène
Jean-Michel Valantin, 2017

Sentir-penser avec la Terre
Une écologie au-delà de l'Occident
Arturo Escobar, 2018

Notre empreinte cachée
Tout ce qu'il faut savoir pour vivre d'un pas léger sur la Terre
Babette Porcelijn, 2018

La Part sauvage du monde
Penser la nature dans l'Anthropocène
Virginie Maris, 2018

Une autre fin du monde est possible
Vivre l'effondrement (et pas seulement y survivre)
Pablo Servigne, Raphaël Stevens, Gauthier Chapelle, 2018

Cyberminimalisme
Face au tout-numérique, reconquérir du temps,
de la liberté et du bien-être
Karine Mauvilly, 2019

Le bonheur était pour demain
Les rêveries d'un ingénieur solitaire
Philippe Bihouix, 2019

La Recomposition des mondes
Roman graphique. Postface d'Alain Damasio
Alessandro Pignocchi, 2019

Lettre à la Terre
Et la Terre répond
Geneviève Azam, 2019

Une écologie décoloniale
Penser l'écologie depuis le monde caribéen
Malcom Ferdinand, 2019

L'Aigle, le Dragon et la crise planétaire
Jean-Michel Valantin, 2020

Lettre à Greta Thunberg
Laurent de Sutter, 2020

Imprimé avec des encres végétales sur du papier blanchi sans chlore,
recyclé à 100 % pour l'intérieur et à 80 % pour la couverture.

RÉALISATION : NORD COMPO À VILLENEUVE-D'ASCQ
IMPRESSION : NORMANDIE ROTO IMPRESSION S.A.S. À LONRAI
DÉPÔT LÉGAL : OCTOBRE 2020. N° 144560-3 (2200364)
– Imprimé en France –